Johann H Bachmann

Pfalz Zweibrükisches Staats-Recht

Johann H Bachmann

Pfalz Zweibrükisches Staats-Recht

ISBN/EAN: 9783743371736

Hergestellt in Europa, USA, Kanada, Australien, Japan

Cover: Foto ©Suzi / pixelio.de

Manufactured and distributed by brebook publishing software (www.brebook.com)

Johann H Bachmann

Pfalz Zweibrükisches Staats-Recht

Pfalz Zweibrükisches Staats - Recht.

entworfen

von

Johann Henrich Bachmann,

Herzoglich Pfalz Zweibrükischen würklichen Geheimen Rath
und ersten Archivarius.

Tübingen
bey Jakob Friederich Heerbrandt
1784.

Dem

Durchlauchtigsten Fürsten und Herrn,

Herrn

Carl dem Zweiten,

Pfalzgrafen bei Rhein, in Baiern, zu Jülich, Cleve und Berg Herzog, Fürsten zu Mörs, Grafen zu Veldenz, Sponheim, der Mark, Ravensperg und Rappolt- stein, Herrn zu Ravenstein und Hohenak,

Meinem gnädigsten Fürsten und Herrn.

Durchlauchtigster Herzog,
Gnädigster Fürst und Herr,

Ewr Hochfürstlichen Durchlaucht lege ich hier den Entwurf des Pfalz-Zweibrükischen Staats-Rechts unterthänigst zu Füssen.

Meine Haupt-Absicht bei dessen Niederschreibung war, Höchst Dero angehenden Dienerschaft eine etwas ausführliche Nachricht in die Hand zu geben, aus welcher dieselbe die Grund-Begriffe Ewr Hochfürstlichen Durchlaucht und Dero Herzogthums Gerechtsamen im Zusammenhang, und mit wenigerer Mühe, als bishero geschehen müssen, erlernen könne.

Damit thue ich zugleich meinem unbeschränkten Eifer vor Ewr Hochfürstlichen Durchlaucht wahren Dienst, zu welchem ich noch beitragen möchte, wenn ich nicht mehr seyn werde, einiger massen ein Genüge.

Nebst

Nebst deme erfordern die vielen Gnaden-Be-
zeigungen, die ich nun über zwei und vierzig Jahre
von dem Hochfürstlichen Hause, insonderheit auch von
Ewr Hochfürstlichen Durchlaucht seit Höchst
Dero Regierungs-Antritt genossen, ein offentliches
Denkmal der Dankbarkeit, welches ich hierdurch in
tiefster Ehrfurcht darbringe.

Geruhen, Ewr Hochfürstliche Durchlaucht
diese redliche Gesinnungen in Gnaden zu bemerken;
So kan ich daher den befriedigenden Beweis nehmen, daß ich die Kräfte, die ich in des Hochfürstlichen Hauses Diensten verzehret, auf keine edlere und
berufsmäsigere Art, als mich, ohne alle andere Absichten, dem Herrschaftlichen Dienst ganz gewidmet
zu haben, hätte verwenden können.

Ich ersterbe in tiefster Erniedrigung

Ewr Hochfürstlichen Durchlaucht

Zweibrüken
den 6. Julius 1781.

unterthänigst treu gehorsamster
Diener

Johann Henrich Bachmann.

Vor-

Vorrede.

§. 1.

Bei Bekanntmachung des Pfalz Zweibrükischen Staats-Rechts kan ich der Mühe überhoben seyn, zu zeigen, wie viel durch nähere Aufklärung der innern Verfassung einzelner teutschen Staaten das teutsche Staats Recht überhaupt gewinne, da viele angesehene Gelehrte sich bereits hinlänglich darüber geäusert haben. Eben dadurch aber ist um so leichter begreiflich, wie nüzlich eine solche Arbeit denen seyn müsse, welche die Ehre haben, dem Herrn, dessen Staats Recht beschrieben wird, zu dienen.

)(

§. 2.

§. 2.

Bishero war es nicht wol thunlich, ein Staats-
Recht des Herzogthums Zweibrüken zusammen zu tragen, indeme die widrige Schikfaale des Fürstlichen Archivs, ohne deſſen Gebrauch an eine dergleichen Arbeit
gar nicht zu gedenken iſt, solches nicht zugelaſſen haben. Es veranlaſſet mich dieſer Umſtand, von den
Schikſaalen des Pfalz Zweibrükiſchen Archivs, nach
deſſen Haupt Beſtand Teilen, dahier etwas anzumerken.

§. 3.

Graff Walram zu Zweibrüken hat mit seinen
Vettern zu Bitſch anno 1333. abgeteilt, und vor
seinen Teil die Grafſchafft Zweibrüken bekommen. Es
iſt aber von Gräflich Zweibrükiſchen, zumalen Haus
Urkunden, sehr wenig hier. Vermutlich sind solche
zu Bitſch geblieben. Da aber der eingezogenen Er-
kundignng nach bei dem Heſſen Hanau Lichtenbergi-
ſchen Archiv zu Buchsweiler sich auch nichts davon
befindet, welchem Haus gleichwol die Bitſcher Erb-
ſchafft nach Abſterben Graff Jakobs von Bitſch angefallen war; So iſt wahrſcheinlich, daß sie bei der
Lothringiſchen Einziehung der Grafſchafft Bitſch, 1572,

in

in das Lothringische Archiv gekommen, und in der Folge mit demselben gleiches Schikſaal gehabt.

§. 4.

Die Grafſchafft Veldenz war in die obere und niedere geteilt, und hatte eine Zeitlang zween regierende Herren. Die Urkunden lagen zum Teil auf dem Schloß Lichtenberg, zum Teil auf dem Schloß Veldenz, zum Teil auch in dem Schloß Meiſenheim. Da die Grafſchafft wieder auf einen Herrn zuſammen gekommen war, der lange regiert, und die ganze Grafſchafft ſeinem Enkel, Herzog Ludwig dem ſchwarzen, zugeteilt hat; So ſollte man glauben, daß auch alle Veldenziſche Urkunden wieder zuſammen gekommen, und mithin das alte Gräflich Veldenziſche Archiv ganz vorhanden ſeyn müße. Allein es ſind die Urkunden, welche nach dem Zuſammenhang, und nach den Spuren, die man von ihnen antrifft, da ſeyn ſollten, bei weitem nicht alle da, und nun kan niemand mehr ſagen, ob die ermangelnden noch bei Lebzeiten der alten Graffen in den Fehdezeiten ab Handen gekommen, oder ob ſie erſt währender Regierung der Herzoge von Zweibrüken verlohren gegangen.

)(2 §. 5.

§. 5.

Das Sponheimische Archiv stund auch an zweien Orten, nemlich das der Creuzenachischen Linie zuständige auf dem Schloß Kauzelberg oberhalb Creuzenach und das der Starkenburgischen Linie zugehörige auf dem Schloß Gräfenburg oberhalb Trarbach. Nach Absterben der verwittibten Pfalzgräffin Elisabet, des leztern Grafen aus der Creuzenachischen Linie Erb-Tochter, lies Graff Johann in Starkenburg, als der Erbe in allen denen Creuzenachischen Landen, an welchen die Pfalzgräfin ihrem Schwager, dem Kurfürst Ludwig, nicht einen fünfften Teil geschenkt hatte, und welche ich §. 93. angezeiget habe, die Kauzelberger Urkunden, wo nicht alle, doch gröstentheils nach Gräfenburg bringen, woselbst sie während der gemeinschafftlichen Pfalz Simmerischen und Badischen Innhabung der Grafschafft auch geblieben. Nachdeme aber vermög des Heidelberger Vertrags von 1553. die Pfalz Simmerische Helfte der hintern Grafschafft Sponheim an Pfalz Zweibrüken abgetretten worden, musten die hinter und vorder Grafschafftliche Dokumenten separirt- und leztere an Pfalz Simmern und Baden abgegeben, die erstere aber vor Pfalz Zweibrüken

brüken und Baden aufbehalten werden. Bei dieser Absonderung sind viele Urkunden, welche zu Gräfenburg hätten bleiben sollen, aus Irrthum mit auf den Kauzelberg gekommen. Da aber dieses Schloß im vorigen Jahrhundert verstört worden, will nun niemand mehr wissen, wo die daselbst gelegene Urkunden hingekommen.

Die Hinter Grafschafftliche Urkunden hat man zur Zeit der französischen Reunion von Gräfenburg hinweg geflüchtet; da sie dann über 70. Jahre ohnbenuzt gestanden, bis man sie endlich hieher und wieder in Ordnung gebracht hat. Bei Abtheilung der hintern Grafschafft Sponheim zwischen Pfalz und Baden, wurden solche ebenfals getheilet.

§. 6.

Das Archiv der abgestorbenen Pfalz Veldenzischen Linie stunde bei tödlichem Hintritt des lezten Herzogs, Leopold Ludwig, 1694. in dessen Hotel zu Strasburg, und wurde zur Sicherheit allerseitigen Competenten unter das Königliche Siegel geleget, unter welchem es auch bis nach geendigtem Successions-Streit geblieben. Anno 1737. wurde solches in Gegenwart eines Königlichen Commissarii zwischen Kur-

)(3 pfalz

pfalz und Pfalz Zweibrüken geteilet. Vor den König
wurde alles, was die Königliche Souveränete inter-
essirt, zurükgezogen. Kurpfalz bekam alles, was die
OberAemter Veldenz und Lautereken betrifft, als auf
welche Pfalz Zweibrüken in dem Vergleich von 1733.
Verzicht gethan hatte; das übrige kam 1742. hieher.

§. 7.

Das eigentliche Zweibrükische Herzogliche Archiv
wurde erst anno 1410. bei der Teilung unter Kaiser
Ruprechts Söhnen angefangen. Man gab dem Herzog Stephan aus dem Kurpfälzischen Archiv diejenige
Haupt Urkunden mit, welche über die in der Teilung
ihm zugefallene Lande sprechen. Alle andere das Pfalz-
Baierische Gesamthaus oder den Pfälzischen Haupt-
Ast angehende Urkunden aber blieben in dem Kurpfälzischen und respektive im Müncher Archiv. Doch hat
man nach und nach von vielen derselben beglaubte Ab-
schrifften erhalten.

§. 8.

Seit zweihundert Jahren hat das Herzogliche
Archiv gar offt Schaden und Verlust erlitten. Schon
Herzog Johann I. gab sich alle Mühe, die geflüchtete
oder sonst entkommene Akten und Urkunden wieder herbei zu bringen. Der gröste Schade aber ist im vorigen

gen Jahrhundert geschehen. Die besten Urkunden des
Klosters Wörschweiler, welche in dem Kloster selbst
aufbewahret wurden, sind bei einem 1614. daselbst
entstandenen Brand zu Grund gegangen; die Urkunden des ehemaligen Klosters Marienstein, vom Orden
der Reuerinnen, welche ein zeitlicher hiesiger Superintendent in Verwahrung hatte, sind in dem dreißigjährigen Krieg abhanden gekommen; bei der Speierischen
Occupirung des Klosters Hornbach haben die von Kurfürst Philipp Christoph dahin geschikte Mönche die vor-
gefundene Urkunden zu sich genommen. Es ist auch
eine alte Sage, die sich immer fortgepflanzet hat, es
seyen viele Zweibrükische Akten und Urkunden nach Metz
gekommen, von denen man gleichwol noch nichts hat
ausfindig machen können. Besonders merkwürdig ist
ein Bericht des langjährigen Regierungs Raths und
Kammer Direktors David Königs vom 18. September 1683. darinnen er sagt: „dergleichen (Beweis)
noch viel mehr beizubringen seyn möchte, wann nicht,
wie bekannt, sowol bei vorigem dreißigjährigen Krieg
in anno 1636. da die Kaiserlich Mariomerische (*) zu

)(4

Zwei-

(*) Hieher gehören zwei kleine Schrifften des Pfalz Zweibrükischen gleichzeitigen Raths Balthasar Venator, welche G. C.
Joannis in Miscellis &c. S. 153. folg. eindruken lassen.

Zweibrüken in dem Rechen Kammer Gemach die Pferde, und zwar auf denen Knie hoch uff dem Boden
herum gelegenen Akten, Registern und Rechnungen stehen gehabt, als auch bei dem leztern in anno 1677. bei
Sprengung des Kirchthurns, in den Gewölbern, auf
dem sogenannten Bibliothek-Bau, allwohin man bei
Verbrennung des Schlosses alle Akten aus der Rechen-
Kammer über Hals und Kopf transportiren müssen,
auf welche aber hernach die Kaiserliche ihr Magazin
Heu gelegt, die meiste Rechnungen, Register, Akten
und Dokumenten verdorben, verbrannt, verlohren und
zerstreuet worden.„

§. 9.

Erst unter der Schwedischen Regierung konnte
man Anstalt machen, das, was durch die Flucht ge-
rettet worden, aufzusuchen und wieder herbei zu bringen.
Da fehlte es aber theils an Raum es aufzuheben,
theils an Leuten, solches behörig zu behandeln. Deswegen gieng es auch unter dieser ohnehin kriegerischen
Regierung, wie es konnte.

Unter Herzog Gustavs Regierung wurde der Anfang zur Ordnung gemacht, und hat mein fleisiger
Vorfahrer die Akten aufgestellt, und ziemlicher massen
benu-

benuzet; allein zu Behandlung der Originalien bließ ihm keine Zeit übrig.

Unter H. Christian IV. Regierung wurde ein maßsises Gebäude vor das Archiv aufgeführet, und alle sowol zu Zweibrüken in dem Kirchen Gewölb, in dem alten Schloß, in dem alten Münzbau, und einigen privat Häusern gestandene, als die zu Bischweiler, Strasburg, Rappolzweiler, im Isenburgischen und sonsten gewesene Pfalz Zweibrükische, Sponheimische und Veldenzische Akten und Urkunden zusammengebracht, so fort 1747. in dem neuen Archivs Bau nach denen von mir entworffenen Planen aufgestellet und hinterlegt.

Von solcher Zeit an hat man erst das Archiv benuzen können. So begreiflich es ist, daß man bis dahin sich die Känntnus der Gerechtsame des Landesherrn und des Landes mit vieler Mühe erwerben müssen, und bei dem, was man solchergestalt erlernt hatte, doch nicht allerdings sicher seyn können; eben so leicht wird jedermann einleuchten, daß man an Vorlegung eines Pfalz Zweibrükischen Staats Rechts am wenigsten habe denken können.

§. 10.

Ich habe zwar zu sothanem Behuf seit 1744. ziemlich vorgearbeitet, und sehr viele Berichte und kleine

X 5

Aus-

Ausführungen abgegeben, so daß fast wenig Materien
vorkommen werden, da sich nicht bei denen darüber
sprechenden Akten ein Bericht von mir finden sollte.
Allein da diese Berichte guten Teils nur einzelne Gegenstände betreffen, mithin in den Registraturen bei sothanen einzelnen Materien liegen; so kan man vor das
Staats Recht im ganzen genommen, nicht wol etwas
zusammen hangendes daraus schöpfen, wenn man sie
auch mit vielem Zeitaufwand aufsuchen und einzeln lesen wollte. Wollte auch jemand die Zeit und Mühe,
die ich habe anwenden müssen, und die ich aus Pflicht
und Dienst Eifer gerne und mit Verlust meiner Gesundheit angewandt habe, mich zu unterrichten, ebenfals darauf wenden; So dörfte er doch schwerlich seinen Endzwek erreichen, es seye dann, daß er selbst Archivarius wäre, oder daß dieser ihm ohnunterbrochen
in die Hände arbeitete. Da es aber gleichwolen dem
Landesherrn und dem Lande daran gelegen, daß die
Dienerschafft von dessen Gerechtsamen und deren Zusammenhang wenigstens in einem kurzen Begriff infor-
miret seye, und einen Fingerzeig überkomme, wo bei
einem sich ergebenden Fall näherer Aufschluß zu finden
seye; So habe ich, da ich nicht weis, wie lang mir

Gott

Gott noch Leben und Kräffte zu arbeiten schenken wird,
mich entschlossen, gegenwärtigen Entwurf des Pfalz
Zweibrükischen Staats Rechts zusammen zu schreiben.
Die Ordnung, die ich dabei gehalten, hat ihren Bezug
auf diejenige, die ich bei Entwerffung des Archiv Plans
beobachtet habe.

§. 11.

Wer diese Arbeit benuzen will, muß das teutsche
Staats Recht schon kennen, damit er die in dem besondern Pfalz Zweibrükischen Staats Recht vorkommende einschlägige Stellen daran paßen könne. Hauptsächlich habe ich es mit Thatsachen zu thun, die entweder auf Verträgen oder auf einem ohnunterbrochenen
Herkommen beruhen. Erstere führen ihre Verbindlichkeit ohnehin bei sich, ich habe auch, um die Krafft des
Beweises nicht zu schwächen, mich meistens deren eigener Worte bedienet, ohne sie zu modernisiren, oder zu
umschreiben; Lezteres aber habe ich auf das deutlichste
vorzutragen gesucht, um so mehr, als ein solches Herkommen in Teutschland Gesetz ist, und bei Behandlung und Beurteilung Fürstlicher Haus- und Familien
Angelegenheiten, nach den Verträgen die erste Regel
machet.

§. 12.

§. 12.

Um die vorgetragene Thatsachen verständlich zu
machen, habe ich mermalen die Geschichte zu Hülfe
nehmen müssen. Ich habe mich aber so kurz, als möglich war, gegriffen; denn ich habe keine Pfalz Zweibrükische Regenten- und Landes Geschichte schreiben,
oder Auszüge aus Akten, Verhandlungen und De-
duktionen, die in das Pfalz Zweibrükische Staats
Recht einschlagen, wie man dergleichen von andern
teutschen Staaten hat, liefern wollen, sondern nur den
Entwurff des Staats Rechts. Dardurch ist es aber
auch freilich öfters geschehen, daß ich bei Thatsachen,
zumalen die die Landes Verfassung betreffen, mich bei
deren blosen Anzeige habe einschränken müssen. Ein
einigmal (§. 20.) bin ich auf eine Ausschweifung gera-
ten, da ich die Art der Ueberkunfft der Grafschafft
Lützelstein an das Haus Pfalz beschrieben. Es wäre
genug gewesen zu sagen, wie dieselbe von der Kurpfälzischen an die Pfalz Zweibrükische und von dieser an die
Pfalz Sulzbachische und Birkenfeldische Linien gekommen, und was daran Strasburgisch Lehen seye. Ich
habe es aber doch nicht wieder ausstreichen wollen, weil
man daraus eine Probe nehmen kan, einmal, wie die

in

in der Kürze vorgetragene Thatsachen gar leicht weiter ausgeführet werden können, sodann, aus was vor Quellen ich die Fakta geschöpfet. Eigentlich schiken sich zu näherer Aufklärung dergleichen Umstände besondere kleine Historisch-Diplomatische Ausfürungen besser. Vielleicht bin ich noch so glüklich, daß ich deren einige dem Publikum mitteilen kan.

§. 13.

Ich habe die Schrifften angemerkt, in welchen die von mir angezeigte und bereits im Druk seyende Urkunden gefunden und nachgelesen werden können, mit andern Allegatis aber habe ich mich sehr wenig abgegeben. In meiner Schrifft: Betrachtungen über die Grundfeste des Pfalz-Baierischen Hauses, habe ich in der Note X. Jura und Autores allegirt. Ein gewißer Recensent ist gar bös darüber worden, und nun wird er vielleicht wieder böse werden, daß ich hier zu wenig allegiret habe. Es kan mir aber eines und das andere sehr gleichgültig seyn. Wer will es allen diesen Herren recht machen? Die Zufriedenheit, die mir mein Bewustseyn gibt, daß ich zum gemeinen Besten arbeite, und die Früchte meiner müheseeligen nun bald vollendeten Laufbahn auf die Nachkommenschafft über-

lief-

liefere, ist die einzige Genugthuung, die ich suche. Das
übrige ist alles überhingehend.

§. 14.

Da es einen wesentlichen Einfluß in die Känntnus
des Pfalz Zweibrükischen Staats Rechts hat, und zu
vieler Erleichterung dienet, daß man die Reihe der regierenden Herren nicht allein in diesem Herzogthum,
sondern auch in allen übrigen Pfälzischen und Baierischen Linien kenne, und, ohne im Lesen sonderlich auf-
gehalten zu werden, kurz übersehen könne, welche Herren in allen Linien zu gleicher Zeit in der Regierung gestanden; So habe ich, zu solchem Behuf zehen Syn-
chronistische Tafeln angehängt.   In denselben stehen
die Kurfürsten zu Pfalz zur Grundlage der Zeit Rechnung voran, dergestalt, daß bei dem Regierungs Antritt eines jeden Kurfürsten in allen übrigen Lineal Ab-
teilungen angemerket ist, wer in jeder Linie damalen
die Regierung gehabt, wer wärender Kurfürstlichen
Regierung aus den andern Linien gestorben, wer an
des verstorbenen Stelle getretten, und wer mithin sich
bei wieder einem neuen Kurfürstlichen Regierungs Antritt in der Regierung befunden.   Ich habe auch die
mit Deputat versehenen Herren mit ihren Linien angezeigt,

zeigt, teils weil sie in vielen Haus Verträgen vorkommen, teils weil daraus am deutlichsten in die Augen fällt, wie selbige in der Landes Regierung vorgerükt sind, welches besonders bei der Wolfgangischen Descendenz nötig war.

Da diese Tafeln nicht dazu bestimmt sind, die Pfalz Baierische Genealogie daraus zu lernen, so sind alle Gemalinnen, Prinzeßinnen, desgleichen die in der Jugend verstorbene oder in den geistlichen Stand getrettene Fürstliche Kinder, nicht bemerkt worden. Blos zu Erläuterung dreier Stellen im Staats Recht §. 21. 105. und 129. habe ich H. Philipp Ludwigs zu Neuburg, H. Christian II. zu Birkenfeld und Prinz Philipp Wilhelms von Neuburg, auch H. Ferdinands in Baiern Gemalinnen, sodann Kurfürst Carl Philipps und des Erb-Prinzen Joseph Carl zu Sulzbach Erb-Töchter angezeigt

Die erste Tafel enthält die Regenten von 1180. bis zum Absterben Ludwig des strengen, des Stamm-Vaters der Pfälzisch und Baierischen Haupt Aeste, 1294. Hier kommt die Teilung von 1255. in Ober und Nieder Baiern vor.

Die zweite Tafel gehet von 1294. an. Auf derselben kommt die Pavische Teilung von 1329. vor,

da

da Ludwig des strengen Nachkommen sich in zwei
Haupt Aeste, Pfalz und Baiern geteilet.   Sie gehet
fort bis 1338. da die erste Teilung in dem Pfälzischen
Haupt Ast vorgegangen.

Die dritte Tafel gehet von 1338. bis 1398. da
alle Pfälzische Lande unter Ruprecht III. wieder unter
ein Haupt gekommen.

Die vierdte Tafel gehet von 1398. bis zu Friederich des sieghafften Regierungs Antritt 1449.   In derselben kommt die Teilung unter Ruprechts III. vier
Söhnen, von 1410., vor.

Die fünfte Tafel enthält von 1449. bis 1508.
die Regierungen Friederichs I. und Philipps, deren erstere wegen des Zuwachses- und leztere wegen des Ver-
lusts an Landen sich auszeichnet.

Die sechste Tafel begreift die lezte Kurfürsten aus
der alten Kurlinie von 1508. bis 1559. unter welchen
die Errichtung des Heidelberger Vertrags merkwürdig ist.

Die siebende Tafel enthält die Ueberkunfft der
Kurpfalz an die Pfalz Simmerische Linie von 1559.
und gehet bis 1610.   In diese Zeit fällt die Ueberkunfft
des Herzogthums Neuburg an H. Wolfgang zu Zweibrüken, und dessen berühmtes Testament ein.

Die

Die achte Tafel gehet von 1610. bis zum Ausgang der Simmerischen Kurlinie 1685. Sie begreift die Zeit der unglüklichen Regierung Friederichs V. und die darauf gefolgte grose Veränderungen mit der Kur und Obern Pfalz.

Die neunte Tafel enthält die aus der Neuburgischen Linie in die Kur vorgerukte Herren bis zu deren Ausgang, von 1685. bis 1742.

Die zehende Tafel fangt mit dem aus der Sulzbachischen special Linie anno 1743. in die Kur eingetretenen Fürsten, nemlich Ihro jezt regierenden Kurfürstlichen Durchlaucht an. Auf derselben ist der Rukfall Baierns an den Pfälzischen Ast, und die Prinzen, auf denen dermalen die Hofnung der Pfalz Baierischen Provinzen beruhet, angezeigt.

§. 15.

Solte jemand in diesem Buche ein Capitul von dem Pfalz Zweibrükischen Staats-Interesse suchen, dem bekenne ich, daß ich solches hier vor ganz entbehrlich gehalten habe. Die unterschiedene Verhältnüße, in den'n ein regierender Herzog von Zweibrüken stehet, geben schon an die Hand, wie man sich gegen Kaiser

X)(

und

Reich, gegen die hohe Agnaten, und gegen alle Gränz
Nachbarn, insonderheit die mächtige Krone Frankreich
zu betragen habe, um in dem ruhigen Besiz seiner Gerechtsame ohngestört zu bleiben, und sich vor alle künftige Fälle in diejenige politische Consideration zu sezen
und darinnen zu erhalten, welche der Würde eines regierenden Pfalzgraffen und Herzogs in Baiern angemessen ist. Geschrieben Zweibrüken den 6. Julius
1783.

Innhalt

Innhalt

des Pfalz Zweibrükischen Staats-Rechts.

Erstes Kapitel.

Bestandtheile des Herzogthums.

)( )(a   §. 15.

Zweites Kapitel.

Von des regierenden Herzogs Rang, Titel und Wappen.

Drittes Kapitel.

Von dem Herzoglichen Hof- und Civil-Staat.

Viertes Kapitel.

Von der Art im Zweibrükischen zu succediren und der Regenten-Folge.

§. 33.

Fünftes Kapitel.

Von Versorgung der nachgebornen Prinzen.

Sechstes Kapitel.

Von Vermählung und Versorgung der Prinzessinnen.

Sieben-

Siebendes Kapitel.
Von Fürstlich Pfalz Zweibrükischen Wittwen und deren Gehalt.

Achtes Kapitel.
Von Fürstlichen Vormundschaften im Haus.

Neuntes Kapitel.

Anzeige der vornehmsten Familien-Verträge.

)( )(4   S. 97.

Zehen-

Zehendes Kapitel.

Pfalz Zweibrükische Anwartungen, Prätensionen und Pfandschaften.

Elftes Kapitel.

Von den Privilegien der Herzoge von Zweibrüken.

Zwölftes Kapitel.

Von Pfalz Zweibrükischen Reichs-Lehen.

Dreizehendes Kapitel.

Pfalz Zweibrückische Passiv-Lehen.

Vierzehendes Kapitel.

Von dem Verhältnis der Herzoge und des Herzogthums mit Kaiser und Reich.

Fünfzehendes Kapitel.

Innere Landesverfassung in Geistlichen Sachen, und desfalsige Landesherrliche Gerechtsame.

185.

) ( ) ( )

Siebenzehendes Kapitel.

Von dem Verhältnis des Herzogthums mit Benachbarten.

Achtzehendes Kapitel.

Von Aktiv-Lehenwesen.

X X X 2

Pfalz Zweibrükisches
Staats-Recht.

Erstes Kapitel.
Bestandtheile des Herzogthums.

§. 1.
Ursprung des Herzogthums.

Das Herzogthum Zweibrüken bestehet aus mehreren Graf
und Herrschaften, welche nicht auf einmal, sondern zu
verschiedenen Zeiten an das Kur und Fürstliche Haus
Pfalz gekommen. Die erste Anlage zu demselben ist ein Theil
der Lande, welche der dritte Sohn Kaiser Ruprechts, H. Stephan, bei der Theilung mit seinen Brüdern 1410. bekommen.
Zu diesen Stephanischen Landen, welche in dem Theilungs-
Brief von 1444. verzeichnet sind, wurde die ansehnliche Grafschaft Veldenz geschlagen, und aus beeden zusammengenommen ein eigenes Fürstenthum gebildet, welches von der Residenz
des Besizers den Namen Zweibrüken, und vor dessen als eines
Pfalzgrafen bei Rhein und Herzogs in Baiern angebohrner
Würde den Namen eines Herzogthums erhalten hat.

§. 2.

§. 2.

Erste Bestandtheile des Herzogthums.

Durch den Vertrag von 1444. bekam H. Ludwig der schwarze von seinem Vater H. Stephan:

Die Grafschaft Zweibrüken mit Schlöffern und den Städten Zweibrüken, Hornbach und Bergzabern, mit allen ihren Zugehörungen.

Die Pfandschaft und Verschreibung herrührend von Graf Johann von Hohenburg und die Theil zu Hohenburg.

Die Feste Kirkel und die Oefnung zu Bottenbach auch mit allen Zugehdrungen.

Duchrod und Hausen.

Die Gemeinschaft der Theile zu Guttenberg, Falkenburg und Münnfeld mit ihrer Zugehörde.

Die Festen Wegelnburg, Neukastel, Trifels und Anweiler mit ihrer Zugehörde.

Die Theile zu Hochfelden, Marly und Altenwolfstein.

Von seinem Grosvater, Graf Friederichen von Veldenz bekam gedachter H. Ludwig der Schwarze

Die ganze Grafschaft Veldenz mit ihren Schlöffern und Städten, nemlich

Veldenz,

Lichtenberg,

Cusel,

St. Remigsberg,

Nohfelden,

Peddersheim,

Lautereken,

Meisenheim,

Landsberg,

Moscheln, darunter gelegen,

Obernheim und

Armsheim, mit allen dazu gehörigen Dörfern, Leuten, Gerichten, Mannschaften und Vogteyen.

Das dritte Theil zu Stolzenberg,

Die Oefnung und den Theil zu Oberstein,

Das Theil zu Hohenbrüken auf der Nohe,

Das Theil der Gemeinschaft, so von denen von Heinzenberg herkommt,

Die Theile zu Dullingen und Ruprechtsek, mit ihrer Zugehörde und den Dörfern Bibelnheim, Weinheim, Gunterweiler und Gerweiler,

Den verpfandeten Theil zu Nanstuhl, (Landstuhl) von denen Grafen von Zweibrüken, Herren zu Bitsch, den Graf Friederich innegehabt.

§. 3.
Heutige Bestandtheile.

Dermalen ist das Herzogthum zusammengesezt aus:

a. der Grafschaft Zweibrüken,

b. der Grafschaft Velden,

c. der halben hintern Grafschaft Sponheim,

d. der Herrschaft Guttenberg,

e. der Herrschaft Bischweiler,

f. der Herrschaft Homburg,

g. der Herrschaft Kirkel,

h. einer Quart der Herrschaft Falkenburg,

i. aus einigen zu den Aemtern geschlagenen Reichs-Pfandschaften,

k. aus dem Amt Wegelnburg,

l. aus dem Amt Cleburg,

m. aus den Aemtern Selz und Hagenbach.

§. 4.

§. 4.

Anzeige von dem, was an Landen, so Herzog Ludwig von seinem Vater bekommen, noch da ist, und was davon abgekommen.

Von dem, was H. Ludwig durch diese Theilung an väterlichen Landen bekommen, sind dermalen noch beim Herzogthum:

1) Die Grafschaft Zweibrüken mit Schlossen und den Städten, Zweibrüken, Hornbach und Bergzabern, mit Zugehbrungen, (§. 6.)

2.) die Feste Kirkel und die Defnung zu Buntenbach, mit Zugehörung, (§. 12.)

3.) die Gemeinschaft der Theile zu Guttenberg, Falkenburg und Minfeld, mit ihrer Zugehörde, (§. 9.)

4.) die Festen Wegelnburg, Neukastel, Trifels und Anweiler mit Zugehörde. (§. 14. u. 17.)

Dahingegen ist nicht mehr da:

1.) die Pfandschaft und Verschreibung, darrührende von Graffe Johann von Hohenburg, und die Theile zu Hohenburg. Jene ist zurükgelöset, diese aber durch Verträge an das Haus Nassau Saarbrüken abgetretten, zum theil auch umgetauscht worden.

2.) Duchrod und Hausen oder Oberhausen sind vor 4. Jahren bei Eintauschung des Kübelberger Gerichts an Kurpfalz abgetretten worden.

3.) die Theile an Hochfelden und Altenwolfstein sind an Kurpfalz gekommen. Marly hat H. Ludwig der schwarze Rudolphen von Endingen geschenkt, nachher hat solches die Stadt Straßburg gekauft.

§. 5

§. 5.

Anzeige von dem, was von der Grafschaft Veldenz noch Da ist.

Von dem, was Herzog Ludwig von seinem Gros-Vater, Graf Friederich von Veldenz bekommen, ist dermalen noch beim Herzogthum:

1.) Lichten erg, Kusel, Rohfelden, Pettersheim,
2.) Meisenheim, Landsberg, Moschel, darunter gelegen,
3.) das Drittel zu Stolzenberg,
4.) das Theil in der Gemeinschaft, darkommende von denen von Heinzenberg; dasselbe tragen dermalen die von Warsberg zu Lehen.

Dahingegen ist abgekommen:

1.) Veldenz, St. Remigsberg, Lauterelen; diese hat Herzog Wolfgang anno 1543. seinem Vaters Bruder, Ruprecht, abgetretten. Nach Abgang dessen Linie 1694. hat sie Kurpfalz okkupirt und durch den Vergleich von 1733. behalten.
2.) Odernheim; ist bei dem Selz und Hagenbacher Austausch, 1768. an Kurpfalz abgetretten worden.
3.) Obernheim, Armsheim, Dullingen, Ruprechtek sind verstörte Schlösser. Die Dörfer Armsheim, Bibelnheim, Weinheim liegen im Oberamt Alzei, Guntersweiler und Gerweiler im Oberamt Lautern. Kurfürst Friederich hat sie insgesamt in dem Krieg mit H. Ludwig dem schwarzen erobert.
4.) Der Theil der Burg Oberstein, worinnen Veldenz die Oefnung hatte, ist längstens zerstört.
5.) Das Theil zu Hohenbrüken auf der Nahe, habe ich nicht ausfindig machen können.
6.) Der verpfändete Theil zu Nanstul oder Landstul, welchen die Grafen von Zweibrüken, Herren zu Bitsch dem Grafen Friederich von Veldenz zur Sicherheit des Heuraths-

Guths deſſen Schweſter Lyſe, Gr. Eberhards Gemahlin, welche unbeerbt verſtorben, verpfändet hatten, war die Quart des Ganzen. Dieſe iſt unter der Regierung H. Ludwig des jüngern an Franzen von Sikingen pfandsweiſe gekommen, und beſizen ſolche deſſen Erben noch.

7.) Die Grafſchaft Veldenz hatte auch in der daranſtoſenden Herrſchaft Reipolzkirchen das Einzugs = Recht ſeiner Leibeigenen, und exerzirte man auf demſelben alle Rechte und Regalien, die ſich neben der Landes Höheit der Inhabere der Herrſchaft Reipolzkirchen faſt nur gedenken laſſen, als eine ſervitutem juris publici in alieno territorio. Alle dieſe Rechte wurden im Jahr 1779. bei Eintauſchung des Kübelberger Gerichts an Kurpfalz abgetretten.

§. 6.

a. Von der Grafſchaft Zweibrüken.

Es iſt nun von der Ueberkunft der heutigen Beſtandtheile kürzlich Nachricht zu geben.

Die Grafſchaft Zweibrüken hat Graf Eberhart im Jahr 1385. am Mittwoch vor St. Fabians und St. Sebaſtians Tag (18. Jenner) an Kurfürſt Ruprecht I. zur Halbſchied vor fünf und zwanzig tauſend Goldgulden verkauft, die andere Halbſchied aber ihm zu Lehen aufgetragen, (1) da dann dieſe leztere, nachdeme Graf Eberhart gegen das Jahr 1394. ohuberbt geſtorben, der Pfalz heimgefallen. Eberharts Vater Walram hatte dieſe Grafſchaft in der mit ſeinen Vettern Simon und Eberhart, Grafen zu Zweibrüken und Herren zu Bitſch im Jahr 1333. des Mandages vor des h. Cruces Dage (13. Sept.)

---

(1) ſ. Georg. Chriſtian. Joannis Miſcella Hiſtoriæ Palatinæ inſervientia pag. 13.

Sept.) eingegangenen Todtheilung (2) vor seinen Theil bekommen, konnte mithin frei über dieselbe disponiren. Sie bestehet, nach den Worten des Kaufbriefs, in Zweibrüken Burg und Stadt, Hornbach Burg und Stadt, und Bergzabern Burg und Stadt, mit Herrschaften, Vogteien, Mannen, Mannschaften, Burgmannen, Burgmannschaften - - mit Dörfern, Weilern, Höfen, Zehenden, Leuten, eigenen Leuten - - und mit allen andern Zugehörungen - - das alles Uns recht eigen ist. Zu der alten Burg Zweibrüken gehörte damal nichts als die Stadt gleiches Namens. Zu der Stadt Hornbach aber gehörten 9. Höfe, die man heut zu Tage Schultheisereien nennet. Zu der Stadt Bergzabern gehörte das Amt oder Schultheiserei Barbelrod. Diese Grafschaft hat Herzog Stephan im Jahr 1410., nebst andern Stüken, bekommen, und sind aus derselben, mit Dazuschlagung anderer, in der Folge angezeigt werdenden Erwerbungen die heutige Ober-Aemter Zweibrüken und Bergzabern entstanden.

§. 7.

b. Ueberkunft der Grafschaft Veldenz.

Die Grafen von Veldenz sind im Spät-Jahr 1444. mit Friederichen ausgestorben. Pfalzgraf Stephan war mit dessen Erbtochter vermählt, und hatte mit derselben mehrere Söhne erzeugt. Graf Friederich hatte anno 1437. vermög der von dem lezten Grafen, Johann zu Sponheim, zu Beinheim im Jahr 1425. gemachten Verordnung von demselben die halbe hintere und zwei fünfteile der vordern Grafschaft Sponheim geerbt. (3) Er und sein Tochtermann, Pfalzgraf Stephan, traten dahero auf Mittwoch nach St. Lamprechts-Tag (23. Sept.) 1444.

A 4   zusam-

(2) f. Urkunden-Buch zur Vorlegung der Fidei-Commissarischen Rechte des Hauses Pfalz ꝛc. N. 37. S. 159.

(3) Eben soviel hat damalen auch das Markgräfliche Haus Baden bekommen.

zuſammen und theilten ihre Lande auf dem Hundsrüken nebſt
Graf Friederichs Antheil an der vordern und hintern Grafſchaft
Sponheim. Der zweite und dritte Sohn wurden geiſtlich. Der
vierte Sohn, Ludwig, mit dem Beinamen der Schwarze, be=
kam Zweibrüken, nebſt denen oben angezeigten ſeinem Vater
in der Theilung von 1410. zugekommenen Stüken, und die gan=
ze Grafſchaft Veldenz. Aus Friederichs Theil iſt das Herzog=
thum Simmern und aus Ludwigs Theil das Herzogthum Zwei=
brüken entſtanden.

§. 8.

c. Von der halben hintern Grafſchaft Sponheim.

Zum Herzogthum gehöret die halbe hintere Grafſchaft
Sponheim. Es iſt ſchon geſagt worden, (§. 7.) daß im Jahr
1444. Pfalzgraf Friederich von Simmern ſeines Gros=Vaters
Graf Friederichs Theil an der vordern und hintern Grafſchaft
bekommen. Durch den, wegen der Erbfolge in denen von der
alten ‒ damalen auf dem Ausgang geſtandenen Kur=Linie beſeſ=
ſenen Landen, errichteten Heidelberger Vertrag von 1553. kam
nach Abſterben Kurfürſt Ott Heinrichs 1559. die halbe hintere
Grafſchaft nebſt andern Stüken an die Zweibrükiſche Linie, und
in derſelben durch den Augſpurgiſchen Options=Receß 1566. an
Herzog Wolfgang zu Zweibrüken, (4) welcher ſie ſofort ſeinem
Herzogthum inkorporirte. In ſeinem Teſtament von 1568. gab
er ſie ſeinem jüngſten Sohn Herzog Karl zu einem Anſiz auf
6000. fl. (5) deme ſie auch mittelſt eines beſondern Vertrags
im Jahr 1584. eingeräumt, dabei aber dem regierenden Herzog
zu Zweibrüken unter andern die Schazung, ſo auch die Tragung
der

(4) ſ. meine Betrachtungen über die Grundfeſte des Hauſes Pfalz=
Baiern. §. 27. S. 52. ſ.

(5) ſ. Urkunden zum 1. Th. des Status cauſæ, die Pfalz Zweibrükiſche
Succeſſion betreffend. Lit. A. S. 6.

der Reichs- und Kreis-Beschwerden vorbehalten wurde. Herzog Karl nahm seine Residenz zu Birkenfeld, wovon hernach dessen Linie die Pfalzgrafen von Birkenfeld genennet worden. Nach Abgang der Zweibrükisch Johannischen Linie succedirte der Innhaber der halben hintern Grafschaft Sponheim, Herzog Christian III., vermög des Wolfgangischen Testaments, (6) im Herzogthum Zweibrüken, und damit kam diese halbe Grafschaft, als ein Bestandtheil des Herzogthums, nach der Wolfgangischen Verordnung, daß der ältere jeder Linie allein regiere, wieder unter unmittelbare Zweibrükische Regierung.

Im Jahr 1776. fanden die Gemeinsherren der h. Gr. Sponheim, Pfalz Zweibrüken und Baden, gut, selbige, (mit Vorbehalt des Sponheimischen Stamm-Eigenthums und der wechselseitigen Erbfolge auf den Fall des gänzlichen Abgangs eines der Häuser Pfalz oder Baden,) unter sich zu theilen, dergestalt, daß die Gemeinschaftliche Regierung und Rent-Kammer aufgehoben werde, und jeder Herr seinen Theil ohne Beschränkung allein regiere. Wobei jedoch das gemeinschaftliche Haus-Interesse, die gemeinschaftliche Aktiv- und Passiv-Pfandschaften, das Gesez der Unveräußerlichkeit, und der Wechsel des Lehens-Direktoriums beibehalten worden.

Nach dieser Theilung ist auf den Zweibrükischen Theil gefallen:

1.) Das Oberamt Trarbach, mit Einschluß des Erbvereichs.
2.) Das Amt Allenbach.
3.) Das Oberamt Kastelaun.
4.) Die Vogtei Senhelm.
5.) Der Sponheimische Theil an dem Dreiherrischen, das ist, an dem zwischen Kur Trier, Sponheim, und der Herrschaft Winneburg Beilstein, modo Metternich gemeinschaftlichen Beltheimer und Strümmlcher Gericht,

A 5   wel-

(6) Meine Betrachtungen ꝛc. §. 35. Not. t. S. 75.

welche also nunmehro einen unmittelbaren Bestandtheil des Herzogthums ausmachen.

§. 9.
d. Von der Herrschaft Guttenberg.

Die Herrschaft Guttenberg liegt an den Mitternächtigen Gränzen des UnterElsasses im Speier=Gau, gehörte zu dem Rheinischen Franzien, und war Kaiserliches Tafelguth.

Im Jahr 1330. zu Trient an dem Montag nach St. Agneten Tag übergab sie Kaiser Ludwig der Baier seines Bruders Söhnen, denen Pfalzgrafen, pfandsweise, nebst Gemünde, Burg und Stadt, Einsheim die Stadt, Trifels die Burg, Nikastel die Burg, Germersheim Burg und Stadt, Anweiler die Stadt, Falkenburg die Burg, Wegelnburg, Haselach dem Dorf und Bohel dem Dorf, jedes mit allen seinen An = und Zugehörungen. Die folgende Kaisere erhöheten den Pfand=schilling, und dadurch wurde Pfalzgraf Ruprecht I. auf Dienstag nach dem 12. Tag, Epiphania Domini (11. Jenner) 1379. veranlasset, die halbe Obrigkeit der Herrschaften Guttenberg und Falkenburg (wovon §. 13.) nebst drei Quart der Renten dem Graf Emich von Leiningen zu Afterpfand zu geben. Den übrigen Pfälzischen Theil bekam Herzog Stephan in der Brudertheilung 1410. und gab ihn in der Theilung 1444. (§. 6.) seinem Sohn Herzog Ludwig. Im Jahr 1459. besaß Graf Schafried von Leiningen die Leiningischen Theile an Guttenberg. Derselbe kam in der Mainzischen Fehde zwischen Kurfürst Friedrich von der Pfalz und Diethern von Maynz in Ludwigs, Herrn zu Lichtenberg Gefangenschaft, blieb bis 1463. in derselben, und muste sich endlich, von allen seinen Agnaten verlassen, mit seinem Theil an Guttenberg lösen. Es geschahe dieses auf Mitwoch nach Trinitatis (8. Junii) 1463. Zwei Tage

Tage hernach verkaufte Herr Ludwig von Lichtenberg diese Theile dem Kurfürsten auf Freitag nach Frohnleichnams Tag (10. Junii) 1463. Kurz darauf, Samstag nach St. Jacobs Tag (30. Julii) 1463. warfen Kurfürst Friedrich und Herzog Ludwig der schwarze durch einen besondern Vertrag ihre Theile an Guttenberg dergestalt zusammen, daß künftig jeder die gerade Helfte haben sollte. Diese Gemeinschaft bestunde bis 1559; dann in diesem Jahr wurde die Kurpfälzische Helfte an die Zweibrükische Linie, vermöge des Heidelberger Vertrags von 1553. abgetretten, und fiel im Jahr 1566. dem nachgebornen Prinzen, H. Georg Hannsen zu seinem Theil, von dieser Zeit an besaßen Pfalz Zweibrüken und Pfalz Veldenz die Herrschaft Guttenberg in Gemeinschaft. Die Pfalz Veldenzische Linie starb im Jahr 1694. aus. Pfalz Sulzbach und Pfalz Birkenfeld, als dem Grad nach die nächst Gesippte (7) nahmen von der Pfalz Veldenzischen Helfte Besiz, und da die ganze Herrschaft bei den damaligen Französischen Reunions-Zeiten unter Königlicher Souveränete stund, wurden sie von dem Höchsten Gericht zu Colmar dabei geschüzet. In dieser Lage befande sich die Sache noch, als sich Kurpfalz und Pfalz Birkenfeld den 23. December 1733. wegen der Veldenzisch und Zweibrükischen Succeßion verglichen. Durch diesen Vertrag wurde die ehemalige Kurpfälzische und nachherig Pfalz Veldenzische Helfte an Guttenberg dem Haus Pfalz Zweibrüken abgetretten, und hörete damit die mehr als 300. jährige Gemeinschaft auf. In einem weitern Verglich zwischen denen Herren Pfalzgrafen Christian IV. und Friederich Gebrüdern vom 15. Junii 1746. wurde die ehemalige Veldenzische Helfte zum Ueberflus noch ausdrüklich zur Primogenitur geschlagen.

Die ganze Herrschaft ist also ein Bestandtheil des Herzogthums, stehet aber unter Königlich Französischer Hoheit.

§. 10.

(7) s. meine Betrachtungen §. 30. S. 66.

§. 10.

e. Von der Herrschaft Bischweiler.

Die Herrschaft Bischweiler liegt zwischen Hagenau und Drusenheim im Elsaß. Sie bestehet aus dem ansehnlichen Fleken Bischweiler und dem Dorf Hahnhoffen, (welche auch unter den Namen Bischofsweiler und Hagelhoffen vorkommen.)

Bischwyler die Feste kommt in der Verordnung Kurfürst Friederich I. von der Pfalz, wie es auf den Fall zu halten, wann er sich künftig annech vermählen und Fürstliche Leibes-Erben erzielen würde, d. b. Heidelberg auf Freitag nach St. Vincenzien Tag (24. Jenner) 1472, (8) unter denen Orten, die derselbe bei seiner Regierung gewonnen, und an die Pfalz gebracht hat, vor. Es war aber solches nicht ganz Bischweiler, sondern nur das Schloß mit seiner Zugehörde, welches denen von Nyberg zuständig war. Kurfürst Philipp gab im Jahr 1480. Engelharden und Johannsen von Nyberg 800. Goldgulden, um sich dessen Besiz zu versichern, das übrige besasen Edelleute.

Im Jahr 1499. wurde der dasige Rechtsspruch erneuert, der noch im Archiv vorhanden ist, in demselben sind des Herzogs Jura, wie sie von Alters her gewesen, angezeigt, unter welchem Ausdruk besagter Pfalzgraf Philipp zu verstehen ist.

In der Baierischen Fehde 1504. kam Bischweiler wieder von der Pfalz ab, fort an N. Ziegler, hernach an den von Bok, und 1506. an Fabian von Eschenau, dessen Sohn nach Abgang der Begere von Plyberg, welche Theil an Bischweiler hatten, deren Theil im Jahr 1537. acquirirte, und nun Bischweiler

(8) C. J. Kremer Geschichte des Kurf. Friedr. I. im Urkunden-Buch N. CLXVIII. p. 456.

weiler allein hatte. (9) Anno 1542. erhielt Ludwig von Eschenau die Erlaubnis sein Zweibrükisches beträchtliches Lehen zu Stein, zu Leips und Allersweiler zu verkaufen, und surrogirte dem Herzogthum dagegen sein Eigenthum zu Bischweiler. Durch die weibliche Succeſſion kam das Lehen in der Folge an Dietrichen von Schönberg, hernach an die Flachen von Schwarzenburg. Diese versahen es bei dem Lehenherrn so, daß er das Lehen als verwürkt einzog. Die Sache wurde endlich anno 1609. dahin verglichen, daß die Flachen auf ihr Lehen, und was sie sonst noch daselbst angebauet und erworben hatten, gegen Empfahung 31800. fl. Verzicht thaten. Als Herzog Johann II. seine mit der ersten Gemahlin Catharina von Rohan erzeugte einzige Tochter Magdalena Catharina mit Herzog Karls jüngstem Sohn Christian I. vermählte, gab er ihm, in Rüksicht auf das Mütterliche Vermögen der Prinzessin, die Herrschaft Bischweiler, welche ihr zu deſſen Sicherheit schon vorhero verschrieben war, zum Genus ein, deſſen Sohn und Regierungs-Folger H. Friederich aber übergab sie diesem seinem Schwager anno 1640. Pfandsweise mit aller Hoheit, doch unter solchen Bedingungen im Geistlichen und Weltlichen, die die Abhänglichkeit und den Verband mit dem Herzogthum offen hielten. Herzog Christian I. erbauete sich daselbst eine Residenz, und von ihm kommet die Birkenfeldisch Bischweiler Linie her. Die Herrschaft kam mit dem Elsas unter Königlich Französische Hoheit, die ganz Evangelische Kanzlei daselbst ist gleichwol bis auf den heutigen Tag geblieben, und hat alle geistliche, weltliche und kriminal Jurisdiktion. Die Appellationen aber gehen nach Kolmar.

Als der Pfands-Innhaber H. Christian III. anno 1733. in dem Herzogthum succedirte, ist die Pfandschaft erloschen, und

(9) Schœpflin. Alsat. illustr. T. II. p. 190.

und der regierende Herzog zu Zweibrüken besizt diese Herrschaft wieder als einen Bestandtheil seines Herzogthums.

§. 11.

f. Von der Herrschaft Homburg in Westrich.

Die Herrschaft Homburg im Westrich ist ganz in dem Oberamt Zweibrüken eingeschlossen. Sie hatte ihre eigene Grafen, welche schon anno 1172. vorkommen, mit Grafen Johann zu Anfang des 15. Jahrhunderts ausgestorben sind. Sie kam hernach an Graf Philipp von Nassau Saarbrüken, (10) und blieb bei diesem Haus bis 1755. da sie Herzog Christian IV. gegen andere Bestandtheile des Herzogthums aus denen Oberämtern Zweibrüken, Lichtenberg und Meisenheim eintauschte, um deswillen sie auch als ein Surrogatum derselben vor einen Bestandtheil des altväterlichen Herzogthums anzusehen ist.

Des jeztregierenden Herrn Herzogs Hochfürstl. Durchl. haben das anno 1779. von Kurpfalz eingetauschte - vorhin zum Oberamt Kaisers = Lautern gehörig gewesene - zwischen denen Oberämtern Zweibrüken und Lichtenberg mitten inne gelegene Kübelberger Gericht, sodann etliche bis dahin zum Oberamt Zweibrüken gehörige - von dem Siz des Oberamts aber 4. bis 6. Stunden entlegene Schultheisereien zu der Herrschaft Homburg geschlagen, und ein Oberamt daraus gemacht.

§. 12.

g. Von der Herrschaft Kirkel.

Die Herrschaft Kirkel hatte ehedem auch ihre besondere Herren (11) welche in der Mitte des vierzehenden Jahrhunderts ausgestorben, da dann das Lehen dem Reich heimgefallen,

welc

(10) G. Ch. Crollius Orat. de Homburgo. C. VI. p. 24. sqq.
(11) G. C. Crollius Origg. Bipont. P. I. p. 144. sq.

welches sofort Kaiser Wenzel dem Pfalzgraf Ruprecht dem ältern conferirt, und ihn damit belehnt hat. (f. unten §. 115ł) Es wurde diese Herrschaft in der Theilung von 1410. dem Herzog Stephan und von diesem im Jahr 1444. seinem Sohn Ludwig dem schwarzen zugetheilt, und blieb seithero beständig beim Herzogthum.

Zu Kirkel gehören auch die zwey Dörfer Gros- und Klein-Buntenbach. Die von Steinkallenfels trugen solche zu Lehen. Der Lehens-Verband wurde aber durch Verträge aufgehoben, und Zweibrüken behielte sich nur die Oefnung in dasigem Schloß und das gemeinschaftliche Gericht, die hohe Jagd und mehr andere Superioritäts-Rechte, vor. Im vorigen Jahrhundert kamen sie durch Heurath an die Familie von Cathcart zu Carbiston. In neuern Zeiten maßte sich die Ritterschaft an, beede Dörfer unter ihre Jurisdiktion zu ziehen. Man gab dahero unter jeziger Regierung der von Cathcarthischen Familie vor ihre Rechte und Gefälle, so sie in beeden Buntenbach hergebracht haben, die Dörfer Wolfersheim, Herbitsheim und halb Rubenheim an der Blies, zog dagegen die beeden Buntenbach zurük und redintegrirte damit die Herrschaft Kirkel, welche übrigens zum Oberamt Zweibrüken geschlagen worden, in dem Oberamts Insiegel auch ihr eigenes Schildgen hat.

§. 13.
h. Von der Herrschaft Falkenburg.

Die Herrschaft Falkenburg ist eben so, wie Guttenberg als eine Reichspfandschaft anno 1330. an die Pfalz, so fort aus der §. 9. angezeigten Veranlassung drei Quart der Renten nebst der Helfte der Schlösser und Jurisdiktion an das Gräfliche Haus Leiningen gekommen. Leiningen trägt seinen Antheil von Kurpfalz zu Lehen. Es hat sich aber Kurpfalz gegen Leiningen sowol

wol im Pfand = als Lehenbrief verschrieben, das After = Pfand nicht abzulösen, bis die Haupt = Pfandschaft abgelöst werden würde. Da dieses nun nach dem Westphälischen Frieden und der Kaiserlichen Wahl = Kapitulation nicht geschehen soll, so macht sich der Schlus von selbsten.

Der Hauptheil dieser Herrschaft, in welchem das Schlos Falkenburg, die Dörfer Wilgartswiesen, Rinthal und Spirkelbach (nicht aber das nahe dabei schon auser der Falkenburger Hoheits = Linie auf Zweibrükisch alleiniger Hoheit liegende Dörfgen Ranschelbach) nebst etlichen Höfen, liegen, ist St. Pirmans Land. In demselben hatte der Abt von Hornbach sehr ansehnliche Weistums = Rechte. Nachdem zur Zeit der Reformation Pfalz Zweibrüken das Kloster Hornbach, als desselben Erb Kasten = Vogt sekularisirt hatte, so führte es auch den Besiz der Rechte, welche der Abt bis dahin, ohne beeder Gemeinsherren Einrede, ausgeübt hatte, fort, bis auf den heutigen Tage. In dessen Gefolg hat Pfalz Zweibrüken die Epissopal = Rechte und den Kirchen = Saz, desgleichen den Schultheisen = und Gerichts = Saz, ferner die ehemalige Kloster = Waldungen, oder den sogenannten kleinen Pirman, so auch den Zehenden rc. alleine.

Der Pfalz Zweibrükische Vogt zu Anweiler und der Leiningische Beamte zu Falkenburg halten die Amtstäge zu Wilgartswiesen gemeinschaftlich, und gehört übrigens der Zweibrükische Antheil an dieser Herrschaft zum Oberamt Bergzabern.

§. 14.
L. Von etlichen Reichspfandschaften und der Oberhaingereide.

Unter den Ländereien, welche Kaiser Ludwig der Baier anno 1330. denen Pfalzgrafen als Reichspfandschaften eingeräumt hat, befinden sich auch Neukastel, Trifels und die Stadt

Anweiler

Anweiler mit denen dazu gehörigen Dörfern. In der Theilung von 1410. hat sie H. Stephan bekommen, der sie im Jahr 1444. seinem Sohn Ludwig zugetheilt hat. Seitherd sind sie beständig bei dem Herzogthum geblieben, und machen einen Theil des Oberamts Bergzabern unter dem Namen des Amts Neukaftel aus, obschon die Stadt Anweiler nicht in dem nemlichen direkten Verhältnis mit dem Oberamt Bergzabern stehet, als das übrige Amt Neukaftel, sondern einen eigenen Vogt hat, der zugleich Stadtschultheiß ist. Auf dem Bergschlos Neukaftel war lange Zeit der Siz des Oberamts, zu Anfang des vorigen Jahrhunderts aber wurde dieses in die Stadt Bergzabern verlegt.

Trifels ist in der Reichs-Geschichte bekannt, weil unter denen Schwäbischen Kaisern die Reichs-Insignien daselbst verwahret worden.

Anweiler hat sub dato apud Hagenoam XVIII. Cal. Oct. anno 1219. von Kaiser Friederich II. Stadt-Recht und ein Zoll-Privilegium bekommen, welches von denen Kaisern bei deren Regierungs-Antritt erneuert wird.

Hieher gehört auch das grose Gewäld die Oberhain-Geraide. In derselben beholzigen sich die umhergelegene Kurpfälzische, Pfalz Zweibrükische und Löwensteinische Dorfschaften, und endlich die Stadt Landau; deswegen wird sie auch in drei Kantons oder Zenten in Absicht auf die Theilhabere, nemlich a. in den Kurpfälzischen, b. Pfalz Zweibrükischen (bei welchem Löwenstein ist) und c. in den Stadt Landauischen Canton eingetheilt. Sie hat ein eigenes Wald-Gericht, welches man den Geraiden-Stul nennet, und aus dem Geraiden-Ober-Schultheisen, dem Geraiden-Schreiber, und zwölf Beisizern, welche man Zwölfer nennet, bestehet, und seine Verrichtungen nach dem anno 1749. den 9. September zwischen Kurpfalz und Pfalz Zweibrüken, sodann dem Französischen Hof von wegen der

B   Stadt

Stadt Landau, concertirten Geralden=Reglement abzumessen hat.

Der Geralden=Schultheis und Geralden=Schreiber werden wechselweis von Kurpfalz, von Pfalz Zweibrüken und von der Stadt Landau bestellt.

Die ganze Einrichtung ist sehr alt, und verdient eine eigene Abhandlung. (12)

§. 15.

k. Von den Aemtern Selz und Hagenbach.

Die Aemter Selz und Hagenbach disseit Rheins sind anno 1768. von Kurpfalz, gegen andere Bestandteile des Herzogthums aus den Oberämtern Bergzabern und Meisenheim, eingetauscht worden, mithin an deren Stelle getretten. Sie liegen aber unter Französischer Hoheit, doch hat man zu Sicherstellung der Pfalz Zweibrükischen Rechten und Renten im May Mond 1774. Königliche offene Briefe (lettres patentes) erhalten. Der Herzog bestellet die geistlichen und weltlichen Diener, mithin auch den Amtmann und die zur Gerichtspflege gehörige Personen, der Amtmann muß aber bei dem hohen Rath zu Kolmar, an welchen noch zur Zeit unmittelbar die Appellationen gehen, geprüfet und verpflichtet werden.

Von dem ehemaligen Stift Selz kommet unten etwas vor.

§. 16.

l. Von dem Amt Kleeburg und der Mundat.

Das Amt Kleeburg war ehedem Kurpfälzisch. In der Baierischen Fehde über Herzog Georg des reichen Verlassenschaft ließ sich Herzog Alexander zu Zweibrüken zum Kaiserlichen Haupt=

(12) f. indessen Schattemann de Obernhaingeralda, der aber nicht ganz akurat ist.

Hauptmann gegen Kurfürst Philipp bestellen, und nahm ihm
die Aemter Kleeburg und Klingenmünster oder Landeken weg.
Kaiser Max der I. gab ihm darüber einen förmlichen Schen-
kungs-Brief vom 4. September 1504. Nach hergestellter Ruhe
verglichen sich beede Herren Donnerstags nach Scholastika (11.
Febr.) 1507. H. Alexander gab das Amt Landeken zurük, und
behielt Kleeburg, welches von solcher Zeit an einen Bestand-
teil des Herzogtums ausgemacht hat. Anno 1611. wurde dem
jüngsten Sohn H. Johann des I., Pfalzgraf Johann Kasimirn,
ein Ansiz zu Neukastel ausgemacht, den er im Jahr 1617. mit
dem Schlos Kleeburg vertauschte, wovon diese Linie hernach
den Namen, die Kleeburgische, bekam. (Sie wird auch wegen
dieses Pfalzgrafen Vermählung mit der Schwedischen Prinzessin Catharina, König Gustav Adolfs Schwester, von welcher
Schweden hernach drei Könige gehabt, öfters die Schwedische
Linie genennt.) Weil aber der Raum zu Kleeburg sehr eng
war, so blieb er auch hier nicht lange, sondern bauete oberhalb dem Fleken Birlenbach eine Residenz, welche er, seiner
Gemahlin zu Ehren, Catharinenburg, nennte. Den Fleken
Birlenbach selbst, den sein älterer Bruder, Johann II. anno
1611. von denen Grafen von Rappoltstein, als ein heimgefalle-
nes Dahnische Lehen, erkauft hatte, trat ihm dieser dergestalt
käuflich wieder ab, daß durch den Betrag des Kaufschillings eben
so viel von dem Kapital zu sechzig tausend Gulden angeschlagenen
jährlichen Deputat der 3000. fl. abgehen solle. Sein Sohn, König Karl Gustav kaufte das nahe dabei gelegene Zweibrükische
Dorf Keffenach im Jahr 1649. umb ein paar Jahre hernach das
halbe Dorf Schönenburg, und ließ diese drei Orte zusammen
unter den Namen des Amts Catharinenburg verwalten. Im
Jahr 1719., nachdem Karl XII. ohnbeerbt gestorben war,
nahm der aus der Kleeburgischen Linie noch allein übrige Herzog Gustav Samuel Besiz von diesem Aemtgen, und schlug sol-

ches wieder zum Amt Kleeburg. Das Schlos Catharinenburg
aber ist in dem Franzdsischen Reunions-Krieg zerstört worden.

In Ansehung des Amts Kleeburg ist noch zu bemerken, daß
von denen dazu gehörigen Dörfern, Viere, nemlich: Rott,
Kleeburg, Steinselz und Oberhoffen inner den Grenzen der Wel=
senburger Mundat liegen. In diesem Mundats=Bezirk liegen
verschiedene Kurpfälzische, Pfalz Zweibrükische, Speierische,
auch Johanniter=Ordens=Dörfer und die Stadt Weissenburg mit
ihrer Zugehörung, welche gewisse Holz=Nuzungen in den eigent=
lichen Mundats=Waldungen, sodann Weyd = und andere Ge=
rechtigkeiten mit einander gemein haben. Ueber erstere, nem=
lich die Wald=Nuzungen erkennet ein Waldamt, welches nur
über die eigentliche Mundats= nicht aber über andere innerhalb
der Mundat gelegene Waldungen, es mögen solche Herrschaften
oder Gemeinden zuständig seyn, zu erkennen hat; Sodann ist
ein Gericht in Weisenburg, welches, da es vor Alters unter frei=
em Himmel auf dem dasigen Fischmarkt auf denen Staffeln,
da man zur Lauter hinunter steigt, gehalten worden, noch heut
zu Tage das Staffelgericht genennet wird.

Der Bischof von Speyer, als Oberster Mundats=Herr und
die Stadt Weisenburg als Mit=Mundatsherr besezen beede Ge=
richte. Es ist aber diese Mundats=Jurisdiktion eigentlich blos
auf diese Mundatische Gegenstände eingeschränkt, und mus oh=
ne Abbruch der Landes=Hoheit der Fürsten, deren Dörfer inner=
halb der Mundat=Gränzen liegen, exerzirt werden. Dann die
Mundats=Grenzen sind keine Hoheits=Gränzen. Deswegen wer=
den auch diejenige Mundats=Genossen, welche, obschon inner=
halb der Mundat, doch ausserhalb der Französischen Hoheit woh=
nen, nicht unmittelbar, sondern durch pareatis vorgeladen, und
wenn sie von dem Wald=Amt gestraft werden, so wird der Fürst=
liche Beamte um die Erekution ersucht. Ehedem existirte auch
ein sogenanntes Ritter=Gericht, an welches von dem Staffel

Ge=

Gericht appellirt wurde. Zu demselben schikten Kurpfalz und Pfalz Zweibrüken ihre Gesandte, welche ihren Siz vor den adelichen Beisizern dieses Gerichts nahmen, und die Pfälzische Landesherrliche Rechte in denen Kur und Fürstlichen im Mundat gelegenen Dörfern wahreten. Von diesem Gericht giengen die Appellationen an das Kaiserliche Kammergericht. Seit dem aber Weisenburg unter Französischer Hoheit stehet, wird das Ritter-Gericht nicht mehr gehalten, sondern es gehen die Appellationen von dem Staffelgericht gleich nach Kolmar.

Das Staffelgericht richtet auch in Schuld und Erbschafts-Sachen nach Mundats-Recht und Herkommen, auf welches auch zu Kolmar gesprochen wird, doch haben die Bürger zu Weisenburg die Wahl, ob sie vor dem ordentlichen Richter oder vor dem Staffelgericht klagen wollen. In den angezeigten 4. Dörfern des Amts Kleeburg, die in der Mundat liegen, muß nach einem alten Herkommen der Zweibrükische Beamte in Erbschafts-Sachen ebenfals nach dem Mundat-Recht und nicht nach dem Zweibrükischen Statuto und Landrecht, die Untergerichtsordnung genannt, sprechen. (13) Etwas besonders ist es auch, daß im Mundat die Schazung nicht an dem Ort der belegenen Sache, sondern in dem Wohnort von der Obrigkeit der Güter Besizere erhoben wird.

§. 17.
m. Von dem Amt Wegelnburg.

Das Amt Wegelnburg ist anno 1417. an Pfalz Zweibrüken gekommen. In der Theilung 1410. bekam solches der Kurfürst. Da aber eben daselbst zwischen diesem und dem Herzog Stephan die Gemeinschaften an den Theilen zu Ochsenstein, Reichshofen,

B 3   Meister-

(13) s. die fürtrefliche Inaugural Dissertation des zu früh verstorbenen Pfalz Zweibrülischen Hof-Raths von Papelier de Mundato. Strasburg 1771.

Meisterfeld, Hochfelden, Morsmünster, Hüneberg, Wynstein,
Lüzelstein und Einarzhausen gemein gelassen wurden; So trat
solche Herzog Stephan mit einander seinem Bruder ab, und dieser gab ihm davor das Amt Wegelnburg, welches bis jezo noch
ein Bestandtheil des Herzogthums ist.

§. 18.
Ober und Aemtere, aus denen dermalen das Herzogthum bestehet.

Aus allen diesen Bestandtheilen bilden sich die Ober und
Aemter des Herzogthums, neml.

Das Oberamt Zweibrüken,

Das Oberamt Homburg,

Das Oberamt Lichtenberg,

Das Oberamt Meisenheim,

Das Oberamt Trarbach, unter selbigem stehet

    Das Krövereich.

Das Amt Allenbach.

Das Oberamt Kastelaun, unter selbigem stehet:

    Die Vogtei Senheim,

    Der Sponheimische Theil an dem Dreiherrischen
       Gericht Beltheim.

Das Oberamt Bergzabern, unter selbigem stehet:

    Die Vogtei Kleeburg,

    Die Vogtei Anweiler,

    Die Vogtei Wegelnburg,

Das Amt Nohfelden,

Das Oberamt Guttenberg,

Die Aemter Selz und Hagenbach,

Die Herrschaft Bischweiler und die Kanzlei daselbst.

§. 19.

§. 19.
Von Stadeken.

Zum Herzogthum hat auch ehedem gehört, das Amt oder Kellerei Stadeken. Sie gehörte sonst denen Grafen von Kazenelnbogen, und kam durch Veräuserung in unterschiedliche Hände. Zulezt hatten solche die Quaden von Landskron, von denen sie Herzog Wolfgang im Jahr 1563. erworben, und dem Herzogthum einverleibt hat. Durch den Zweibrükischen Successions-Vergleich 1733. wurde sie an Kurpfalz abgetretten, welches auch dessen Matrikular-Anschlag übernommen hat.

§. 20.
Von der Grafschaft Lüzelstein.

Ausser dem Herzogthum Zweibrüken besizet der jezige regierende Herzog auch die Helfte der Grafschaft Lüzelstein, die andere Helfte besizet der jezige Kurfürst von der Pfalz als Herzog von Sulzbach. Sie lieget an der äussersten nördlichen Gränze des Elsasses gegen Lothringen unter Französischer Hoheit, und hatte ihre eigene Grafen.

Im Jahr 1223. Idibus Januarii (13. Jenner) stellt Bischof Henrich zu Strasburg eine Urkunde aus, daß Graf Hugo ihme die Feste Lüzelstein mit seinem Allodium eine Meil Wegs um die Stadt zu Erblehen aufgetragen habe. In derselben heiset es:

D. Hugo Comes castrum suum Luzelstein & omne allodium, situm juxta jam dictum Castrum infra vnius milliaris ambitum, libere & totaliter præsente fratre suo nobili Viro Dno Conrado de Byste b. Mariæ Dnæ nostræ contradidit & à Nobis sub Nomine hereditarii feudi, hominio præcedente, recepit. (14)

B 3 Dabei

(14) in diesem Bezirk vnius milliaris waren damalen und noch lange her-

Dabei blieb es, bis Graf Friederich im Jahr 1403. unbeerbt starb. Er hinterlies eines Vaters Bruder, Burkard, welcher damalen Domprobst zu Straßburg war, und eine Schwester Elisabeth, welche an Grafen Johann zu Leiningen und Rixingen vermält, aber kinderlos war.

Burkard schikte sich an, weltlich zu werden, und seines Bruders Sohn zu succediren. Der damalige Bischof Wilhelm, Freiherr von Dieſt (15) ſuchte das Lehen als apert an ſich zu ziehen. Da aber in der Urkunde von 1223. ausdrüklich ſtehet: mortuo autem eodem Comite, qui *proximus heres* ejus fuerit, jam dictum Castrum cum præfato allodio, ſi hominium nobis exhibuerit tam per nos ſive ſucceſſores noſtros poſſidere debebit; So getrauete er ſich doch nicht die Gräfin Eliſabeth ganz auszuſchlieſen.

Er belehnte dahero auf Montag nach St. Niklaus Tag (10. Dec.) 1403. deren Gemal Graf Johannſen zu Leiningen mit der Helfte des vor apert und heimgefallen erklärten Lehens ex nova gratia, nemlich: „ mit dem halben Theil der Feſte „ zu Lüzelſtein, mit alle ſeinen Zugehörden, das vor Zeiten „ verwidemt iſt, als das der Widembrief ſaget, der darüber „ gemacht iſt. „ Hierunter wird die Urkunde von 1223. verſtanden. In Anſehung dieſer Helfte wolte alſo der Biſchof geſchehen laſſen, daß ſie hiernächſt auf des Grafen nächſten Erben fiele.

Den

---

hernach mehrere geiſtliche und adeliche begütert, welche erſt von denen Pfalzgrafen nach und nach ausgekauft worden. Dieſe nach dem Lehensauftrag beſchehene Erwerbungen gehörten alſo nicht zum Lehen. Von dem extra vnius milliaris ambitum gelegenen allodio iſt ohnehin keine Frage.

(15) 9. Jahre zuvor iſt Graf Burkard gegen dieſen Wilhelm zum Biſchof gewählt worden. Ob nun ſchon jener dieſem gewichen; ſo ſcheinet doch der Biſchof jenen Vorgang nicht ganz vergeſſen zu haben.

Den nemlichen 10. December belehnte Bischof Wilhelm ebenbesagten Grafen Johann noch mit einer Quart auf seine Leibs-Lehens-Erben. So er aber deren keine verliese; (welches damalen schon höchst wahrscheinlich gewesen seyn muß, da der Graf würklich wenige Jahre hernach unbeerbt verstorben,) so solle diese Quart dem Stift ohne Widerrede heimfallen. Das vierte Viertheil aber behielt der Bischof jezo gleich vor sich und sein Stift.

Mitlerweile war Graf Burkard auch nicht stille gesessen. Er suchte Schuz und Unterstizung bei dem Haus Pfalz; verschrieb in solcher Absicht zu Weisenburg feria sexta ante b. Martini Episcopi (6. Nov.) 1403. dem Kaiser und Kurfürsten Ruprecht: „ einen vierdten Theil an Burg und Stadt Lüzel-„ stein, mit Dörfern, Wäldern, Feldern, Wildbännen, „ Fischereien und allen Zugehörungen, vor erb und eigentum-„ lich; Sodann erblich und ewiglich ein Viertheil an dem Zoll „ zu Lüzelstein und an den Dörfern, die zu dem Schloß Lü-„ zelstein gehören, und von dem Reich zu Lehen rühren. „ (Diese leztere machten das Amt Einarzhauffen aus, wie aus der Urkunde von 1404. erhellet;) „ Mit einer Quart des Reichs-Lehens solte der Kaiser seine Söhne - mit den übrigen 3. Quarten den Graf Burkard und seine Erben belehnen. „

Auf den Freitag vor St. Martins Tag (9. Nov.) 1403. genehmigte und bestättigte der Kaiser diese Uebertragung.

Unmittelbar darauf giengen die offenen Zweiungen zwischen dem Bischof, Graf Burkarden und Graf Johann an. Der Kaiser sezte dahero denen Parthieen einen Tag nach Heidelberg auf feria sexta b. Antonii confessoris (22. Jenner) 1404. an, und da erfolgte folgender Entscheid: a) der Kaiser als Kurfürst von der Pfalz und seine Erben sollen ein Viertheil an denen Schlössern, Zöllen und allen andern Zugehörungen zu Lüzelstein und Einartshausen erblich und ewiglich haben und besizen;

szen; b) von den andern drei Theilen soll Graf Burkard dem Grafen Johann von Leiningen die Helfte, das ist, anderthalb Viertheil des ganzen überlassen; c) von diesen anderthalb Vier= theilen soll Graf Johann dem Bischof Wilhelm ein Viertheil des Schlosses Lützelstein mit dessen Zugehörungen, die von dem Geist Strasburg zu Lehen rühren, werden lassen, und das ihm eingeben. (Also nichts von dem, was Reichs=Lehen ist, oder *extra ambitum milliaris* gelegen;) d) die beede Grafen sollen ihre drei Theile an den Zöllen zu Lützelstein und Einarz= hausen vom Kaiser zu Lehen nehmen. e) der Bischof soll Graf Burkarden mit seinen 1½ Viertheilen an Lützelstein belehnen. Solchergestalt ist eine Quart am Zoll, und an alle dem, was in beeden Aemtern Lützelstein und Einarzhausen von dem Reich zu Lehen rührete, und eine Quart dessen, so Graf Hugo dem Stift Strasburg im Jahr 1223. an der Feste Lützelstein und an seinem eine Meile Wegs um die Feste gelegenen Eigenthum zu Lehen aufgetragen hatte, der Pfalz Eigenthum worden.

Graf Burkard hatte sich indessen mit Agatha von Hohen= fels verheurathet und mit derselben zween Söhne, Jacob und Wilhelm, erzeugt, Graf Johann von Leiningen aber und des= sen Gemalin waren unbeerbt verstorben. Dieses gab zu einer neuen Verkommniß Anlaß. Graf Burkard, der seines verstor= benen Vettern 1½ Viertheil ganz zu haben sich berechtiget hiel= te, suchte abermals Kurpfälzische Hülfe. Er verschrieb also auf St. Peterstag ad Vinkula (1. Aug.) 1414. dem Kurfür= sten Ludwig und seinen Erben Pfalzgrafen seine 3. Theile an Lützelstein und Einarzhausen, sowol was er vom Bistum Stras= burg als vom Reich zu Lehen trägt, auf den Fall, daß sein Mannsstamm abgienge. Gleich Tags hernach, nemlich Sam= stag nach St. Peterstag ad Vinkula (2. Aug.) gab Bischof Wil= helm in behöriger Form seine Einwilligung dazu mit der Zusa= ge, die Pfalzgrafen auf Abgang des Gräflich Lützelsteinischen

Manns=

Mansstamms mit denen drei Vierteln an Lützelstein nebst Zugehörde zu belehnen.

Die Söhne Graf Burkards sind im Jahr 1432. und 1442. von denen Bischöffen Wilhelm und Ruprecht belehnt worden. Sie haben auch mit Kurpfalz bei jeder Regierungs-Veränderung den Burgfrieden beschworen. Allein aus Gelegenheit der Litscher Fehde vergriffen sie sich an Kurfürst Friederich, violirten den Burgfrieden, jagten den Pfälzischen Amtmann zu Lützelstein hinaus, und griffen den Kurfürsten in offener Fehde an, der sie darauf in Lützelstein belagerte, und den 10. November 1452. die Feste mit Sturm eroberte. Beede Grafen hatten Gelegenheit gefunden, heimlich zu entweichen, da indessen der Kurfürst die ganze Grafschaft in Besiz nahm. Graf Jacob ist, soviel man weis, im Jahr 1456. und Graf Wilhelm anno 1460., beede unbeerbt, gestorben. Das folgende Jahr belehnte Bischof Ruprecht zu Zabern die beatorum Fabiani & Sebastiani Martirum (20. Jenner) 1461. den Kurfürst Friederich I. nach Maasgab der Verschreibung von 1414. und wird diese Belehnung bis auf den heutigen Tag erneuert.

In dem Heidelberger Vertrag von 1553. wurde diese Grafschaft vor die Pfalz Zweibrükische Linie nach Abgang der alten Kur-Linie bestimt, (16) und derselben auch im Jahr 1560. würklich eingeräumt. Anno 1566. bekam sie Herzog Georg Hanns, der Zweibrükische nachgeborne Prinz.

In nur besagtem Heidelberger Verträg wurde vor Kurpfalz das Kloster Lixheim, dessen Renten zu dem Collegium der Sapienz zu Heidelberg geschlagen worden waren, ausbehalten.

(16) s. meine Betrachtungen rc. §. 27. S. 60. woselbst ich von Lützelstein überhaupt gesagt habe: Kurfürst Friederich I. habe Lützelstein jure belli erobert. Ich hätte deutlicher sagen sollen, er habe $\frac{3}{4}$ jure belli erobert, dann $\frac{1}{4}$. hatte er schon, ob er gleich damalen von denen Grafen daraus verdrungen war.

halten. Der unglükliche Kurfürst Friederich der V. hat aber dieses Kloster im Jahr 1621. in seinen bedrängten Umständen an Lothringen verkauft. Seine Nachfolger in der Kur haben es so dabei gelassen, und der andern Pfalzgräflichen Linien Fideikommissarische Rechte ruhen noch.

Herzog Georg Hanns lies das alte Gemäuer zu Eindrzhausen eingehen, und bauete nahe dabei die schöne Stadt und Festung Pfalzburg. Von seinen Gläubigern gedrungen verkaufte er im Jahr 1584. Stadt und Amt Pfalzburg an Lothringen. (17) Seithero bestehet die Grafschaft Lüzelstein nur noch aus dem Amt gleiches Namens.

Als ein Surrogatum des verkauften Amts Pfalzburg erkaufte Herzog Georg Hanns im Jahr 1588. von denen von Rathsamhausen die vom Reich lehenrührige - mitten im Elsas gelegene Herrschaft Steinthal. Nachdem Elsas an Frankreich abgetretten worden war, sollten die Nachkommen des Herzogs dieses Lehen bei Frankreich nehmen, bei welcher auch vor die übrige Pfälzische Agnaten hätte gesorgt werden sollen, weil sie von dem ersten Erwerber des Steinthals Herzog Georg Hannsen nicht abstamten; es ist solches aber nicht geschehen. Deswegen hat Frankreich nach Ausgang des Veldenzischen Manns stamms 1694. die Herrschaft Steinthal als ein erbfnetes Lehen eingezogen und noch zur Zeit waren die Verwendungen, dieses abgerissene Stük wieder herbei zu bringen, fruchtlos. Im Jahr 1680. wurde Lüzelstein unter die Französische Reunion gezogen, und nach dem Ryswikischen Frieden blieb es unter Französischer Hoheit. Frankreich lies die Festung repariren, und es ist ein Französischer Kommandant und Garnison daselbst.

In

(17) Im Jahr 1661. hat Lothringen durch den Vertrag von Vincennes die Stadt und einen Theil des Amts Pfalzburg nebst dem ¼ Meile breiten Königs = Weg von Mez bis Pfalzburg an Frankreich abgetretten.

In nur besagtem Jahr 1694. nahmen die Pfalzgrafen Christian August von Sulzbach und Christian II. von Birkenfeld, als dem Grab nach die nächst gesippte, von Lüzelstein Besiz, und seithero besizen es beede Häuser in Gemeinschaft, Birkenfeld modo Zweibrüken aber hat die Administration vermög eines Vertrags von 1716. allein, soweit solches mit der französischen Souveränete kompatibel ist, auch ist es in dem Successions=Vergleich von 1733. dabei geblieben.

Ich habe indessen sowol Stadeken als Lüzelstein dahier berühren müssen, weil sie in dem algemeinen teutschen Staats=Recht vorkammen.

§. 21.
Von der Grafschaft Rappoltstein.

Noch mus ich hier etwas von der Grafschaft Rappoltstein und Herrschaft Hohenak sagen, welche die von Herzog Christian II. abstammende Pfalzgrafen in ihrem Titel führen.

Die Grafschaft liegt im Obern Elsas und die Herrschaft Hohenak, oder das Urbesthal war derselben schon im 13. Jahrhundert einverleibt. Das Geschlecht der Grafen ist zwar sehr alt, (18) die diplomatische Nachrichten von denselben gehen aber erst im dreizehenden Jahrhundert an. Durch die in der Familie eingeführt gewesene Theilbarkeit der Lande unter den Erben beiderlei Geschlechts ist vieles an fremde Häuser gekommen. Im Jahr 1511. machten die Grafen Smasmann, Brun und Wilhelm, Gevettern, vor sich und den blödsinnigen Bruder Sebastian, einen Vertrag, den auch Kaiser Mar in eben diesem Jahr bestättiget hat, kraft dessen wurden die Töchter von der Erbfolge ausgeschlossen, solange noch Mannsstamm vor=

(18) s. Casimir. Henr. *Radius* diss. inaug. de origine, dignitate, inribus & prærogativis quibusdam Illustrissimæ Comitum Rappoltsteinensium Domus. Argentorati 1745.

vorhanden seyn würde, dagegen wurde ihnen ein benanntes Stük Geld zu ihrer Abfindung regulirt. Nebst deme aber wurde verglichen, daß die Renten unter denen Grafen theilbar seyn solten.

In Ansehung der Regierung der ganzen Grafschaft und Zugehörde war das Seniorat in der Familie eingeführt, wie solches aus Urkunden d. d. vff Mittewuch nechst vor sante Matthys Tage (22. Febr.) 1419. vff Mitwoch nach dem Sontag Okuli (24. Merz) 1512. vff Donnerstag nach dem h. Ostertag (15. April) 1512. auf Freitag nach dem Sontag Kantate (14. May) 1512. und endlich einer vom 12. Mai 1543. deutlich erhellet.

So blieb es bis nach Graf Eberhards anno 1637. erfolgten Absterben. Ihm hätte sein älterer Sohn Georg Friederich in der Regierung folgen sollen. Es lies aber derselbe geschehen, daß sein Bruder Johann Jakob mit ihm zugleich regierte. Wovon die wahre Ursache nicht bekannt ist. Man will wissen, daß es iederzeit ein schwächlicher Herr gewesen, wie er dann schon im Jahr 1651. mit Hinterlassung einer Tochter Anne Elisabethe gestorben, welche hernach im Jahr 1658. mit Graf Christian Ludwig von Waldek vermählt, und dem Familien-Vertrag von 1511. gemäs, ausgefunden worden, die Lande selbst aber bekam nun, eben diesem Haus=Gesez zufolge, der überlebende Graf Johann Jakob allein.

Dieser hinterlies auch keine männliche Erben, sondern zwei Töchter Catharina Agatha, und Dorothea. Leztere verstarb ohnvermählt. Erstere aber vermählte sich 1667. mit Herzog Christian II., welcher im Jahr 1668. von der Kron Frankreich vor sich und seine Söhne, in deren Entstehung aber, die Töchter mit der Grafschaft Rappoltstein und allen dazu gehörigen Lehen, wie solches Graf Johann Jakob besessen, belehnt worden. Nach Graf Johann Jakobs im Jahr 1673. erfolgtem

Ab=

Absterben kam der Herzog zum wirklichen Besiz, und nachdeme derselbe seinem einigen Sohn, Christian dem III. vermög eines Verglichs anno 1699. die Grafschaft abgetretten hatte; so wurde dieser noch im nemlichen Jahr von dem König in Frankreich damit belehnt. Dieser lösete die von seinem Vater anno 1679. vor 32000 Pf. erkaufte und nachhero versezte= zwischen Rappolzweiler und Schletstadt gelegene kleine Herrschaft Bergheim oder Bergkheim anno 1714. wieder ein, und seithero ist sie ein Bestandtheil der Grafschaft Rappoltstein.

Nach Christian III. Absterben überließ dessen ältester Prinz und Regierungs=Folger Christian IV. durch einen Vergleich vom 15. Junii 1746. seinem jüngern Bruder Pfalzgraf Friederich die Regierung der Grafschaft nebst seiner Helfte der Renten, und nachdeme H. Christian IV. im Jahr 1775. ohne beerbt verstorben, so hat dessen Regierungs=Folger, des Herrn Pfalzgrafen Friederichs ältester Sohn, Herzog Karl II. zu Zweibrüken, seinem Herrn Bruder Pfalzgraf Max, vermög eines Vergleichs vom 27. Merz 1778. die Regierung der Grafschaft nebst seiner Helfte der Renten vor sich und dessen Mannliche Erben ebenfals, iedoch dergestalt überlassen, daß auf Abgang der Mannlichen Erben des Herrn Pfalzgrafen Max, die Grafschaft auf die Mannliche Erben des Herrn Herzogs Karl II. zurükfallen solte.

§. 22.
Von einigen Erwerbungen.

Zum Beschlus dieses Kapitels will ich noch einige merkwürdige Erwerbungen anführen, welche seit 1444. zum Herzogthum gemacht worden.

1476. uff St. Jakobs des H. Apostels Abend, (24. Jul.) acquirirte Herzog Ludwig der Schwarze von seinem Lehen=Mann Wilhelm von Rupersberg das halbe Schloß Nohfelden nebst

dem

dem dazu gehörigen Gericht Wolfersweiler; die andere Helfte
hatte schon anno 1345. des nächsten Dienstags nach Unserer
Frauen Tag, als sie geboren ward, (13. Sept.) Gr. Georg
von Veldenz von Susele von Nahfelden erkauft. Von denen
von Rupersberg trugen die von Ebtern und von Grobe das
Hochgericht Neunkirchen, erstere zu Mann- leztere zu Kunkel-
Lehen, in After-Lehnschaft, dergestalt, daß ersterer die Dörfer Neunkirchen und Seelbach- und lezterer das Dorf Goudes-
weiler privative besaß, die Hochgerichts-Rechte aber beede in
Gemein ausübten. Nach dem Verkauf erhuben die mitverkaufte
After-Lehen-Leute ihre Lehen ohnmittelbar von Pfalz Zweibrüken von wegen der Grafschaft Veldenz.

1480. uf St. Mathias des h. Apostel Abend (24. Febr.)
acquirirte Herzog Alexander von Henrich Vogt von Hunolds-
stein die Pfleg Achtelsbach, und schlug solche zu Nohfelden.
Beedes zusammen machet noch auf den heutigen Tag das Amt
Nohfelden aus.

1514. auf Dienstag nach dem h. Pfingsttag (6. Junii) acquirirte H. Alexander von den Raugrafen ein Drittel an Stolzenberg. Ein Drittel davon, nebst dem Stahlberg und Zugehörde hatte er schon von seinem Urgros-Vater Graf Frieder-
chen von Veldenz. (§. 7.) Beedes machet einen Theil des
Oberamts Meisenheim aus. Das übrige ein Drittel an Stolzenberg gehört zur Grafschaft Falkenstein.

1563. auf Montag nach dem Ostertag (12. April) acquirirte Herzog Wolfgang die Kellerei Stadeken. (§. 16.) /.

1580. den lezten Dezember kaufte H. Johannes I. von Simon von Kellenbach das Haus Ingweiler. Einige Jahre hernach gab er solches bei dem Zweibrükischen Schulden-Arrange-
ment dem Oberamt oder der Landschaft Meisenheim zur Beihülfe; diese nahm im vorigen Jahrhundert ein Kapital auf dasselbe auf, und räumte es endlich dem Darleiher unterpfändlich
ein.

ein. Nur erst im Jahr 1760. hat solches H. Christian IV. abgelöst, und seinem damaligen Minister, dem Freiherrn von
Esebek zu Erb-Lehen angesezt. Gehört zum Oberamt Meisenheim.

1590. auf Johannis Baptistä (24. Junii) kaufte eben dieser Herzog Johann I. von denen von Warsberg, Hattweiler im
Oberamt Zweibrüken, nunmehro Homburg, mit dazu gehörigen Bann und Wald, so sie bis dahin in Gemeinschaft mit
Zweibrüken besessen hatten, erbauete es zu einem Jagdschlos,
wegen seiner vortreflichen Waldungen, und nannte es Hanns-
weiler. H. Gustav lies das Schlos erweitern, und nannte es
Gustavusburg. H. Christian IV. erbauete daselbst ein ganz
neues sehr weitläuftiges Schlos mit vielen Neben-Gebäuden
in modernem Geschmak, und nannte es Jägersburg.

1595. acquirirte mehrbemeldter Herzog Johann I. von
Wernhern von St. Jugbrecht den in hiesigem Oberamt gelegenen Hof Kirchheim. H. Gustav vertauschte ihn im Jahr
1720. an seinen Minister den Freiherrn von Schorrenburg, der
demselben den Namen Schorrenburg beilegte. Anno 1738.
kam der Hof durch Vergleich zurük. Im Jahr 1772. ward
derselbe an die Gräflich Forbachische Familie vertauscht und
durch Vergleich anno 1777. wieder zurükgebracht. In dem
1779sten Jahr hat der ieztregierende Herr Herzog solchen seinem Geheimen-Rath und beim Teschener Frieden gewesenen
bevollmächtigten Minister, Herrn von Hofeufels geschenkt.

1590. den 15. Julii erkaufte eben dieser H. Johann I. den
Hof Kirschbach in hiesigem Oberamt von denen Fränkischen Erben, und gab solchen seinem Hof und Jägermeister Christof
von Berustein am 4. Jenner 1591. zu Erblehen. H. Christian
des III. Frau Wittwe erwarb das niesbare Eigenthum. H.
Christian der IV. zog solchen durch Akkord von seiner Frau
Mutter zurük, und der iezige Herr Herzog haben nach Abster-

C   ben

ben der Frauen Herzogin und H. Christian IV. die Bedingungen dieses Akkords erfüllet.

1600. kaufte H. Johann I. von denen von Löwensteinischen Töchtern drei Achtel und 1601. von Johann Gottfried von Sikingen fünf Achtel des Dorfs Heiligen Moschel im Oberamt Meisenheim. Im Jahr 1603. erkaufte er von Flörsheim die Kollatur und Zehenden daselbst.

1666. den 12. November kaufte H. Friederich Ludwig das halbe Dorf Niederkirchen von denen Rheingrafen. Es ist im Jahr 1779. an Kurpfalz vertauscht worden.

Von minder beträchtlichen neuen Erwerbungen, die man in dem Umfang des Herzogthums kaum mehr kennet, thue ich keine Erwehnung, so auch nicht von dem, was gegen andere Bestandtheile des Herzogthums eingetauscht worden, und keinen wesentlichen Einflus in das Verhältnis des Herzogthums gegen das Reich, oder die angränzende Staaten hat, mithin auch eigentlich nicht zu dessen Staats-Recht gehören. Doch kommt besser unten in dem Kapitel von denen Verträgen mit benachbarten noch einiges hievon vor.

Zweites Kapitel.
Von des regierenden Herzogs Rang, Titel und Wappen.

§. 23.
Rang.

Der Herzog von Zweibrüken hat auf der weltlichen Fürsten Bank den siebenden Plaz. Vor ihm sizen Baiern, Magdeburg, Pfalz-Lautern, Pfalz-Simmern, Pfalz-Neuburg
und

und Bremen. Da nun die Innhabere dieser Fürstenthümer
die Kurfürsten zu Pfalz, Brandenburg und Braunschweig Lü-
nenburg sind, so glauben einige berechtiget zu seyn, den Herzogen von Zweibrüken den ersten weltlichen Reichsfürsten zu
nennen, welches in so ferne wahr ist, wann man sich eine
persönliche Zusammenkunft der weltlichen Kurfürsten und Fürsten gedenket, da dann freilich der Herzog von Zweibrüken ohnmittelbar an die weltlichen Kurfürsten, welche nicht Kronen tragen, anschliesen würde.

Daß man es in dem fünfzehenden und biß fast in die Mitte des sechzehenden Jahrhunderts mit dem Vorsiz der vordersten
altfürstlichen Häusere noch nicht so genau auf den Fus, wie
nachhero, gehalten, davon finden sich in den Reichs Matrikeln
und Unterschriften der Reichs=Abschiede in Ansehung der Häuser Oesterreich, Pfalz, Baiern, Sachsen und Savoien Beispiele genug. Wovon die Ursache um so schwerer anzugeben ist,
als sich alle diese vorkommende Veränderungen nicht wol auf
einen algemeinen Grundsaz bringen lassen, man mag die Analogie des Rangs der Kur=Häuser oder den Vorgang im Alter
nach den Geburts=Jahren oder nach dem Regierungs=Antritt
dabei zum Grund legen. Deswegen ist auch heut zu Tage
aus diesen alten Vorgängen nicht wol mehr etwas zu nehmen.
Seit 1542. ist es in Ansehung des Pfalz=Baierischen Hauses
zum Reichs Herkommen worden, daß daßelbe nach der Analogie der weltlichen Kurhäuser den ersten Rang im Fürsten
Rath auf der weltlichen Bank habe.

Der Rang, den die sekularisirte Erz=Bißthümer Magdeburg und Bremen auf dem zweiten und sechsten Plaz zwischen
den Baierischen und Pfälzischen Stimmen haben, beruhet auf
der in Verfolg des Westphälischen Friedens getroffenen Auskunft, und ändert den Haupt=Saz nicht ab.

Deswegen entlege ich mich auch hier von dem Streit, der zwischen den Fürstlichen Häusern Pfalz und Sachsen, wegen des Rangs im 15. und 16. Jahrhundert obgewaltet, (19) noch insonderheit etwas anzuführen, da das Haus Pfalz nun 240. Jahr im Besiz ist.

In dem Haus Pfalz selbsten war im 16. Jahrhundert ein Streit wegen des Vorsizes auf Reichs und Kreis Tägen zwischen Pfalz Neuburg und Baiern. Es solte derselbe bei Gelegenheit des im Jahr 1559. zu Augsburg erneuerten Haus-Grundgesezes beigeleget werden. Herzog Wolfgang hatte sich zu solchem Behuf durch einen Vergleich vom 24. August besagten Jahrs anheischig gemacht, daß er dem Herzog Albrecht auf dessen Lebenszeit den Vorsiz lassen wolle, wann aber er vor Herzog Albrecht versterben würde, so wolle er seinen Kindern ihre Rechte ausdrüklich vorbehalten haben. Allein als bei dem Erb=Vergleich die Sache finaliter entschieden werden solte, wolte kein Theil nachgeben, und das war auch die Behinderung, warum der Erb=Vergleich selbst nicht unterschrieben worden, ob man schon über dessen übrigen Inhalt völlig einstimmig war. (20)

Gleichwol blieb Baiern nach Herzog Wolfgangs Tod in dem Besiz des Vorsizes.

§. 24.
Titel.

Der jezige Herzog von Zweibrüken führet folgenden Titel: Von Gottes Gnaden Karl der Zweite, Pfalzgraf bei Rhein, in Baiern,

(19) Jo. Jak. Mosers Baierisches Staats=Recht p. 135. und die daselbst angezeigte Schriftsteller.

(20) s. Vorlegung ꝛc. S. 46. Not. g. Es waren damalen die Gesamt=Unterschriften noch gewöhnlich. Es wäre ja aber nichts leichter gewesen, als daß Kurfürst Friederich und Herzog Albrecht den Vertrag unterschrieben, und die andere Interessenten besondere Accessions=Akten ausgestellt hätten.

Baiern, zu Jülch, Kleve und Berg Herzog, Fürst zu Mörs, Graf zu Veldenz, Sponheim, der Mark, Ravensperg und Rappoltstein, Herr zu Ravenstein und Hohenak rc.

Der Titel: Pfalzgraf bei Rhein, Herzog in Baiern ist der Familien Titel, den alle Nachkommen Ottens des Erlauchten jederzeit geführt haben. (21)

Der Titel: Von Jülch, Kleve und Berg, Mörs Ravensperg und Ravenstein kommt daher, weil der regierende Herzog ein Sohn einer Pfalz-Sulzbachischen Prinzessin ist, denen die Erbfolge im Jülchischen, nach Abgang des Neuburgischen und Sulzbachischen Mannsstamms, durch den Berliner Vertrag von 1741. und den Hubertsburger Frieden 1763. zugesichert ist.

Das Kurhaus Sachsen giebt sich diesen Titel wegen seiner Anforderung an die Jülchische Erbfolge, giebt ihn aber denen Pfalzgrafen nicht. Das nemliche thut Pfalz in Ansehung des Hauses Sachsen.

Der Titel: Graf zu Veldenz ist denen regierenden Herzogen zu Zweibrüken eigen. Als im Jahr 1444. Graf Friederich von Veldenz seine Lande unter seine beede Enkel, Friederich und Ludwig theilte, (§. 7.) verordnete er, daß ersterer sich Graf zu Sponheim, und lezterer, Graf zu Veldenz nennen solle.

Die nachgebornen Zweibrükische von Pfalzgraf Ruprecht abstammende Herren (§. 96.) werden von dessen anfänglichen Residenz, die Veldenzische Linie, genennt. Woraus mehrere Verwirrung entstanden.

Den Titel: Graf zu Sponheim hat Herzog Wolfgang erst im Jahr 1559. angenommen, da ihme und seinem Vetter Georg Hannsen die halbe hintere Grafschaft, vermög des Heidelberger Vertrags abgetretten worden, (§. 8.) und hernach in der Abtheilung mit diesem anno 1566. ihme geblieben.

C 5 Den

(21) Vorlegung rc. §. 59. und 60. S. 69. bis 73.

Den Titel: von Rappoltstein und Hohenak führen nur
die von Herzog Christian II. abstammende Pfalzgrafen (§. 18.)

Der Herzog nennet sich Karl der Zweite, in Bezug auf
den Stifter der Birkenfeldischen Linie, Herzog Wolfgangs
jüngsten Sohn, Karl I. welcher die hintere Grafschaft Sponheim in Gemeinschaft mit dem Marggräflichen Haus Baden
vermög des Bergzaberer Vertrags von 1584. mit allen Wirkungen der Landeshoheit, (nur den oben §. 8. Not. 7. angezeigten besondern Verband mit dem Herzogthum Zweibrüken
ausgenommen) inne hatte.

Da die Kaiserliche Kanzlei keinem Reichs-Fürsten den
Titel von solchen Landen gibt, mit denen er nicht von Kaiser
und Reich belehnt ist, so ist ganz natürlich, daß der regierende
Herzog von derselben die Jülchische Titulatur nicht bekomme.
Kurpfalz und Kurbrandenburg bekommen solche um gleicher
Ursache willen auch nicht. Eben so wenig bekommt man von
daher den Titel von Rappoltstein und Hohenak, zumalen beede
seit dem westphälischen Frieden unter französischer Hoheit stehen.

Und da die Pfalzgrafen niemalen vor nöthig erachtet, sich
den Titel: Durchlauchtig, bei der Reichs-Kanzlei zu kaufen;
so schreibt der Kaiser an den Herzog noch immer auf den uralten Fus nur folgendermasen: dem Hochgebornen Karl August Christian, Pfalzgrafen bei Rhein, Herzogen in Baiern,
Grafen zu Veldenz und Sponheim, Unserm lieben Oheim und
Fürsten. Nachdeme die jüngere Pfalzbaierische Hausverträge
durch den Teschener Frieden Art. VIII. bestättiget worden; so
würde es blos von des regierenden Herzogs Willkühr abhangen,
den Titel: Ober- und Nieder-Baiern, wie auch Landgraf zu
Leuchtenberg, in seine gewöhnliche Titulatur, als Lande, mit
aufzunehmen, zu denen er, nach dem Pfalzbaierischen Fami-
lien-FideiKommiß in Verbindung mit dem Recht der Erstgeburt, den Zugang hat; das nemliche würden dann auch mit
glei-

gleichem Recht die nachgebornen Herren Pfalzgrafen thun können.

§. 25.
Wappen.

Das dermalige Herzogliche Wappen ist folgendes:

Ein zweimal in die Quer getheilter Schild, dessen erste Reihe zweimal, die mittlere viermal und die unterste dreimal in die Länge getheilt ist.

Der mittelste Wappenplaz in der mittlern Reihe zeiget in einem etwas erhabenen Schild im schwarzen Feld einen goldenen Löwen mit einer rothen Krone, wegen der Pfalz am Rhein.

Der erste Wappenplaz in der ersten Reihe ist von Silber, und blau schräg rechts gewekt, wegen des Herzogthums Baiern.

Der zweite Plaz in der ersten Reihe hat im güldenen Feld einen schwarzen Löwen, wegen des Herzogthums Jülch.

Der dritte Wappenplaz in der ersten Reihe hat im rothen Feld 8. goldene Lilienstäbe, welche in Form eines gemeinen und Andreas-Kreuzes aus einem silbernen Schildlein hervorgehen, wegen des Herzogthums Kleve.

In der mittlern Reihe besezet den ersten Plaz im silbernen Feld ein rother Löw mit einer blauen Krone, wegen des Herzogthums Berg.

Der zweite Wappenplaz enthält im goldenen Feld einen schwarzen Querbalken, wegen des Fürstenthums Mörs.

Nota. Nun kommt im dritten oder mittelsten Wappenplaz der gleich anfangs angezeigte etwas erhabene Schild mit dem Pfälzischen Löwen.

Den vierten Wappenplaz nimmt ein, im silbernen Feld, ein blauer gekrönter Löw, wegen der Grafschaft Veldenz.

Der

Der fünfte und lezte Wappenplaz in dieser Reihe begreift einen roth und silber geschachten Schild, wegen der Grafschaft Sponheim. (22)

Die dritte und unterste Reihe hat im ersten Wappenplaz im güldenen Feld einen aus drei rothen und silbernen Schach=Reihen bestehenden Querbalken, wegen der Grafschaft Mark.

Der zweite Wappenplaz im silbernen Feld drei rothen Sparren, wegen der Grafschaft Ravensperg.

Der dritte Wappenplaz hat im silbernen Feld drei rothe Schildlein, wegen der Grafschaft Rappoltstein.

Der vierdte und lezte Wappenplaz hat im silbernen Feld drei gekrönte schwarze Raben=Köpfe, wegen der Herrschaft Hohenak.

Die Schildhalter sind zwei aufgerichtete gekrönte rechts und links seinwärts sehende Löwen.

Das ganze Wappen ist von einem Mantel=Zelt bedekt, auf dessen Spize die Herzogliche Krone ruhet, wie solche die regierende Fürsten aus denen Kurhäusern führen.

Nebst deme hat der Herzog noch an seinem eigenen Siegel: a) den Pfälzischen Haus=Orden von St. Hubert. b) Den
Baie=

(22) In dem Beinheimischen Entscheid von 1425. (§. 5.) hatte Graf Johann zu Starkenburg, der lezte Graf zu Sponheim, verordnet, daß die Markgrafen zu Baden sein Wappen, das ist, einen roth und silbergeschachten Schild, die Grafen zu Veldenz aber seines verstorbenen Vettern Simons des leztern von der Kreuznachischen Linie Wappen, nemlich den blau und goldgeschachten Schild führen sollen, er, der Graf hatte beede Schilde zugleich geführt. Die Pfalzgräflich Simmerische Linie hat auch in dessen Gefolg einen blau und goldgeschachten Herzschild in dem Pfälzischen Wappen geführt. Nachdem aber die halbe hintere Grafschaft, durch den Heidelberger Vertrag, an Pfalzzweibrüken gekommen (§. 8.) nahm dieses auch dieser Grafschaft Wappen, nemlich roth und silber in das Pfalzgräfliche Wappen auf.

Baierischen Haus-Orden von St. Georg, deſſen Gros-Prior
er iſt.   c) Den Baieriſchen St. Michels-Orden, deſſen Gros-
Meiſter er iſt, und d) den Pfälziſchen Löwen-Orden.

Drittes Kapitel.
Von dem Herzoglichen Hof- und Civil-Staat.

§. 26.
Hofſtaat überhaupt.

Die Einrichtung des Hofſtaats hanget von des regierenden Herrn Willkühr ab, und war dahero auch niemalen einför-
mig.   Derſelbe beſtehet dermalen aus einem Ober-Hofmeiſter,
Ober-Kammerherrn, Ober-Hofmarſchal, Ober-Jägermeiſter,
Ober-Stallmeiſter, Land-Jägermeiſter, Reis-Stallmeiſter,
und vielen Kammerherren.   Erb-Hofämter ſind bei dem Herzogthum nicht.   Eine beſondere förmliche Hof-Jurisdiktion
und Rechts-Inſtanz iſt nicht errichtet, wol aber ein Ober-
marſchal-Amt, Jägermeiſterei-Amt, Oberforſt-Amt, Mar-
ſtall-Amt.   Der Herzog hat eine Leibgarde zu Fus und ein
Corps Leib-Huſaren.   Nebſt deme iſt in iedem Oberamt eine
in den Waffen wol geübte Kompagnie Landmiliz, welche alle
Stunden Dienſte thun kan.   Von dem Kreis-Kontingent
kommt unten Nachricht.

§. 27.
Reſidenz.

Die Reſidenz der Herzoge iſt eigentlich Zweibrüken.   Daſelbſt iſt der Siz der Fürſtlichen Kollegien.   Als in dem 30jäh-
rigen Krieg Schlos und Stadt Zweibrüken zerſtört worden,

E 5   ver-

verlegte Herzog Friedrich im Jahr 1640. seine Residenz nach Meisenheim, woselbst sie bis nach dem Ryswikischen Frieden geblieben. Zu Anfang des iezigen Jahrhunderts verlegte sie Karl XII. wieder nach Zweibrüken, woselbst dessen Regierungs= folger Herzog Gustav ein neues Residenzschlos erbauet. Der Hof selbsten ist nicht viel zu Zweibrüken, sondern meistens auf dem, 2½ Stunden von hier, ohnfern Homburg, gelegenen Schlos Karlsberg, und zu Herbstzeiten auf dem Jagdschlos Pettersheim im Oberamt Lichtenberg.

§. 28.
Kollegia.

Die Herzogliche Kollegien sind:

1.) Das Kabinets=Kollegium, in welchem der Herzog selbst sich referiren lässet, und seine Befehle gibt. Daselbst sizen nebst dem ersten Minister etliche Geheime Räthe und ins= gemein die Chefs oder doch wenigstens Referendarien aus de nen Regierungs=und Rent=Kammer=Kollegien.

2.) Das Oberappellations=Gericht, welches aus einem oder mehr Räthen aus dem Kabinets=Kollegium, sodann Ober= appellations=Räthen und Referendarien bestehet.

3.) Das Regierungs=Kollegium, welches nebst denen Landes=Angelegenheiten auch alle Justizsachen zu besorgen hat. Es bestehet aus einem Präsidenten, Kanzler, Geheimen und Regierungs=Räthen auch Assessorn.

Zu diesem Departement wird das Archiv gerechnet, und sind dermalen das geheime Haus=und Landes=Archiv mit ein ander verbunden.

4.) Der Lehenhof. Diesen repräsentiret das Regierungs= Kollegium, und ein zeitlicher Archivarius ist Lehen=Sekreta= rius.

5.)

5.) Das Rent-Kammer-Kollegium, welches aus einem Direktor, Vize-Direktor und Kammer-Räthen bestehet.

6.) Bei der Rent-Kammer wird auch das Ober-Forst Amt gehalten; auf solche Tage sizet der Ober-Jäger-und Ober-Forst-Meister oder der Forst-Meister bei.

7.) Die Polizei-Kommission, welche zugleich das Land Oekonomiewesen zu besorgen hat, bestehet aus einem Ausschuß von Fürstlichen Räthen und Assessoren.

8.) Das Bergraths Kollegium, welches mit einem Ober-berg-Direktor, Bergräthen und Assessorn bestellet wird, ruhet dermalen; und sind dessen Amts-Verrichtungen einstweilen unter die Fürstliche Regierung, Rent-Kammer, den Berg-Inspektor und Geschwornen vertheilt, das Oberamt Meisen-heim aber hat die Berg-Justizpflege unter Titel und Wappen des Bergamts.

9.) Das Evangelisch-Reformirte Ober-Konsistorium, be-stehet aus geistlichen und weltlichen Räthen und Assessorn.

10.) Das Evangelisch-Lutherische Ober-Konsistorium; führet die Unterschrift: Geheimer-Rath, Direktor und Rä-the.

Die Ober-Aemter sind mit zwei Ober-Beamten, einem Amtmann und Landschreiber, oder an dessen Statt einem Oberamts-Assessor, sodann einem Amtschreiber besezt.

Zu Rohfelden ist ein Amts-Keller, von welchem die Ap-pellationes an die Regierung ergehen.

Der Amtskeller zu Allenbach stehet ebenfals in Landes-und Justiz-Sachen unmittelbar unter der Regierung.

Die Vögte zu Kleeburg, Anuweiler, Wegelnburg, Sen-heim, stehen unter denen Oberämtern Bergzabern und respek-tive Kastelaun.

Im Guttenbergischen ist ein Oberamtmann, der zugleich die Aemter Selz und Hagenbach respiziret.

Zu

Zu Bischweiler ist eine Kanzlei.

Die Kontrakt = Schreibereien in denen Ober und Aemtern haben die Amtschreibereien.

Die Waisenschreibereien versehen in denen Oberämtern Zweibrüken, Lichtenberg, Meisenheim und Bergzabern (mit Ausnahm der Bergzaberer Unter = Aemter) die unter dem Titel der Kommissarien angestellte Erheber der Schazung. Zu Homburg, Trarbach, und Kastelaun sind besondere Waisenschreiber angestellt. Bei den Vogteien Anweiler und Wegelnburg versehen dieses Amt die Vögte selbst, bei dem Amt Kleesburg der Amtschreiber und bei der Stadt Anweiler der Stadtschreiber.

Die Kameral = Bedienten sind der Land = Rentmeister, der die General = Kasse hat, sodann die Rentmeistere zu Bischweiler, zu Lützelstein, zu Hagenbach, zu Oberotterbach, der Zoll-Beamte zu Selz, alle Kommissarien, alle Landschreiberei = Gefäll = Verwesere, ferner der Ober = Keller, in dessen Receptur der Ueberschus aus allen andern Kellereien und Schafnereien zusammen flieset, alle Kellere, Kirchen = und Kloster = Schafnere, der Forst = Kassier und sonst alle mögliche Recepturen, die nicht in Forme begeben sind.

Die Städte haben Stadtschultheisen, Stadtschreibere, Burgermeister und Rath.

§. 29.
Zweibrüken hat keine Landstände.

Das Herzogthum hat keine Landstände, sondern alles, was in demselben wohnet, ist der Landes Hoheit ohne Einschränkung unterworfen. (§. 193.)

Wann man dahero hie und da in Drukschriften den Ausdruk von Landschaften des Herzogthums, von Landschafts=Kommissarien

miſſarien oder Ausſchüſſen bei der Landſchaft, lieſet; ſo muß man ſich keine Landſtände dabei gedenken, dann die Landſchafften waren vor 200. Jahren nichts anders, als was man heut zu Tage die Ober-Aemter Zweibrüken, Lichtenberg, Meiſenheim und Bergzabern nennet. Die Ausſchüſſe, aus denen im jezigen Jahrhundert die Kommiſſarien entſtanden, haben lediglich ihren Bezug auf das alte Schulden-Weſen und die desswegen getroffene Anſtalten. (§. 193.)

Viertes Kapitel.
Von der Art im Zweibrükiſchen zu ſuccediren und der Regenten-Folge.

§. 30.
Alte Art der Erbfolge im Pfälziſchen Haus.

In dem Pfalz-Baieriſchen Haus ſind die Familien-Theilungen, unter dem Geſez eines Familien-Fideikommiſſes, bis zu Einführung der Primogenitur gebräuchlich geweſen. Ich habe ſolches bei anderer Gelegenheit ausgeführet, (23) mithin dahier nur von dem Pfalz-Zweibrükiſchen Hauſe inſonderheit zu reden, in welchem die Primogenitur anno 1568. eingeführet worden.

Ludwig des ſtrengen Söhne, Rudolf und Ludwig, regierten die väterlichen Lande in Gemeinſchaft, ob ſie ſchon mehrmalen eine Theilung verſucht hatten.

Pfalz-

(23) Vorlegung ꝛc. §. 25. 52. 53. S. 25. 57. u. f. Betrachtungen über die Grundfeſte ꝛc. §. 19. bis 31. S. 34. u. f. Beantwortung der Moſeriſchen Schrift, die Pf. Zweibrükiſchen Landesfolge betreffend S. 86. Not. 87.

Pfalzgraf Rudolfs des Stammlers Söhne, Rudolf II. und Ruprecht I. und deren verstorbenen ältern Bruders, Adolfs, Sohn, Ruprecht II. hatten seit 1329. da sie Pfalz und Oberbaiern mit ihrem Oheim, Kaiser Ludwig IV. durch den Pavischen Vertrag getheilt hatten, überaus ansehnliche Ländereien erworben. Da diese 3. Herren im Jahr 1338., nachdem Ruprecht II. großjährig geworden, schon die durch die Pavische Theilung erhaltene Lande, mithin das alt: Stamm-Gut, und hernach im Jahr 1353. wiederum nach Rudolfs II. Tod dessen Antheil nebst dessen Erwerbungen unter sich vertheilet; So kan man sich leicht vorstellen, daß die neue Erwerbungen vor bloses theilbares Erbe angesehen worden. Es war dieses ohne Zweifel die Grund-Ursache, warum Ruprecht I. und sein Bruders-Sohn, Ruprecht II. mit Zuziehung dessen Sohnes, Ruprecht III. auf St. Margarethen Tag (13. Jul.) 1378. in der obern und untern Pfalz vor den regierenden Kurfürsten ein Präzipuum aussezten, welches niemalen vertheilet werden solte.

§. 31.
Theilung unter Kaiser Ruprechts Söhnen.

Es hat zwar Kurfürst Ruprecht II. gesucht, denen fernern Ländertheilungen durch die berufene Verordnung von 1395. zuvorzukommen, gestalten dessen Sohn Ruprecht III. damalen mit 6. Söhnen, Ruprecht, Friederich, Ludwig, Johann, Stephan und Otto gesegnet war, da dann freilich nach Abzug des Kurpräzipuums 6. kleine Theile hätten ausfallen müssen. Allein schon auf St. Peterstag ad Vincula (1. Aug.) 1401. ließ sich Kaiser Ruprecht von seinen beeden ältesten damals großjährig gewesenen Söhnen, Ludwig und Johann (dann die ältere Brüder, Ruprecht und Friederich, waren immittelst verstorben,) einen eidlichen Revers ausstellen, daß sie die von denen dreien

Ru

Ruprechten gemachte Verordnung, welche zu Ende des vorhergehenden S. angezeigt worden, unverbrüchlich halten wolten.
Welches eine der Haupt-Ursachen mit war, warum nach Absterben Kaisers Ruprecht, 1410. von dessen ernannten 7. Schieds-
richtern die Erbfolge nicht nach der Verordnung von 1395.,
sondern nach der von 1378. eingerichtet worden. Es bekam
nemlich der älteste Sohn, Kurfürst Ludwig, nach Vorschrift
des Vertrags von 1378. das Kurpräzipuum zum Voraus, in
denen übrigen Landen aber gieng er mit seinen übrigen drei
Brüdern in gleiche Theile.

§. 32.
Folge davon in Rüksicht auf Zweibrüken.

Jeder dieser drei Herren bekam seinen Antheil mit der
Landes-Hoheit, und transmittirte solchen auf seine nächste Erben nach Erbgangs-Recht, sowol in absteigender als in den
Seiten-Linien. (24) Ausser der Familie aber durfte nach dem
Hausgrundgesez von 1329., durch welches ein wahres Familien-Fideikommis in dem Gesammt-Haus Pfalz Baiern auf
besizende und gewinnende Lande eingeführt worden, (25) nichts
veräussert- mithin auch durch Töchter nichts von Landen und
Leuten in eine andere Familie vererbt werden. Da es aber
durch den Erbgang nach gemeinen Rechten notwendig hätte
geschehen müssen, daß das Herzogthum Zweibrüken, wenn in
demselben viele Söhne vorhanden gewesen, in gar viele kleine
Theile zerfallen wäre, zumalen H. Steffan den ihm im Jahr
1410. zugefallenen Theil anno 1444. schon unter zween seiner
Söhne vertheilt hatte; (§. 5.) So haben die regierende Herzoge,

(24) So succedirten H. Steffan und H. Otto ihres Bruders Johannsen Sohn anno 1448. nach der Nähe des Grades. s. Vorlegung ꝛc.
S. 77. Not. b. woselbst in der Jahrzahl ein Drukfehler ist.

(25) Vorlegung ꝛc. Erster Abschnitt, 2. 3. und 4ter Saz.

zoge, durch väterliche Verordnungen und Testamente davor
gesorgt, daß das Land so viel, den Umständen nach, möglich
schiene, beisammen bliebe, bis endlich durch das Wolfgangi=
sche Testament 1568. die Erstgeburt eingeführt, und zum be=
ständigen Hausgesez gemacht worden.

§. 33.
Herzog Ludwig der schwarze ist der erste Herzog in Zweibrüken.

Wann schon Herzog Steffan in der Theilung von 1410.
diejenige Pfälzische Lande bekommen hat, aus denen nachhero
mittelst Darzuschlagung der Grafschaft Sponheim und Veldenz
die Fürstentümer Simmern und Zweibrüken entstanden; (§. 5.)
so würde man doch uneigentlich reden, wenn man ihn den er=
sten Herzog zu Simmern und Zweibrüken nennen wolte.　Er
übernahm zwar in Ansehung derse ben im Jahr 1422.
und 1431. einen Matrikular=Anschlag, (26) er heist aber
in der Matrikel schlechthin Herzog Steffan, so wie alle
abgetheilte Herren der Häuser Pfalz und Baiern.　Er ist auch
niemalen mit seinem Antheil an Pfälzischen Landen in Einem
Umfang, als mit einem besondern Fürstentum, belehnt wor=
den, ob er schon eben diesen Antheil bis an sein im Jahr
1459. erfolgtes Ende in Besiz hatte.　Nach seines Schwieger=
vaters, Graf Friederichs von Veldenz Absterben 1444. kam
sein ältester grosjähriger Sohn, Friederich, gleich zur Regie=
rung des Veldenzischen Antheils an der vordern und hintern
Grafschaft Sponheim, die Grafschaft Veldenz aber admini=
strirte H. Steffan namens seines noch minderjährigen Sohns,
Ludwig des schwarzen.　Doch kommt dieser bald nach seiner
Grosjährigkeit als Graf zu Veldenz vor.　Z. B. anno 1451.
den 13. Sept. machte er mit Kurfürst Friederich I. eine off=
unb

(26) **Neueste Sammlung der R. A. Th. I. S. 117. und 134.**

und defensiv Allianz, anno 1453. aber zerfiel er mit ihme, weil dieser das grose Veldenzische Oberamt Lichtenberg als ein eröfnetes Kurpfälzisches Mannlehen einziehen wolte, ohne daß Herzog Steffan an ein oder dem andern Vorfall Antheil genommen hätte.

Nach des Herzogs Steffans Tod, 1459. kamen beede Gebrüdere erst zu dem Besiz der in dem Theilungs = Brief von 1444. ihnen bestimmten väterlichen Lande, und damit fängt sich auch eigentlich die Regierung des Herzogtums Zweibrücken an.

H. Ludwig, Graf zu Veldenz, erscheinet zuerst in dem Anschlag von 1467. mit 20. zu Roß und 60. zu Fus. (27) und 1470. wurde er das erstemal von Kaiser Friedrich III. mit denen Regalien seines Fürstenthums belehnt.

§. 34.
Dessen Verordnung wegen der Landesfolge.

Herzog Ludwig verordnete in seinem Testament (28) vom Samstag nach Andreas Tag (4. Dec.) 1479. a) daß von seinen 4. damalen noch im Leben gewesenen Söhnen, Kaspar, Alexander, Albrecht und Hanns, beede erstere weltlich, beede leztere aber geistlich werden solten. b) daß seine verlassende Lande unzertrennt beisammen bleiben solten. c) daß seine hinterlassende Wittib, Johanna, mit einem der weltlichen Söhne, den sie vor den tüchtigsten halte, neben Zuziehung 4. Räthe die Regierung ihr Lebenlang führen solte. d) die geistlichen Söhne solten, so lange die weltliche leben, zu keiner Erblichkeit der Lande zugelassen werden. Wann aber ein weltlicher Sohn ohne Erben Todes verführe, solle die Frau Mutter

(27) Neueste Samlung der K. A. LV. I. S. 220.
(28) Beilage Lit. LI. in Statu causæ Th. I. S. 56.

D

ter und die 4. Räthe einen aus denen Geistlichen an seiner Statt wählen. e) Welcher gegen diese Ordnung handeln würde, solle seines Erb=Rechts verlustig seyn.

§. 35.

Nachricht von H. Kaspar, der zu dieser Verordnung Anlas gegeben.

Den Zusammenhang dieser Verordnung mit dem, was darauf erfolgt, kan man nicht wol verstehen, wann man nicht den Anlas dazu aus der Geschichte erläutert. Alle Handlungen Pfalzgraf Kaspars, des ältesten Sohns Herzog Ludwigs, zeigen, daß er ein unruhiger, eigensinniger, seinem Herrn Vater ungehorsamer, und gegen das väterliche Haus aufgebrachter Mann gewesen und einen sehr eingeschränkten Verstand gehabt.

Herzog Ludwig hielt ihn also zur Regierung nicht allerdings fähig.

Ohne diesen Umstand ist höchst wahrscheinlich, daß H. Ludwig, deme die unzertrennte Beisammenhaltung seines Herzogthums, zumalen nachdem in dem Krieg gegen Kurfürst Friederich I. erlittenen grosen Verlust, sehr angelegen war, ihn zum alleinigen Herrn würde verordnet haben. Er wolte ihn zwar, in der Hofnung, daß er bei zunehmenden Jahren sich noch korrigiren werde, des Vortheils, den ihm die Natur durch seine Erstgeburt gegeben hatte, nicht ganz entsezen, aber in der Ungewisheit, ob solches auch wirklich geschehen werde, sezte er ihm einen seiner Brüder an die Seite, und lies noch dazu der Frau Mutter, und den 4. Räthen die Wahl, welchen von beeden sie, als den tüchtigsten, betrachten, und zur Regierung zuziehen wolten. Es kam also blos auf H. Kaspars Aufführung an, ob er nach des Vaters Tod zur Regierung zugezogen werden- oder sich davon ausgeschlossen sehen wolle.

Im

Im Jahr 1479. den 19. April hatte ihn Herzog Ludwig mit der Brandenburgischen Prinzeſſin Amalia, Kurfürſt Albrechts, mit dem Beinamen Achilles, Tochter, in Verfolg der ſchon anno 1465. zu Onolzbach auf den H. Pfingſt-Abend (1. Jul.) getroffenen Ehe-Beredung, Beilager halten laſſen, und ihme den derſelben verſchriebenen Wittum, nemlich Bergzabern, Neukaſtel, Anweiler, den Hof Herrheim, die Gemeinſchaft Falkenburg, Haſeloch, Uegelnheim und Bohel beſizlich, nebſt der Regierung daſelbſt, eingeräumt. Da konnte er nun eine Probe machen, was man ſich künftig von ſeiner Regierung des ganzen Herzogthums zu verſprechen haben werde. Daß aber dieſe Probe ſchlecht ausgefallen, davon gibt das im nemlichen Jahr im December errichtete Ludwigiſche Teſtament ein klares Zeugnis.

Er lebte mit ſeiner Gemalin in unfruchtbarer Ehe. Sie reiſete im Jahr 1481. krank nach Baden ins Wildbad, und ſtarb daſelbſt.

Der Herr Vater wolte hierauf den Wittum nebſt der Regierung wieder an ſich ziehen; H. Kaſpar aber widerſezte ſich aus allen Kräften, bewafnete auch die Bürger, um ſich auf allen Fall, mit Gewalt bei ſeinem Beſiz zu ſchüzen. Er ſuchte bei Kurpfalz Schuz, und ſchenkte ſogar Kurfürſt Philippen in einer weitläuftigen Verſchreibung d. d. Germersheim vff Montag nach St. Simon- und Judas-Tag (29. Oktober) 1481. (29) ſowol die ſchon angezeigte zum Wittum ſeiner verſtorbenen Gemalin beſtimmt geweſene Lande, als auch ſein ganzes künftiges Erbe, mit den Worten: all unſer wartend „Erbe, Erbrecht und Erbſchaft, wir von Vater und Mutter, „oder woher das fallen mag, an Lehen und eigen, ſonderlich „die Lehen, uns als dem älteſten Sohn unſeres Vaters an- „ſterben und erben ſollen und werden, der Wir vor Unſerm

D 2 „Bruder,

(29) Sie ſtehet im ſtatu cauſſæ Th. II. Urk. N. 28. S. 59. iſt aber voller Drukfehler.

„ Bruder, als der älteste, dem das Regiment zustehet,
„ empfehlig, es seien Fürstenthum, Grafschaft, Herrschaft. „ ꝛc.
Ja sogar in dem Fall, wann er sich wieder verheurathen und
Leibes-Erben erzielen würde, solte doch der Kurfürst so viel
bekommen, als die geschriebene Rechte ihme an andere zu vererben erlauben.

Diese Irrung zwischen Vater und Sohn ist nicht beigelegt
worden, dann H. Kaspar hielte sich von solcher Zeit an meistens
an Kurfürst Philipps Hof auf, und vermied die Gelegenheit,
seinen Herrn Vater zu sehen, und sich ihm zu unterwerfen,
worauf dieser doch bestunde.

H. Ludwig sezte indessen seinen Zweiten Sohn, Herzog
Alexander in den wirklichen Besiz der Grafschaft Veldenz, um
ihn vor dessen Bruders Zudringlichkeit sicher zu stellen, doch
muste sich derselbe auf Mittwoch nach Okuli (12. Merz)
1482. reversiren, daß er bei Lebzeiten seiner Eltern nichts ei-
genmächtig regieren wolle. Nicht lange hernach räumte er
ihm auch das Oberamt Zweibrüken ein, wie dann schon im
Jahr 1485. Herzog Alexander der Stadt Zweibrüken ihre Privilegien bestättiget hat.

Endlich starb H. Ludwig den 19. Julii 1489. und H. Kaspar schikte sich nun an, seine Erstgeburts-Rechte geltend zu
machen. Es trat aber H. Johann von Simmern ins Mittel,
und hielt einen gütlichen Tag zu Kreuzenach. Woselbst auf
Freitag nach Catharina. (27. November) 1489. die Gebrüdere
Kaspar und Alexander, wegen ihres gehabten Unwillens,
vertragen „und dabei festgesezt worden, daß sie künftig gemeinschaftliche Regierung und Staat führen sollen. Bei eben dieser Tagfahrt vermittelte er auch den Vergleich, vom nemlichen Datum, zwischen Kurfürst Philipp eines - und denen
Herzogen Kaspar und Alexander anderntheils. In Kraft desselben wurde die eben angezeigte Kasparische Schenkungs Ur-

kunde

kunde von 1481. aufgehoben; dahingegen mußten die Herzöge
von denenjenigen Landen, welche Friederich I. ihrem Vater in
ihren Kriegen abgenommen hatten, und die sie immer noch in
Güte zurük zu bekommen hofften, diejenige auf ewig an Kur-
pfalz abtretten, welche in dem Vertrag spezifizirt sind. (§. 93.)
Das war die Frucht der unüberlegten und unbefugten Kaspa-
rischen Schenkung. Man gieng aber alles ein, um nur den
Hausfrieden herzustellen. Gleichwol dauerte derselbe nicht län-
ger als ein Jahr. Binnen demselben erscheinen zwar alle
Fertigungen bei der Zweibrükischen Kanzlei in Kaspars und
Alexanders Namen, einige auch unter Kaspars Namen allein.
Nach 1490. aber kommt Herzog Kaspar nicht mehr vor. (30)
Dahero die gemeine Meinung entstanden, es seie derselbe im
Jahr 1491. verstorben; es war aber nicht an deme, sondern
er ist damalen aufgehoben, und auf das Schlos Nohefelden
in Sicherheit gebracht worden.

Die ganz eigentliche Ursache, warum man zu dieser Ex-
tremität geschritten, finde ich in denen Akten nicht angemerkt,
aber das siehet man überall, daß ihm seiner Frau Mutter und
der 4. Räthe Regierung und seine Einschränkung unerträglich
gewesen.

Das sicherste, was man von der Sache weiß, stehet in
Herzog Alexanders Kodizill vom 28. Oktober 1514. alwo dieser
verordnet: „daß sein Bruder Herzog Kaspar, der etliche Jah-
„re, merklicher Ursachen halben, auf daß sein Fürstlicher
„Stand und Wesen nicht beleidiget, auch die Herrschaft durch
„sein Fürnehmen nicht verderbt, und vor solchem Unfall er
„bisher versehen, darunter auch löblich und Fürstlich ver-
D 3 „sorgt

(30) B. G. Struv sagt in seiner Form. Succ. Pal. Sect. III. §. I.
Herzog Kaspar habe einen zwischen Kurpfalz und Pfalz-Zweibrüken
getroffenen Vertrag von 1501. noch mit unterschrieben. Ein dergleich
chen Vertrag existirt aber nicht.

„ſorgt und gehalten worden, fernerhin verpflegt, und an alle
„dem, was ihm ſein Leben friſten und ſtärken möge, mit
„aller Wartung Fürſtlich und wol gepflegt werden ſolle.„

Wobei denen geordneten Regenten und Räthen anheim
gegeben wird, Herzog Kaſparn „ſeine Enthaltung etwas zu
„mildern und zu verringern, fals dadurch kein Nachteil vor
„Land und Leute zu befahren.„

Dieſe Ausdrüke machen glauben, daß H. Kaſpar bei ſeiner Gefangennehmung mit einem gefährlich und weit ausſe-
henden Projekt beſchäftiget geweſen, und daß ſolches ausge-
kommen und algemein gemisbilliget worden. Wann dieſes
nicht wäre, ſo würde ſchwer zu begreifen ſeyn, warum jedermann in und auſſer Landes, der Kaiſer, das ganze Haus
Pfalz und Baiern, und Kurfürſt Philipp ſelbſt, der doch den
Herzog Kaſpar ſo viele Jahre in ſeinem Schuz und an ſeinem
Hof gehabt, ſo gänzlich zu ſeiner Gefangennehmung ſtille ge-
ſchwiegen, daß man nicht ein jota von der mindeſten deswegen etwa vorgeweſenen Explikation findet.

H. Kaſpar ſtarb enblich in ſeinem Gefängnis im Früh-
jahr 1527. Herzog Ludwig der jüngere ſchrieb an Markgraf
Kaſimir zu Brandenburg von Rohefelden den 23. Sept. 1527.
„Es iſt kurz berrukter Wile der Hochgeborn Fürſt, Unſer lie-
„ber Vetter Herzog Kaſpar ꝛc. lblicher Gedächtnus, wie E. L.
„vernommen haben mögen, mit Tod verfahren;„ und in einem Schreiben des Kaiſerlichen Regiments-Raths Hannſen
von Redwiz an Stadthalter und Räthe zu Onolzbach d. d.
Speier Donnerſtag nach Nativitatis Mariä (12. Sept.) 1527.
heiſet es: Er habe in Erfahrung gebracht, daß Herzog Kaſpar
vor einem halben Jahr Todes verſchieden ſeie. Die Akten
über dieſen Sterbfall, und wie man ſich mit Brandenburg wegen des Rükfalls des Heuraths-Guts der Prinzeſſin Amalia
zu Speier den 21. Jenner 1528. verglichen, ſind noch vorhanden,

ben, der eigentliche Sterbtag ist aber nicht angemerkt. Nicht weit von dem Schlos Nohfelden liegt das Dorf Wolfersweiler, in dasiger Kirche ist H. Kaspar begraben.

§. 36.
Herzog Ludwigs Verordnung ist zu einem Hauses-Herkommen nicht geeignet.

Aus dieser ganzen auf eitel Archival = Urkunden gegründe-ten Geschichte leget sich nun offenbar zu Tage, daß des ersten Herzogs von Zweibrüken, Pfalzgraf Ludwig des schwarzen, Successions = Anstalt blos und allein in seines ältesten Sohns, Herzogs Kaspar, unglüklichen Gemüths = Stellung ihren Grund habe.

Wann man von der Art in einem Fürstentum zu succedi-ren, wie davon in diesem Kapitel in Ansehung des Herzog-thums Zweibrüken die Frage ist, etwas mit Bestand schreiben will; so fangt man billig von dem ersten Regenten an, und siehet, was er seinen Kindern vor eine Formel vorgeschrieben, und wie diese in den folgenden Successionsfällen gleichförmig beobachtet worden.

Dazu ist aber Herzog Ludwigs Erbfolgs = Verordnung gar nicht geeignet. Dann wann dieselbe zu einem Muster der Nachahmung, und durch öftere Wiederholung zu einer Suc-cessions = Formel und Hauses = Herkommen dienen solte; so hät-ten alle nachfolgende Zweibrükische Erbprinzen eben den un-glüklichen Karakter haben müssen, den Herzog Kaspar gehabt hat, und ihre Väter hätten in solchem Fall ihnen allezeit einen nachgebornen Sohn an die Seite gesezet haben müssen. Am allerwenigsten lässet sich daraus beweisen, (31) daß Herzog

D 4　　　　　　　　　　　　　Lud-

(31) Struv a. a. O. will das Ludwigische Testament mit Gewalt auf sein Theilungs-System akkommodiren; da er aber keinen Grund da-

zu

Ludwig eine Theilung ſeiner Lande begünſtigen, oder doch we=
nigſtens ein Beiſpiel einer gemeinſchaftlichen Regierung habe
geben wollen. Dann der Begrif von der Theilung fällt durch
die Verordnung, daß ſeine Lande unvertheilt und unzertrennt
in einem Staat und Weſen regiert werden, und bei einander
verbleiben ſollen, gänzlich hinweg, und der Begrif der gemein=
ſchaftlichen Regierung iſt durch die der Frau Mutter und den
4. Räthen überlaſſene Auswahl ſo ſehr eingeſchränkt, daß ſol=
cher in keinem andern als dem ſo eben berührten Fall eine An=
wendung finden kan.

§. 37.

Gleichwol liegt darinnen der Grundbegrif, daß das Herzogthum unvertheilt und unzertrennt bleiben ſolle.

Es liegt indeſſen bei dieſem ganz individuellen Vorgang
dennoch in H. Ludwigs Teſtament ein deutlicher Grundbegrif,
der auf die Art, wie in dem Herzogthum Zweibrüken ſucce=
dirt werden ſolle, gerade hingehet, und den ich mit deſto grö=
ſerm Recht einen Grundbegrif nenne, weil er von H. Ludwigs
Regierungs=Folgern genau beobachtet worden.

Es iſt ſolches die ſo eben bemerkte Verordnung: daß die
Herzogliche Lande unvertheilt und unzertrennt in einem
Staat und Weſen regiert werden und bei einander verblei=
ben ſollen, welches unwiderſprechlich die Anlage zur Erſtge=
burt iſt, an deren Einführung der Teſtator blos durch ſeines
erſtgebornen Sohnes wunderbarliche Gemüths=Beſchaffenheit
ſich behindert geſehen. Dann eben der iſt es, den der Vater
gemeinet hat, wenn er ihn ſchon aus väterlichem Verſchonen

nicht

zu finden kan, als die bloſe Thatſache, deren Urſache und Zuſam=
menhang bishero noch unbekannt war; ſo leidet das, was er geſchrie=
ben, einen überaus handgreiflichen Abfall.

nicht mit Namen genennet hat, da er in dem Testament saget:
denjenigen aus den weltlichen Söhnen soll die Frau Mutter
zur Regierung ziehen, „der sie bedünkte dazu geschikt zu seyn,
„und der am begierlichsten väterlicher Gemächte, innhalt die=
„ser Verschreibung, gehorsam und geneigt seye,„ und wie=
derum: „ob es wäre oder geschähe, daß Unser Sohn der
„weltlichen einer sich baß schikte und gehorsamlicher erzeigte,
„dann der ander, daß Wir dann Möge und Macht haben,
„denselben Unsern gehorsamen Sohn etliche Schlösser und Städ=
„te insonderheit einzugeben,„ꝛc.

Diesen Artikel hat der Testator im Jahr 1482. und 1485.
realisirt, (§. 36.) da er seinem gehorsamen Sohn, H. Alexan=
der, die Grafschaft Veldenz und das Oberamt Zweibrüken
noch bei seinem Leben eingeräumt hat, dem ungehorsamen Sohn,
H. Kaspar, aber das Oberamt Bergzabern wieder abnehmen
wollen. In welchem Betracht ich auch festiglich glaube, daß
bei der Verordnung, wann einer der weltlichen Söhne mit
Tod abgehen würde, so solle ihm einer der zur Geistlichkeit be=
stimmten Söhne substituirt werden, nicht das Absterben H.
Kaspars unterstellet worden; dann daß dieser eine ge=
sunde Konstitution gehabt haben müsse, mag von daher ein=
leuchten, weil er bei seiner 36jährigen Entbehrung der freien
Luft und Bewegung doch 69. Jahr alt worden; (er war 1458.
uff Dienstag vor St. Margrethen Tag geboren:) sondern es
wurde vielmehr das Absterben H. Alexanders, dessen Konstitu=
tion durch die Kinderblattern gar sehr geschwächet worden, vor
möglicher gehalten, und auf solchen Fall dem H. Kaspar wie=
der einer seiner jüngern Brüder beigeordnet.

Wann die Absicht des Testaments schlechthin gewesen
wäre, zwei regierende Herren zu haben, so hätte die Frage ent=
stehen können, ob nicht, nach der Verhaftung H. Kaspars,
da er doch vor bürgerlich tod erachtet werden konnte, dem H.
Alexander einer seiner jüngern Brüder beizuordnen seie? wel=

ches

ches gar leicht hätte bewerkstelliget werden können, indem H.
Albrecht nur 1. Jahr vor der Verhaftung H. Kaspars, nem=
lich auf U. L. Frauen Abend Assumtionis (14. Aug.) 1490.
mit einem Deputat ausgewiesen worden, und der jüngste, H.
Johann, noch gar bis Samstag nach Assumtionis Mariæ
(18. Aug.) 1498. in dem väterlichen Haus gewesen. Welcher
Umstand meiner Vermuthung von der Absicht des Testators,
dem H. Kaspar das Regiment nicht allein anzuvertrauen, welche
der Frau Mutter und den 4. Räthen am besten bekannt gewe=
sen seyn mus, zu Hülfe kommt.

§. 38.
Herzog Alexander folgt in seinem Testament diesen Grundbegrif.

Was Herzog Ludwig bewandten Umständen nach nicht thun
können, das hat sein Sohn, Herzog Alexander ausgeführet, in
dem er in seinem Testament, (32) vom 14. Oktober 1514. sei=
nen ältesten Sohn zum alleinigen regierenden Herrn, die beede
jüngere aber zum geistlichen Stand verordnete. (33) Er bedien=
te sich dabei aller der Bewegursachen, die man bei Einführung
der Erstgeburt zum Grund leget; gleichwol hat er nicht ausdrük=
lich verordnet, daß es unter seinen Deßzendenten allezeit so ge=
halten werden solle, wo inzwischen der Sinn der Verordnung
seines Vaters, daß das Herzogthum nicht vertheilt werden solle,
vollkommen erreicht worden.

§. 39.
Ludwig der jüngere regiert allein, und nach ihm sein einiger Sohn, Herzog Wolfgang.

Dessen ältester Sohn, H. Ludwig der jüngere hatte nur 'ei=
nen Sohn, den H. Wolfgang, dieser wurde also, da seine beede

Vaters

(32) Beyl. Num. 29. S. 64. zum 2. Theil des Status Caus.
(33) s. meine Betrachtungen ꝛc. §. 32. S. 70.

Vaters-Brüder Georg und Ruprecht, gegen ein Deputat, auf
die väterliche Lande auf Montag nach Jubilate (30. April) 1520.
Verzicht gethan, und H. Ruprecht, bei seiner Vermälung, den=
selben auf Sambstag nach Viti und Modesti, (16. Jun.) 1537.
wiederhohlet hatte, alleinig regierender Herr. Es wurde auch
diese Qualität eines regierenden Herrn ausdrüklich ausbehalten,
als H. Wolfgang nach angetrettener Regierung seinem gewese=
nen Vormund, besagtem Herzog Ruprecht, durch einen zu
Marburg den 3. Oktober 1543. errichteten Vertrag die Aemter
Veldenz und Lautereken nebst dem Kloster Remigsberg einräum=
te, dergestalt, daß H. Wolfgang alle Mann=und Lehenschaft
behielte, die Lehen vom Reich und andern Partikular Lehenherrn
empfangen, und die Reichs=Beschwerden tragen solte, welche
leztere H. Ruprecht von denen ihm abgetrettenen Landen erhe=
ben, und zur Zweibrükischen Kammer liefern, ausser diesem
Ausbehalt aber alle andere Hoheits=Rechte haben solte. (34)

Daß es aber bei Abgebung dieser Lande an H. Ruprecht
nicht die Meinung gehabt, eine Theilung vorzunehmen, ist dar=
aus klar, weil der Vertrag selbst es nur eine Ausweisung nen=
net, und in demselben des Herzog Ruprechts beede Verzichte von
1520. und 1537. so weit sie nicht durch solche Ausweisung eine
Neuberung erlitten, ausdrüklich bestätigt worden.

Es waren sehr wichtige Ursachen da, warum H. Wolfgang
von der Strenge der beeden Verzichte abgieng. H. Ruprecht
wurde nicht lange nach seines Bruders Tod von seinem Kanoni=
kat zu Strasburg abgerufen, und entschlos sich die Mit=Vor=
mundschaft über den minderjährigen Wolfgang mitzuführen.
Nicht lange hernach resignirte er sein Beneficium; 1537. ver=
mählte

(34) f. Meine Betrachtungen 2c. §. 23. S. 49. Not. h. In der Vorle=
sung 2c. §. 53. S. 59. habe ich diesen Vorgang eine Theilung genen=
net. Der Ausdruk ist aber uneigentlich, und der gar kurzen Zeit,
die ich auf selbige Arbeit verwenden können, zuzuschreiben.

mählte er sich, anno 1540. trat die Ober=Vormünderin, Pfalz=
gräfin Elisabeth mit Pfalzgraf Georg zu Simmern in die zweite
Ehe, und Ruprecht führte die Vormundschaft allein fort, im
Jahr 1543. da er im Begrif stuhd, die Vormundschaft abzuge=
ben, wurde ihm den 11. April ein Prinz geboren.

Es war dahero billig, daß man ihn wegen des resignirten
Kanonikats entschädigte, und wegen wolgeführter Vormund=
schaft auch getreuer Sorgfalt vor des jungen Herrn Erziehung
remunerirte, und endlich dessen neugebornem Prinzen, der bei
veränderten Umständen in einem Hochstift nicht angebracht wer=
den konnte, eine standesmäsige Versorgung verschafte, welches
durch die Erhöhung seines Deputats mittelst Einräumung besag=
ter Aemter geschahe. Weil er seine Residenz zu Veldenz nahm,
so heist seine Nachkommenschaft die Veldenzische Linie.

§. 40.

Herzog Wolfgang führt die Erstgeburt ein, 1568. und mit derselben die Lineal=Erbfolge, unter seinen fünf Söhnen, die er einen dem andern substituirte.

Herzog Wolfgang führte durch sein Testament d. d. Mei=
senheim den 18. August 1568. welches von Kaiser Maximilian
dem I/ zu Prag den 7. April 1570. bestättiget worden, die Erst=
geburt ein. (35) Er besaß damalen die Herzogthümer Neuburg
und Zweibrüken, und hatte 5. Söhne, namens Philipp Lud=
wig, Johann, Otto Henrich, Friederich und Karl. Um seine
Absicht durchzusezen, muste er die 4. nachgeborne Söhne so be=
benken,

(35) Die ganze Oekonomie des Wolfgangischen Testaments, so viel den
Succeßions=Punkt betrift, habe ich in meinen Betrachtungen §. 32.
bis 36. vorgetragen. S. auch meine Beantwortung der Schrift: J. J.
Moser, von der zukünftigen Zweibrükischen Landesfolge, besonders
die ersten 25 §§.

denken, daß er allen Widerspruch außhielte. Er gab dahero dem
Erstgebornen das Herzogthum Neuburg, dem Zweitgebornen
das damalen- äuserst verschuldete Herzogthum Zweibrüken, dem
dritten die Aemter Sulzbach, Hilpoltstein und Allersperg auß
den Neuburgischen Landen, dem vierten die Aemter Parkstein
und Weyden, auch auß dem Neuburgischen, und dem fünften
die Pfälzische zum Herzogthum Zweibrüken gehörige Helfte der
Hintern Grafschaft Sponheim. Jeder der drei jüngsten Söhne
solte aus denen ihm angewiesenen Aemtern 6000. Gulden Nuzung ziehen. Nebst deme substituirte er diese seine 5. Söhne
oder deren ehelich Mannliche Leibes = Erben ihr einen dem andern nach, dergestalt, daß auf Abgang einer Linie alweg der
nächste unter seinen jüngern Söhnen, oder desselben eheliche
Mannliche Leibes = Erben, jedoch mit der Bescheidenheit, das
ist, unter der außdrüklichen Verordnung, daß der ältere allein
regiere, in der Regierung folgen solle. Mithin solte auf Abgang der Neuburgischen, als der ersten Linie, die Zweibrükische
in die Regierung des Herzogthums Neuburg fortruken, das
Fürstenthum Zweibrüken aber von dem erstgebornen in der
nächstfolgenden Linie wieder ersezt werden. Eben so, wann die
Zweibrükische Linie außsterben, die Neuburgische aber noch bestehen würde, solle der Erstgeborne aus der nächstfolgenden Linie
zu dem Besiz des Herzogthums Zweibrüken kommen, und solchergestalt überhaupt ein Wolfgangischer Sohn dem andern
nach substituirt seyn.

In Ansehung des Deputats der drei jüngern Herren war
die Substitution diese: Wann einer dieser drei Herren entweder
mit Tod abgehen, oder ihn die Ordnung treffen würde, in das Fürstenthum Zweibrüken vorzuruken, so sollen die ihm eingeräumte
Aemter an das Herzogthum, zu welchem sie gehören, zurükfallen,
dieses Herzogthum aber schuldig seyn, denen beeden überlebenden
jüngern Söhnen, oder deren mannlichen Erben alljährlich 6000 fl.

zu gleichen Theilen auszuzahlen. Würden aber zween der jüngern Söhne mit Tod abgehen, oder durch Abgang der ältern
Linien in die Regierung vorrüken, so sollen die Herzogthümer,
an welche die Deputat=Lande zurükfallen, die halbe Nuzung
behalten, die andere halbe Nuzung aber der alsbann noch allein
übrigen Linie eines der drei nachgebornen Wolfgangischen Söhne
mit jährlichen 6000 fl. auszahlen.

§. 41.

Regenten=Folge von 1568. bis jezo.

Nach dieser Vorschrift ist von solcher Zeit an die Landes=
folge in dem Herzogthum Zweibrüken genau beobachtet worden.
Dem durch das väterliche Testament in demselben instituirten
Herzog Johann I. succedirte aus seinen drei Söhnen, namens
Johann, Friederich Kasimir und Johann Kasimir, der älteste,
Johann II, nach Abgang dessen Linie, der Sohn Friederich
Kasimirs, und nach dessen unbeerbten Absterben der Erstgeborne aus der Linie Johann Kasimirs. Mit dieser Linie endigte
sich 1731. die Männliche Nachkommenschaft des zweiten Wolf-
gangischen= zum regierenden Herrn im Herzogthum Zweibrüken
instituirten Sohns, Johann des I. Damit trat dann auch der
Fall ein, daß der Erstgeborne der nächstfolgenden Linie eines
der drei jüngern Wolfgangischen Söhne im Herzogthum succediren solte. Da nun nur noch die Linie des jüngsten Wolfgan-
gischen Sohns, Herzog Karls von Birkenfeld übrig, und|der
Erstgeborne in derselben Herzog Christian III. war, so gebührte
demselben die Succession, welche er auch, nachdem die wegen
dieser und der Veldenzischen Erbfolge mit Kurpfalz obgewaltete
Irrungen den 23. Dezember 1733. gütlich beigelegt worden,
angetretten, und welche nun in seiner Linie nach dem Recht der
Erstgeburt fortgeführt wird.

§. 42.

§. 42.

Succeſſion in dem Deputat der nachgebornen Wolfgangiſchen Söhne.

Gleichergeſtalt iſt die Subſtitution in dem Deputat-Gehalt der drei jüngern Wolfgangiſchen Söhne pünktlich beobachtet wor= den. Der vierte Sohn, Friederich, ſtarb 1597. ohnbeerbt. Seine Deputat-Lande fielen an Neuburg zurük, ſeine beede Brüder Otto Henrich und Karl bekamen alſo aus der Neubur= giſchen Kammer jährlich 6000. fl. Deputat-Gelder. Im Jahr 1604. ſtarb auch der dritte Sohn Otto Henrich ohne männli= che Erben. Seine Deputat Lande fielen alſo ebenmäſig an Neu= burg zurük, H. Karls Linie aber bekam nunmehro von jedem der verſtorbenen beeden Wolfgangiſchen Söhne Deputat-Ge= halt die Helfte mit 3000. alſo zuſammen 6000. fl. ſo wie die an= dere Helfte mit gleich mäſigen 6000. fl. nunmehro in des regie= renden Herzogs zu Neuburg Kaſſe blieb. Es ſind auch dieſe Deputat-Gelder an H. Karls Linie ausbezahlt worden, bis dieſe mit Anfang des Jahrs 1734. zur Landesfolge im Zwei= brükiſchen gekommen, da dann, weil keine Linie eines jüngern Wolfgangiſchen Sohns mehr da war, natürlicher weis eine wei= tere Subſtitution mithin auch eine weitere Auszahlung der 6000. fl. Neuburgiſcher Deputat-Gelder nicht Statt haben konnte.

§. 43.

Wann nur noch eine Linie eines Wolfgangiſchen Sohnes vorhanden, ſo höret die Wolfgangiſche Subſtitution auf.

Dermalen ſind nur noch Linien von zween Wolfgangiſchen Söhnen vorhanden, nemlich von dem älteſten, Phillpp Lud= wig, von welchem Ihro jezt regierende Kurfürſtliche Durchlaucht

zu Pfalz = Baiern, und von dem jühgſten Sohn Karl, von wel=
chem des jezt regierenden Herrn Herzogen zu Zweibrüken Hoch=
fürſtliche Durchlaucht abſtammen.   Die Wolfgangiſche Subſti=
tution in der Landeßfolge kan ſich alſo auch nur noch ein eini=
gesmal ergeben, wann nemlich eine von beeden Linien im
Mannsſtamm ganz abgehet.   Dann da Herzog Wolfgang ſeine
5. Söhne, ihr einen dem andern nach, jedoch mit der Ver=
ordnung, daß der ältere allein regiere, ſubſtituirt hat, ſo muß,
je nachdeme in einer der beeden Linien ſich der Fall ergibt, ent=
weder der Erſtgeborne aus der Neuburgiſchen = oder jeztmaligen
Kur = Linie in dem Zweibrükiſchen = oder der Erſtgeborne in der
jezigen Zweibrükiſchen Linie in dem Neuburgiſchen ſuccediren,
und da alsdann nur noch eine einzige Wolfgangiſche Linie vor=
handen ſeyn wird, aus welcher der Erſtgeborne allein regieren
ſolle; ſo kan auch natürlicher Weiſe eine weitere Wolfgangiſche
Subſtitution nicht mehr Plaz haben. (36)

Fünftes Kapitel.
Von Verſorgung der nachgebornen Prinzen.

§. 44.
Herzog Stephans Söhne.

Vor der Reformation hat man diejenige Prinzen, ſo nicht
zur Regierung beſtimmt wurden, geiſtlich werden laſſen, und
ihnen

(36) Herr Staats=Rath von Moſer glaubt, die Wolfgangiſche Sub=
ſtitution müſſe auch in der einzigen überbleibenden Linie eben ſo beob=
achtet werden, wie vorhero unter denen 3 Wolfgangiſchen Söhnen
oder deren Linien.   Es iſt aber irrig, denn im Wolfgangiſchen Teſta=
ment iſt ſolches nicht verordnet.   ſ. Meine Betrachtungen S. 78.
Not. x. und meine Beantwortung der Schrift: J. J. Moſer von der
zukünftigen Zweibrükiſchen Landesfolge.

ihnen bis zu ihrer Unterkunft ein gewisses Deputat gereichet. Dergleichen Fälle kommen, wann man des H. Stephans Söhne mitrechnet, drei vor.

Der älteste Sohn, Herzog Stephans, Friederich, wurde Herzog zu Simmern.

Der zweite Sohn, Ruprecht, wurde Bischof zu Strasburg, und bekam kein Deputat.

Der dritte Sohn, Stephan, bekam 400. fl. an Geld, 5. Fuder Wein, 60. Malter Korn und 200. Malter Haber, doch nur so lang, bis er auf einem Hochstift eben so viel oder noch mehr Einkommen haben würde. Nebst deme auf Lebenslang einen Ansiz zu Creuberg.

Der vierte Sohn, Ludwig, wurde H. zu Zweibrüken.

Der fünfte Sohn, Johann, bekam 400. fl. an Geld, 5. Fuder Wein, 50. Malter Korn und 150. Malter Haber, so lang bis er auf einem Hochstift eben so viel oder mehr Einkommen haben würde. Daneben auf Lebenslang den Siz zu Remigsberg.

§. 45.
H. Ludwig des Schwarzen Söhne.

H. Ludwig des Schwarzen zween Söhne, Albrecht und Johann wurden, wie es scheinet, ohne ein besonderes Deputat, auf Hochstifter gebracht, ersterer wurde Bischof zu Strasburg und lezterer Kanonikus daselbst. Sie reversirten sich zwar beederseits, daß sie mit ihrer Ausweisung zufrieden seien, aber die Urkunden sagen nicht, worinnen die Ausweisung bestanden. (§. 7. am Ende.)

§. 46.
H. Alexanders Söhne.

H. Alexanders zween jüngere Söhne, Georg und Ruprecht ekamen vermög Vertrags auf Sonntag Jubilate (29. April)

1520. jeder jährlich 500.fl.; dabei wurde paktirt, wann einer mit Tod abgehen würde, so solle dem andern seine Leibzucht mit 200. fl. verbessert werden. Wann sie eigene Haushaltung anstellen wolten, soll jeder 2. vergüldete und 12. gemeine silberne Becher nebst 200. fl. zur Beihülfe und etwas Hausrath bekommen. Wann sie auf Stifter kommen, so soll soviel 100. fl. sie Einkommens erhalten, soviel 40. fl. von ihrer Pension abgehen. (37)

In Ansehung H. Georgen, welcher Kanonikus zu Trier und Köln worden, blieb es dabei. H. Ruprecht aber verlies den geistlichen Stand, und unter denen §. 39. angezeigten Umständen wurde ihm ein Deputat an Landen ausgesezt, deren Erträgnis gleichwol dermalen nicht mehr bestimmt werden kan. (38)

§. 47.
Herzog Wolfgangs Söhne.

H. Ludwig der jüngere hinterlies nur einen Sohn, den H. Wolfgang. Dieser verordnete, aus Gelegenheit der Einführung der Erstgeburt, jedem seiner drei jüngern Söhne 6000. fl. jährliche Renten auf Land und Leute. (§. 40. und 42. und sofern die Birkenfeldische Linie insonderheit betrift, §. 8.)

§. 48.
Herzog Johann des I. Söhne.

H. Johann der I verordnete in seinem Testament vom Junii 1591. seinen nachgebornen Prinzen, Friederich Kasi

(37) Beyl. Num. 30. 31. 32. zum 2. Theil des Status Caussæ.

(38) Wann man die Proportion annimmt, nach welcher der Zweib sche Matrikular Fus im Jahr 1722. moderirt worden, so tru ses Deputat soviel als die Herrschaft Guttenberg, mithin ohn 3000. fl. Kammer Renten.

und Johann Kasimir, jedem einen Ansiz mit 3000. fl. Der An=
siz vor erstern wurde durch den Vergleich vom 12. April 1611.
auf Landsberg und vor leztern auf Neukastel bestimmt, dieser
aber ist im Jahr 1617. von Neukastel auf Kleeburg übertragen
worden.

§. 49.
Herzog Johann II. Söhne.

H. Johann der II. verordnete in seinem Testament vom 12.
Junii 1629. seinem jüngern Sohn, Johann Ludwig 2000. fl.
Deputat, welche, fals die Landsberg = oder Kleeburgische Linie
ausgienge, oder der Schulden = Last gemindert würde, mit 1000. fl.
erhöhet werden solten. Es wurde ihme nebst deme ein Herr=
schaftliches Haus zu Zweibrüken zur Wohnung eingeräumt.

§. 50.
Die nachgeborne in der Kleeburgischen oder
Schwedischen Linie.

H. Friederich starb unbeerbt. Sein Nachfolger H. Friede=
rich Ludwig aus der Landsbergischen Linie ebenfals. Ihme folg=
te König Karl XI. in Schweden. Dessen Vater König Karl
Gustav hatte seinem jüngern Bruder, Pfalzgraf Adolf Johann,
das Kleeburger Deputat abgetretten; welches dieser durch einen
Vertrag vom 21. Junii 1665. mit der Pfalz Zweibrükischen Helf=
te an der Herrschaft Guttenberg dergestalt vertauschte, daß er
nicht allein 60000. fl. an Zweibrükischen Schulden übernahm,
sondern auch noch auf eine aktiv Schuld von 19000. fl. Verzicht
that, mithin in Grund doch nichts als das Kleeburger Depu=
tat frei - das übrige aber titulo oneroso hatte.

§. 51.
Fortsezung hievon.

Nach Karl des XII, Absterben kam Adolf Johanns Sohn, H. Gustav Samuel, zur Regierung im Zweibrükischen, verstarb aber ohne Kinder und das Herzogthum kam an die Birkenfeldische Linie.

§. 52.
Im Pfalz Zweibrükischen Haus ist kein beständiges Appanagial Quantum eingeführet.

Die nachgeborne Herren Standesmäsig zu versorgen, ist schon natürliche Pflicht, derselben wird auch nach einer durchgängig in allen Fürstlichen Häusern, wo dem Erstgebornen Vorzüge eingeräumt werden, eine eigentliche Primogenitur aber nicht eingeführt ist, herkömmlichen Beobachtung nachgelebet. Wo aber das Recht der Erstgeburt eingeführt ist, da ist die standesmäsige Versorgung der nachgebornen Herren ohnehin ein Korrelatum der Primogenitur.

In denen bishero angeführten Fällen ist der Grundsaz, die nachgebornen Herren zu versorgen, durchgängig beobachtet worden. Allein es lässet sich aus allen denselben kein ständiges Pfalz Zweibrükisches Deputat oder Appanagial Quantum abstrahiren, sondern blos dieses: jeder Vater hat nach seinen Umständen seinen nachgebornen Söhnen einen Unterhalt bestimmet. Der Vater konnte am besten beurtheilen, was seine Renten über die bereits aufhabende Lasten, wie die Namen haben mögen, vor eine weitere Abgabe ertragen können. Nach sothanen Umständen, sodann nach dem Preis der Lebens-Mittel, und nach dem damalen gewbulich gewesenen äusseren Fürstlichen Anstand richtete jeder Vater das Deputat seiner nachge-

bornen

bornen Söhne ein. Dahero findet man auch seit Herzog Stephans Regierung und seit der Entstehung des Herzogthums
Zweibrüken keine zwei gleichförmige Deputats-Anstalten, und
mithin kan man auch bei dem Herzogthum Zweibrüken, wann
der Fall von Bestimmung eines Deputats oder Appanagiums
vorkommet, sich auf kein Hauses-Herkommen berufen, sondern es beruhet dasselbe auf denen Umständen, in welchen sich
der Erstgeborne, der das Deputat abgeben soll, befindet. Diese
Umstände müssen nach der Billigkeit eben so erwogen werden,
wie sie in denen angezogenen Fällen die Väter bei Errichtung
ihrer testamentarischen Verordnungen erwogen haben, alsdann
lässet sich eine Entschliesung fassen, die dem Erstgebornen er-
träglich- und dem Fürstlichen Stand und Würde des Nachgebornen angemessen ist.

§. 53.
Aeltere Pfalz Birkenfeldische Appanagial-Anstalten.

Was die Appanagial-Anstalten der von Herzog Karl abstammenden Birkenfeldischen Linie betrift; so hat H. Karl in
seinem Testament vom 28. Jenner 1597. seinen ältesten Sohn
Georg Wilhelm zum alleinig regierenden Herrn geordnet, dem
zweiten, Friederich, eine Terz der Sponheimischen Renten,
dem dritten, Christian I. aber diejenige 3000 fl., welche ihm
von seines Bruders, Pfalzgraf Friederichs, Deputat im Jahr
1597. zugefallen waren (§. 42.) zum Deputat ausgesezt.
Währender Minderjährigkeit dieser drei Herren fielen ihnen nach
ihres Oheims Otto Heinrichs Tod 1604. noch 3000 fl. Neuburgisch Deputat zu. Dieses und der im Jahr 1627. erfolgte Tod
des unvermählten Bruders, Pfalzgraf Friederichs, gab zu in-
terimistischen Vergleichen Anlas, welche ich übergehe. H.
Georg Wilhelms Linie gieng im Jahr 1671. mit seinem Sohn
Karl Otto aus, und darauf succedirte H. Christian des I. Sohn,

E 3 Chri-

Chriſtian II. im Sponheimiſchen. Dieſer überlies anfänglich ſeinem Bruder, Pfalzgraf Johann Karl ein Drittheil der Spon= heimiſchen Renten, endlich aber trat er ihm, ſtatt derſelben, anno 1681. ſeine Helfte des Neuburgiſchen Deputats ab, ſo, daß von ſolcher Zeit an Pfalzgraf Johann Karl und deſſen Fürſt= liche Nachkommenſchaft das Neuburgiſche Deputat mit 6000 fl. allein und Herzog Chriſtian II. und deſſen Fürſtliche Erben die Hintere Grafſchaft Sponheim allein beſaſen. Die übrige Ver= gleichungen, ſo beede Herren wegen ihrer Mütterlichen und anderer Paraphernal= Verlaſſenſchaft miteinander getroffen, ge= hören eigentlich nicht hieher.

§. 54.
Jüngere Pfalz Birkenfeldiſche Appanagial=Anſtalt.

In dieſem Zuſtand war dieſe Appanagial=Anſtalt, als H. Chriſtian III. anfangs des Jahrs 1734. zum Beſiz des Her= zogthums Zweibrüken kam, und damit das Herzogthum Neu= burg aufhörte, die an Pfalz Birkenfeld, als einen Wolfgangi= ſchen Nachgebornen - bis dahin mit einem der beeden Fürſten= thümer Neuburg oder Zweibrüken nicht verſehenen Sohn - ver= mög des Wolfgangiſchen Teſtaments ausbezalte 6000 fl. Depu= tat=Gelder fernerhin abzureichen. Es war alſo Herzog Chri= ſtian III. in dem Fall, ſelbſt für ſeine nachgeborne Linie zu ſor= gen. Er übernahm ſolches auch willig, und lies es noch zur Sicherheit der Pfalz Birkenfeldiſchen Prinzen dem mit Kurpfalz den 24. Dezember 1733. geſchloſſenen Succeſſions=Vergleich einverleiben. (§. 41.) Dermalen beziehen dieſelbe von Pfalz Zweibrüken 9000. fl. und 4. Fuder Moſel=Wein.

§. 55.
Herzog Chriſtian III. Söhne.

Herzog Chriſtian III. ſtarb ohne ein Teſtament gemacht zu haben. Es entſtund dahero die Frage, was deſſen nachgebor=

nem

nem Prinzen, Pfalzgraf Friederich vor ein Deputat oder Appanagial-Gehalt auszusezen seye. Die zu dem Ausgleichungs-Geschäft zwischen ihme und dem Landesfolger H. Christian IV. eigends verpflichtete Räthe arbitrirten auf 4000 fl., welches auch beederseits genehmiget, und dem nachgebornen Herrn mit eben soviel von des Erstgebornen Antheil an den Rappoltsteinischen Renten durch den Vergleich vom 15. Junii 1746. vergütet worden. Zu gleicher Zeit hat nun besagter H. Christian IV. auch dasjenige, was ihm vor seine Helfte an Rappoltsteinischen Renten noch zu guten gekommen wäre, seinem Herrn Bruder nebst der Regierung in der Grafschaft ganz abgetretten.

§. 56.
Herzog Karls II. nachgeborner Herr Bruder.

Nach Herzog Christian IV. erblosen Absterben succedirte im Jahr 1775. der älteste Sohn nur besagten Pfalzgraf Friederichs, H. Karl der II. in dem Herzogthum, da dann in Entstehung einer väterlichen Verordnung abermal die Frag von standesmäsiger Versorgung des nachgebornen Bruders, Pfalzgraf Maximilian Josephs, entstand. Man legte aber dabei kein, ohnehin nicht sattsam bestimmtes, Hauses-Herkommen zum Grund, sondern des regierenden Herrn Herzogs Hochfürstl. DurchL folgten blos den Regungen der Fürst-brüderlichen Freundschaft, und überliesen Dero Herrn Bruders Hochfürstl. DurchL mittelst Vertrags vom 27. Merz 1778. und dessen Erläuterung vom 31. Merz 1779. ihren Theil an der Grafschaft Rappoltstein nebst der Regierung daselbst, desgleichen den Genus des Nieder-Rödderer von Kurpfalz und respektive von der vordern Grafschaft Sponheim relevirenden Lehens, mit Ausnahm des Frönsburger Hofs nebst einem alljährlichen baaren Zuschus, versprachen anbei in einem Neben-Rezes vom 27. Merz 1778. den Gehalt des Herrn Pfalzgrafen, auf den

Fall,

Fall, daß die Kur dem Haus Zweibrüken anfallen würde, zu vermehren.

§. 57.

Die Art der Versorgung der nachgebornen Herren hänget von den jedesmaligen Umständen ab.

So wenig dahero aus denen Vorgängen von H. Ludwig dem schwarzen bis auf H. Wolfgang, und wiederum von H. Johann I. bis auf H. Gustav Samuel ein beständiger Appanagial-Fus sich abstrahiren lässet, eben so wenig machen die in der iezigen Zweibrükischen Linie im Jahr 1746. und 1778. vorgekommene Fälle eine Regel oder Herkommen, sondern es kommet, wenn der Vater nicht selbst den Unterhalt seiner nachgebornen Söhne bestimmet hat, auf die Umstände an, wie der Endzwek „denen nachgebornen Herren einen Standesmäßigen „Unterhalt zu verschaffen,„ am bequemsten zu erreichen seie, welcher Unterhalt alsdann durch unpartheiische des Hauses und Landes kundige Räthe, mit Vermeidung zweier Abwege, zu bestimmen ist, einmal, daß man die nachgeborne Herren bei permalig-völlig veränderter Lebensart nicht auf die alte Deputate zurükweise, und pörs andere, daß man den regierenden Herrn gegen die Natur und Absicht der eingeführten Primogenitur nicht schwäche. (39).

§. 58.

(39) In den jüngsten Hausverträgen ist wegen Versorgung der Kurfürstlichen Prinzen verordnet worden: „daß diejenige, so mit bereits vorhin von dem Haus abgetheilten eigenen Landen nicht versehen, auch weder Bisthum, noch eigene Lande, durch welche das „Appanage cessiret, besitzen, so versorgt werden sollen, wie es vorhin in dem abgestorbenen Haus ohngefehr Herkommens war, und „jährlich die Summ höchstens von 100,000 fl. nicht übersteiget.„ (s. Vertr. von 1771. §. 5.)

§. 58.

Von Verzichten der nachgebornen Herren.

Die Verzichte, welche ehedem die nachgeborne Herren denen Erstgebornen nach erhaltenem Deputat auszustellen pflegten, sind als unnöthig abgekommen, teils, weil ohnehin jedermann weis, daß die nachgebornen Herren an das, was zur Primogenitur gehört, nichts zu suchen haben, (s. §. 64.) und es mithin eines besondern Verzichts darauf nicht bedarf, teils auch, weil ohnehin nunmehro dergleichen Anstalten in die Form eines verbindlichen Vertrags eingekleidet werden.

Sechstes Kapitel.
Von Vermählung und Versorgung der Princessinnen.

§. 59.

Das Heuraths-Guth war ehedem nicht gleich, erst Herzog Wolfgang hat dasselbe auf 14000. fl. bestimmet.

Das Heurathgut der Prinzessinnen von Zweibrüken war bis auf Herzog Wolfgang nicht immer einerlei. Herzog Ludwig der schwarze stattete zwei Prinzessinnen aus, und gab der einen 5. der andern aber 8000. fl. zur Ehesteuer. Herzog Alexanders Tochter, Prinzessin Catharina wurde nach ihres Vaters und Bruders Tod, während Wolfgangischer Vormundschaft 1536. vermählt, und bekam 4000. Rthlr. zum Heurathgut.

Erst Herzog Wolfgang hat in seinem Testament am 20. Haupt-Punkten verordnet, daß jeder seiner Prinzessinnen bei

ihrer

ihrer Vermählung ans seinen beeden Fürstenthümern 10000. fl.
vor Heurathgut und 8000. fl. vor die Außfertigung, nemlich
vor Kleider, Kleinod, Geschmuk, Silber=Geschirr, ohne den
Hochzeits=Kosten und andern, so zur Abfertigung gehört, ver=
abreichet werden sollen. Es traf also jedes Fürstenthum
14000. fl., welche Summe seithero einer Pfalz Zweibrükischen
Prinzeßin bei ihrer Vermählung verabreicht worden, und wird
dieselbe unter dem Namen der Fräulein=Steuer aufs ganze
Herzogthum repartirt.

§. 60.

Die Prinzeßinnen der nachgebornen Herren werden von diesen selbst ausgesteuert.

Die Außsteurung der Prinzeßinnen der nachgebornen Her=
ren bestreiten diese selbst. Der Fall ist seit 1459. bis 1558.
nicht, wol aber hernach in den nachgebornen Veldenzisch=und
Birkenfeldischen Linien mehrmalen vorgekommen. In denen
Verträgen mit der jeztmaligen Pfalz Zweibrükischen Postgenial=
Linie von 1746. und 1778. ist solches ausdrüklich bemerkt worden.

§. 61.

Von den Verzichten der Prinzeßinnen.

Die Prinzeßinnen sind vermög des Wolfgangischen Testa=
ments schuldig, bei ihren Vermählungen ausdrüklichen eidlichen
Verzicht zu leisten. Bei Außstattung der Töchter H. Ludwig
des schwarzen wurden die Verzichte denen Quittungen über das
empfangene Heuraths=Geld einverleibt. H. Alexanders Toch=
ter gab einen besondern Verzicht auf väterliche und mütterliche
Erbschaft.

Als im Jahr 1585. der erste Fall vorkam, daß eine der
Wolfgangischen Prinzeßinnen vermählt wurde, so entwarfen
die

die Neuburgiſche und Zweibrükiſche Räthe eine nach der Vor-
ſchrift des Wolfgangiſchen Teſtaments eingerichtetr Verzichts-
Formel, welche bis auf den heutigen mit Ausnahm des unten
§. 65. angezeigten Worts: Mütterlich beibehalten worden.

Das weſentliche in dieſer Formel iſt dieſes:

„ Und demnach durch lange und unvordenkliche Zeit ein
Geſez, Gewohnheit, Gebrauch und Herkommen im Kurfürſtl.
Haus der Plaz iſt, daß die Töchter dem männlich Fürſtl. Stamm
zu gutem genugſame Verzichten zu thun pflegen — So bekennen
Wir hiemit für Uns und Unſere Erben offentlich, daß Wir —
Uns aller Unſerer Väterlichen, alt mütterlichen auch Mütterlichen und Schweſterlichen Anfäll, auch aller nachgelaſſenen Güter, ſo von dem Pfalzgräfiſchen Fürſtenthum Zweibrüken und
derſelben zugehörigen Grafſchaften Veldenz und Sponheim auch
andern Ein- und Zugehörigen Landen ⸗ herkommen — — —
erblich, ewiglich, gänzlich und gar, für Gott und aller Welt in
beſter und höchſter Form der Rechten für Uns und Unſere Erben verziehen, entäuſſert und begeben haben. — — Wann
aber unſere geliebte Brüder alle ohne eheliche Leibes-Erben mit
Tod abgehen würden, alsdann und in keiner andern Geſtalt
wollen Wir Uns des lezten unter Unſern Brüdern, ſo der andern Tod erlebt, und hernach auch ohne eheliche Leibes-Erben
abſtürbe, verlaſſene Fahrnis alle, ſie komme gleich woher ſie
wolle (auſſerhalb Geſchüz, Munition und Artillerie, welche zu
Verwahrung der Häuſer, Land und Leut gehören) für Uns und
Unſere Leibes-Erben vorbehalten, und Uns gar nicht verziehen
haben.

§. 62.

Die dotirten Prinzeſſinnen werden ipſo jure pro re-nunciatis gehalten.

Daß dergleichen Verzichte nicht alt teutſchen Urſprungs
und zumal in Häuſern, da die Primogenitur eingeführt iſt, unnöthig

nöthig seien, bezweifelt heut zu Tag niemand mehr. Dahero
ist auch in denen Verträgen zwischen denen regierenden Herren
der jezigen Pfalz Zweibrükischen Linie und ihren Herren Brüdern
von 1746. und 1778. versehen, daß wann auch eine Prinzessin nicht würklich Verzicht leisten würde, sie dennoch ipso jure
pro renunciata gehalten werden solle und in dem jüngsten Pfalz
Baierischen Haus Vertrag von 1771. §. 7. heißet es : die Verzichte der Töchter und Prinzessinnen insgesamt in beeden Häusern sollen deutlich eingerichtet und so viel Lande und Leute sowol
des Herzogthums Baiern als der Pfalzgrafschaft bei Rhein samt
allen damit vereinbarten jezt und künftigen Acquisiten und Zugehbrungen betrift, in denselben die Successions Abwechselung
für das gesammte Haus insgemein vorbehalten, in Ansehung
der Baarschaft und Mobilien aber nur zum besten der Brüder
und mannlicher Agnatschaft in jeder sonderbaren Ab- oder After getheilten Neben-Linie eingeschrenkt und dergleichen Verzicht in ein und dem andern Haus pro lege pragmatica ohn-
veränderlich beibehalten, sofort wann schon kein feyerlicher
Actus hierüber ergehen würde, gleichwol die Prinzessinnen schon
ipso facto für würklich verziehen geachtet werden. ,, Es kan
also eine Pfälzische Prinzessin zur Succession in Land und Leuten
gar niemalen kommen, solang Pfälzischer Mannsstamm vorhanden ist, der Fall der Succession in die Fahrnis aber kan
nur alsdann vorkommen, wann der lezte seiner Linie entweder
nur Töchter, oder auch keine Töchter, sondern nur Schwe-
stern verläst. Der Fall ist noch im Jahr 1731. bei Abgang
der Zweibrükisch Johannischen Linie in der Person H. Gustavs
vorgewesen, welcher eine Schwester, die Pfalzgräfin, Maria
Ludovika, hinterlassen.

§. 63.

Was unter dem Wort: Fahrnis zu verstehen,
und

"und wann eine Prinzeſſin in derſelben ſuccediren
könne?

Was aber alsdann unter dem Wort: Fahrnis zu verſtehen
ſeie, darüber hat es in Anſehung der ſeit 300. Jahren ſich ſo
ſehr abgeänderten Lebensart immer Schwürigkeiten gegeben,
welche am Ende durch Vergleich haben beigelegt werden müſ=
ſen.

Der jüngſte nur angeführte Haus=Vertrag von 1771. §.
8. drüket ſich darüber alſo aus: Wir verſtehen unter dem Allo=
dio nichts anders als die würklich vorhandene Mobiliar Verlaſ=
ſenſchaft, auſſer dem Geſchüz, Munition und was ſonſten zur
Landwehr gehbrig iſt, ſoviel nemlich über Abzug der denen Lan=
den und ſuccedirenden Agnaten nicht zuzumuthen ſeyenden Fürſt=
lichen Privatſchulden die a) entweder zu Anſchaffung derlei
Mobiliarſchafft kontrahirt worden, b) oder ſonſten des Landes
Nuzen und Nothwendigkeit nicht betreffen, an baarem Geld,
Kleinodien, Silbergeſchmeid und anderh Jahrniſſen übrig
verbleiben wird; Wobei die Bedingungen mit angehängt wor=
den:

„ Daß jedem Theil die weitere Beſtimmung durch ſelbſt
beliebige Partikular Diſpoſitionen vorbehalten ſeyn ſolle, was
zur Nothdurft oder Zierde der Reſidenzen oder Fürſtlichen Luſt=
ſchlöſſer unverrükt verbleiben müſſe, oder ſonſt ad uſum pu-
blicum zur Fortpflanzung der Künſte und Wiſſenſchaften gehbrig
und nothwendig iſt.„

Wann nun ſchon die Anwendung dieſer Regul bei einem
ſich ergebenden Allodial Fall nicht ohne alle Schwürigkeiten
iſt, ſo hat man doch einen weit ſicherern Fus, auf welchen man
eine allenfalſige Vergleichung gründen kan, als bei dem unbe=
ſtimmten Ausdruk: Fahrnis.

Da

Da Pfalz Zweibrüken denen jüngsten Pfalz Baierischen Haus Verträgen durch einen förmlichen Accessions Akt vom 8. Merz 1778. beigetretten (40) selbige auch in dem Teschener Frieden Art. VIII. garantirt - so nach durch des gesamten Reichs Beitritt bestättiget worden, (41) so haben damit auch die Fälle, wann eine Pfalz Zweibrükische Prinzessin im Allodium succediren kan, und auf was sie nach Bezahlung ihres Erblassers Partikular Schulden Anspruch machen kan, ihre gesezliche Weisung.

§. 64.

Wer die Fahrnis ausser solchem Fall bekomme? desgleichen von Bezahlung der Agnatischen Schulden.

Ausser diesem Fall aber, da die durch die Haus = Geseze bestimmte Fahrnis an eine Tochter kommen kan, bleibt selbige bei dem Mannsstamm, der ab= oder aftergetheilten Linie, und zwar nach dem Recht der Erstgeburt, bei dem in der Regierung succedirenden Herrn, wie solches sowol nach Churfürst Otto Henrichs Absterben (s. unten §. 94. den Vertrag von 1562. zwischen dessen Testaments Erben H. Wolfgang und dem Kurfolger Friederich III.) als auch noch in denen Successionsfällen nach H. Christian III. und Christian IV. Tod beobachtet worden, sogar daß auch lezterer, da seine Frau Mutter in guter Meinung seines verstorbenen Herrn Vaters Geschmuk unter ihre vier Fürstl. Kinder vertheilt hatte, solches in dem Vertrag mit seinem Herrn Bruder von 1746. geahndet, auch ausdrüklich paktirt hat, daß solches niemalen zu einem Präjudiz angezogen werden solle. Dahingegen kan sich auch der Regierungsfolger, als Erbe in der Fahrnis nicht entlegen, seines nächsten Regierungs Vorfahrers Schulden zu übernehmen. Doch mag ihm,

(40) Urkunden Buch zur Vorlegung N. 36. S. 157.
(41) Meine Betrachtungen ⁊c. S. 4. und 83.

ihm, wann der Werth der Fahrniß von den Privat Schulden, überstiegen zu werden, anscheinen will, nicht gewehrt werden, sich derselben nur cum beneficio legis & inventarii zu unterziehen.

Solte aber der Unterschied nicht sehr merklich seyn, so pfleget der Regierungsfolger insgemein darüber hinauszugehen. Man hat in der Pfalz Birkenfeld- und Zweibrükischen Successions-Geschichte Beispiele von einem und dem andern Fall.

§. 65.

Wie es mit der Mütterlichen Erbschaft zu halten.

In dem oben §. 61. extrahirten alten Formular eines Verzichts der Prinzeßinnen kommt auch die Mütterliche Erbschaft vor. Es ist aber seit Herzog Johann II. Regierung, das ist seit 1604. dieser Ausdruk aus den Verzichten der Pfalz Birkenfeldisch- und Zweibrükischen Prinzeßinnen gelassen worden. Wann dahero eine Fürstliche Zweibrükische Gemalin nicht besonders über ihr Paraphernal-Gut disponirt hat, oder darüber in ihren Ehepakten nicht albereits Vorsehung geschehen, so haben solches die Fürstliche Kinder, ohne Unterschied des Geschlechts, zu gleichen Theilen geerbt. Das jüngste Haus-Gesez von 1771. berührt diesen Punkt gar nicht. Dahero es in dem Pfalz Zweibrükischen Haus, wenn beede Bedingungen mangeln, mit der Mütterlichen Erbschaft ferner billig nach Vorschrift der gemeinen Rechte gehalten wird.

§. 66.

Von Versorgung der unvermählten Prinzeßinnen.

Wegen Versorgung der Prinzeßinnen, die ohnvermählt geblieben, findet sich auch kein beständiger Fus. Vor der Reformation wurden dergleichen Prinzeßinnen geistlich. H. Wolfgang ordnete alle seine Töchter zum ehelichen Stand, und

befahl

befahl ſeinen beeden älteſten Söhnen im 21. Haupt-Punkt ſeines Teſtaments, ſie bis dahin mit aller gebührenden Nothdurft zu verſorgen. Es wurde aber die Art der Verſorgung
nicht beſtimmet. Der Fall war ſehr ſelten, und da richtete
man ſich nach Zeit und Umſtänden. H. Chriſtian I. von Birkenfeld in Biſchweiler verordnete in ſeinem Teſtament d. d.
Biſchweiler den 19. Dezember 1647. einer ſeiner unvermählten
Prinzeſſinnen jährlich 500. Reichsthaler. Daß übrigens eine
unvermählte Pfälziſche Prinzeſſin gegen Beziehung einer nach
der Billigkeit zu beſtimmenden Leib-Zucht eben ſowol pro renunciata zu halten ſeie, als eine Vermählte, iſt aus dem,
was §. 62. geſagt worden, deutlich, dann ehe der Fall, da die
Töchter in der Fahrnis erben können, eintritt, iſt eine wie die
andere ausgeſchloſſen.

§. 67.

Vom Rükfall des Heuraths-Guts und der unbeerbt verſterbenden Prinzeſſinnen Paraphernal-Gut.

Endlich iſt hier noch zu bemerken, daß die Eheſteuer der
vermählten aber ohne Kinder verſterbenden Prinzeſſinnen mit
14000. fl. ſo auch die einer unvermählten Prinzeſſin auszuſe-
zende Leib-Zucht an den regierenden Herrn zurükfalle, aus deſſen Landen ſolche geſchöpft worden, wie ſolches in Anſehung
des Heurathguts ohnehin in den Ehe-Kontrakten jedesmal
deutlich ausgedrukt wird.

Was der ohnbeerbt ſterbenden Prinzeſſinnen Paraphernal-
Gut betrift; So hatte Herzog Wolfgang in ſeinem Teſtament,
im 20. Haupt-Punkt, in Anſehung ſeiner Töchter inſonderheit
verordnet: „Wann es ſich zutrüge, daß eine oder mehr derſelben mit Tod abgiengen, und keine ſondere Verordnung ihres
lezten Willens hinterlieſe; ſo ſoll alle ihre Verlaſſenſchaft auf
ſeine

seine beede ältere Söhne oder derselben Erben und Nachkommen männlichen Stamms, als diejenige, von denen sie ausgefertiget und ausgesteuert worden, erblich fallen. Er gibt
dabei die besondere Ursache an: „Da beede Söhne in viel Weg
nicht allein mit jeztbemeldter Aussteurung und Abfertigung,
sondern auch sonst mit andern hohen Ausgaben nach Gelegenheit aller Umstände dermassen beschwert seien, so habe ihn
dieses bewegt, denselben zukünftige Anwartung zuzuweisen.„
Da diese Verordnung die Verlassenschaft der unbeerbt verster-
benden Wolfgangischen Prinzessinnen insonderheit angehet, und
durch die damalige besondere Umstände veranlasset worden, so
hat man solche niemalen vor ein Haus-Gesez angesehen, und
kein einiger nachfolgender regierender Herr hat seine Töchter
in der freien Disposition über ihr Paraphernal-Gut eingeschränkt. Wann also der Fall sich ereignen solte, daß eine
Prinzessin unbeerbt versturbe, und über ihr Vermögen nicht
disponirt hätte, so ist kein Zweifel, daß solches deren nächsten
Erben, nach Vorschrift der gemeinen Rechte, zufalle.

Siebendes Kapitel.
Von Fürstlich Pfalz Zweibrükischen Wittwen und deren Gehalt.

§. 68.
Der Wittum richtet sich nach der Ehesteuer, ist also ungleich.

Da sich der Wittum einer Gemalin vorzüglich nach ihrem
einbringenden Heuraths-Gut richtet, so kan man schon zum
Voraus sehen, daß in dem Pfalz Zweibrükischen Hause der
Wittums Gehalt nicht ständig seyn könne. Die nachfolgende

F   Fälle

Fälle werden solches zeigen, und daraus werden sich hernach etliche Regeln ziehen laſſen.

§. 69.

Anzeige wie die Fürſtliche Wittwen von H. Ludwig dem ſchwarzen an bis auf Unſere Zeiten bewittumt worden.

1) H. Ludwig des ſchwarzen Gemalin, Johanna, aus dem Hauſe Croy, brachte ihm 18000. fl. Heurathsgut zu. Dagegen verſchrieb er ihr 1800. fl. Wittum.

2) H. Kaſpar bekam mit ſeiner Gemalin Amalia von Brandenburg 10000. fl. Heurathsgut, er wiederlegte ſolche mit 10000. fl. und von beeden Summen ſolten von 15. fl. Haupt Geld 1. Gulden Gült gerechnet, der Frau Gemalin hier nächſt jährlich 1333. fl. 20. kr. vor Wittum gereichet werden.

3) H. Alexander bekam mit Margaretha Gräfin von Hohenlohe 8000. fl., wiederlegte ſolche mit einer gleichen Summ, und verſprach davon 800. fl. vor jährlichen Wittums Gehalt.

4) H. Ludwig der jüngere erhielt mit der Prinzeſſin Eliſabeth von Heſſen 12000. fl. wogegen er ihr 1200. fl. vor Wittum verſchrieb.

5) H. Wolfgangs Gemalin, Prinzeſſin Anna von Heſſen brachte 20000. fl. ein, und bekam 2000. fl. Wittum, nachdem er aber im Jahr 1559. zum Beſiz des Herzogthums Neuburg kam, ſo verbeſſerte er den Wittum mit 1000. fl.

Dabei war überall eine Wohnung in dem Amt, auf welches die Auszahlung des Wittums gelegt worden.

6) H. Johann I. vermälte ſich mit Prinzeſſin Magdalena von Jülich, welche ihm, nebſt einer ziemlichen Ausfertigung an Kleidern, Kleinodien, Geſchmuk und Silber zu Heurath Gut 25000.

25000. Gold Gulden zubrachte. Der Herzog versprach ihr dagegen 4000. fl. Morgengab, 400. Reichsthaler Hand- und Spiel-Geld und 3800. fl. an Geld und Naturalien zu Wittum, nebst dem Wittums-Siz im Schloß und Amt Landsberg mit aller Obrigkeit, vorbehaltlich jedoch der Hohen Landesfürstlichen Obrigkeit, der Bergwerke, der weltlichen Ritter Lehen, der Reisfolg, Steuer, Appellation, Zoll und Umgeld.

7.) H. Johann II. vermählte sich mit der Prinzessin von Rohan. Es wurde derselben vor ihre Erbschaft die Herrschaft Garnache en Poitou eingeräumt, und ihren Verwandten die Losung auf 10. Jahr mit 100,000. Pf. vorbehalten. Bis dahin solte sie jährlich 5000. Pf. Pension zu ihrem ameublement, Kleidung, menus plaisirs und Besoldung ihrer französischen Bedienten behalten, und dazu noch einen jährlichen Zuschuß von 400. fl. von ihrem Herrn Gemal bekommen. Der Wittum wurde ihr auf Bergzabern mit 15000. Pfund angewiesen.

Daß diese Ehepakten im Zweibrückischen Haus ohne Beispiel seyen, fället ohnerinnert in die Augen.

8) Nachdem diese Herzogin im ersten Kindbett gestorben war, vermälte sich der Herzog anderweit mit Kurfürst Friederichs IIII. zu Pfalz Tochter, welche 32000. fl. Heurath Gut einbrachte und zum Wittum 3200. fl. erhielt, welche auf Bergzabern theils an Geld, theils an Naturalien in einem sehr geringen Anschlag, nemlich das Fuder Wein, 20. fl. das Malter Korn 1. fl. Gerst 56. kr. Spelz 40. kr. Haber 40. kr. angewiesen worden. Nebst deme wurde die Eichelmastung, Gärten, Wiesen, Aeker, Fischerei, Jägerei, Feder-Vieh, Frohnd &c. gar nicht in Anschlag gebracht, anbei der Frau Wittib die niedere Gerichtsbarkeit akkordirt.

9) H. Friederichs Gemalin Anna Juliana Gräfin zu Nassau hatte 8000. fl. Heurath-Guth und bekam 800. fl. Wittum,

tum, dazu 280. Malter Korn, 148. Malter Haber, 137. Malter Spelz, 50. Malter Gerste, 15½ Fuder Wein, Meisenheimer Masung.

10) H. Friederich Ludwigs Gemalin Juliana Magdalena Pfalzgräfin zu Zweibrüken solte die gewöhnliche Zweibrükische Ehesteuer haben. Ihr auf Landsberg eventualiter verschriebener Wittum aber überstieg den Geld=Gehalt, welcher nach Proportion der Ehesteuer 1400. fl. hätte seyn sollen, um 259. fl. und wurde noch darzu verschrieben: 194. Malter Korn, 206. M. Haber, 68. M. Spelz, 24. M. Gerst, 13. Fuder Wein. Sie starb vor ihrem Herrn.

11) Herzog Gustav Samuel vermählte sich im Jahr 1707. mit der jüngsten Pfalz Veldenzischen Prinzessin Dorothea während des Veldenzischen Successions Streits. Der K. Karl XII. ließ ihr, weil er ein Haupt Kompetent der Pfalz Veldenzischen Successions Lande war, aus denen das Heurath Gut dieser Prinzessin hätte erhoben werden sollen, aus des Herzogthums Renten 30000. fl. auszahlen. Als der Herzog zur Succession im Zweibrükischen gekommen war, machte er ihr einen Wittum auf das Oberamt Bergzabern mit 3000. fl. an Geld, 26. Fuder Wein, 50. Malter Waizen, 60. Malter Spelz, 100. Malter Gerst, 500. Malter Haber, nebst einigem Feder Vieh, Jagd, Fischerei, Brennholz und Frohnden.

12) Herzog Christian der dritte vermählte sich noch als Herzog von Birkenfeld mit Karolina Gräfin zu Nassau. Sie bekam 5000. fl. als Ehe=Steuer und 2000. fl. Ausfertigung, welche die Nassauische Lande bezahlten, nebst deme 15000. fl. und alljährlich eine Quart von denen auf der Grafschaft Saarwerden und Vogtei Herbizheim fallenden Pfandschafts Renten, als eine Vermehrung der Ehe Steuer, welche die Frau Mutter aus der Väterlichen Allodial Verlassenschaft dazu gab, wogegen derselben zum Wittum ausgesezt worden 2500. fl. nebst

80.

80. Viertel Waizen, 150. Viertel Korn, 20. Viertel Gerst, 200. Viertel Haber, 10. Fuder Weins, alles Elsasser Maas und Valor, desgleichen 20. Wagen Heu, 1000. Wellen Stroh, 300. Klafter Holz, Jagd, Fischerei und den Genus des Hofguths zu Illhäusern.

H. Christian III. hatte sich nach seinem Zweibrükischen Regierungs-Antritt vorgenommen, seiner Frauen Gemalin Wittum zu verbessern, starb aber zu frühzeitig, ohne solches bewürkt zu haben. Als dieselbe im Jahr 1744. ihren Wittum bezoge, hat H. Christian IV. ihr nebst 400. Kl. Holz und Fourage auf 10. Pferde 10000. fl. an Geld und Naturalien, leztere nach einem billigen mäßigen Anschlag, auf das Oberamt Bergzabern angewiesen, woselbst sie ihre Wohnung nahm. Fisch und Wildbret wurden, wie zur hiesigen Hofhaltung, geliefert, und der Frau Wittib wurde die Korrektion über ihre Hof Bedienten zugestanden.

In der Wittums Verschreibung erkläret H. Christian IV. was er hierunter aus Devotion vor seine Frau Mutter gethan, solle zu keiner Konsequenz gezogen werden.

§. 70.
Anmerkung, was aus diesen Vorgängen zu nehmen seie.

Aus diesen Vorgängen ergibt sich nun, a) daß in denen meisten Fällen, der Zinns der eingebrachten Ehesteuer zu 10. pro Cent gerechnet, oder, welches auf eines hinaus lauft, der Zinns von dem Dote und einer gleichen von dem Bräutigam wiedergelegten Summe zu 5. vom Hundert gerechnet, das Wittums Quantum ausgemacht habe. (s. die Fälle Num. 1. 3. 4. 5. 6. 8. 9.) b) daß aber auch Fälle vorkommen, bei denen aus besondern bewegenden Ursachen von diesem Herkommen

mer

men abgegangen worden, als a) der Fall Num. 2. da der
Zinns vom Dotal und Wiederlags Quantum zu 6⅓ vom Hundert zum Wittums=Gehalt bestimmt worden.　b) der Fall Num.
7. da die Gemalin titulo dotis eigentlich gar nichts eingebracht
hatte, und noch dazu die Rente von ihrem väter'ichen Vermögen nicht dem Bräutigam, sondern der Braut zugesichert wurde, und ihr dennoch vor Wittums Gehalt 15000. Pfund ausgesezt worden, c) der Fall Num. 8. und 9. da zwar der Wittum, dem Herkommen gemäs, in der Geld=Summe bestimmet - dahingegen die Frau Wittwe in dem Geld=Anschlag der
Naturalien ganz ausserordentlich avantagirt worden.　In Ansehung des leztern gehört auch der Fall. N. 10. hieher. d) der
Fall Num. 11. da zwar der Geld Gehalt nach dem Dote regulirt, hingegen fast ein gleicher Werth an Naturalien hinzuge-
fügt worden.　Wiewol diese Wittums Verschreibung wegen
der erfolgten Separation und Absterbens der Frau Herzogin
keinen Erfolg gehabt.　e) endlich der Fall Num. 12. bei welchem
die Dankbarkeit vor die geführte Vormundschaft, und das aus-
nehmende Attachement der sammtlichen Fürstlichen Kinder vor
dero würdigste Frau Mutter zum vorzüglichsten Beweg=Grund
genommen worden.　Dahero ich diese angeführte 5. Fälle billig vor Ausnahmen von der Regul halte.

§. 71.

Grofer Nuze der Wolfgangischen Verordnung wegen der Vermählungen im Haus mit Rath der Verwandten.

H. Wolfgang hat in dem 18. besonders aber in dem 21.
Haupt=Punkt seines Testaments seinen Kindern sehr nachdrüklich eingebunden, sich nicht ohne Rath der nächsten Anver-
wandten zu vermählen.　Es hat solches nicht allein den Nu-

zen

zen, daß solchergestalt die Aufnahm und Lüstre des Kur- und Fürstlichen Hauses der Pfalz gemeinschaftlich besorgt werden kan, sondern es ist auch solches wegen Regulirung des Dotis, der Ausfertigung, des Rükfalls, des Wittums-Gehalts und Wittums-Sizes auch anderer einschlägiger Punkten nöthig, damit eines teils alles den Haus-Gesezen und Herkommen gemäß verhandelt werde, und andernteils man versichert sei, daß bei einem eintrettenden Kollateral-Successions-Fall der succedirende Agnat keine Schwürigkeiten mache, wie dieser leztere Fall nach Herzog Friederichs Tod, welcher den anfänglich auf Bergzabern verordneten Wittwen-Siz seiner Gemalin, ohne seines Nächsten Agnaten und Regierungsfolgers, H. Friederich Ludwigs Vorwissen auf Meisenheim übertragen, und ihr einige sonst ungewöhnliche Vortheile zugestanden hatte, sich würklich ereignet hat, (42) und in jedem Kollateral-Successions-Fall sich ereignen kan, wann ohne Zuthun der Agnaten eine beträchtliche Ausnahm von der Regel gemacht werden wolte. Dermalen aber ist solches wol nicht leicht zu besorgen, da seit 1746. alle dergleichen Pakta von den hohen Agnaten mitunterschrieben werden.

F 4   §. 72.

(42) H. Friederich bestimmte im Jahr 1658. seiner Frau Gemalin den oben Num. 9. benannten Wittum auf Meisenheim gegen den bei seiner Vermählung um ein weit geringeres auf Bergzabern verschriebenen Wittum. H. Friederich Ludwig, der Kollateral-Successor, weigerte sich, diese veränderte Wittums-Verschreibung anzunehmen; Die Frau Wittib wendete sich zwar an den Kaiser; aber der Herzog wurde von denen Stamms-Agnaten unterstüzt, von H. Leopold Ludwig zu Veldenz anno 1663. hernach von H. Philipp Wilhelm zu Neuburg den 17. May 1663. endlich von König Karl Gustav in Schweden und H. Adolf Johann, dessen Bruder, anno 1664. Alle behaupteten, dergleichen Vermehrung und Translation habe ohne Agnatischen Konsens nicht geschehen können.

§. 72.

Von der Morgengabe.

Neben Bestimmung des Wittums pflegt auch der Fürstlichen Gemalin eine Morgengabe zum völligen Eigenthume gegeben zu werden. Es ist aber eine gewisse Summ deswegen
nicht bestimmt. Herzog Alexander versprach seiner Gemalin
ziemliche Morgengabe.

H. Ludwig der jüngere gab 3000. fl.

H. Johann I. gab 4000. fl.

H. Johann II. gab seiner zweiten Gemalin 3000. fl.

H. Friederich Ludwig gab 2000. fl.

H. Gustav gab 3000. fl.

H. Christian III. gab auch 3000. fl. Von denen übrigen
regierenden Herren im Zweibrükischen, nemlich H. Ludwig dem
schwarzen, Kaspar, Wolfgang, Johann II. bei seiner ersten
Vermählung, kommt in denen über deren Vermählungen sprechenden Urkunden nichts von der Morgengabe vor, obschon
nicht zu zweifeln, daß sie dergleichen dem alten Herkommen
gemäs werden gegeben haben. Solchergestalt geben die angezeigte Fälle zwar einen Fingerzeig, nach welchem eine Morgengabe unter 3000. fl. bei jezigen Zeiten nicht wol gegeben
werden mag, dahingegen kommet es, wann man mehr geben
will, auf die bei jedem einzelnen Fall eintrettende Umstände
an, wobei dann, besagter masen, die Agnaten mit ihrem
Beirath konkurriren.

§. 73.

Von Hand- und Spiel-Geldern.

Es pflegen auch denen Gemalinnen Hand- und Spiel-
Gelder gereicht zu werden. Es geschiehet aber in denen allerwenigsten Eheberedungen derselben Erwehnung. H. Johann I.
ver-

verordnete seiner Gemalin Magdalena von Jülich 400. Rthlr.
zu Hand = und Spiel = Geld; H. Christian III. aber seiner Frau
Gemalin 800. fl. unter eben dieser Rubrike. Da es gar nicht
zu vermuthen ist, daß alle andere Herzoge ihre Gemalinnen
ohne Hand = Geld gelassen; So bin ich zwar der beständigen
Meinung, daß eine Fürstliche Gemalin schlechterdings nicht
ohne Hand = Geld zu lassen, glaube aber nach Ersehung und
Erwägung aller in dem Pfalz Zweibrükischen Haus vorgewesenen Vermählungs = Fällen, a) daß es dabei auf des H. Ge-
mals Generosität, freundschaftliches Vernehmen mit seiner Gemalin, Verbindung mit dem Haus, aus welchem sie entspros-
sen, und andere politische Ursachen, b) auf deren Einbringen
an Kostbarkeiten, wohin besonders der Fall §. 69. Num. 6.
gehört, c) auf deren Sondergut, wovon sie die Renten zu eigenen Handen beziehet, wohin der Fall §. 69. Num. 7. desgleichen die unter der Numer 4. 5. und 10. mitgehören, ankomme, und überhaupt nur diese algemeine Regel daraus her-
geleitet werden könne, daß eine Pfalz Zweibrükische Gemalin
Hand = Gelder haben müsse, es seie nun, daß der Gemal solche
gebe, oder daß sie solche vor sich habe, daß es aber in Bestimmung der Summe nicht sowol auf ein Hauses = Herkommen, als vielmehr auf eine freundschaftliche Uebereinkunft unter beeden Fürstlichen Eheleuten selbst ankomme.

§. 74.

Wie es zu halten, wann eine Pfalz Zweibrükische Wittwe in die zweite Ehe tritt?

Die Frage: Wie es in Ansehung des Dotis und Wittums
einer Pfalz Zweibrükischen Wittwe, welche zur zweiten Ehe
schreitet? zu halten seie, und zwar in denen zween möglichen
Fällen, wann aus erster Ehe Kinder vorhanden? oder wann

deren

deren keine vorhanden? ist, soviel diese leztere Bedingung
betrift, gar niemalen, in Ansehung der erstern Bedingung
aber nur einmal in diesem Fürstlichen Haus vorgekommen.
Es hat sich nemlich Pfalzgräfin Elisabeth, H. Ludwig des jün=
gern Wittwe, die Mutter H. Wolfgangs nach achtjährigem
Wittwenstand im Jahr 1540. wieder an H. Georg von Sim=
mern vermählt.   Dabei wurde es folgendermasen gehalten.

a) Der Frau Wittib wurde vor ihren Wittums Genuß
und eingebrachtes Heurathsgut ad 20000. fl. vermög Vergleichs
vom Mittwoch nach Martini (17. Nov.) 1540. alsjährlich 1200. fl.
das ist, die Zinnse zu 6. pro Cent verwilliget, wogegen sie
die Wittums Verschreibung zurükgab.

b) es wurde ein Inventarium über Silber, Kleinodien und
anderes, so sie mit sich genommen, gefertiget, worüber sie den
15. Dezember 1540. quittirt hat.

Nach ihrem Absterben erfolgte ein anderweiter Vergleich
zwischen H. Georg und H. Wolfgang den 25. Nov. 1563. ver=
mög desselben wurde mit Ausbezahlung obiger 1200. fl. auf
H. Georgs Lebenszeit kontinuirt, und ihme noch weiter alsjährlich
6. Fuder Mosel = Wein bewilliget.   Dagegen gab derselbe die=
laut Inventariums, seiner verstorbenen Gemalin mit gegebene
Kostbarkeiten, wieder heraus, und die noch hinter sich gehab=
te - die hintere Grafschaft Sponheim betreffende Akten (§. 8.)
Ich führe den lezten Umstand, um deswillen an, weil derselbe
die Haupt Ursache gewesen, warum ausser denen in der Heu=
raths Verschreibung zwischen Herzog Georg und Pfalzgräfin
Elisabeth der leztern vermög des obangezeigten Vergleichs be=
stimmten 1200. fl. dem erstern noch 6. Fuder Wein weiter
bewilligt worden.   Ich bemerke dabei, daß diese Frau Pfalz=
gräfin mit H. Georg in einer unfruchtbaren Ehe gelebt, und
am 26. Sept. 1560. ihren Herrn Sohn, H. Wolfgang, durch
ihren lezten Willen zum Universal Erben eingesezt habe.

Wegen

Wegen des Sonderguts der Fürstl. Gemalinen habe ich mich §. 65. schon erklärt. Bekanntlich sind die Rechts-Lehrer in der Materie de Dotalitio in ihren Meinungen getheilt. Man thut dahero wol, wann man in denen Heurathspalten die Fälle auf das genaueste auseinander sezet, und diejenige, die nicht albereits ihre ohnbezweifelte Gesezliche Weisung haben, durch eine deutliche Uebereinkunft selbsten bestimmet, wobei es dann, wann zumal die Agnaten, wie schon gemeldt, dabei konkurriren, hernach billig sein Verbleiben hat.

Achtes Kapitel.
Von Fürstlichen Vormundschaften im Haus.

§. 75.
Die Fürstlichen Wittwen führen die Vormundschaftliche Regierung.

So oft in dem Pfalz Zweibrükischen Haus der Fall vorgekommen, daß ein regierender Herr minderjährige Prinzen hinterlassen, hat die Frau Wittib die Vormundschaftliche Regierung geführet. Zuweilen haben die regierende Herren durch lezte Willens Verordnung der Frau Ober Vormunderin jemanden beigegeben, zuweilen hat dieselbe selbst einen Mit Vormund genommen, zuweilen hat sie auch allein regiert. Da der Fälle sehr wenige sind, so sollen solche kürzlich angezeigt werden.

§. 76.
Anzeige der vorgekommenen Fälle.
Unter H. Ludwig dem schwarzen und H. Alexander.

H. Ludwig der schwarze verordnete in seinem Testament von 1479., daß seine Frau Wittib mit einem seiner weltlichen

Söhne

Söhne, den ſie vor den tüchtigſten halte, die Regierung ihr
Lebenlang führen ſolle.   Seine beede Söhne Kaſpar und
Alexander waren damalen ſchon großjährig.   Dieſe Verordnung
hatte alſo keine Vormundſchaft über den künftig regierenden
Herrn und die Regierungs-Führung während deſſen Minderjährigkeit, als wovon in dieſem Kapitel eigentlich die Rede iſt,
ſondern hauptſächlich die widerſinnige Aufführung H. Kaſpars
zum Gegenſtand. (§. 35. u. f.)

H. Alexander verordnet in ſeinem Teſtament 1514. ſeine
Gemalin, Margaretha von Hohenlohe zur Vormünderin, und
gibt derſelben 4. Räthe bei.   Wobei er ihnen aufgibt, Pfalzgraf Johannſen von Simmern, und Hanns Jakob, Freiherrn
zu Mersperg und Befford, Landvogt im Unter-Elſaß, zu Mit-
Vormundern zu requiriren.   Im Jahr 1517. beſtellte die Fürſtliche Wittib, um ſich die Regierungs-Laſt zu erleichtern, einen
aus den 4. Räthen zum Hofmeiſter, und ordnete ihnen in wichtigen Fällen einen Simmeriſchen und einen Hohenlohiſchen
Rath bei.

§. 77.
Unter H. Ludwig dem jüngern.

H. Ludwig des jüngern Gemalin, Eliſabeth von Heſſen,
unterzog ſich im Jahr 1532. der Vormundſchaft ihres 7jährigen
Prinzen Wolfgangs.   Man ſiehet aus denen Akten, die Aus-
würkung des Kaiſerlichen Tutoriums betreffend, daß H. Ludwig auf ſeinem Todbette dieſen ſeinen einzigen Sohn ſeiner
Gemalin und ſeinem eben anweſenden Bruder ſehr angelegent-
lich empfolen hatte.   Die Frau Wittwe war noch ſehr jung.
Pfalzgraf Ruprecht hatte alle zu einem Regenten erforderliche
Eigenſchaften, und wurde deswegen von ſeinem Herrn Vater,
H. Alexander, in ſeinem Teſtament, mit Uebergehung des
zweiten Sohns, Pfalzgraf Georgs, dem älteſten Sohn, Ludwig

wig dem jüngern, substituiret. Die Läufte bei H. Ludwigs Absterben waren wegen der damaligen Religions-Spaltungen sehr gefährlich. Der Prinz war noch in den Kinder-Jahren, und H. Ruprecht hatte den geistlichen Stand aus Gehorsam gegen das väterliche Testament angenommen. Alles dieses bestimmte die Frau Wittib, ihren Schwager, den H. Ruprecht zum Mit-Vormund aufzunehmen. Bald darauf bewilligte sie in einer Urkund, auf Montag nach drei Königs-Tag, (den 13. Jenner) 1533., daß H. Ruprecht, Mit-Vormunder, alle Aktiv- und Passiv-Lehen in ihres Sohnes, Pfalzgraf Wolfgangs, Namen respektive empfangen und leihen möge. König und nachmaliger Kaiser Ferdinand I. konfirmirte zu Prag den 17. December 1533. Pfalzgräfin Elisabeth und H. Ruprechten zu Vormündern mittelst eines Tutoriums in der gewöhnlichen Form. Nachdem Pfalzgräfin Elisabeth anno 1540. in die zweite Ehe getretten (§. 74.) führte H. Ruprecht die Vormundschaft allein fort.

§. 78.

Unter H. Wolfgang.

H. Wolfgang hat in seinem Testament im 21. Haupt Punkt seine Frau Gemalin von Uebernehmung der Regierung befreiet, unter folgenden Ausdrüken: „Und nachdem Ihre Liebden nunmehr etwas zu einem mehren Alter gereicht, und wir nit wollen, daß sie in solchen angehenden betagten Alter mit vielen und sonderlichen Regierungs Geschäften, welche sonderlich zu diesen lezten Zeiten ganz gefährlich fürfallen, beladen, So ist unser endlicher Will und Meinung, sezen, statuiren und ordnen auch in kraft dieses Unsers lezten Willen, jezta bemelter Unserer geliebten Gemalin zu Ehren, und guten, daß ihre Liebden, in Zeit der währenden Vormundschaft mit

keiner

ſeiner Regierung beſchweret, noch durch Unſere Söhn oder
die Vormünder dazu gezogen werde. „ Dahingegen hat derſelbe im 31. Haupt-Punkt Pfalzgraf Ludwigen, damaligen
Kurprinzen, und Landgraf Wilhelm zu Heſſen zu Ober-Vor-
mundern erbetten, zu jedem der Fürſtenthümer Neuburg und
Zweibrüken aber 4. der vornehmſten Räthe zu Regenten, bis
zur Großjährigkeit der zur Regierung beſtimmten Prinzen-
verordnet.

§. 79.
Unter H. Chriſtian III.

Von ſolcher Zeit an, bis 1734. hat ſich kein einiger Fall
ereignet, daß nach Abſterben eines regierenden Herzogs zu
Zweibrüken eine Obervormundſchaftliche Regierung nöthig geweſen wäre, indem die Landesfolger allemal ſchon großjährig
waren. Im Jahr 1735. den 5. Febr. aber ſtarb Herzog Chriſtian der dritte mit Hinterlaſſung 2. Prinzen und 2. Prinzeſſinnen, welche alle noch minderjährig waren. Deſſen Wittwe,
Karoline von Naſſau Saarbrüken, unterzog ſich ſogleich der
Vormundſchaft und Landes-Regierung, wurde auch ſofort von
Kaiſer Karl VI. unterm datum Wien den 29. Merz 1735. mittelſt eines förmlichen Tutoriums zur Vormünderin ihrer minderjährigen Kinder und zur Landes-Regentin bis zu des älteſten Sohns Großjährigkeit beſtättiget.

§. 80.
In andern Fürſtlich Pfälziſchen regierenden Häuſern.

In den andern Fürſtlich Pfälziſchen regierenden Häuſern
ſind die Fälle von vormundſchaftlichen Regierungen auch äuſſerſt
ſelten. So iſt in der alt Simmeriſchen von H. Friederich dem
Hundsrüker abſtammenden Linie, ehe dieſelbe zur Kur gekommen,

men, gar kein Fall. In der neu Simmerischen aber, welche
Kurfürst des IV. Sohn, Ludwig Philipp, angefangen hat, ist
dessen Gemalin, Maria Eleonora von Brandenburg ihres
Sohnes, Ludwig Henrichs, der diese Linie wieder beschlossen,
Vormünderin und bis zu seiner Großjährigkeit Landes-Regentin gewesen. In der Pfalz Neuburgischen regierenden Linie,
welche Kurfürst Karl Philipp beschlossen, ist gar kein Fall vorgekommen, da eine vormundschaftliche Regierung nöthig gewesen wäre. Ueberhaupt stehet also das Herkommen im Hause,
daß die Frau Mutter die Vormundschaft und mit derselben die
Landes-Regierung bis zu des Erb-Prinzen Großjährigkeit zu
übernehmen habe, zur Regel.

§. 81.

Von dem Verzicht auf anderweite Vermählung und von Ablegung der Rechnung.

In den Kaiserlichen Tutoriis ist unter andern versehen,
daß die Frau Wittwe a) auf die zweite Ehe Verzicht thun
müsse. b) Daß sie Rechnung ablegen solle, welches denen gemeinen Rechten gemäs ist. Nach eben denselben kan sie von
dem erstern Verzicht abgehen, mus aber alsdann die Vormundschaft niederlegen. (43) Dahin gehöret das Beispiel der
Pfalzgräfin Elisabeth. §. 74. Daß aber eine Pfalz Zweibrükische
Vormünderin bei Uebergebung der Regierung an den ältesten
Sohn, Rechnung abgelegt hätte, davon findet sich zwar kein Beispiel, deswegen bleibt aber doch die Verbindlichkeit. Es gehört
hieher eine Stelle aus dem Vertrag zwischen H. Wolfgang und
H. Ruprecht, (§. 77.) vom 3. Oktober 1543. daselbst heiset es:
Wann H. Wolfgang vormundschaftliche Rechnung fordern wolle, solle er solches noch bei H. Ruprechts Lebzeiten thun, nach
dessen

(43) de Ludolph d. Jur. foem. ill. P. I. §. 27. Not. b. & §. 28. de-
ponit tutelam nuptiis repetitis.

deſſen Ableben aber deſſen nicht mehr befugt - anbei ſchul-
dig ſeyn, denſelben wegen geführter Vormundſchaft gegen jedermann zu vertheidigen, zu vertretten und ſchadlos zu halten.

Neuntes Kapitel.
Anzeige der vornehmſten Familien=Verträge.

§. 82.
Vorerinnerung.

Die Grundfeſte des Pfalz Baie.iſchen Hauſes iſt das algemeine Familien=Fideikommis in Verbindung mit dem Recht
der Erſtgeburt. (44)

Ehe dieſes leztere in dem Geſamthaus algemein eingeführt
worden, wurden die Familien=Verträge vorzüglich auf die Beibehaltung der Lande im Haus und auf die Agnatiſche Erbfolge
gerichtet. Nach eingeführter Primogenitur aber muſte auch
zugleich auf dieſe mitgeſehen werden.

§. 83.
Eintheilung.

A. Verträge, die das Pfalz Baieriſche Geſamt=Haus
    angehen.

B. Verträge, die den ganzen Pfälziſchen Aſt angehen.

C. Verträge, welche die regierende Herzoge zu Zwei-
    brüken mit andern Pfalzgräflichen Linien in Haus-
    Angelegenheiten errichtet.

Es ſind Familien=Verträge vorhanden, A. die das Pfalz
Baieriſche Geſamt=Haus angehen; B. Die den ganzen Pfälziſchen

(44) ſ. meine Betrachtungen über die Grundfeſte.

schen Aſt angehen. In ſolchem Betracht gehören beede Gat-
tungen in das Pfalz Zweibrükiſche Staats = Recht, und werden
dahero angezeigt werden. Nebſt deme ſind Verträge vorhanden C. welche die regierende Herzoge zu Zweibrüken mit andern
Pfalzgräflichen Linien in Haus = Angelegenheiten errichtet haben, wodurch deren Fürſtlicher Staat und Weſen bald auf dieſe
bald auf jene Art modifizirt wird. Dieſe, in ſo ferne die heutige
Pfalz Zweibrükiſche Staats = Verfaſſung darauf gegründet iſt,
und daraus erläutert werden mus, machen einen weſentlichen
Theil des Zweibrükiſchen Staats=Rechts aus, und eben dieſe
gedenket man dahier anzuzeigen. Dahingegen werden ſolche
Uebereinkünfte, die heut zu Tage keinen praktiſchen - ſondern
höchſtens nur hiſtoriſchen Nuzen haben, dahier meiſtens über-
gangen werden. Auch hat man hier die Verträge, welche die
Herren Pfalzgrafen, als Gränz=Nachbarn, wegen nachbarli-
cher Irrungen mit einander errichtet, nicht zu ſuchen. Denn
dieſe gehören ſchon ad Regiminalia, denen beſſer unten ein eigenes Kapitel gewidmet iſt.

§. 84.
bei A. Verträge von 1329, und 1348.

Unter den Verträgen, die das Pfalz Baieriſche Geſammt-
haus angehen, ſtehet billig der Vertrag von Pavia, (Freitag
vor Oswaldi (den 4. Auguſt) 1329. oben an. Pfalzgrafen Otten des Erlauchten Söhne, Ludwig und Heinrich, theilten im
Jahr 1255. die väterliche Lande. (45) Erſterer bekam Ober
Baiern und die Pfalz am Rhein, lezterer bekam Niederbaiern (46)
Ludwigs Söhne, Rudolf und Ludwig der Baier haben mehrmalen

(45) ſ. Vorlegung ꝛc. §. 55. S. 62. u. f.
(46) Dieſe Namen ſind zwar damalen aufgekommen, in die Baieriſche
  Titulatur ſind ſie aber erſt in der Mitte des 15. Jahrhunderts aufgenommen worden. ſ. Vorlegung ꝛc. §. 60. S. 71.

G

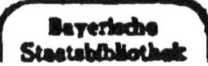

malen eine Theilung zu machen versucht, es ist solche aber erst
zwischen Rudolfs Söhnen, Rudolf und Ruprecht, sodann dessen schon verstorben gewesenen ältesten Sohns, Adolf, min-
derjährigem Sohn, Ruprecht einerseits und Kaiser Ludwig an-
derseits zu Pavia im Jahr 1329. zu Stande gekommen. Der
Kaiser behielt vor sich den gröfern Theil von Ober=Baiern,
seines Bruders Kindern aber gab er die Pfalz am Rhein und
aus dem Landgericht Lengfeld diejenige Lande auf dem Nord-
gau, welche man hernach zum Unterschied der Pfalz am Rhein,
oder der Untern = Pfalz, die Oberpfalz genennet hat.

Durch diesen Familien Vertrag (47) ist ein wahres Fideikommis auf die rechtsbeständigste Art zwischen den beeden
Haupt Aesten des Pfalz Baierischen Hauses eingeführt, und
die wechselseitige Erbfolge von einem Haupt Ast auf den andern festgesezt worden. (48)

In dem Vertrag zwischen denen Pfalzgrafen Rudolf und
Ruprecht Gebrüdern und Ruprecht, Adolfs Sohn, an einem
und denen Herzogen in Baiern Ludwig, Steffan, und Ludwig
Markgrafen zu Brandenburg vor sich und ihre übrige drei Brüder (Wilhelm, Albrecht und Otto) anderntheils, d. d. Ingolstadt am Mittwoch vor St. Agnetis Tag, (16. Jenner) 1348.
behalten sich erstere ihr Erb=Recht an Niederbaiern, (woselbst
Kaiser Ludwig nach Abgang der Heinrichischen Linie im Jahr
1340. nach der Nähe des Grades succedirt hatte) auf gänzlichen
Abgang Kaiser Ludwigs Linie, bevor, und bekommen vor ihre
Ansprüche 60000. Goldgulden. (49) Vor welche ihnen laut
eines Reverses d. d. Regenspurg des nächsten Mittwochen nach
dem

(47) s. denselben im Urkunden Buch zur Vorlegung x. N. 19. S. 43.
(48) s. die Vorlegung x. im ersten Abschnitt den ganzen zweiten Saz
von S. 22. bis 33.
(49) s. die Vorlegung x. §. 64. S. 81. und §. 66. S. 36. im Urkunden
Buch aber Nnm. 46. S. 124.

dem Pfingsttag (30. Mai) 1392. die Grafschaft Cham unters
pfändlich eingeräumt wurde. (50)

§. 85.
Von 1487 und 1490.

Zween Verträge, einer d. d. Ingolstadt uff Samstag nach
St. Vits Tag (16. Junii) 1487. zwischen Kurfürst Philipp
zu Pfalz, Herzog Albrecht, (zu München) und H. Georg (zu
Landshut); der andere d. d. Amberg auf Freitag nach dem
Sonntag Okuli (19. Merz) 1490. zwischen Kurfürst Philipp,
Pfalzgraf Otto (dem jüngern, von der Mosbachischen Linie)
H. Albrecht und H. Georg in Baiern, enthalten eine Erb-Ver-
bindung unter diesen Fürsten, die die Natur alle aus einem
Geblüt gebohren. (51)

§. 86.
Von 1524. und 1559.

Der Vertrag d. d. Nürnberg den 15. März 1524. zwischen
Kurfürst Ludwig zu Pfalz und dessen Bruder Friederich, sodann
denen Pfalzgrafen Ott Heinrich und Philipp Gebrüderen, (von
Neuburg) eines - sodann denen Herzogen Wilhelm und Ludwig von Baiern, Gebrüdern anderntheils, (52) enthält eine
ewige Erbeinigung und Konventional Austräge. Es wird in
demselben der Pavische Vertrag von 1329. und ein Vertrag
unter H. Steffaus, mit dem Beinahmen Fibulatus, dreien
Söhnen zu München am Erich-Tag vor St. Catharinen Tag
(19. Nov.) 1392. (53) ausdrüklich bestättiget.

G 2   In

(50) Urkunden Buch zur Vorlegung Num. 47. S. 175.
(51) Urk. Buch 2c. Num. 26. u. 27. S. 82. u. 85.
(52) Urk. Buch 2c. Num. 28. S. 86.
(53) Urk. Buch 2c. Num. 24. S. 67. und die Vorlegung selbst §. 33. S. 35.
u. 36. Lünig R. A. P. Speciat. N. 224. p. 583.

In letzterm ist die Fidecommissarische Verordnung noch ausführlicher als in dem erstern. Er gehet auf alle besizende und gewinnende Lande, und will, daß ihr aller Land und Schloß allezeit bei dem Namen und Fürstenthum Baiern bleiben. (54)

Der Vertrag, welcher unter Herzoglich Würtembergischer Vermittelung im Jahr 1559. zwischen dem Haus Pfalz auf der einen — und dem Haus Baiern auf der andern Seite zu Stand gebracht, und am 7. August zur Unterschrift vorgelegt aber um der, oben §. 25. am Ende, angezeigten Ursache willen nicht unterschrieben worden, (55) wird um deswillen doch von beeden Theilen als verbindlich anerkannt. (56)

Er begreift alle Fürstenthum, Lande und Gebiete an dem Rhein, zu Baiern und anderswo, welche die beede Aeste des Gesamt Hauses Pfalz Baiern damalen innegehabt, oder sie und ihre Erben fürohin überkommen würden, und wird die in dem Pavischen Vertrag bereits festgesezte Erbfolge von einem Haupt Ast auf den andern sehr emphatisch erneuert. Auf den Fall der Erlöschung eines Haupt Asts im Mannsstamm wird denen Töchtern des lezten Regenten, so deren nicht mehr als 4. wären, jeder 100000. fl, so deren aber mehr als 4. wären, ihnen mit einander 400000. fl. nebst Kleinodien, Silber und Fahrnis zur gänzlichen Abfertigung ausgesezt.

§. 87.
Von 1724. 1746. und 1761.

Aus denen zwischen beeden Haupt Aesten von solcher Zeit an getroffenen Verträgen, welche theils die wechselseitige Hülfe theils das Reichs Vikariat betreffen, sind nur drei vor unserm

Endzweck

(54) Einen Neben = Rezes vom nemlichen Datum 15. Merz 1524. habe ich in meinen Betrachtungen §. 7. S. 12. Note. angezeigt.

(55) Urk. Buch ꝛc. Num. 29. S. 98.

(56) Vorlegung ꝛc. §. 42. S. 46. Not. g.

Ennzwey interessant, nemlich der d. d. München den 15. May 1724. (57) in welchem, §. 2. gesagt wird: Es seye der beeden Häuser Succession wegen auf des einen Abgang, als von einem gemeinsamen Stamm Vater herstammenden Linien und beederseitigen proximis agnatis durch die Rechte allbereit Vorsehung geschehen; Sodann der d. d. München den 31. Oktober 1746. welcher von dem Kurfürst Klemens August zu Köln, als Herzog in Baiern den 11. Dezember 1746. von Kurfürst Maximilian Joseph zu Baiern den 16. Jenner 1747. von Kurfürst Karl Theodor zu Pfalz den 22. Dezember 1746. von H. Christian dem IV. zu Zweibrüken den 18. November 1746. und von dessen Herrn Bruder Pfalzgraf Friederich den 27. November 1746. ratifizirt worden.

Durch diesen Vertrag wurde hauptsächlich eine engere Zusammensezung beeder Haupt Aeste bezwekt, zu solchem Behuf nicht allein §. 1. die Haus Unions Traktaten vom 15. May 1724. 16. April 1728. und 27. März 1734. erneuert, sondern auch §. 5. u. 6. paktirt, daß beede Häuser sich in allen offentlichen Geschäften eines gemeinsamen Votums vergleichen sollen.

Da viele vorhergehende Verträge aus dem 17. u. 18. Jahrhundert nur immer zwischen beeden Kur-Linien gemacht worden, so hat man hier wieder angefangen, das Haus Zweibrüken zum Beitritt einzuladen.

Der dritte hieher gehörige Vertrag ist d. d. Schwezingen den 5. Oktober 1761. welcher von Kurpfalz den 27. Oktober besagten Jahrs (58) und von H. Christian IV. zu Zweibrüken den 25. Julii 1762. genehmigt worden. Er enthält, nebst der Erneuerung der engsten Zusammensezung im 2. §. die Maasregeln zu Errichtung eines Haupt Unions-Traktats, welcher zur eigentlichen Richtschnur des Gesamthauses in alle Zeit dauern soll.

G 3   §. 88.

(57) Urk. Buch ꝛc. Num. 31. S. 114.
(58) Urk. B. Num. 32. S. 120.

§. 88.
Von 1766. 1771. und 1774. *1778*

Dieser Haupt Unions Traktat ist auf zweimal unterm Datum Nymphenburg den 5. September 1766. sodann München den 26. Februarii 1771. zu Stand gekommen. (59) Unterm Datum München den 19. Junii 1774. haben beede Kurfürsten von Baiern und Pfalz sich wechselseitig das Constitutum possessorium auf alle und jede in dem Vertrag der wechselseitigen Erbfolge begriffene beederseitige Lande und Besitzthümer zu vörderst sich selbsten, und hiernächst auch allen darinn eingeschlossenen Haus Agnaten reciproce eingeräumt, dergestalten, daß solches gegen jedweden britten die volle Würkung eines Mitbesizes nach sich ziehen solle. (60) Diesen dreien Verträgen sind der jezt regierende Herr Herzog zu Zweibrüken vor sich, dero Erben und Nachkommen auch alle Agnaten dero Fürstlichen Hauses unterm 8. Merz 1778. förmlich beigetretten. (61)

§. 89.
Anzeige des wesentlichen und bleibenden in den jüngsten Haus=Verträgen.

Das wesentliche und bleibende in diesen jüngsten durch den Teschener Frieden vom 13. May 1779. Art. VIII. garantirten Haus=Verträgen ist:

a) Die Bestättigung der in Baiern im Jahr 1578. und in dem Haus Pfalz durch Herzog Wolfgang anno 1568. eingeführten Primogenitur. §. 3. Vertr. von 1766. am Ende.

b) Die Bestättigung des uralten Familien Fideikommisses in allen besizenden und gewinnenden Landen, bei welchen leztern,

tern,

(59) eben das. Num. 33. u. 34. S. 132. u. 141.
(60) am nemlichen Ort Num. 35. S. 155.
(61) Urk. Buch Num. 36. S. 157. und in der Vorlegung §. 45. S. 50.

tern, §. 11. Vertrag von 1771. ausdrüklich angemerkt wird, daß, wann der erstere Erwerber über seine eigene neu erworbene unbewegliche Güter bei seinen Lebzeiten nicht sonderheitlich disponiren würde, dieselbe unter der Allodialschaft nicht begriffen, sondern ipso facto für würkliche mit denen bonis avitis konsolidirte Stüke geachtet und angesehen werden und der Erbeinigungs = Verbindlichkeit einverleibt bleiben sollen. Sobann wird wegen der bereits besizenden Lande, §. 5. des Vertrags von 1766. paktirt, daß, wann darunter Lehen befindlich seyn solten, deren Natur und Beschaffenheit selbst dem Vorhaben, sie der Erbeinigungs = Verbindlichkeit und Fideikommis einzuverleiben, im Wege stehe, man sich verwenden solle, damit solche auf das gesammte Haus gebracht werden. Diese Verordnung cessirt nun in Ansehung der von dem ausgestorbenen Baierischen Ast besessenen besondern Lehen (62), in so fern unter denselben auch Lehen solcher Art und Qualität gewesen seyn solten, weil alle Baierische besondere Lehen ohne Unterschied vermög des aus Anlaß des Teschener Friedens, Art. 13., erforderten - am 29. Februarii 1780. erstatteten und am 8. Merz von Kayserl. Majest. ratificirten Reichs Gutachtens, dem ganzen Haus Pfalz überlassen worden. Soviel aber diejenige Lehen betrift, welche etwa ein oder andere Pfälzische Linie besizet, deren Natur und Qualität selbst der Erbeinigungs = Verbindlichkeit entgegen stehet, z. B. die Grafschaft Rappoltstein; (s. oben §. 21.) da bleibt es bei der Verordnung des angezeigten §. 5. Vertrag von 1766.

c) Die Ausschliesung der Prinzessinnen von der Erbschaft in Land und Leuten, solang Pfälzischer Mannsstamm vorhanden seyn wird.

d) Die Bestimmung des Falls, wann eine Prinzessin in der Mobiliar = Verlassenschaft succediren kan, nemlich auf gänzlichen Abgang einer Ab - oder Aftergetheilten Neben = Linie im Mannsstamm. §. 7. Vertr. von 1771.

G 4

e) Die

e) Die Bestimmung, was unter der Mobiliar=Verlassen=schaft zu verstehen seie, nemlich, soviel nach Abzug des Erb=lassers Privat=Schulden, (die entweder zu Anschaffung derlei Mobiliarschaft kontrahirt worden, oder des Landes Nuzen und Nothwendigkeit nicht betreffen) an baarem Geld, Kleinodien, Silbergeschmeid und andern Fahrnissen übrig bleiben wird. §. 8. Vertrag von 1771. endlich

f) Das - §. 14. Vertrags von 1771. ausdrüklich wieder=holte Gesez der Unveräusserlichkeit und verbottenen Verpfän=dung. Wobei jedoch der Nothfall mit der Maase ausbehal=ten wird, daß den Agnaten das Vorkaufs = und Einstands=Recht gebühren solle. Wann bei Verträgen mit Benachbarten we=gen strittiger Gränzen und Regalien sonderbare Beträchtlichkei=ten wären, oder bei den unterhandelnden Räthen solche Ge=fährden unterliefen, welche die erste Absicht, (nemlich das Ge=sez der Unveräusserlichkeit) blos vereiteln solten; so solle jedem Haus seiner Zeit die rechtliche Remedur offen bleiben. Ich zeige diese Punkten vorzüglich an, nicht als ob der übrige Inn=halt dieser Verträge weniger verbindlich wäre, sondern weil diese einen direkten Einfluß in die teutsche Staats=Verfassung überhaupt = und in die Pfälzische insonderheit haben, und die Grundfeste der leztern sind.

§. 90.

Bei B. Verträge von 1338. 1353. 1356. 1357. 1368. 1374. 1378. 1395.

Ich komme nun zu den Verträgen, die den ganzen Pfäl=zischen Ast oder die Rudolfinische Linie angehen. (§. 83.)

1338. in nova civitate, feria quarta post Valentini Mar=tyris (18, Febr.) theilten Kurfürst Rudolf II. sein Bruder Ru=precht I. und des verstorbenen Bruders Adolfs Sohn, Ruprecht II. die in dem Pavischen Vertrag ihnen zugekommene Lande.

1353.

1353. zu Maynz des nächsten Dingstags vor St. Thomas Tag (17. Dec.) theilten nach Absterben Kurfürst Rudolfs II. die beede Ruprechte I. und II. dessen verlassene Lande unter Vermittelung Kaiser Karl IV. (63)

1353. zu Maynz an St. Thomas-Abend (20. Dezember) entscheidet Kaiser Karl IV. die beede Ruprechte wegen einiger Punkten, die Theilung Kurfürst Rudolfs verlassener Landen betreffend. (64)

1356. zu Nürnberg an St. Johannis des H. Evangelisten Tag (27. Dezember) bewilligte Ruprecht II. unter Kaiser Karls IV. Vermittelung, daß sein Oheim Ruprecht I. die Kur, dieweil er lebet, behalten möge. (65)

1357. zu Heidelberg, an Unser Frauen Tag, den [man nennet Annunciatio (25. Merz) verspricht Ruprecht II. wann er seines Oheims Ruprechts I. Lande, die er lasset an der Pfallenz und zu Baiern, erben würde, daß dann allewege der älteste Sohn dieselbe allein besitzen solle, würde Ruprecht I. Töchter hinterlassen, so soll jede sechs tausend Mark Silber und nicht mehr bekommen. (66)

1368. zu Heidelberg den nächsten Sontag nach St. Bartholomäus Tag (27. Aug.) machen die beede Ruprechte I. und II. einen Vertrag (67) damit nun und hernach ewiglich, ein Pfalzgraf, wer dann zu Zeiten ist, sich desto baß befrieden, und ihr Mann und Burgmann bei Recht behalten mögen, so sollen gewisse

G 5 Städte

---

(63) Beil. Lit. C. zu den Kurpfälzischen Annot. zu Struvens form. Succ.

(64) Beil. Lit. B. zu den Annot. zu Struvens form. Succ.

(65) Repræsent. Reipubl. German. p. 393. Tolner. Codex Diplom. N. 140. p. 90.

(66) Beyl. Num. 7. zum 2. Theil des Pf. Birkenfeldischen Status caqsx &c. S. 7.

(67) Beyl. Num. 8. ebendaselbst.

Städte und Festen ewiglich bei der Pfalz verbleiben und nimmermehr verkauft, verpfändet, versezt, verwechselt, weggegeben, vor Seelen Heil versezt, oder mit Wittum, Morgengabe, Zugeld mit Töchtern oder mit Weibern oder mit andern Sachen, von der Pfalz entfremdet werden, nemlich:

Stahleke, die Veste, oben auf Bacharach gelegen und die Stadt Bacharach.

Stege der Thal, und Stahlberg die Veste darbei gelegen.

Cube, (Kaub) Burg und Stadt und die Veste Pfalzgrafenstein in dem Rhein gelegen.

Fürstenberg, die Veste.

Diebach und Mannebach die Thäle.

Alzei, die Veste, Burg und Stadt.

Neueustatt, die Stadt und Wolfsberg, die Veste dahinter gelegen.

Mannheim, die Veste auf dem Rhein gelegen.

Wynnenheim (Weinheim) die Veste, Burg und Stadt.

Lindenfels, die Veste, Burg und Stadt.

Die zwo Vesten Heidelberg oben über der Stadt Heidelberg gelegen, und die Stadt Heidelberg und

Dilsperg, Burg und Stadt.

Allem Ansehen nach hat Ruprechts I. angemaste Veräuserung eines grosen Theils der obern Pfalz an K. Karl IV. zu diesem Vertrag den Anlas gegeben. (68)

1374. zu Lengfeld auf den Sonntag nach St. Peter und Pauls Tag (2. Jul) verspricht Ruprecht der jüngste oder III. seinem Gros=Oheim Ruprecht I., daß, wann er des leztern Land und Leute überkommen solte, er solche nicht vertheilen, sondern dem ältesten Sohn allein zuwenden wolle.

Dieser

(68) s. die Vorlegung ꝛc. §. 133. S. 178. Not. f. der Kaufbrief siehet in Lateinischer Sprach in Lünigs Cod. Germ. Dipl. Th. I. pag. 1135.

Dieser Vertrag schließt an den schon angezeigten von 1357. an.

1378. zu Amberg auf St. Margarethen Tag (13. Jul.) errichten die drei Ruprechte, der ältere, der jüngere, und der jüngste einen Vertrag, (69) kraft deſſen gewiſſe Städte und Festen ewiglich bei dem, der Pfalzgraf bei Rhein, das ist, der Kurfürst seyn wird, bleiben sollen.

Die Städte in der Untern Pfalz sind die nemlichen, die schon in dem Vertrag von 1368. stehen, nur daß zwischen: Diebach und Mannebach die Thäle, sodann Alzei die Feste, Burg und Stadt, annoch gesezt worden: Surburg die Burg.

Dahingegen sind aus der Obern Pfalz noch beigefügt worden:

Amberg, die Stadt,
Waldek, die Burg,
Kempnaten, die Stadt,
Helffenberg, die Burg,
Haunsberg, die Burg, (70)
Murach, die Veste,
Nappurg, die Stadt und
Rüden, die Burg mit allen ihren Zugehörden.

1395. zu Heidelberg auf St. Margarethen Tag (13. Jul.) errichtet Kurfürst Ruprecht II. (oder, nach Absterben seines Oheims

(69) s. Urk. B. zur Vorlegung Not. 53. S. 196. der Vertrag ist auch eingedruckt in der Beyl. Lit. F. zu den Kurpfälziſchen Annot. zu Struv. form. Succ. S. 16. daselbst stehet aber irrig im Datum Nürnberg ſtatt Amberg.

(70) In dem in der vorhergehenden Note angezeigten Abbruk stehet Hemsburg, und in dem Abbruk des Theilungs-Briefs von 1410. beim Tolner Cod. Dipl. p. 153. stehet Hausburg. Die hiesige Archival-Abschrift hat deutlich Haunsberg. In der Rupertiniſchen Konstitution 1395. kommt dieſe Burg gar nicht vor.

Oheims Ruprechts I. nunmehro der ältere) mit seinem Sohn Ruprecht III. (der nunmehro derjüngere heist, da er in dem Ver-trag von 1378. bei Lebzeiten seines Gros-Oheims der jüngste hies,) die berufene Konstitution, (71) kraft deren die in dem Vertrag von 1378. vor den regierenden Kurfürsten ausgesezte Lande in der Untern und Obern Pfalz demselben vorzüglich ver-bleiben, und annoch mit

  Ozberg, der Vesten,

  Herings dem Städtel darunter,

  Umstatt, der Stadt,

  Stromburg, Burg und Stadt,

  Simmern, Burg und Stadt,

  Steinsberg, der Veste und

  Hilsbach der Stadt, verbessert werden, aus denen übrigen Pfälzischen Landen aber denen nachgebornen Herren An-size, jedoch dergestalt verordnet werden solten, daß sie solche von dem regierenden Pfalzgrafen zu Lehen tragen - und nach eines derselben Abgang im Mannsstamm, sothane Deputats-Lande dem regierenden Pfalzgrafen Kurfürsten wieder anheim und zurükfallen solten.

 Wobei sowol dem Erst - als dem Nachgebornen Herrn das Gesez der Unveräusserlichkeit in besizenden und gewinnenden Landen nachdrüklich eingebunden wird.

 Das bleibende in dieser Konstitution ist das Gesez der Un-veräusserlichkeit oder das Fideikommis.

 Daß der übrige Inhalt nicht zu Stand gekommen, bewei-set die 15. Jahre hernach geschehene Theilung, ferner die Erb-folge in der im Jahr 1448. abgestorbenen Oberpfälzischen Jo-hannisch oder Neuburgischen Linie, deren Lande nicht an den

            dama-

---

(71) Tolner Cod. Diplom N. 185. pag. 134. Desgleichen Url. N. 9. S. 9. Th. II. des Pf. Birkenfeldischen Status cause. Lunig R. A. P. Spec. N. 225. p. 583.

damaligen Kurfürsten, sondern an dessen beede näher gesippte Oheime Stephan und Otto gekommen, weiters die Erbfolge in des jüngern Otten von Mosbach Lande, welche nicht vermög der Rupertinischen Konstitution, sondern vermög H. Otten von Kaiser Maximilian I. bestättigter Schenkung im Jahr 1499. an Kurfürst Philipp gekommen, und endlich die Erbfolge in den neuen Veldenzischen und Zweibrükischen Landen. (72)

Aus Gelegenheit des Zweibrükischen Successions Streits ist auch noch sonst an dieser Konstitution verschiedenes ausgesezt worden. (73)

§. 91.

1392. 1401. 1410. 1412. 1448. 1479. 1490. 1493, 1500. 1507. 1545. 1551. (1541. 1546)

Unter Kurfürst Ruprecht II. sind die Pfälzische Lande, in welchen seit 1329. die bisher angezeigte Theilungen vorgenommen worden, unter ein Haupt gekommen. Nach dessen einigen Sohnes Ruprecht III. 1410. erfolgtem Absterben aber kommen neue Theilungen vor. Dahin gehören folgende Verträge:

1392. zu Alzey sexta feria post decollationem b. Joannis Baptistæ, (3. Sept.) verbinden sich Kurfürst Ruprecht II. und dessen Sohn Ruprecht III. nachmaliger Kaiser, deren erster sich in dem Dokument der ältere, der andere aber der jüngere nennet, (74) nachdeme sie mit ihrem verstorbenen Vetter Ruprecht dem alten, d. i. dem ersten, eines Gesezes und Machung übereinkommen, daß allezeit der älteste Sohn an der Pfalz, Pfalzgraf seyn solle, und nun H. Ruprecht der jüngste

(72) s. meine Betrachtungen rc. S. 63.

(73) s. gründliche Untersuchung einer sogenannten Rupertinischen Konstitution. 1727.

(74) Beyl. Lit. W. zu der Untersuchung der Rupertinischen Konstitution S. 101.

ste (75) unter H. Ruprecht des jüngern Söhnen der älteste seie, so solle nach) beeder Paciscenten Absterben derselbe bei der Pfalz und allen den Landen verbleiben, wie solches dem ältesten Sohn vermacht und verbrieft seie.

1401. zu Heidelberg auf St. Peters=Tag ad Vincula (1. Aug.) verschreiben sich Kaisers Ruprecht Söhne Ludwig und Hanns Gebrüdere, (76) daß sie die Sazung H. Ruprechts des ältesten ihres Vettern, H. Ruprecht des ältern ihres Anherrn, und Kaiser Ruprechts ihres Vaters, daß alleweg eines jeglichen Pfalzgrafen am Rheine ältester Sohn ein Herr der Pfalz und ein rechter Pfalzgraf und Kurfürst des H. R. R. seyn und etwie=viel nemlich Schloß bei der Pfalz haben, und behalten soll, ewiglich steet und fest halten wollen.

1410. Zu Heidelberg auf St. Barnabas Tag (11. Junii) verschreiben sich Kaiser Ruprechts vier Söhne, Ludwig, Jo=hann, Stephan und Ott (77) daß sie die Theilung, welche die von ihrem Herrn Vater ernannte sieben Schieds=Richter, nem=lich Raban Bischof zu Speyer, Hanns von Hirschhorn, Jo=hann Kämmerer von Dalberg, Hermann von Rodenstein, Schwarz Reinhard von Sikingen, Wyprecht von Helmstatt und Than Knebel, Rittere, unter ihnen machen würden, steet und festiglich halten wollen.

1410. Zu Heidelberg auf den nächsten Freitag nach St. Michaels des H. Erz=Engels Tag (3. Oktob.) theilten die so
eben

(75) Dieser Ruprecht mit dem Beinamen Pipan ist 1398. schon tod gewesen.

(76) Bepl. N. 10. zu dem Statu Causæ Th. II. S. 19. Nur wird an diesem Ort diese Urkund vor eine Bestättigung der Rupertinischen Konstitution irrig angegeben, da doch bei dieser nicht alle 3. Ru=prechte, sondern nur der II. und III. erscheinen.

(77) s. Tolner in Cod. Dipl. N. 205. S. 152. und Vorlegung ꝛc. §. 131. S. 176.

eben benannte sieben Schieds-Richtere Kaiser Ruprechts verlassene Lande unter dessen vier älteste Söhne. (78)

Der älteste, Kurfürst Ludwig, bekam die im Vertrag von 1378. vor den Erstgebornen ausgesezte Lande zum voraus, und gieng in den übrigen Landen mit seinen Brüdern in gleiche Theile und wurde der Stifter der alten Kurlinie.

Der Zweite, Johannes, bekam in der Obern Pfalz das, was nicht zum Kur-Präcipuum gehörte, und wurde der Stifter der bald wieder ausgegangenen Johannisch oder Neuburgisch Oberpfälzischen Linie.

Der Dritte, Steffan, bekam die Lande auf dem Hundsrüken und im Westreich nebst andern und ist der Stifter der Simmerisch und Zweibrükischen Linien.

Der Vierdte, Otto, bekam die Lande in Schwaben, am Nekar, und am Otten-Wald, und ist der Stifter der Mosbachischen Linie.

1412. zu Heidelberg auf den nächsten Freitag nach dem h. Pfingstage (27. May) vereinigen sich Kurfürst Ludwig, H. Steffan und H. Otto eines steten Friedens und Konventional-Austräge.

1448. auf Dornstag nach St. Bonifazien Tag (den 6. Junii) verkauft H. Steffan die ihm mit seinem Bruder H. Otto nach der Nähe des Grabes angefallene Johannische Lande in der Obern Pfalz an eben diesen Otto vor 96,000. Rheinische Gold-Gulden. (79)

1479. zu Heidelberg auf Donnerstag nach allerheiligen Tag (4. Nov.) machen Kurfürst Philipp und H. Otto von Mosbach

----

(78) s. Bevl. N. 12. zum Th. II. des Status Caußæ S. 21. Tolner Cod. Dipl. N. 205. p. 152. Lünig R. A. P. Spec. N. 128. p. 597.

(79) Conf. die Vorlegung 2c. S. 77. Not. b. daselbst stehet durch einen Drukfehler 1449.

bach der jüngere einen Erbvergleich, kraft deſſen erſterer, auf des leztern erbloſen Abgang, deſſen verlaſſende Lande, lezterer aber auf gleichmäſig erbloſen Abgang des erſtern, gewiſſe, unter dem Kurpräzipuo nicht begriffene Lande erben ſolle.

1490, zu Germersheim auf St. Franziſkus Tag (4. Oktober) ſchenkt H. Otto der jüngere alle ſeine Lande dem Kurfürſt Philipp.

1493. zu Wien den 11. Sept. konfirmirt der Kaiſer dieſe Schenkung.

1500. zu Augſpurg den 4. Jul. belehnt Kaiſer Max den H. Alexander von Zweibrüken zu ſeinem Theil und Rechten an H. Otten verlaſſenen Landen, ſo viel deren vom Reich zu Lehen rühren (80)

Herzog Alexander behauptete nemlich, da Kurfürſt Philipp und er in gleichem Grad der Verwandſchaft mit dem Verſtorbenen ſtünden, ſo müſten ſie auch zu gleichen Theilen erben, und ſeye H. Otto nicht befugt geweſen, über dieſe Lande zu diſponiren.

1507. vff Donnerſtag nach Scholaſticä Virginis (11. Febr.) verzeyhet H. Alexander auf H. Otten Verlaſſenſchaft zu Gunſten Kurfürſt Philipps und deſſen Männlicher Nachkommenſchaft, jedoch mit Vorbehalt ſeines Erb=Rechts auf deren Abgang.

1545. vff Mittwoch nach Apolloniä (11. Febr.) vergleichen ſich Kurfürſt Friederich, H. Ott Henrich und H. Philipp Gebrüdere von Neuburg, H. Johann von Simmern und H. Wolfgang von Zweibrüken in ſeinem eigenen und in Vormundſchafts Namen ſeines Vettern H. Georg Hannſen von Veldenz (81) bei Kaiſerlicher May. die Beſtättigung der Güldenen

---

(80) J. Lünigs R. A. P. Spec. Cont. II. N. 34. p. 55.

(81) ſ. Urk. B. N. 34. zu des Status cauſæ Th. II. S. 79. Lünig R. A. P. Spec. N. 236. p. 657.

nen und Sigismundischen Bullen, kraft deren die Kur auf der Rudolfinischen Linie bleiben soll, zu erwürken.

1551. zu Heidelberg am Mittwoch nach dem Sontag Ju-dika (18. Merz) erneuern Kurfürst Friederich, H. Ott Heinrich von Neuburg, H. Wolfgang des Kurfürsten Bruder, H. Jo-hann von Simmern, nebst seinen Söhnen, Friederich und Georg, endlich H. Wolfgang von Zweibrüken vor sich und den minderjährigen H. Georg Hannsen den Vertrag von 1545. (82)

Den Anlaß zu beeden gaben die Baierische Bewegungen, die in dem Pavischen Vertrag paktirte Alternation in der Kur geltend zu machen. (83)

1551. zu Heidelberg auf Dorstag nach Judika (19. Merz) machen sich H. Johann von Simmern und H. Wolfgang von Zweibrüken gegen Kurfürst Friederich II. anheischig, (84) daß sie den am 20. November 1546. (85) unter sich errichteten

Vertrag

(82) Tolner Cod. Dipl. N. 223. p. 168. Lünig. a. a. O. N. 257. p. 658.

(83) s. meine Betrachtungen über die Grundfeste ꝛc. S. 12. Not. e.

(84) s. eben das. S. 38. Not. 5. in der zweiten Zeil dieser Note ist das unmittelbar vor dem Wort Hauptschlüssel stehende Wort: Pfälzische auszustreichen.

(85) Dieser Vertrag ist zu Simmern gemacht worden. Er stehet in Statu Causæ Th. II. Urk. Num. 35. S. 81 Es beziehet sich derselbe auf einen andern im Kloster Disibodenberg zwischen H. Johann von Sim-mern und H. Ruprechten, H. Wolfgangs zu Zweibrüken Vormund auf Montag den 21. Februarii 1541. errichteten Vertrag, welcher sich in denen Urkunden zu des Status Causæ Th. I. Lit. Pp. S. 62, item in Lünigs R. A. Part. Spec. N. 254. p. 561. eingedrukt befindet. Beede gehen dahin: Wann die alte Kur = Linie außsterben würde, so solle das Kur = præcipuum nebst der Kur auf eine Seite und die Erb-lande auf die andere Seite gelegt - beede einander gleichgestellt - und dem ältesten die Wahl gelassen werden. Beede Verträge sind nicht mehr in den Urschriften vorhanden, und obige beede Abdrüke nur aus Abschriften genommen.   H

Vertrag in Monathsfriſt zur Kaſſation einhändigen und ſich des Kurfürſten in einem halben Jahr oder längſtens in Jahresfriſt zu thuenden Ausſpruch, wie es mit der Succeſſion in der Kur, auf Abgang der alten Kur-Linie gehalten werden ſolle, unterwerfen wollen.

Der Vertrag von 1546. gründet ſich auf die Steffaniſche Ordnung von 1444. (§. 5.) Es wurden aber in demſelben eines Theils Kur-Präzipuum und Erblande gegen die alten Vorgänge zuſammen geworffen, und anderntheils hatte der Kurfürſt ſich vorgeſezt eine Einrichtung zu treffen, daß die Kurpfalz nach dem in der Baieriſchen Fehde von 1504. erlittenen groſen Verluſt an Land und Leuten durch weitere Theilungen nicht noch mehr geſchwächt würde.

§. 92.
1553.

1553. zu Heidelberg, Dorſtag nach Omnium Sanctorum (2. Nov.) wurde hierauf von allen damalen im Leben geweſenen Pfalzgrafen, nemlich aus der alten Kur-Linie, Kurfürſt Friederich, H. Otto Henrich zu Neuburg, nachmaliger Kurfürſt und H. Wolfgang zu Neumark, aus der Simmeriſchen Linie, H. Hanns und ſeine drei Söhne, Friederich, Georg und Reichard, aus der Zweibrükiſchen Linie, H. Wolfgang von Zweibrüken, vor ſich ſelbſt und als Vormund ſeines Vettern, H. Georg Hannſen, in Gegenwart deſſen Unter-Vormündere Ludwig von Eſchenau, der Kurpfalz Gros-Hofmeiſter und Job Weidenkopf von Okenheim, Landſchreiber zu Lichtenberg, der enige Vertrag errichtet, durch welchen den fernern Theilungen Einhalt gethan worden, und welcher mithin im Pfälziſchen Haus Epoche macht. (86)

In

(86) Tolner Cod. Dipl. N. 224. p. 170. Lünig R. A. P. Spec. N. 259. p. 668.

In demselben wird paktirt: daß die von der alten Kur=Li=
nie verlaſſende Lande, die ſie würklich beſizet, und noch weiters
bekommen ſoll, unzerriſſen in künftigen Regierungs=Zeiten bei
einander behalten werden und auf H. Hannſen von Simmern
oder deſſen ältern Sohn fallen – und bei demſelbigen Manns=
ſtamm, ſolang derſelbe währet, bleiben ſollen. (87)

Der nachgebornen Pfalz Zweibrükiſchen Linie, nemlich
dem regierenden Herzog Wolfgang und deſſen Kadet, H. Georg
Hanns wurden bei dieſer Gelegenheit 12000. fl. jährlicher Ren=
ten nebſt einem mit 5 pro Cent zu verintereſſirenden Kapital
von 20000. fl. ausgeſezt.

Die jährliche Renten wurden verwieſen,

a) auf die Grafſchaft Lüzelſtein mit Ausnahm der Klö=
ſter Lirheim und Kraftal.

b) auf der Kurpfalz Theil an der Guttenberger Gemein=
ſchaft.

c) Auf deren Theil an Alſenz.

d) auf deren Theil am Kleeburger und Weiſſenburger
Weinzehenden.

e) auf den Pfalz Simmeriſchen Theil an der Hintern
Grafſchaft Sponheim.

§. 93.

bei C. 1. Zweibrükiſche Verträge mit der alten Kur=
Linie von 1413. 1417. 1424. 1455. 1461. 1471.
1489. und 1507.

Nun ſind die vornehmſten Verträge anzuzeigen, welche
Pfalz Zweibrüken mit andern Kur und Fürſtlich Pfälziſchen Li=
nien errichtet hat.

H 2 D)

(87) ſ. meine Betrachtungen ꝛc. §. 24. und ſ. S. 51.

I) Mit der alten, das ist von Ludwig dem bärtigen ab=
stammenden Kur = Linie.

1413. zu Germersheim auf Conceptionis Mariä (8. De=
zember) bewilliget H. Steffan, daß dessen jüngerer Bruder,
Otto, Kurfürst Ludwigs ältesten Sohns Vormünder seyn möge.

1417. Zu Worms den nächsten Donnerstag nach dem Sonn=
tag Judika (1. April) entscheiden, in Verfolg eines zwischen
Kurfürst Ludwig und seinem Bruder H. Steffan zu Kostanz des
nächsten Freitags nach dem zwölften Tag, Epiphania Domini
genannt, (8. Jenner) errichteten Kompromisses, 65. aus Kur=
fürst Ludwig = Räthen, an Prälaten, Grafen, Herren, Rit=
tern und edeln Knechten, die zwischen beeden Herren obge=
schwebte Irrungen.

H. Steffan machte Anspruch an dasjenige eine Fünftel der
vordern Grafschaft Sponheim, (88) welches Elisabeth, Pfalz=
graf Ruprechts des jüngsten, genannt Pipan, hinterlassene
Wittib, Graf Simons von Sponheim, des lezten aus der
Kreuznacher Linie hinterlassene einzige Tochter, ihrem Schwa=
ger, Kurfürst Ludwig den 24. Jenner 1416. vor sich und seine
Kur = Erben geschenkt hatte. (89)

Ferner

(88) Man nennet diejenige Schlösser mit Zugehörde die vordere Graf=
schaft Sponheim, an denen Kurpfalz ein Fünftheil hat, nemlich:
Kreuzenach, Ebernburg, Gudenburg, Arenschwang, Nuwenburg, Kop=
penstein, Gemünd und Kirchberg. Alles was die Kreuznachische Linie
noch ausserdem besaß, erbte Graf Johann aus der Starkenburgischen
Linie, und dieses mit dem, was er vorhero schon innehatte, heiset
die hintere Grafschaft Sponheim.

(89) Die Urkunde bei Tolner Cod. Dipl. N. 215. b. b. am Sontag nach
dem h. Pfingstage (14. Jun) 1416. ist nicht der Schenkungs=Brief
selbst, sondern nur eine während der so eben angezeigten Irrung von
der Pfalzgräfin Elisabeth ausgestellte Erklärung, daß sie schon ihrem
Schwäher, dem Kaiser Ruprecht, versprochen habe, dessen ältesten

Sohn,

Ferner an die Reichspfandschaften Ortenberg, Offenburg, Gengenbach, Selz, Oppenheim und Lautern, welche Kaiser Ruprecht noch bei seinen Lebzeiten seinem ältesten Sohn, Kurfürst Ludwig eingeräumt hatte.

Er muste aber in beeden Forderungen nachgeben.

1417. an dem nemlichen Tag (1. April) wurde eine zweite Urkunde ausgefertiget, kraft deren H. Steffan auf die Theile an Lützelstein, Einarzhausen, Morsmünster, Meisterfelden, Ochsenstein, Reichshofen, Hochfelden, Hüneburg und Wynnstein, zu Gunsten seines Bruders Kurfürst Ludwigs Verzicht thut und dagegen von diesem das Amt Wegelnburg mit Zugehörde bekommt. (90)

1424. zu Heidelberg auf den Mittwoch nach Jubilate (17. May) machen Kurfürst Ludwig und H. Steffan einen Vergleich, in selbigem überläßt lezterer ersterem Dirmstein und Leimersheim vor Eigenthum, sodann Stromburg, Agersheim und seinen Theil an Freinsheim, pfandsweise. Zugleich wird paktirt, daß es wegen des Zolls, wie zu Kaiser Ruprechts Zeiten, der alle Lande beisammen hatte, in Ansehung beederseitiger Unterthanen gehalten werden solle.

1455. Zu Worms, Freitag nach St. Michels Tag (3. Oktober) vergleichen sich Kurfürst Friederich I. und H. Ludwig der schwarze wegen ihrer gehabten Fehde.

Ersterer restituirt das abgenommene, und lezterer verspricht Lichtenberg mit Zugehörde, (welches ihm der Kurfürst, der solches vorhero als erbfnetes Veldenzisches Lehen angesprochen hatte, ihrer beeder Lebenslang belassen will,) von ihme zu Lehen zu nehmen. Welches auch geschehen.

H 3 1461.

Sohn, der ein Pfalzgraf (Kurfürst) seyn würde (mithin keinem dessen nachgeborner Söhne) einen Theil an ihrer Grafschaft zu verschreiben.

(90) s. Beyl. Lit. O. S. 90. in der Untersuchung der Rupertinischen Konstitution.

1461. Zu Baden Dienstag nach Petri und Pauli (30. Jun.) überläßt endlich Kurfürst Friederich, durch Vermittelung Markgraf Karls zu Baden, dem H. Ludwig das Lichtenberger Lehen pure.

1471. Montag nach Johannis Enthauptung (2. Sept.) machen Matthis Bischof zu Speyer, Diether von Sikingen, Luz, Schott Ritter, Henrich Jäger und Henrich Martin einen Entscheid zwischen Kurfürst Friederich dem I. und H. Ludwig, dessen Haupt Inhalt dieser ist:

a) Herzog Ludwig solle die kaiserliche Hauptmannschaft niederlegen, b) derselbe soll seine Lehen aufs neue von dem Kurfürsten nehmen, c) verschiedene aus Gelegenheit der Mainzischen Fehde im Jahr 1463. errichtete Verträge sollen dem Kurfürsten ausgeliefert werden. d) H. Ludwig soll von der Land-Vogtei im Elsas abstehen. e) der Punkt, wegen der dem Herzog abgenommenen Schlösser und anderer Gebrechen, soll besonders fürgenommen werden. Dieses leztere aber ist nicht geschehen, solange beedes der Kurfürst und der Herzog im Leben gewesen.

1489. Zu Kreuzenach Freitags nach Katharina (27. Nov. vermittelt, nach Absterben Kurfürst Friederichs und H. Ludwigs des schwarzen, H. Johann von Simmern zwischen Kurfürst Philipp und H. Kaspar und Alexander einen Vertrag, kraft dessen diese auf die in besagter Fehde ihrem Vater abgenommene Lande verzeihen müssen, (91) nemlich auf

> Stralnberg.
>
> Schriesheim, Schloß und Stadt.
>
> Wachenheim, Schloß und Stadt und den Zoll auf der Hütte zu Agersheim.
>
> Heinsheim, den Hof.
>
> Lamsheim, die Stadt.

Ru=

(91) s. Urkund Lit. M. zum ersten Theil des Status Causæ pag. 60.

Ruprechtsek, das Schlos mit seinem Thal.

Guntersweiler.

Gerweiler.

Bökelnheim, das Schlos und die Thäle dabei mit
    den Dörfern Waldbökelnheim und Nußbaum.

Sobernheim und Monzingen, die Städte.

Armsheim. Weinheim. Bibeluheim, und Münch-
    hausen bei Selz.

1507. zu Heidelberg, Donnerstag nach Scholastika (11.
Febr.) vergleichen sich Kurfürst Philipp und H. Alexander,
nach geendigter Baierischer Fehde, in welcher sich lezterer zum
Kaiserlichen Hauptmann gegen erstern hatte bestellen lassen.

H. Alexander gab das eroberte Amt Landeken zurük, trat
anbei sein Viertel an Haseloch, Bühel und Ugelnheim und sein
Theil an Freinsheim ab.

Dagegen restituirte der Kurfürst Glan Obernheim, räumte
dem Herzog eine Quart an Guttenberg ein, jedoch auf Wieder-
losen mit 12000. fl. und that Verzicht auf das von dem Herzog eroberte Amt Kleeburg.

§. 94.

2.) Pfalz Zweibrükische Verträge mit der Pfalz Simmerischen Herzoglichen und nachmaligen Kurlinie
von 1425. 1437. 1444. 1464.
1560. 1562.

Es kommen nun

2.) die Verträge mit der Pfalz Simmerisch Herzoglichen und
nachmaligen Kurlinie.

Weil dieselbe einen wesentlichen Bezug auf die Sponheimische Grund-Geseze haben, so will ich diese gleich hier an-
zei-

zeigen. Unten bei den Verträgen mit dem Marggräflichen Haus Baden kommen solche noch einmal vor.

1425. zu Beinheim an dem Mendag nach dem Sontag Letare halb Vasten (19. Merz) machet Graf Johann von Sponheim aus der Starkenburger Linie eine Ordnung, (92) wie es zwischen seinen beeden Geschwister=Kindern (Cousins germains) Markgrafen Bernhard zu Baden und Graf Friederich von Veldenz, (93) mit seinen verlassenden Landen, nemlich der ganzen hintern und vier Fünftel der vordern Grafschaft Sponheim gehalten werden solle.

Es sollen nemlich Markgraf Bernhard und Graf Friederich, oder so sie den Fall nicht erlebten, der älteste Prinz von Baden, und der älteste Sohn H. Steffans, Graf Friederichs Enkel, und nach ihnen allezeit der älteste Prinz in der Grafschaft succediren, und solche in rechter unvertheilter Gemeinschaft besizen.

Baden soll Graf Johannsen und Veldenz Graf Simons von Kreuznach Wappen führen.

Wann eines Theils Mannsstamm ausstürbe, soll der andere Theil Wappen, Land und Leute erben.

Es

(92) s. Urk. N. 2. zur Pfalz Birkenfeldischen Deduktion gegen Baden, die Abtheilung der hintern Grafschaft Sponheim betreffend.

(93) Johann der blinde oder edele, Graf zu Sponheim in Starkenburg.

Mechtild. Gem. Marggr. Rudolf von Baden.	Johann der jüngere. Gem. Elisareth von Sponheim in Kreuznach.	Loretta. Gem. Henrich Graf von Veldenz.
Bernhard, Mgf. zu Baden.	Johann der lezte, erbt $\frac{4}{5}$ der W. Gr. Sponheim macht den Weinheimischen Entscheid 1425. † 1437.	Friederich Gr. zu Veldenz.
		Anna Gem. H. Stephan.

Es soll von der Grafschaft nichts verkauft noch versezt werden.

Beede Erben haben diese Verordnung angenommen und beschworen, deswegen wird sie auch ein Vertrag genennt, insgemein heiset sie der Weinheimer Entscheid, weil vorhero Baden und Velbenz wegen der Succession Irrungen hatten.

1437. zu Kreuzenach auf Sonntag Reminiscere (24. Febr.) beschworen Kurfürst Ludwig, Marggraf Jakob von Baden und Graf Friederich von Velbenz den Burgfrieden über die vordere Grafschaft zu Kreuzenach, Ebernburg, Gudenburg, Arenschwang, Nuwenburg, (Naumburg) Koppenstein, Gemünd und Kirchberg. (s. 93.)

1437. zu Kreuzenach auf den nächsten Mitwoch nach St. Katharinen Tag (27. Nov.) beschworen, nach dem am 22. Oktober vorhero erfolgten Absterben Graf Johannsen, Marggraf Jakob, und Graf Friederich den Burgfrieden über die hintere Grafschaft. (94)

Aus demselben ist insonderheit zu bemerken:

Der Weinheimer Entscheid soll gehalten werden.

Nach Anweisung desselben werden die Austräge angeordnet.

Was von den alten Grafen versezt worden, sollen beede Herren wieder lösen.

So ein Theil die Losung nicht thun wolte, soll sie der ander allein thun, jedoch jenem auf jedesmaliges Erfordern gegen Erstattung des halben Pfandschillings Theil geben.

Es soll kein Theil ohne des andern Bewilligung jemand in die Gemeinschaft nehmen.

Vor beschwornem Burgfrieden soll kein Theil zugelassen werden.

H 5   1444.

(94) s. Urk. Num. 3. zur Pfalz Birkenfeldischen Deduktion, die Abtheilung der H. S. Sponheim betreffend.

1444. vff den Mittwoch vor St. Lamprechts Tage (16. Sept.) machen H. Stephan und Graf Friederich von Veldenz eine Theilung ihrer beederseitiger Lande unter des erstern erstgebornem - und vierdtgebornen Söhnen, Friederich und Ludwig. (95)

Friederich bekam seines Gros=Vaters Theil an Sponheim und von seinem Vater die Lande auf dem Hundsrük.

Ludwig bekam die Grosväterliche Grafschaft Veldenz und von seinem Vater Zweibrüken. (s. oben Kap. I)

H. Friederich soll sich Graf von Sponheim schreiben, und das Wappen führen, so Graf Simon geführt hat.

H. Ludwig soll sich Graf zu Veldenz schreiben, und das Veldenzische Wappen führen.

Was in beeder Herren Theil Lehen ist, soll jeder selbst empfahen.

Wann einer der beeden Herren mit Tod abgehen würde, so soll der andere dessen Lande erben.

Künftige Erbschaften sollen beede Herren zu gleichen Theilen haben.

1464. zu Simmern auf Samstag, nach St. Antonien Tag (21. Jenner) überläßt H. Friederich zu Simmern seinem Bruder H. Ludwigen zu Zweibrüken vor eigentumlich: Lamsheim, Wachenheim, Burg und Stadt, den Zoll auf der Mittelhütten, den Theil und Azung zu Frensheim, Haus, Hof und eigene Güter zu Agersheim und den Hof zu Heinsheim, mit aller Zugehörde, gegen Uebernehmung der darauf haftenden Schulden, und zur Ergbzlichkeit wegen solcher Uebernehmung das Losungs=Recht an Wellersau, Strahlenberg, und Schriesheim.

1560.

(95) s. Urkunde N. 27. S. 54. zum 2. Theil des Status Caufz die Zweibrükische Succeffion betr. Lünig R. A. P. Spec. Cont. II. N. 20. S. 24.

1560. zu Worms den 4. April errichten Kurfürst Friede=
rich III. und H. Wolfgang in eigenem und in Vormundschafts
Namen H. Georg Hannsen einen Vertrag, die Exekution des
Heidelberger Vertrags von 1553. mithin die Einräumung der
an die Zweibrükische Linie abzugebenden Lande betreffend, un=
ter Vermittelung H. Christofs zu Würtemberg und Landgraf
Phillipps zu Hessen.

1562. zu Bruchsal den 22. Merz vergleichen sich Kurfürst
Friederich III. und H. Wolfgang unter Vermittelung H. Chri=
stofs zu Würtemberg über Kurfürst Ott Henrichs Mobiliar=
Verlassenschaft.

Dieser Kurfürst ist ohne Kinder verstorben, und hatte den
H. Wolfgang zum Erben eingesezt. Es entstund dahero zwi=
schen dem Kurfolger und dem Testaments=Erben Frage von
dessen Mobiliar=Verlassenschaft.

Der Herzog wolte diese ganz haben; Kurpfalz war ihm
aber nichts geständig, als was der Kurfürst als ehemaliger
Herzog zu Neuburg besessen, und nachhero in die Kur einge=
bracht hatte.

Da es nun nicht wol möglich war, diese Gegenstände
fleisig und behörig von einander abzusondern, so wurden fol=
gende Maasregeln beliebt:

1.) Alle und jede Kleinode, Silbergeschirr, Kleider und
anderes, so von Neuburg nach Heidelberg gekommen, und in
dem zu Laugingen gefertigten von dem Kurfürsten Otto Hen=
rich selbst unterschriebenen Inventarium, so dessen leztem Wil=
len beiligt, eingetragen sind, sollen in drei gleiche Theile ge=
theilt, und ein Theil bei der Kurpfalz bleiben, zwei Theil aber
dem H. Wolfgang gefolgt werden.

2.) Wann in besagtem Inventarium etwas an Kleinoden,
Silbergeschirr, Kleidern oder andern befunden würde, das
zwar

zwar von Neuburg herunter gekommen, hernach aber erst auß den Kurfürstlichen Renten bezahlt worden, das soll nicht in die Theilung kommen.

3) Welche Kleinode, Silbergeschirr, Kleider oder anderes in besagtem Inventarium befunden würden, welche zuvor bei der Kur gewesen, die sollen auch ungetheilt - und bei der Kur bleiben.

4) Die Neuburgische Kleinode, Silbergeschirr, Kleider und anderes, die in der Zeit, als Kurfürst Otto Henrich in der Kur gewesen, mehr dann um den halben Theil durch denselben gebessert worden, die sollen bei der Kur bleiben.

5.) Würde aber die Besserung den halben Werth nicht übertreffen, sollen solche nach Num. I. getheilt werden.

6.) Was der Kurfürst Otto Henrich an Kleinoden, Silberge dirr ꝛc. so in dem Laugingischen Inventarium eingetragen, verschenkt, veräussert, oder sonsten hinweggegeben, dabei hat es sein Bewenden.

7.) Was aber Kurfürst Friederich III. an dergleichen Stüken vergabt oder verändert, will er sich an seinem dritten Theil abziehen lassen.

8.) Leinwand und geringe Kleider, so nicht über 10. fl. werth, sollen den Armen zu Heidelberg gegeben werden, was auch der Kurfürst noch bei seinem Leben den Kammerdienern, oder andern, an geringem Leinwand oder Kleidung gegeben, oder ihnen hernach gegeben worden, soll ihnen bleiben.

9.) Der Kur = Hut und Mantel soll bei der Kur bleiben.

10.) Die Bücher im Inventarium beschrieben sollen H. Wolfgang bleiben, ausserhalb einer kleinen geschriebenen Bibel.

§. 95.

§. 95.

3.) Pfalz Zweibrükische Verträge mit der Pfalz Neuburgischen Herzoglichen und nachmaligen Kur-Linie.
1553. 1555. 1557. 1568. 1569. 1598. 1604.
1733. 1736. 1746. 1777. 1779.

Zu denen Pfalz Zweibrükischen Verträgen

3.) mit der Pfalz Neuburgisch Herzoglichen und nachmaligen Kurlinie gehören zuvörderst die Haupt-Urkunden die Ueberkunft des Herzogthums Neuburg an H. Wolfgang, sodann kommen erst etliche Verträge.

1553. zu Neuburg an der Donau den 13. November, schenkt H. Ott Henrich sein Herzogthum Neuburg dem H. Wolfgang zu Zweibrüken durch eine Schenkung unter den lebendigen. (96)

Aus der Geschichte ist bekannt, daß H. Ott Heinrich und sein - ohnvermählt verstorbener Bruder, Philipp, dieses Herzogthum durch den Kölnischen Spruch vom 30. Julii 1505. und die nachgefolgte Kaiserliche Erklärung desselben d. d. Ems den 18. Jenner 1506. erhalten habe.

1555. zu Neuburg den 3. April wiederholt H. Ott Heinrich diese Schenkung unter seiner und sieben Zeugen Unterschrift.

1555. zu Brüssel den 11. Junii belehnt Kaiser Karl der V. den Herzog Wolfgang mit dem Herzogthum Neuburg.

1557. den 30. Junii veranlaßt der nunmehrige Kurfürst Otto Heinrich einen Vertrag zwischen H. Friederich, Georg und Reichard von Simmern Gebrüdern, und H. Wolfgang zu Neuburg und Zweibrüken, in welchem sich alle zusammen verbinden, die Haus-Verträge zu halten, den H. Wolfgang in dem Besiz des Herzogthums Neuburg nicht zu stören und einander

ander

(96) f. Url. Lit. Qq. in Statu causae Th. I. S. 64.

ander bei allen Gelegenheiten treu zu meinen und zu helfen. (97)

H. Wolfgang sezt in seiner lezten Willens=Meinung vom Datum Meisenheim den 18. August 1568. Art. 9. seinen älteſten Sohn, H. Philipp Ludwig zum regierenden Herrn im Herzogthum Neuburg ein. Im 19. Artikel wird unter seinen 5. Söhnen die Subſtitution feſtgeſezt, und unter denselben die Lineal=Erbfolge nach dem Recht der Erſtgeburt eingeführt, ſo daß immer auf Abgäng einer dieſer 5. Linien die nächſtfolgende ſuccediren, in derselben aber nur der ältere allein regieren ſolle. (98)

1569. zu Neuburg an der Donau den 23. November errichten Pfalzgraf Ludwig, nachmaliger Kurfürſt, und Landgraf Wilhelm zu Heſſen, als Vormündere, sodann H. Philipp Ludwig und Johann Gebrüdere als die regierende Fürſten, in Zuſtand der im Wolfgangiſchen Teſtament zu Regenten verordneten Räthen, einen Vertrag, kraft deſſen von denen auf das Herzogthum Zweibrüken verſchriebenen Schulden 185,356. fl. auf das Herzogthum Neuburg transferirt werden.

In dem Betracht, daß die ehemalige Birkenfeldiſche oder von H. Karl abſtammende Linie, jezo die regierende Zweibrükiſche Linie iſt, gehört auch in der gegenwärtigen Abtheilung unter die Haus=Verträge mit Neuburg der Vertrag zwiſchen H. Philipp Ludwig, und deſſen Brüdern, H. Ott Henrich und H. Karl vom Datum Neuburg an der Donau den 10. April 1598. über deren verſtorbenen Herrn Bruders, H. Friederichs Deputat zu 6000. fl. desgleichen der Vertrag d. d. Neuburg den 22. Nov. 1604. zwiſchen H. Philipp Ludwig und H. Karls
hinter=

(97) ſ. Urkunde N. 39. zu des Status cauſæ Th. II. S. 94. beſiehe auch die Urk. Lit. Rr. zu des Status cauſæ Th. I. S. 68.

(98) ſ. Urk. Lit. A. zu des Status Cauſæ Th. I. S. 1. und 7. und meine Beantwortung der Moſeriſchen Schrift ꝛc. S. 13. und 22.

hinterlaſſener Kinder Vormundſchaft, betreffend das nach Abſterben H. Ott Henrichs denen leztern angefallene Deputat zu 3000. fl.

In beeden Fällen wurde paktirt, daß die in dem Deputat ſuccedirende nachgeborne Herren an dem Wittums-Gehalt der verſtorbenen Herren nachgelaſſener Wittwen mit Pfalz Neuburg zu ihrem Antheil beyzutragen hätten.

Ueber den erſtern Fall iſt wieder ein beſonderer Vergleich zwiſchen H. Philipp Ludwig, Ott Heinrich und Karl, ſodann H. Friederichs Wittwe, Catharina Sophia geborne Herzogin zu Liegniz in Schleſien, zu Friedrichsburg den 3. Mai 1598, errichtet – in dem zweiten Fall aber der Antheil des Beytrags vor Pfalz Birkenfeld auf ein drittel geſezt worden.

1733. zu Mannheim den 24. Dezember vergleichen ſich Kurfürſt Karl Philipp und H. Chriſtian der III. von Birkenfeld wegen der Pfalz Veldenziſch und Pfalz Zweibrükiſchen Landesfolge.

Der Haupt Innhalt iſt dieſer:

1) In Anſehung der Pfalz Veldenziſchen Succeſſion wird der Beſiz-Stand zum Grund gelegt. Kurpfalz behält alſo Veldenz und Lautereken.

2) Pfalz Birkenfeld behält ſeine Helfte an Lüzelſtein und die Helfte des ehemaligen Veldenziſchen Theils an Guttenberg, und was es ſonſt aus der Veldenziſchen Succeſſion in Beſiz hat.

3) Die Fructus percepti werden verglichen.

4) Pfalz Sulzbach tritt ſeine Helfte des ehemaligen Pfalz Veldenziſchen Theils an Guttenberg, das iſt, das Viertheil der ganzen Herrſchaft an Pfalz Birkenfeld ab, behält aber die Helfte an der Grafſchaft Lüzelſtein.

5) Das

5) Das Velbenzische Reichs und Kreis Votum soll abwechs-
seln.

In Ansehung der Pfalz Zweibrükischen Succession erkennet

6) Kurpfa'z den H. Christian III. vor regierenden Herrn.

7) Dieser tritt die Kellerei Stadecken an Kurpfalz ab.

8. und 9) wird wegen der Katholischen Religions Uebung
im Herzogthum ein Temperament getroffen, jedoch ohnbeschä-
digt des Westphälischen Friedens Instruments. (unten §. 172.)

10) Pfalzgraf Christian III. macht sich anheischig, anstatt
des bis dahin von Neuburg an die Herren Pfalzgrafen von
Birkenfeld Gelnhausen bezahlten Deputats zu 6000. fl. künftig
an diese Herren eine gleiche Summe alljährlich auszahlen zu
lassen, und Kurpfalz will verfügen, daß nach des Kurfürsten
Absterben ihnen aus dem Neuburgischen 3000. fl. zugelegt werden.

11) Die nachbarliche Irrungen sollen nach den Verträgen
beigelegt werden.

12) Pfalz Birkenfeld gibt seine Einwilligung zu des Sulzbachischen Prinzen Eheberedung vom 25. April 1733. und einigen Pfand = Verschreibungen, bedinget sich aber die Erhaltung
der Düsseldorfer Gallerie beim Haus; und die fördersamste möglichste Abtragung der Schulden.

1734. Zu Mannheim, 5 Jenner, stellet Kurfürst Karl
Philipp nach Maasgab §. 12. des Vergleichs einen Revers auf,
in welchem neben der Düsseldorfer Gallerie auch die Mannheimer Malerei-Kabineter benennet werden, auch beede wol zu
erhalten und erstere nach Mannheim kommen zu lassen, versppro-
chen wird.

1736. 1. Junii bestättiget Kaiser Karl VI. den Mannheimer Successions-Vergleich.

1746.

1746. zu Mannheim den 11. Merz überläßt Pfalzgraf Christian IV. an Kurpfalz ein Bataillon zu Fus, dagegen verspricht Kurpfalz: Pfalz Zweibrüken wegen dessen Natural Kontingents jedesmalen beim Krais zu vertretten, desgleichen aus diesem Bataillon ein Regiment zu machen, welches den Namen Pfalz Zweibrüken führen und jederzeit einem Prinzen von Zweibrüken übertragen werden solle.

1777. Zu Schwezingen den 5. August errichten Ihro jezt regierende Kurfürstl. Durchl. und des Herrn Herzogen zu Zweibrüken Hochfürstl. Durchl. einen engen Freundschafts Traktat.

Endlich gehört hieher der Article Separé beim Teschener Frieden vom 13. Maii 1779. in welchem sich Kurpfalz und Pfalz Zweibrüken verbinden, die sowol von allen hohen kontrahirenden Theilen, als den vermittelnden Mächten garantirte Haus = Verträge von 1766. 1771. und 1774. auf das genaueste zu beobachten.

§. 96.

4) Pfalz Zweibrükische Verträge mit der Pfalz Veldenzischen Linie. 1543. 1564. 1566. 1600.

4) Pfalz Zweibrükische Verträge mit der Veldenzischen Linie sind folgende:

1543. Zu Marburg den 3. Oktober räumet H. Wolfgang seinem gewesenen Vormund H. Ruprechten folgendes ein: (99)

Lautereken, Schloß und Fleken, nebst den Dörfern Heimzenhausen, Lohnweiler Verschweiler, Winnsweiler und dem Jettenbacher Gericht, das Kloster Remigsberg, das Haus Veldenz samt dem Thal und zugehörigen Dörfern, Veldenz das Thal, Burgen, Ebrenhausen, Dusemond, Mühlheim und Andel samt bett

(99) s. Url. N. 33. im Statu Caus. Th. II. S. 75. Schatz St. U. P. Theo. M. 255. p. 653. & conf. §. 39. oben.

J

dem Zehenden und Bergwerk, den Zehenden und Kirchenfaz zu Brombach, endlich die Mühl zu Stegen, statt der nach Remigsberg gehörig gewesenen Zehenden zu Pfeffelbach und Alben.

Doch soll H. Wolfgang als der regierende Fürst alle Mann und Lehenschaft behalten, auch die Lehen bei dem Reich, Kurfürsten, Fürsten und Prälaten nehmen und die Reichs-Beschwerden tragen, welche - wann eine gemeine Anlage durchs Reich bewilliget wird, H. Ruprecht in denen ihm abgetrettenen Orten heben, und an H. Wolfgang liefern solle.

Nebst deme wird die Unveräusserlichkeit der Lande und die wechselseitige Erbfolge auf eines der beeden Theile Abgang im Mannsstamm verglichen.

1543. den 18. November bewilliget H. Wolfgang, daß H. Ruprecht die Lehen bei dem Bistum Verdun nehmen möge (S. 121.) doch soll solches Pfalz Zweibrüken an dem Besiz von Wolfersweiler, Baumholder und St. Mebbart ohnschädlich seyn.

Der Zweibrükische Abschied vom 6. Jenner 1564. enthält derer von H. Wolfgang und H. Georg Hanns niedergesezten 6. Räthe Bedenken, nebst den Anschlägen, wie die in Verfolg des Heidelberger Vertrags von 1553. an die Pfalz Zweibrükische Linie gekommene Lande und Renten unter beede Herren getheilt werden könnten.

1564. Zu Ettlingen den 24. Julii errichten H. Wolfgang eines - und H. Christof von Wärtenberg, auch Markgraf Karl von Baden, als bestellte Kaiserliche Kuratoren H. Georg Hannsen, anderntheils, einen Vertrag, worinnen das nähere zu besagter Theilung vorbereitet wird.

1566. Zu Augspurg den 27. May kommt die Theilung zu Stand. H. Georg Hanns als der jüngere wählte die Grafschaft

Lüzelstein

Läzelstein, die halbe Herrschaft Guttenberg, den Weisenburger und Kleeburger Wein-Zehenden und das Theil an dem Fleken Alsenz, H. Wolfgang aber bekam die halbe hintere Grafschaft Sponheim.

1600. Zu Meisenheim den 1. August machet H. Johann I. mit H. Georg Gustaven von Veldenz einen Verglich, in welchem ersterer leztern die Mühlen zu Mühlenbach und Oberstauffenbach und 2. Wälde, den Hochwald und Steingen, desgleichen die Dörfer Hasbach und Stegen nebst vielen Leibeigenen und gewissen bestimmten Frohnden — dieser aber jenem seinen Theil an Alsenz, das Dorf Reichardsweiler, seinen Theil Zehenden im Stolzenberger Thal nebst vielen Leibeigenen abtritt, wodurch der Marburger Vertrag in soweit abgeändert worden.

1600. Zu Meisenheim den 5. August machet H. Johann I. mit H. Georg Gustav in Zustand dessen Bruders H. Johann August noch einen Vertrag, in welchem der Veldenzische Beitrag zu den Pfalz Zweibrükischen Reichs und Kreis Beschwerden auch Kammer-Gerichts Unterhaltung auf einen sechsten Theil des Zweibrükischen und hinter Grafschaft Sponheimischen Matrikular Anschlags, wie derselbe damalen war, oder künftig erhöhet oder gemindert werden mögte mit dem Anhang festgesezt wird, daß solcher ein sechster Theil jedesmalen zur Zweibrükischen Kammer geliefert werden solle.

Mit dem Anschlag der 2 zu Ros und 4. zu Fus aber, welchen weyland H. Georg Hannsen Kuratoren, Würtemberg und Baden, (wegen der durch den Augsburger Vertrag 1566. demselben zugefallenen Lande) haben machen lassen, soll Pfalz Zweibrüken nichts zu thun haben.

J 2									§. 97.

§. 97.

5) Pfalz Zweibrükische Verträge mit der Landsbergischen Linie 1605. 1611. 1613. 1646.

H. Johann des I. zweiter Sohn, Friederich Kasimir, bekam Landsberg zu seinem Ansiz. Dahero sind

5.) etliche Verträge mit der Landsbergischen Linie entstanden; Es ist dieselbe schon 1661. zur Landesfolge im Herzogthum gekommen.

1611. den 12. April vergleichen sich H. Johann II., H. Friederich Kasimir und H. Johann Kasimir Gebrüdere, und ist dem Vertrag die vorläufige Vergleichung vom 11. Merz 1605. ganz eingeschaltet.

Nach denenselben wird der zweite Prinz mit denen im väterlichen Testament ihm ausgesezten 3000. fl. auf Landsberg und der dritte mit einer gleichen Summe auf Neukastel verwiesen, und ihnen, wann der auf dem Herzogthum haftende Schulden-Last vermindert seyn würde, ein Zuschus versprochen.

1613. zu Bergzabern den 28. Jenner vergleichen sich H. Johann der II. und H. Friederich Kasimir wegen Einräumung des Ansizes zu Landsberg, wobei dem leztern die Kognition in Schimpf- Schmäh- und Rauf-Händeln unter seinen verpflichteten und besoldeten Dienern inner der Burg, ausser derselben aber nur im Fall des Prinzen eigener Anwesenheit zugestanden – alles andere aber dem ordentlichen Richter vorbehalten wird.

1646. den 28. Julii wurde zwischen dem regierenden H. Friedrich und H. Friedrich Ludwigen zu Landsberg ein Vergleich getroffen, kraft dessen lezterer statt des in H. Johann des I. Testament ausgesezten Deputats der 3000. fl. das Amt

Lands-

Landsberg, das Stolzenberger Thal und die Dietkircher Gemeinschaft bekommt, doch behält sich der Herzog die Ablösung des Deputats mit 70000. fl. und die völlige Landes-Hoheit bevor, und bewilliget dem Pfalzgrafen Friederich Ludwig nur die Justizpflege in erster Instanz in bürgerlichen Fällen.

§. 98.
6.) Pfalz Zweibrükische Verträge mit der Kleeburgischen Linie. 1618. 1622. 1665.

6.) Mit der von H. Johann I. jüngstem Sohn, Johann Kasimir, abstammenden Kleeburger Linie sind auch einige Verträge errichtet worden, welche dahier anzuzeigen sind.

Die im nächstvorhergehenden §. angezeigte Verträge von 1605. und 1611. gehen auch auf die Kleeburgische Linie, und ist, wie schon gemeldet worden, derselben Neukastel zum Ansiz ausgesezt worden.

1618. zu Zweibrüken den 26. Maii verkauft H. Johann II. seinem Bruder Johann Kasimir den Fleken Birlenbach vor 30,000. fl. und löset damit die Helfte dessen Deputat-Gelder, nemlich jährlich 1500. fl. ab.

1618. zu Kleeburg den 22. Junii bewilliget H. Johann II. seinem Bruder die Wohnung im Schlos zu Kleeburg bis zu Vollendung dessen Birlenbacher Bauwesens.

1622. im Monath May, weiset H. Johann II. seinem Bruder dessen Deputat auf gewisse Gefälle der Aemter Bergzabern und Kleeburg, an.

1665. zu Meisenheim den 21. Junii tritt Pfalzgraf Adolf Johann das ihme von seinem Herrn Bruder, König Karl Gustav in Schweden überlassene Kleeburger Deputat an H. Friederich Ludwigen zu Zweibrüken ab, thut Verzichte auf die Großmütterliche (nemlich der Magdalena von Jülich) Erb-

J 3   schaft,

schaft, lässet eine auf dem Herzogthum Zweibrüken gehaftete Kapital-Schuld von 18,943. fl. fallen, und übernimmt 60,000. fl. Pfalz Zweibrükische Schulden, wogegen ihm die Zweibrükische Helfte der Herrschaft Guttenberg mit Vorbehalt des Rükfalls, der Appellationen, der Reichs-Kreis und Fräulein Steuer, auch Gesandschafts Kosten, eingeräumt wird.

§. 99.

7) Pfalz Zweibrükische Verträge mit der Birkenfeldischen Linie bis 1733. von 1584. 1596. und 1669.

Es sind nun 7) die Haupt-Verträge zwischen Pfalz Zweibrüken und Pfalz Birkenfeld bis 1733. da diese leztere Linie selbst zum Besiz des Herzogthums gekommen, anzuzeigen.

Mittelst Vertrags d. d. Bergzabern den 24. Junii 1584. räumet H. Johann I. in kraft des Wolfgangischen Testaments seinem Bruder H. Karl die hintere Grafschaft Sponheim ein. (100)

Es geschahe dieses mit aller Ober-Herrlich-und Gerechtigkeit, insonderheit auch dem Jure circa Sacra, und Episcopal-Rechten, dem Lehenwesen und der Justizpflege. Dann bei der durch die Sponheimische Haus-Geseze von 1425. und 1437. zwischen Pfalz und Baden vorgeschriebenen gleichen Gemeinschaft, war es nicht möglich, die Vorschrift des Wolfgangischen Testaments bei Einräumung dieser halben Grafschaft an H. Karl eben so zu befolgen, wie in denen von H. Philipp Ludwig zu Neuburg seinen Brüdern Otto Henrich und Friederich, im Wolfgangischen Testament ausgesezten Landen pünktlich geschehen.

Doch behielt sich Pfalz Zweibrüken die Reichs-Kreis-Land und Fräulein Steuer dergestalt bevor, daß H. Karl solchs erheben

(100) s. Urk. Lit. K. S. 28. zum ersten Th. des Birkenfeldischen Status Causæ.

ben laſſen und und zur Zweibrükiſchen Rent-Kammer liefern
ſolle, denn dieſer Punkt intereſſirte die Gemeinſchaft mit Baden
nicht.

Und da H. Karls Deputat in dem Wolfgangiſchen Teſtament auf 6000. fl. freier Kammer Renten feſtgeſezt war, die
Grafſchaft zum Pfälziſchen Theil aber ein mehreres ertrug, und
in dem Teſtament verordnet war, daß der jährliche Ueberſchuß
an die Kammer des Fürſtenthums, auf welches das Deputat
gelegt worden, abgegeben werden ſolle; ſo wurden die ſogenannte jährliche Uebertreffs-Gelder auf 1000. fl. nebſt 5. Fuder
Trarbacher Weins geſezt, anbei die vier Berg-Werke, der Bier-
ſink, der Hoſenberg, der Teſchenberg und der Sumpf Johannes Stollen, mit Vorkauf, Stamm-Recht, Zehenden, Wag-
geld und andern, vor Zweibrüken vorbehalten. Dagegen ver-
tritt Pfalz Zweibrüken die H. Grafſchaft Sponheim beim Reich
und Kreis, als regierender Herzog.

1596. zu Meiſenheim den 14. Auguſt läſſet H. Johann I.
ſeinem Herrn Bruder das im Bergzaberer Vertrag ſich vorbe-
haltene Stamm-Recht oder Holz Geld, desgleichen das Wag-
Geld nach, wogegen dieſer jenem 4. Stämme an dem Tiefen-
bacher Kupferbergwerk bei Herrſtein überläſſet.

1669. zu Meiſenheim den 14. May verkauft H. Friedrich
Ludwig dem H. Georg Wilhelm zu Birkenfeld das Regale,
die Landſteuer in der hintern Grafſchaft Sponheim zu erheben
vor 15,000. Rthlr, behält ſich aber die Erhebung der Reichs-
Kreis und Fräulein Steuer aus.

Gleichergeſtalt tritt ihm derſelbe die jährliche Ubertreffs-Gel-
ber zu 1000. fl. gegen Ubernehmung 60000. fl. Pfalz Zweibrüki-
ſcher Schulden, ab. Der Reſervat Wein aber und die Berg-
Werke blieben Zweibrükiſch.

J 4 §. 100.

§. 100.

8) Pfalz Zweibrükische Verträge mit der jeztmaligen Postgenial = Linie. 1746. 1778.

Welchergestalten 8) die Herren Pfalzgrafen Christian IV. und Friederich Gebrüdere im Jahr 1746. und die Herren Pfalzgrafen Karl II. und Maximilian Joseph Gebrüdere im Jahr 1778. und 1779. sich mit einander verglichen, ist oben §. 55. und 56. schon angezeigt worden, worauf ich mich beziehe.

§. 101.

9) Mit der Pfalz Birkenfeldischen Postgenial Linie. 1681. 1683. 1716. 1736. 1742.

9) Mit der Pfalz Birkenfeldisch jüngern oder ehemal sogenannten Gelnhauser Linie, welche von H. Christian II. Bruder, H. Johann Karl ihren Ursprung hat, haben die Herzoge von Zweibrüken aus der Johannischen Linie Verträge zu machen, niemalen Anlas gehabt.

Die Verträge, welche die H. Christian II. und III. von Birkenfeld, mit H. Johann Karl, sodann mit dessen hinterlassener Wittwe und Prinzen errichtet, gehören eigentlich nicht in das Zweibrükische Staats = Recht, sondern ad domestica der Birkenfeldischen Linie.

Doch ist hier zu bessern Verstand der jüngern Verträge zu wiederhohlen, was ich oben §. 53. von den Appanagial Anstalten in der Birkenfeldischen Linie schon angezeigt habe.

Der Vertrag, durch welchen H. Christian der II. seinem Bruder, H. Johann Karl das ganze vorhin gemeinschaftlich genossene Neuburgische Deputat zu 6000. fl. (§. 40. und 42) abtritt, wogegen dieser auf den dritten Theil der Sponheimischen

Ren=

Neuten Verzicht thut, ist zu Bischweiler den ²⁄₁₂. Sept. 1681. datirt, und zu Rappolzweiler den 18. Jenner 1683. wieder-hohlt, anbei demselben alle Jahr 4. Fuder Wein aus der Trar-bacher Kellerei zugesezt worden.

Desgleichen gehört hieher der Vertrag zwischen H. Chri-stian II. und Frau Esther Maria, H. Johann Karls hinterlas-sener Wittwe b. b. Frankfurt den 22. September 1716.

In demselben wird das Reichs Hof-Raths Konklusum vom 11. April 1715. kraft dessen die zwischen nur besagten Pfalz-grafen Johann Karl und Frau Esther Maria gebornen von Wizleben, getroffene Ehe vor ein ordentliches, gültiges und vollständiges Matrimonium und die darinn erzeugte Kinder vor des Pfalzgräflichen Namens, Standes und Würden und der Succession in alle ihrem Herrn Vater zuständig gewesene Stamm und Fideikommis Güter, Fürstliche Gerechtsame und Präroga-tiven ohne Ausnahm fähig erklärt werden, (101) zum Grund gelegt, sofort in dessen Gefolg die Frau Wittib und Kinder als eine Fürstin und Fürstliche Kinder, insbesondere dero Herren Söhne vor Fürstliche Stamms-Agnaten erkannt, mit dem Versprechen, sie an Beziehung des Neuburgischen Deputats nicht zu hindern, nicht weniger ihr fernerhin jährlich 4. Fuder Moselwein aus der Trarbacher Kellerei liefern zu lassen, auch die mit H. Johann Karl errichtete Pakta, und was darinn de-ro Männlichen Nachkommen zum Besten versprochen worden, in allem genau zu halten, und das ausbedungene dessen Söh-nen als nächsten Stamms-Agnaten auch in Ansehung der in dem Haus Pfalz festgestellten Erbfolge-Ordnung geniesen zu lassen.

J 5   1736.

(101) In dem 8. Artikel des Teschener Friedens vom 13. May 1779. ist die Successions Fähigkeit der Herren Pfalzgrafen von Birkenfeld in alle Pfalz Baierische Lande algemein anerkannt worden.

1736. zu Zweibrüken den 20. Julii wird zwischen der verwittibten Frau Herzogin Karoline zu Zweibrüken als Ober Vormünderin und denen Herren Pfalzgrafen von Birkenfeld Friederich Bernhard, Johann und Wilhelm Gebrüdern, verglichen, daß diese zu denen 6000. fl, welche H. Christian der III. an die Herren Pfalzgrafen, anstatt des vorhin von ihnen bezogenen Neuburgischen Deputats, zu bezahlen in dem Successions Vergleich von 1733. sich anheischig gemacht hatte, noch !weiters 6000. fl. als ein Augmentum appanagii von Pfalz Zweibrüken bekommen sollen, dergestalt jedoch, daß wann nach Kurfürst Karl Philipps Absterben die in nur besagtem Vergleich von 1733. versprochene 3000. fl. von Kurpfalz ausbezahlt werden würden, alsdann solche von den 12,000. fl. abgehen, und Pfalz Zweibrüken nur 9000. fl. zu zahlen schuldig seyn, diesem Haus auch frei bleiben solle, die Vermehrung des Appanagiums zu 3000. fl. mit 60,000. fl. abzukaufen.

1742, Zu Frankfurt den 1. Oktober genehmiget H. Christian der IV. nächstvorhergehenden, während dessen Minderjährigkeit errichteten Vertrag und verspricht zugleich, auf den Fall das Haus Zweibrüken in die Kur und die von der jeztmalig Pfalz Neuburgischen Kur = Linie verlassende Lande vorrüken würde, derer Herren Pfalzgrafen Gehalt auf das Doppelte zu erhöhen.

1779. den 8. Jenner ertheilt H. Karl II. eine Versicherungs = Urkunde, daß man in Pfälzischen Haus = Angelegenheiten unter Benennung der Agnaten, die Pfalz Birkenfeldische Linie mit verstehe.

Eine gleiche Urkund hat Kurpfalz zu München den 22. Oktober 1778. ertheilt.

Anhang

Anhang
zum Neunten Kapitel,

in welchem die vornehmste Verträge mit dem Fürstlichen Haus Baden, die Sponhei= mische Lande betreffend, angezeigt werden.

§. 102.

Verhältnis zwischen Pfalz und Baden, die Spon= heimische Lande betreffend.

Elisabeth, Graf Simons zu Sponheim des lezten der Kreuzenacher Linie, Erbtochter, Pfalzgrafen Ruprechts, Pipan genannt, hinterlassene Wittib, schenkte am 24. Jenner 1416. ihrem Schwager, Kurfürst Ludwig mit dem Bart, einen fünften Theil an gewissen benannten Städten und Schlössern, (§. 93.) die man nachhero die vordere Grafschaft Sponheim genannt hat.

Die übrige vier Fünftel an dieser vordern Grafschaft erbte ihr Geschwister=Kind, (Cousin germain) Graf Johann von der Starkenburgischen Linie.

Ausser diesen benannten Städten und Schlössern besaß Graf Simon noch mehrere Lande, als: das ganze Oberamt Kastellaun und die Theile an Dill und Sponheim.

Diese erbte Graf Johann allein, und vereinigte sie mit dem, was er als Graf zu Sponheim in Starkenburg bereits hatte. Beedes zusammengenommen heißt von solcher Zeit an die hintere Grafschaft Sponheim.

Graf Johann hatte keine Kinder. Er sezte dahero seine beede Cousins germains Markgraf Bernharden zu Baden und

Grafen

Grafen Friederichen zu Veldenz zu Erben ein, (§. 94.) berge=
stalt, daß sie seine verlassende Lande in Gemeinschaft regieren -
und auf des einen Theils Abgang der andere succediren soll.

Graf Friederich von Veldenz hatte nur eine Tochter, wel=
che an Pfalzgraf Steffan vermählt war. Graf Johann von
Sponheim verordnete dahero vorsorglich, daß wann Marggraf
Bernhard und Graf Friederich den Fall seines Absterbens nicht
erleben würden, so solle der älteste Prinz von Baden, Jakob
und H. Stephans ältester Sohn, Friederich, ihme in Gemein=
schaft succediren.

Dadurch sind 2. Fünftel der vordern und die Helfte der
hintern Grafschaft Sponheim an das Haus Pfalz gekommen,
und das Fürstliche Haus Baden hat eben so viel bekommen,
beedes aber solte in Gemeinschaft besessen und regiert werden.
Dadurch sind Verhältnisse entstanden, welche erstlich die Häu=
ser Pfalz und Baden überhaupt - sodann die Inhaber beeder
Grafschaften aus beeden Häusern insbesondere - und endlich
einige Pfälzische Linien unter sich betreffen. Viele denen Ge=
meinschaften eigene Verhältnisse fallen zwar jezo weg, nach=
deme die vordere Grafschaft schon 1708. zwischen Pfalz, als
Kurfürst und Herzog zu Simmern, und Baden zu respektive
drei und zwei Fünftel getheilt worden, und endlich auch 1776.
die Theilung der hintern Grafschaft zwischen Pfalz Zweibrüken
und Baden zu gleichen Theilen zu Stande gekommen; Es bleiben
aber bemohngeachtet die Grund=Verhältnisse stehen, und deswegen
machen sie einen Haupt=Gegenstand des Pfalz Zweibrükischen
Staats=und Familien=Rechts aus. Ich habe diese Verhältnisse bei
einer jeder Materie, wo von der hintern Grafschaft Sponheim
die Rede ist, wie auch die Haupt=Verträge, welche wegen
derselben mit Pfalz Simmern errichtet worden, §. 94. ange=
zeiget, und will nun die vornehmste, die man mit dem Fürst=
lichen Haus Baden errichtet, oder bei welchen dasselbe mit

Antheil

Antheil genommen hat, als einen Anhang zum neunten Kapitel, anzeigen.

§. 103.
Anzeige der vornehmsten Verträge.

Die Grundlage der ganzen Verfassung ist der Beinheimi-
sche Entscheid vom 19. Merz 1425. Weil ich denselben oben
§. 94. schon angezeiget habe, so beziehe ich mich darauf.

1426. zu Lichtenberg feria tertia post Viti & Modesti
(17. Junii) vereinigen sich Marggraf Bernhard und Graf Friederich den Beinheimischen Entscheid zu halten und soll Marggraf Bernhard wegen der Lehen, so er vom Kaiser und Chur
Trier erhalten, keinen Vortheil gegen Graf Friederichen verlangen.

Graf Johann zu Sponheim sezt seine instituirte Erben,
Baden und Veldenz in die Gemeinschaft der vordern Grafschaft mit Kurfürst Ludwig, und diese drei beschworen hierauf
zu Heidelberg auf den Donnerstag nach St. Michels Tag (den
1. Oktober) 1428. den Burgfrieden zu Kreuzenach. Ebernburg,
Gudenburg, Armschwang, Ruwenburg, Köppenstein, Gemünde und Kirchberg.

Noch bei Lebzeiten Graf Johannsen beschworen Kurfürst
Ludwig, Marggraf Jakob und Graf Friederich den Burgfrieden
über die ebenbenannten vorder Grafschaftliche Städte und
Schlösser, zu Kreuznach auf Sontag Reminiscere (24. Febr.)
1437.

Das Spat Jahr hernach, nemlich auf den nächsten Mitwoch nach St. Katharinen Tag (27. Nov.) 1437. beschworen zu
Kreuznach Marggraf Jakob und Graf Friederich auch den
Burgfrieden über die Hintere Grafschaft Sponheim und erneuern

neuern den Vertrag über die Gemeinschaft und die wechselseitige Erbfolge (s. oben §. 94.)

1557. zu Kreuznach den 10. Junii paktiren Herzog Friederich von Simmern und Marggraf Philibert von Baden, daß allezeit der älteſt regierende Graf zu Sponheim, ob er ſchon an Jahren jünger als ſein Gemeinsherr, die Sponheimiſche Lehen leyhen, die Belehnung aber nahmentlich vor beede Herren geſchehen und die Lehenspflicht gemein ſeyn ſolle.

In einem Vertrag zwiſchen Kurfürſt Friederich III. und Markgraf Philibert vom 25. Jenner 1560. nimmt Baden den H. Wolfgang in die Gemeinſchaft der H. Gr. Sponheim auf, bedinget ſich aber dabei, daß, da ſolchergeſtalt zween Pfalzgrafen aus der Stephaniſchen Linie an Sponheim Theil hätten, nemlich Pfalz Simmern an der vordern und Pfalz Zweibrüken an der hintern, Baden frei ſtehen ſolle, auch einen aus den Badiſchen jüngern Prinzen in die H. Gr. kommen zu laſſen.

1560. den 22. April beſchwört H. Wolfgang gegen Marggrafen Philibert den H. Grafſchaftlichen Burgfrieden.

1584. den 25. Auguſt zu Trarbach reverſirt ſich H. Karl von Birkenfeld gegen Markgrafen Philippſen, daß auch ein nachgeborner Prinz aus dem Hans Baden die H. Gr. Sponheim ohne Nachtheil des Beinheimiſchen Entſcheids ſolle beſitzen können.

Bei allen Regierungs-Veränderungen hat der neu eintrettende Gemeinsherr den Burgfrieden beſchworen, welches ein vor allemal angezeigt wird.

Den 1. Jenner 1595. vergleichen ſich H. Karl von Birkenfeld und Marggraf Eduard Fortunat von Baden eines Tauſches zweier Aemter auf 20. Jahr. Birkenfeld ſolte das Amt Birkenfeld mit Einbegrif Allenbach, und Baden das Amt Kaſtels-

stellaun haben, die Gefälle allein heben und geniesen, und die
bürgerliche Gerichtsbarkeit mit Einschlus der Appellationen an
jedes Herrn Kanzlei allein versehen laffen.   Jedoch solle dem
Beinheimischen Entscheid dadurch nicht derogirt werden, und
alle Regalien, desgleichen die peinliche Fälle und Diener=Be=
stellung gemein bleiben.

Währendem Succeffions=Streit zwischen Baden Baden
und Baden Durlach wird Marggraf Georg Friederich von Ba=
den Durlach durch einen Rezeß vom 30. August 1605. in die
Gemeinschaft der H. Gr. Sponheim zugelassen.

Im Jahr 1622. wird Marggraf Wilhelm von Baden Ba=
den in vorigen Stand gesezt, und beschwört den Burgfrieden
zu Birkenfeld den 16. November.

Durch den Konferenzial=Abschied vom $\frac{17}{7}$. Merz 1672.
zwischen H. Christian II. und Marggraf Wilhelm wird der
Tausch=Vertrag von 1595. wieder aufgehoben, und eine ge=
meinschaftliche Regierung und Rent=Kammer zu Trarbach
angeordnet.

1708. den 22. Sept. theilen Kurpfalz und Baden die vor=
dere Grafschaft Sponheim, zu respektive drei und zwei Fünftel.

Im Jahr 1776. sind zu Zweibrüken den 26. und zu Karls=
ruh den 27. September zween Verträge, die Abtheilung der
hintern Grafschaft Sponheim betreffend von Pfalz Zweibrüken
und Baden ausgefertiget und unterschrieben worden.

Der erstere enthält den Theilungs=Plan, den Baden ge=
macht und Zweibrüken die Wahl gelassen, eines der beeden
Loose vor sich zu nehmen.   Zweibrüken wählte auch würklich,
und damit kam der Haupt=Theilungs=Rezeß zu Stand.
Jeder Herr bekam sein Loos mit der völligen Landeshoheit im
Geistlichen und Weltlichen.   Dabei wurde gleichwol nach
Maasgab des Beinheimischen Entscheids einem jeden Theil
das

das gemeinschaftliche Eigenthum nebst dem bürgerlichen Mit-
besiz und der wechselseitigen Erbfolge vorbehalten, auch die
Veräusserung und Vertauschung aller zur H. Gr. Sponheim
gehbriger Stülke mit Einschlus der Domänen, (herrschaftlichen
privat Güter) verbotten. Ein Theil soll dem andern mit Rath
und Beistand an die Hand gehen, das Land auf ewig die hintere Grafschaft Sponheim heisen, und auf Reichs- und Kreis-
Tägen in der Wahlstimme und in dem Beitrag, (in voto &
contributione) bisheriger Observanz nach, vertretten werden,
und jedem Herrn unbenommen seyn, nach Anordnung des
Weinheimer Entscheids das Sponheimische Wappen zu führen.
In Ansehung der Passiv-Lehen soll es bei dem Herkommen belassen werden. Die Aktiv-Lehen soll der jeweilige - nach denen
Regierungs-Jahren älteste Herr, welcher dieserhalb das Direk-
torium führet, in seinem eigenen und seines Mitherrn Namen
leyhen. In dem zweiten Rezeß haben beede hohe Theile sich
durch Umtauschung verschiedener - ein oder dem andern Haus
vermög des Haupt-Theilungs-Rezesses zu seinem Loos gefal-
lener Landes-Theile mehrere Gemächlichkeit zu verschaffen gesucht, und bei dieser Gelegenheit durch wechselseitige Abtret-
tungen auch einige zwischen denen Zweibrükischen Aemtern
Selz und Hagenbach eines - und der Marggrafschaft andernteils vorgewaltete Irrungen beigelegt. Die einzelnen Gegenstände dieses Rezesses müssen aus demselben selbst erlernet werden. S. auch oben §. 8.

Zehendes Kapitel.
Pfalz Zweibrükische Anwartungen, Prätensionen und Pfandschaften.

§. 104.
Auf die von dem jezigen Kurfürsten besizende Pfalz Baierische Lande.

Der regierende Herzog zu Zweibrüken, als der erstgeborne in der auser der jeztmaligen Pfalz Neuburgischen Kur-Linie, noch alleine übrigen Linie eines Wolfgangischen Sohnes, hat die Anwartung auf alle von dem jezigen Kurfürsten besizende Pfalz Baierische Lande, im Fall Ihro Kurfürstl. Durchl. ohne Hinterlassung Männlicher Erben mit Tod abgehen solten.

Die güldene Bullen K. Karl IV. von 1356. K. Sigismunds von 1414. und 1434. der Heidelberger Vertrag von 1553. das Wolfgangische Testament von 1568. und die jüngste Haus-Verträge von 1766. und 1771. sind davor Bürge.

§. 105.
Auf Jülch und Berg.

Der jezt regierende Herzog zu Zweibrüken und dessen Herr Bruder sind Söhne der jüngsten Pfalz Sulzbachischen Prinzessin. (§. 24.) Es stehet ihnen dahero die Succession in beeden Herzogthümern Jülich und Berg und in der Herrschaft Ravenstein bevor.

Der Haupt-Grund dazu liegt in dem Haupt-Vertrag zwischen Kur-Brandenburg und Pfalz-Neuburg d. d. Kleve den 2. Maii 1666. §. 4., in der Kaiserl. Bestättigung desselben d. d. Wien den 17. Oktober 1678., in der Konvention zwischen dem König in Preusen und Kurfürst Karl Philipp d. d. Berlin den

K   24.

24. Dezember 1741. welche der König den 10. Jenner 1742. ge-
nehmiget hat, und in dem Definitiv=Traktat zwischen der Kaiserin
Königin und dem König in Preussen, d. d. Hubertsburg den 15.
Februar 1763. Art. 18.

§. 106.
Auf den Badischen Antheil an Sponheim.

Dem Pfälzischen Gesamthaus, mithin demjenigen Pfalz=
grafen, dem bei erscheinenden Fall, nach den Pfälzischen Haus=
Gesezen, die Ordnung der Succession trift, stehet auf gänzli=
chen Abgang des Marggräflichen Hauses Baden die Succession
in Zweifünftheilen der vordern - und in der Helfte der hintern
Grafschaft Sponheim zu, so wie hinwiederum Baden in denen
von dem Pfälzischen Haus dermalen besizenden andern Zwei=
fünftheilen der vordern und der Helfte der hintern Grafschaft
auf Abgang des Hauses Pfalz zu succediren hat.

Der Grund dazu liegt in dem Weinheimischen Entscheid von
1425. und in dem Burgfrieden von 1437. (§. 94.)

§. 107.
Auf die Regierung und den Genus der Grafschaft Rappoltstein.

Des jezt regierenden Herrn Herzogs Linie hat die Anwar=
tung auf die Regierung und den Genus der Grafschaft Rap=
poltstein, in dem Fall des Herrn Pfalzgrafen Maximilian Jo=
sephs Linie im Mannsstamm vor jener erlöschen solte, vermög
obangezeigten Fürst=Brüderlichen Vertrags von 1778. in welchem
sich die Zweibrükische Primogenial=Linie ohnehin den Mit=Besiz
ausdrüklich vorbehalten hat.

§. 108.

§. 108.
Prätensionen.

Die Prätensionen, die ein zeitlicher Herzog von Zweibrüken haben kan, beruhen entweder auf seiner Person, so daß seine besizende Lande theils gar nicht, theils nur Secundario dabei in Betrachtung kommen, oder sie kommen ihm zu, in so fern er als Besizer des Herzogthums betrachtet wird.

Von der erstern Gattung will ich diß Orts dermalen nichts anführen, obschon einiges angemerkt werden könnte; die andere Gattung aber gehört mehr in die Klasse der Irrungen mit Benachbarten, von denen ich unten Kap. 17. rede.

Von den Prätensionen aber, welche das jezige Kur-Haus Pfalz Baiern in Ansehung dessen Besizungen haben mag, und welche ihrer Natur nach zu seiner Zeit mit denen Landen auf die succedirende Agnaten übergehen, ist in diesem Buch der Ort nicht zu reden, es würde auch deren Anzeige in Ermangelung der in den Kurpfalz Baierischen Archiven zu suchenden Nachrichten sehr unvolständig ausfallen müssen. Ich kan dahero um so sicherer ganz darüber hinausgehen, als das Pfalz Zweibrükische Haus dermalen noch keine Qualität hat, dergleichen Prätensionen geltend zu machen, eben deswegen aber auch demselben einiger Zeit-Ablauf oder Verjährung nicht nachtheilig seyn kan.

§. 109.
Pfandschaften.

Es sind keine Bestandtheile des Herzogthums verpfändet, die man wieder einzulösen hätte, die einige Quart an Landstuhl ausgenommen, wovon oben (§. 5.) geredet worden. Dahingegen finden sich bei der Grafschaft Sponheim einige alte

Pfand-

Pfandſchaften, die man vermög des Beinheimiſchen Entſcheids von 1425. in Gemeinſchaft mit Baden zu allen Zeiten löſen kan. Dahin gehört die halbe Herrſchaft Landſtuhl, ein Theil der Herrſchaft Dhan, ꝛc. ꝛc.

Elftes Kapitel.

Von den Privilegien der Herzoge von Zweibrüken.

§. 110.

Privilegium gegen die Abrufung nach Rotweil und vor andere fremde Gerichte.

Herzog Steffan erhielt von Kaiſer Friederich unterm Datum Gräz an St. Veits Tag, (15. Junii) 1448. die Beſtättigung aller ſeiner Rechte und Freiheiten, inſonderheit daß weder er noch die ſeinige vor fremde Gerichte ſollen gezogen werden. Eben dieſer Kaiſer beſtättigt zu Wolkenmarkt in Kärnthen am Freitags nach St. Urbans Tag (1. Junii) 1470. Herzog Ludwig dem ſchwarzen alle deſſen habende Gnaden, Freiheit, Briefe, Privilegia, Handveſten, Recht und Gerechtigkeiten, ohne jedoch eine derſelben inſonderheit zu nennen. Dahingegen freyet Kaiſer Max unterm Datum Nürnberg den 25. Dezember 1500. H. Alexandern von dem Hofgericht zu Rotweil und andern fremden Gerichten, beſtättiget ihm annebſt alle ſeine Rechte, und Freiheiten, welches Privilegium K. Karl V. zu Worms den 12. Merz 1529. auf H. Ludwig den jüngern und zu Regenspurg den 2. Jul. 1541. auf den H. Wolfgang erneuert hat.

§. 111.

§. 111.

Privilegium gegen die wucherliche Juden-Händel.

1543. zu Nürnberg den 7. April gibt der Römische König Ferdinand H. Ruprechten, als Vormundern H. Wolfgangs
die Freiheit, daß kein Jud, noch Jüdin in deſſen Landen wucherlichen Handel treiben ſolle, bei Verluſt des Haupt-Guts
und Wuchers, und ſoll deswegen von den Juden kein Klage
weder zu Rothweil noch ſonſten angenommen werden. Welches
Privilegium nebſt dem gegen die Abrufung nach Rotweil und
andere fremde Gerichte von Kaiſer Max II. zu Augsburg den
4. May 1566. und zu Prag den 7. April 1570. wiederholt
und erneuert worden.

§. 112.

Privilegium wegen der Grosjährigkeit nach des Hau-
ſes Herkommen.

Kaiſer Karl VII. erklärt die von H. Wolfgang abſtammende Pfalzgrafen, des Hauſes Herkommen gemäs, mit zu-
rükgelegtem achtzehenden Jahr, grosjährig, unter dem Datum
Frankfurt am Mayn den 16. Junii 1742.

§. 113.

Privilegium de non appellando illimitatum.

Kaiſer Franz ertheilt unterm Datum Wien den erſten Ju-
li 1764. Kurfürſt Karl Theodor und H. Chriſtian dem IV. zu
Zweibrüken ein Privilegium illimitatum de non appellando
über alle Pfälziſche, auch Jülch und Bergiſche Lande. Das
von dem Kaiſerlichen und Reichs-Kammer-Gericht über die
demſelben beſchehene Inſinuation des Privilegiums ausgeſtellte
Dokument iſt datirt: Wezlar den 21. Jenner 1765.

§. 114.

§. 114.

Französische Naturalisation der Pfalz Birkenfeld Bischweilerischen und heutigen Pfalz Zweibrükischen Linie.

Zu den Vorrechten des jezigen Pfalz Zweibrükischen Hauses mag auch gerechnet werden, daß dasselbe die Rechte des Indigenats oder naturalité in Frankreich zu geniesen hat. Es hatte sich nemlich H. Johann II. mit der Rohanischen Prinzessin, Catharina, vermählt, und mit derselben eine Tochter, Magdalena Katharina, erzeugt. Selbige wurde im Monat Oktober 1614. von König Ludwig dem XIII. naturalisirt. Es vermählte sich dieselbe hernach mit Pfalzgraf Christian I. von Birkenfeld, dem nähern Stammvater der jezigen Zweibrükisch und Birkenfeldischen Linie. Die aus dieser Ehe erzeugte Fürstliche Kinder wurden von K. Ludwig dem XIV. zu Paris im Monat November 1644. naturalisirt; Gar viele Schwürigkeiten, denen andere teutsche Fürsten, als Privati betrachtet, sonsten in Frankreich ausgesezt sind, fallen damit hinweg.

Zwölftes Kapitel.

Von den Pfalz Zweibrükischen Reichs-Lehen.

§. 115.

Vorerinnerung in Absicht auf die Natur der Bestandtheile des Herzogthums.

Daß H. Ludwig der schwarze der erste Herzog von Zweibrüken gewesen, ist schon oben §. 33. angezeigt worden.

Nicht weniger ist oben Kap. I. ausführlich bemerkt worden, aus was vor einzelnen nach und nach erworbenen Bestand-

standtheilen sich das Herzogthum komponire, und somit in ein
Korpus erwachsen seie. Daraus ist vor der Hand schon be=
greiflich, daß nicht alle diese Bestandtheile ursprünglich von ei=
nerlei Natur seien, sondern zum Theil Eigenthum, zum Theil
Lehen von Geistlichen und Weltlichen Kurfürsten, Fürsten auch
Prälaten und zum Theil Reichs=Lehen seyn können, wie sie
es dann auch würklich sind.

Nach der Reichs=Verfassung hindert dieses aber nicht, daß
nicht die Herzoge von Zweibrüken ihres ganzen Herzogthums
Regalien, Hoheiten und Freiheiten von Kaiserlicher Majestät
und dem Reich coram Throno zu Lehen nehmen.

§. 116.

Nur ein dritter Theil an Stolzenberg, und die Herr-schaft Kirkel sind Partikular Reichs = Lehen.

Unter der ganzen Masse des Herzogthums Zweibrüken sind
nur zwei Reichs=Lehen, nemlich

a) ein Drittel der Herrschaft Stolzenberg, welches Graf
Henrich von Veldenz im Jahr 1365. von denen Raugrafen
acquirirt hatte, und von K. Karl IV. an Unserer Frauen
Abend, Lichtmesse, (1. Febr.) 1368. damit belehnt worden,
hernach aber nicht mehr.

b) Die Herrschaft Kirkel. Es bestund dieselbe aus den
Vesten Kirkel und Weynantstein mit ihrer Zugehörde. Nach
Absterben Johannsen von Kirkel belehnte Kaiser Wenzeslaus
den Kurfürst Ruprecht den ältern mit der Veste Kirkel und allen
ihren Zugehörungen, sodann mit dem halben Theil der Veste
Weynantstein auch mit ihren Zugehbrungen und insonderheit
mit dem Geleite zu Limbach auf der Strase, unterm datum Am=
berg des Dienstags an der Fastnacht (19. Febr.) 1387. Etwas
von dem andern Theil an Weynantstein und namentlich Limbach

hatte

hatte Henrich Graf zu Saarwerden vom Reich in Pfandſchaft
zu Lehen. Nachdeme nun derſelbe ohne Leibs=Lehens=Erben
mit Tod abgegangen war, ſo belehnte Kaiſer Wenzel Kurfürſt
Ruprecht den jüngern zu Frankfurt an St. Agnes Tag (21. Jen=
ner) 1398. mit demſelben, daß er es mit andern ſeinen Le=
hen von Kaiſer und Reich tragen und empfangen ſolle. Das
übrige an der Herrſchaft hatte Ludwig von Kirkel mit einem Ka=
pital von 300. Mark Silber beſchweret, die er ſeiner Gemalin
Agnes, Gräfin zu Zweibrüken, durch eine Schenkung unter den
lebendigen vermacht hatte. Schon im Jahr 1386. uff St. Jo=
hanns Abend da er gebohren ward, (23. Junii) hatte Kurfürſt
Ruprecht deren Brüdern 1100. Goldgulden darauf geſchoſſen
und ohne Zweifel iſt der Ueber=Reſt auch vergütet worden;
Dann im Jahr 1431. zu Nürnberg auf Sonntag nach Mathias
Tag (25. Febr.) belehnte Kaiſer Sigmund den H. Steffan mit
der Veſte Kirkel und denen Dörfern Limbach, Einöde, Dörren=
bach, Ludenbach, Furt, Häſel, Volkerskirchen, Erbach,
Reichskirchen und Büdingen und mit dem Geleite in dem Dorf
zu Limbach, auf der Straſen, welche Belehnung ihme nachhe=
ro Kaiſer Friederich zu Gräz an St. Veits Tag (15. Junii)
1448. ebenfals hat angedeihen laſſen. Der Veſte Weynantſtein
geſchiehet weiter keine Erwehnung, ſo daß man heut zu Tag
nicht einmal mehr den Felſen anzeigen kan, auf welchem ſie
geſtanden haben mag.

Merkwürdig iſt indeſſen, daß H. Steffan in der langen
Zeit ſeiner Regierung nemlich von 1410 bis 1459 mit keiner ein=
zigen Graf=und Herrſchaft, die ihm aus den Kurfürſtlichen
Landen im Jahr 1410. zu ſeinem Theil gefallen, vom Reich be=
lehnt worden, als eben mit dieſer Herrſchaft Kirkel. In der
Folge, nachdeme das Herzogthum in ein Korpus erwachſen,
hat auch die beſondere Belehnung mit Kirkel völlig aufgehört,
und iſt ſolche unter dem algemeinen Ausbruk der Lehen begriffen.

§. 117.

§. 117.

Die erste Thron-Lehen-Empfängnis geschahe 1470. Im Jahr 1570. ist die Agnatische Mit-Belehnung bei dem Herzogthum eingeführt worden.

Im Jahr 1470. zu Volkenmarkt in Kärnthen am Montag nach St. Urbans Tag (28. Maii) wurde H. Ludwig der schwarze das erstemal von Kaiser Friederich „ mit allen und jeden seinen Regalien, Lehen und Weltlichkeit mit ihren Mannschaften, Herrschaften, Lehenschaften, Erzen, Bergwerken, „ Wildbännen, Waidneyen, Ehren, Rechten, Würden, „ Zierden, hohen und niedern Gerichten, Gericht Zwängen „ und allen andern Rechten und Gerechtigkeiten, so dazu gehö- „ ren „ belehnet.

Mit denen nemlichen Ausdrüken wurde zu Nürnberg den 25. Dezember 1500. H. Alexander von Kaiser Max belehnt, und nebst deme alle denen vorigen Herzogen ertheilte Freiheiten überhaupt, insonderheit aber das Münz-Regal bestättiget. Gleiche Belehnung und respektive Bestättigung ertheilte Kaiser Karl V. zu Worms den 12. Merz 1521. dem H. Ludwig dem jüngern und zu Regenspurg den 2. Julii 1541. dem H. Wolfgang, ohne in dem Lehenbrief dessen Vormunders Erwehnung zu thun, obschon H. Wolfgang damalen erst 16. Jahr alt war und die Vormundschaft noch 2. Jahre währte. (102) Die Belehnungen von Kaiser Ferdinand vom 19. Merz 1558. und Kaiser Max II. vom 21. May 1566. sind den Vorigen gleich; Im Jahr 1570. aber bei der zu Prag den 7. April vorgegangenen Belehnung (103) wurde nebst Beibehaltung der Formalien in

K 5 der

(102) Vermuthlich aus Anlas der Constit. Fried. 2. Feud. 55. præterea si quis infeudatus major quatuordecim annis &c. Rosenthal. C. VI. Concl. XL. N. 10.

(103) f. Urf. Lit. F. zu des Status causas Th. I. S. 17.

der Haupt=Sache, H. Johann der I. als der in dem väterlichen Teſtament inſtituirte regierende Herzog zu Zweibrüken „vor ſich „ und ſeine Brüder Philipp Ludwig, Otto Heinrich, Friede= „ rich und Karl, zu deren jedes Anwartung nach Inhalt der „ väterlichen Diſpoſition„ belehnt. Auf dieſen Fus werden die Belehnungen fortgeſezt und dem Lehenbrief jedesmal alle von H. Wolfgang abſtammende am Leben ſeyende Pfalzgrafen, (deren Väter nicht mehr am Leben ſind,) als mitbelehnte, zu deren jedes Anwartung einverleibt, mithin auch bei vorkommenden Lehens=Erneuerungen deren Vollmachten erfordert.

§. 118.

Die Neuburgiſche Linie führet dergleichen nicht ein.

Solchergeſtalt iſt bei dem Herzogthum Zweibrüken ſeit 1570. die Agnatiſche Mit=Belehnung eingeführt worden. Dahingegen iſt bei dem Herzogthum Neuburg eine ſolche namentliche Agnatiſche Koinveſtitur nicht gewöhnlich. Denn obſchon H. Philipp Ludwig als in dem väterlichen Teſtament inſtituirter Herzog zu Neuburg ebenfals zu Prag den 7. April 1570. „ vor ſich ſelb= „ ſten, ſodann vor ſeine Brüder, Johann, Otto Heinrich, „ Friederich und Karl zu deren jedes Anwartung vermög der „ Wolfgangiſchen Diſpoſition„ inveſtirt worden, ſo hat man doch, da nach H. Philipp Ludwigs Tod deſſen Regierungs= Folger H. Wolfgang Wilhelm zu Wien den 4. November 1620. von Kaiſer Ferdinand II. belehnt worden, weder von der damalig Zweibrükiſchen noch von der Birkenfeldiſchen Linie Vollmachten erfordert, noch deren Namen dem Lehenbrief einverleibt, ſondern es wurde nur angezeigt, daß nach Ableben H. Wolf= gangs deſſen älteſter Sohn Philipp Ludwig für ſich ſelbſt und an ſtatt ſeiner nunmehro verſtorbenen Brüdere belehnt worden. Wobei die Zweibrükiſche und Birkenfeldiſche Agnaten es um ſo mehr haben können bewenden laſſen, als die Mitbelehnung auſ=

ſer

ser Sachsen überhaupt ganz entbehrlich, und wo sie nicht besonders herkomlich ist, gar wol unterlassen werden kan, (104) dann ausser Sachsen ist und würket die gemeinsame Abstammung von dem ersten Erwerber bei der Succeſſione illuſtrium eben das, was in Sachsen die Samt-Belehnung würket, und zum Ueberfluſs ist ja die Inveſtitur von 1570. ganz deutlich.

§. 119.
Mit-Belehnung an der Kur, 1566. Anlas zu deren Nachsuchung und Erneuerung.

Schon 1560. bei Gelegenheit des zu Worms den 4. April zwischen Kurfürst Friederich III. und H. Wolfgang errichteten Vertrags, die Vollziehung des Heidelberger Vertrags betreffend, entstund abermal die Frage, welche zu Errichtung der Pfälzischen Haus-Verträge von 1545. und 1551. den Anlas gegeben hatte, nemlich, wie die Beibehaltung der Kur-Würde bei der Rudolfinischen Linie gegen die Bewegungen des Baierischen Aſts sicher zu stellen, wozu den Anlas gegeben haben mag, daſs der Erbverein von 1559. nicht unterschrieben worden. (§. 86.) Der Kurfürst erklärte dahero, daſs er geschehen laſſen, sich auch selbsten verwenden wolle, daſs H. Wolfgang die Mit-Belehnung an der Kur erhalte.

Auf dem Reichstag zu Augsburg bewerkstelligte der Kurfürst sein Versprechen, und stellte den 20. May 1566. eine besondere Urkunde deswegen aus, worauf auch der Herzog den 29. May mit der Pfälzischen Kur und derselben anhangenden Dignitäten zu sein und seiner Erben Rechten von Kaiser Mar II. belehnt worden. Nach H. Wolfgangs Absterben hat eben dieser Kaiser zu Prag den 7. April 1570. und dessen Regierungsfolger Kaiser Rudolf zu Prag den 17. Merz 1580. sothane

Mit

---

(104) s. die Vorlegung, so viel das Wittelsbachische Geschlecht insonderheitlich betrift §. 88. S. 112. und §. 48. S. 55. am Ende.

Mit-Belehnung auf die Wolfgangische Söhne, Philipp Ludwig, Johann, Otto Henrich, Friederich und Karl erneuert.

Das Fürstliche Haus Sulzbach hat nach Ausgang der Simmerischen Kur-Linie bei dem damaligen Französischen Einfall
in die Pfalz räthlich gefunden, die Erneuerung der Mit-Belehnung an der Kur nachzusuchen, solche auch von Kaiser Leopold
zu Wien den 18. Junii 1686. vor sich und dessen Agnaten,
Wolfgangischer Deszendenz erhalten.

Und als in der Kur Baierischen Revolution zu Anfang des
jezigen Jahrhunderts Kurfürst Johann Wilhelm wiederum zur
Pfälzischen Kur kam, weder er, noch sein weltlicher Bruder,
Pfalzgraf Karl Philipp aber, männliche Erben hatte; So nahm
das Haus Sulzbach Anlas sowol bei Kaiser Joseph I. als Karl
VI. die Mit-Belehnung an der Kur nachzusuchen, erhielt solche
auch vor sich und die übrige Agnaten Rudolfinischer Linie, von
ersterm zu Wien den 5. Junii 1709. und von lezterm den 11.
April 1712.

Die Pfalz Zweibrükische und Pfalz-Birkenfeldische Linien
sind niemalen veranlasset worden, eine dergleichen Mit-Belehnung noch insonderheit nachzusuchen, da eines theils sie wegen
der Lineal-Folge dem Successions-Fall nicht so nahe waren,
als die Neuburg- und Sulzbachische Linie, und anderntheils ihre Abstammung von Ludwig dem strengen, die Güldene Bulle
und endlich die von ihrem jüngern Stamm-Vater H. Wolfgang
im Jahr 1566. erhaltene und nachher anno 1570. und 1580.
auf dessen Söhne namentlich wiederhohlte Mit-Belehnung, ihre Successions-Rechte ohnehin ausser Zweifel stellete.

Und jezo, da dergleichen Umstände, welche zu Nachsuchung
einer besondern Mit-Belehnung an der Kur ehemals den Anlas
gegeben, wegen Abgang des Baierischen Asts, nicht mehr eintretten können, auch die Successions-Rechte der Zweibrükischen
so auch in ihrer Ordnung der Birkenfeldischen Linie in dem 8.

Ar=

Artikel des Teschener Friedens algemein anerkannt worden, ist die anderweite Nachsuchung einer Mitbelehnung ohnehin nicht nöthig.

Dreizehendes Kapitel.
Pfalz Zweibrükische Passiv-Lehen.

§. 120.

A. Von Lothringen.

Herzog Friederich zu Lothringen gewann auf Dienstag vor Unseres Herrn Auffarth (7. May) 1252. Graf Heinrichen von Veldenz zu seinem ledigen Mann, vor allen Herren und Mannen nach dem Römischen König, gegen fünf hundert Pfund Pfenning, die er von ihm zu Lehen tragen soll.

Nachdem die Grafschaft Veldenz an H. Ludwig .den schwarzen gekommen war, (§. 5.) erhuben sich Irrungen wegen dieser Lehen-Rente, welche durch einen Vertrag zwischen H. Johann von Lothringen und besagtem H. Ludwig, vom Donnerstag vor dem H. Pfingstag (18. May) 1469. dahin beigelegt worden, daß Lothringen alle Jahre 300. Rheinische Gold-Gulden Manngeld an Zweibrüken bezahlen, und Zweibrüken solche zu Lehen empfangen solle. Die Bezahlung solle auf dem Gesode zu Duse (Dieuze) geschehen.

Die erste Belehnung geschahe gleich darauf uf St. Bonifazien Tag (5. Junii) und blieb sonach der Lehens-Verband bestehen, bis zu dem Wiener Frieden, in welchem Lothringen an Frankreich abgetretten worden. Durch einen separat Artikel desselben oder sogenannte Deklaration vom 11. April 1736. (105) wurde der Lehens-Nexus aufgehoben, und die Rente in eine Allodial-Rente verwandelt.

§. 121.

(105) Wenk. Cod. Jur. gent. T. I. p. 23.

§. 121.

B. Von dem Bistum Verdun.

Schon im 13. Jahrhundert stunden die Grafen von Veldenz mit dem Stift Verdun in einem Lehens=Verband. Im Jahr 1334. feria quinta post festum beati Marci Evangelistæ (3. April) stellete Bischof Henrich eine Urkunde aus, worinnen er die Lehen, so ein Graf von Veldenz von seinem Stift zu Lehen trägt, verzeichnet, und davon als von einer alt her=kommlichen Sache redet, nemlich

> Die Burg, den Bann und die Vogtei Veldenz.
>
> Die Vogtei der Höfe zu Mühlenheim, zu St. Med=dart, zu Baumholder, zu Wolfersweiler.
>
> Den Hof zu Freisen.
>
> Die Vogtei zu St. Wendel, zu Tholei und zu Neuen=kirchen.

Nach Abgang der Grafen von Veldenz (1444.) wolte das Bistum diese Lehen als eröfnet einziehen. Herzog Ludwig berief sich aber auf die teutsche Reichs=Verfassung, und behaup=tete den Besiz dieser Lehen als Bestandtheile der Grafschaft Veldenz. Lange hernach brachte der Bischof eine Citation ge=gen H. Alexander zu Rom aus. Dieser wendete sich aber we=gen der Unrechtmäsigkeit der Gerichts=Stelle an Kaiser und Reich. Kaiser Max, so auch Kur=Sachsen und H. Georg der reiche von Baiern schrieben an den Pabst, und begehrten, daß er seine unstatthafte Vorladung zurükziehen solle, und der Kaiser ernannte Kurfürst Bertholden zu Maynz und Graf Adol=fen zu Nassau, Herrn zu Wiesbaden zu Kommissarien, welche, nach vorgängiger Untersuchung, die Lehen dem Herzog zuspra=chen (106) dergestalt, daß er solche von dem Bistum ferner=

hin

---

(106) Diese merkwürdige Akten sind noch vorhanden. Ob indessen die angezeigte Behauptung H. Ludwigs vor den einigen Entscheidungs=

Grund

hin rekognoscïren solle.   Kaiser Max bestättigte diesen Aus=
spruch zu Freiburg den 24. Dezember 1497.

Die Lehenschaft gieng hierauf wieder ihren Gang.   Und da
Herzog Wolfgang seinem Oheim H. Ruprechten durch den
Marburger Vertrag das Amt Veldenz abgetretten hatte; (§. 39.)
so überließ er ihm, als Innhabern des Haupt=Orts durch ei=
nen besondern Vertrag d. d. Zweibrüken den 18. November
1543. die Lehen zu Verdun zu nehmen, doch daß ihm solches
an seinem Besiz von Wolfersweiler, Baumholder und St.
Meddart ohnnachtheilig seyn solle. (107)

Nachdeme §. 70. Art. XI. des Münsterischen Friedens das
Bistum Verdun mit der Souveränete an Frankreich abgetretten
worden, so hatte es die Meinung, daß dasselbe gleich Mez und
Tul mit Teutschland in keiner weitern Verbindung stehen solle,
als daß dem Erz=Bistum Trier seine Metropolitan=Rechte ver=
blieben.   Allein Frankreich wolte seine Hoheits=Rechte auch
auf die - auffer dem Territorium dieser drei Bistümer auf teut=
schem Grund und Boden in der Reichsstände Hoheit gelegene
von jenen Bistümern herrührende Lehen ausdehnen.

Darüber kam es 1671. u. f. zu dem Regensburger Kom=
promis, und, nachdem dieses abgebrochen worden, zum Krieg.
Bei

Grund hinlänglich erkennt, oder nicht vielmehr das Lehen, als ein
Krumstabs=Lehen, angesehen worden, lasse ich dahingestellt seyn,
weil die Urtel sich nicht darüber erkläret.

(107) So ist es noch bei gar vielen Lehen im Pfälzischen Haus, daß
eine Pfälzische Linie mit Lehen investirt wird, die eine andere Linie
vermög der Haus=Verträge im Besiz hat. Da alle Pfälzische Besi=
zungen Fideikommis sind; mithin bei der Familie bleiben müssen,
solange solche dauert, so kan es dem Lehen=Herrn sehr gleichgültig
seyn, welcher Pfalzgraf sie nach den Familien=Verträgen besizt, und
welcher sie empfängt, und die Investitur in Fällen erneuert, genug,
daß sie in der Familie sind, und daß sie zu Lehen rekognoscirt werden.

Bei dem darauf zu Nimwegen 1679. erfolgten Frieden blieb
diese Frage ohnentschieden.   Frankreich verfolgte also seinen
Plan, und legte die Reunions = Kammern zu Breisach, Bisanz
und Mez an.   Von lezterer wurde den 12. April 1680. der H.
Leopold Ludwig von Veldenz vorgeladen, seine Verdunische Le=
hen in Monats = Zeit in Person zu empfangen, und in densel=
ben den König in Frankreich zum Oberherrn zu erkennen.   Je=
dermann weis, daß Frankreich seine Absichten durchgesezt,
und alle zwischen Rhein, Mosel und Saar gelegene teutsche
Lande unter die Reunion, somit unter seine Hoheit gezogen
habe.   Allein in dem Ryswikischen Frieden, 1697. Art. 4. sind
alle währendem Krieg, mit Gewalt oder unter dem Namen
der Unionen und Reunionen eroberte Lande, sowol die, so
ausser dem Elsas gelegen, als die, welche in der von der Fran=
zösischen Gesandschaft übergebenen Reunions = Liste enthalten,
zurükgegeben, auch alle Verfügungen der Reunions = Kammern
kassirt und aufgehoben worden, mit dem Versprechen, die Be=
sizere in Zukunft auf keine Art mehr zu stöhren oder zu beun=
ruhigen.

Frankreich schränkte sich also in die Territorial = Gränzen
der ihm abgetrettenen drei Bistümer ein.

Der Bischof von Verdun hat zwar nachhero, zumal bei
noch fürgewährten Veldenzischen Successions = Streit sowol bei
Pfalz Birkenfeld als Prätendenten, als bei Kurpfalz als Inn=
habern des Hauses Veldenz, versucht, die Lehenbarkeit wieder
aufleben zu machen.   Man hat sich aber aus dem Grund, daß
das Bistum gänzlich aus allem Verband mit dem Reich und
dessen Gliedern gekommen, nicht darauf eingelassen.   Es kan
auch um so gewisser keine Frage mehr davon seyn, als die
Absicht der Krone Frankreich und deren Nachgebung aus den
actis publicis klar ist, und durch den §. 120. angezeigten sepa=
rat Artikel gar treffend illustrirt wird.

§. 122.

§. 122.
C. Von Kur Mainz.

Erzbischof Wernher hat schon im Jahr 1279. zu Bin=
gen Calend. Sept. mit seines Hohen Stifts Truchsessen und
Vasallen Graf Henrichen von Veldenz eine Erb=Vereinigung
errichtet, deren Gegenstand die wechselsweise Hülfe gegen ihre
Feinde war. Diese Defensif=Allianz wurde Feria Sexta proxima
post diem sanctum Paschæ (28. April) 1386. zwischen Erzbi=
schof Adolf und denen Grafen Heinrich und Friederich Gebrü=
dern, sodann Heinrich, des vorigen Henrichs Sohn bei der
Belehnung erneuert. Seithero geschiehet solches bei allen Be=
lehnungen, und wird das alte Erbeinigungs=Instrument dem
Lehenbrief ganz einverleibt. Schon 22. Jahr vor Friederichs
des lezten Grafen von Veldenz Absterben, nemlich 1422. zu
Worms feria tertia proxima post Dominicam Invocavit (3.
Merz) wurde dessen Tochtermann H. Steffan von Erzbischof
Konrad belehnt (108) und seither sind die Belehnungen bis auf
jezige Zeit fortgesezt worden. Die Lehen sind: Meisenheim,
Burg und Stadt, Odernheim, die Stadt am Glan gelegen,
Armsheim, Burg und Stadt, Esenheim und Niederhausen,
die Dörfer, nebst des Erzstifts Erztruchsessen und Kuchen=Mei=
ster=Amt. (109)

§. 123.
D. Von Kur Trier.

Von diesem Hochstift haben die Grafen von Veldenz einige
Lehen getragen, welche durch die Veldenzische Erbtochter eben=
fals

(108) Diese Lehen sind also durch eine Veldenzische Erbtochter an das
Haus Pfalz gekommen.
(109) Odernheim, Armsheim, Esenheim, und Niederhausen besizt der=
malen Kurpfalz, sie stehen aber nach wie vor im Zweibrätischen Lehenbrief.

L

fals an das Haus Pfalz gekommen, sie sind aber theils schon in der Fehde mit Kurfürst Friederich I. theils mit einem Theil der Veldenzischen Succeßions=Lande an Kurpfalz gekommen, und wird nun die Lehens=Erneuerung von dort aus besorgt; dahero ich auch kein detail davon geben kan.

Die grose und kleine Pallenz war das Patrimonium der alten Pfalzgrafen, dahero man noch in Urkunden den Namen Pallenzgraf lieset. Einen grosen Theil der erstern, nemlich den Comitatum L. pagum Meyenfeld hat Pfalzgraf Heinrich im Jahr 1197. an die Grafen von Sponheim versezt, (110) es mus solcher aber zeitlich wieder abgelöst worden seyn, massen eben dieser Pfalzgraf bei verschiedenen noch vorhandenen Hand= lungen wieder als Besizer des Meyenfelds erscheinet. Indessen ist solches hernach, ohne daß man noch zur Zeit weis, wie? an Kur Trier gekommen. Das übrige der grosen und die ganze kleine Pallenz haben die Pfalzgrafen Rudolf II. und Ruprecht I. Gebrüdere im Jahr 1350. dem Erzstift Trier zu Lehen aufge= tragen und in der Folge denen Grafen von Virnenburg zu After= Lehen verliehen. (111) Als dieses Gräfliche Geschlecht auf dem Punkt stund, mit Graf Kuno auszusterben, verkaufte Kurfürst Friederich II. anno 1545. das Lehen an Kur Trier, an statt daß er solches hätte einziehen und nach seines Hauses Gesezen bei der Pfalz behalten sollen. (112) Kurfürst Ott Henrich hat im Jahr 1557. dieser Veränderung durch Besiz=Ergreifung und Anschlagung Landesherrlicher Patente realiter widersprochen, worüber bei dem Kammer=Gericht Prozes entstanden, der noch unentschieden ist.

Nach Abgang der alten Kur=Linie, 1559. hat die nach= gefolgte Simmerische Kur=Linie die verdusserte Theile der gro= sen

---

(110) Tolner Hist. Pal. C. III. pag. 93. E.
(111) Daselbst S. 95. G. H.
(112) eben das. S. 105. C. D.

fen und die kleine Pallenz zurükgefordert, und sich erboten, solche, wie vorhin, von Kur Trier zu Lehen zu nehmen, auf besche-
hene Verweigerung aber, in Zustand H. Wolfgangs, als damaligen Chefs der Zweibrükischen Linie, gegen die anmaßliche Veräuserung feierlich protestirt, und die Fidei-Kommissarische Rechte des Pfälzischen Hauses dadurch sicher gestellet. Noch zur
Zeit war Kur Trier zu Hebung der Pfälzischen Beschwerde in
Güte nicht zu bewegen. Kurpfalz hält sich dahero bei einer jeden Kurtrierischen Belehnung mit den übrigen von Kur Trier
relevirenden Pfälzischen Lehen, seine Rechte damit offen, daß
die Belehnung mit der Pallenz nachgesucht, auf erfolgende
Verweigerung dagegen feierlich protestirt, und über den Vorgang ein Notarial-Instrument errichtet wird. Zu sothanem Ak-
tu gibt Pfalz Zweibrüken vor diese Linie jedesmalen spezial Voll-
macht.

Von Kurtrier tragt auch die Grafschaft Sponheim vieles
zu Lehen, so theils zur hintern theils zur vordern Grafschaft gehört, als: Winterburg, Starkenburg, Birkenfeld, Naumburg
an der Nohe. Daß die Pfälzische Antheile an der hintern und
vordern Grafschaft Sponheim, die man in Gemeinschaft mit
dem Fürstlichen Haus Baden besitzt, durch die Veldenzische Erbtochter, Anna, an das Haus Pfalz gekommen, ist §. 5. und
94. gesagt worden.

Das Sponheimische Lehen-Direktorium wechselt unter bee-
ben Gemeinsherren nach dem Senio Regiminis ab. Der Se-
nior nimmt und gibt die Lehen. Nur bei Kur Trier hat sich
ohnvermerkt eine ganz unnöthige Ausnahm eingeschlichen. Geschiehet nemlich der Fall abseiten des Kurfürsten; so nimmt der
Sponheimische ältest regierende Gemeinsherr die Lehen bei dem
neuen Kurfürsten vor sich und seinen Mit-Gemeinsherrn. Geschiehet aber der Fall abseiten eines der Gemeinsherren, so mus
dessen Regierungsfolger eine partikular Belehnung nehmen,

wel-

welches offenbar gegen den Begrif der Gemeinschaft ist, und
gar nicht wegen des Lehens=Verbandes, sondern anderer Ursa=
chen wegen von der Kur Trierischen Lehens=Kanzlei eingeführt
worden zu seyn scheinet.

§. 124.
E. Von Kur Pfalz.

Die Grafen von Veldenz haben von Kurpfalz zu Lehen ge=
tragen

> Lichtenberg, die Burg mit ihrer Zugehörde.
> Kusel, die Stadt.
> Petersheim und St. Michelsberg die Schlösser.
> St. Remigius Land.
> Vosenbacher Amt und Nerzweiler Amt oder Schult=
> heiserei.

In dem unter der Autorität Kaisers und Kurfürsten Ru=
prechts abgeschlossenen Ehe=Kontrakt zwischen Pfalzgraf Stef=
fan und der Gräflich=Veldenzischen Erbtochter, Anna, von
1409. wurde bedungen, daß die aus dieser Ehe erzeugt werden=
de Kinder die ganze Grafschaft Veldenz erben solten. Kurfürst
Friederich I. wolte daran nicht gebunden seyn. Es gab solches
zu denen beständigen Uneinigkeiten zwischen ihm und H. Lud=
wig dem schwarzen Anlaß, welche öfters in verderbliche Fehden
ausbrachen. Endlich, nachdem der Herzog sich submittiren
müssen (§. 93.) belehnte ihn der Kurfürst zu Heidelberg auf
Freitag nach St. Egidien Tag (6. Sept.) 1471. mit diesem Vel=
denzischen Lehen vor sich und seine Nachkommen.

Ausser dem hat Pfalz Zweibrüken noch etliche Lehen von
Kurpfalz.

Pfalzgraf Otto der ältere von Mosbach hatte seinem Bru=
der Steffan zu Bezahlung des Kaufschillings vor die Halbscheid
der

der Johannisch Neuburgischen Lande (§. 91. die Urkunde von
1448.) unter andern das bei der Rupertischen Söhne Theilung,
1410, ihm ausgesezte auf die Zölle Kaub und Bacharach an-
gewiesene Kapital von 26,200. Sgulden, und damit die jährliche Rente davon mit 1310. Sgulden abgetretten. Nach geendigter Fehde von 1461. muste der überwundene Herzog die
Helfte des Kapikals und der Rente fallen lassen, die andere
Helfte aber zu Erblehen nehmen und wurde so fort auf der h.
Zwölf Botten Schiebung Tage (20. Jul.) 1461. zu Heidelberg
damit belehnt.

Dieses Lehen höret nun gänzlich auf, da Pfalz Zweibrüken
bei dem Selz und Hagenbacher Tausch, 1768, diese Rente in
die Gleichstellung mit eingeworfen, und an Kurpfalz abgetretten hat.

Kurpfalz bekam 1517. ein Kaiserliches Privilegium den sogenannten Gulden-Zoll von Wein und Frucht zu erheben und
wolte dasselbe auch in denen mit Pfalz Zweibrüken gemeinschaftlich besizenden Landen, mit des leztern Ausschliesung, gelten
machen; Zweibrüken beschwerte sich darüber. Die Sache wurde durch einen Vergleich zu Speyer auf Samstag nach Egydii
(4. Sept.) 1529. dahin verglichen, daß Pfalz Zweibrüken einen dritten Theil des Gulden-Zolls in der Herrschaft Guttenberg
und andern mit Kurpfalz in Gemeinschaft besizenden Orten beziehen, solchen Theil aber von Kurpfalz zu Lehen tragen solle.
Die erste Belehnung geschahe zu Heidelberg auf Mittwoch nach
Conceptionis Mariæ, (10. Dezember) 1533.

In dem Birlenbacher Bann, Catharinenburger und Kleeburger Amts, liegt ein Distrikt, das Bremmelbacher Lehen genannt, welches von Kurpfalz rührig ist. Da solches im Jahr
1747. dem Lehen-Herrn heimgefallen; so konferirten es Ihro
jezt regierende Kurfürstl. Durchl. dem Herzogthum Zweibrüken

zu

zu Mannlehen. Die erſte Belehnung iſt geſchehen zu Mannheim den 22. Nov. 1747.

Kurpfalz hat von Kaiſer Max I. den 3. Sept. 1518. eine beſondere Urkund in Form eines Privilegiums über deſſen alt hergebrachtes Wildfangs = Baſtart = und Hagenſtolzen Recht in der Pfalz und benen angränzenden Geiſtlich und Weltlichen Herrſchaften erhalten. Pfalz Zweibrüken benannte in einem zu Landau mit Kurpfalz über mehrere nachbarliche Irrungen im Jahr 1612. errichteten Vertrag gewiſſe Orte in dem Ober = amt Bergzabern und dortiger Gegend, in welchen Churpfalz das Wildfangs = Recht ausüben möge, dergeſtalt jedoch, daß Pfalz Zweibrüken an dem hinterlaſſenden Vermögen der Baſtarte und Hagenſtolzen zur Halbſchied mit Kurpfalz erben ſolle. Weil aber Kurpfalz das Wildfangs = Regale von Kaiſer und Reich zu Lehen träget, ſo muſte ſich Pfalz Zweibrüken gefallen laſſen, nur gedachtes Recht, die Baſtarts und Hagenſtolzen Fälle in den angezeigten Zweibrükiſchen Ortſchaften zu theilen, von dem Kur = Haus zu After = Lehen zu rekognoſciren.

Kurpfalz trägt auch etliche Lehen von Pfalz Zweibrüken, von wegen der Abtei Hornbach, nemlich die Dörfer Zell, Herrheim und Nyffern an der Pfrim. Es hat dieſes und die nahe Blutsfreundſchaft den Anlas gegeben, daß Kurfürſt Karl Theodor und H. Chriſtian IV. die feierliche Belehnungen mittelſt Vertrags d. d. Mannheim den 23. Nov. 1747. aufgehoben, und dagegen ſich verglichen haben, daß in Fällen von beeden Seiten die Lehen in geſezlicher Zeit ſpecifice gemuthet, und dagegen ſtatt der Lehenbriefe ſpecifike Muthſcheine ertheilet werden ſollen.

Von Kurpfalz trägt auch die Hintere Grafſchaft Sponheim die Dörfer Winningen, Enkirch und etwas zu Ober = Mendig zu Lehen. Das Lehen iſt, nach Ueberkunft der Grafſchaft an

die

die Fürstliche Häuser Pfalz und Baden kontinuirt worden, und werden die Solennia von dem ältesten Gemeinsherrn gewahret. Wie und wann aber die Curia zu Obermenbig, welche immer nachgeführt wird, von der Grafschaft abgekommen, ist unbekannt.

§. 125.
F. Von dem Bistum Worms.

Die Grafen von Veldenz haben von diesem Bistum zu Lehen getragen:

> Landsberg, die Burg,
>
> Montfort, die Burg,
>
> Moscheln, die Stadt darunter gelegen,
>
> Unkenbach, das Dorf,
>
> Item, was sie hatten zu Alsenz in dem Dorfe, das kommende von Kunen von Ebtern,
>
> Item was sie zu Wenden hatten in dem Dorfe.

Nach Ausgang des Veldenzischen Mannsstamms, 1444., belehnte Bischof Reinhard den H. Steffan unterm Datum Dirmstein tertia feria post Dominicam Quasimodogeniti (26. April) 1446. als einen nachkommenden Grafen zu Veldenz.

H. Ludwig der schwarze, dem diese Grafschaft im Jahr 1444. zugetheilt worden war, (§. 5.) war damalen noch minderjährig. Nach seines Herrn Vaters Tod wurde er von dem nemlichen Bischof Reinhard zu Worms auf St. Martins Tag (11. Nov.) 1461. selbst belehnt.

Das Lehen bestehet noch, nur mit dem Unterschied, daß, da durch Eintauschung des Nassauischen Amts Homburg 1755. der Fleken Alsenz, mithin auch das dasige Wormsische Lehen an Nassau Weilburg als Eigenthum abgetretten worden, man an dessen Statt das Zweibrükische Dorf Niedermoschel, nächst

an

an dem bereits lehnbaren Stäbgen Ober=Moschel gelegen, zu Lehen surrogirt hat.

§. 126.

G. Von dem Bistum Speier und der Probstei Weissenburg.

Vermög einer Urkunde d. d. in Keftenburg anno Domini 1311. undecimo Cal. Febr. (22. Jenner) gewinnet Bischof Syboto zu Speier Graf Georgen von Veldenz zu einem Burg= mann zu Keftenberg gegen 40. Pfund Heller, die er aljährlich auf das Fest der Erscheinung Christi von den Gefällen des Bye= walds, (Böhwalds) ziehen solle.

Dieses Manngeld hat Bischof Eninho Idibus Maii (15. Maii) 1315. auf 80. Pfund erhöhet.

Nach des lezten Grafen von Veldenz Tod belehnte Bischof Reinhard den H. Steffan zu Klingemünster of Dienstag nach St. Martins Tag (16. Nov.) 1445. mit diesem Manngeld, und ist damit bei allen regierenden Herzogen fortgefahren worden.

Vor einigen Jahren hat Speier durch Vergleich mittelst Nachlassung einer an das Herzogthum gehabten Kapital=For= derung dieses Manngeld vor immer kompensirt, und fällt da= hero dieses Lehen weg.

H. Alexander hatte schwere Irrungen mit der Abtei und nachherigen Probstei Weisenburg in dem disseitigen Amt Neu= Kastel. Die Sache wurde im Jahr 1500. dahin verglichen, daß Pfalz Zweibrüken das Schlos Scharfenberg mit seiner Zu= gehörde von der Abtei zu Lehen tragen solle. Die Ruinen des= selben sind hinter Trifels noch zu sehen. Der gemeine Mann nennet sie Staffenberg. Was aber eigentlich dazu gehöret ha= ben möge, kan dermalen nicht mehr bestimmet werden, aner=

wogen,

wogen, da die dasige ganze Gegend Zweibrükische Hoheit ist, nach Zerstörung des Schlosses dessen allenfalsige Pertinenzien mit andern Zweibrükischen Heken und Geländ vermischt und unkenntbar worden; Indessen wird das Lehen noch immer erneuert.

H. Alexander eroberte in der Baierischen Fehde das Amt Kleeburg (§. 16. und §. 93. Urk. von 1507.) vier zu diesem Amt gehörige Dörfer, nemlich: Rott, Kleeburg, Steinselz und Oberhofen liegen innethalb den Gränzen der Weisenburger Mundat. Der Probst zu Weisenburg maßte sich als Mundats-herr, Gerechtsame in denenselben an, welche mit der Mundats-Verfassung keine Verbindung hatten, und gerade gegen die Zweibrükische Landes-Hoheit angiengen. Der Streit wurde im Jahr 1519. verglichen. Unter andern erklärte sich Pfalz Zweibrüken, von der Probstei künftig

„ Die Gehorsam, Gebot, Verbot, auch Reis und Frohn-
„ dienste der Innwohner in besagten 4. Dörfern, desgleichen
„ anderthalb Viertel an dem ganzen Wein-Zehenden, samt
„ dem Schultheisen-Amt und Gericht zu Rechtenbach in der
„ Herrschaft Guttenberg, und endlich das Dorf Hoffen bei
„ Beyern im Amt Kleeburg „ zu Mannlehen zu rekognosziren, womit auch Herzog Ludwig der jüngere uff Dienstag nach Lichtmeß (5. Febr.) 1527. erstmals von Probst Rüdingern belehnt worden.

Dieser Lehens-Verband bestehet noch.

§. 127.
H. Von der Lothringischen Abtei Tholei.

Das Haus Hattweiler im Oberamt Homburg, nebst verschiedenen Gefällen in der im Lothringischen Amt Schaumburg gelegenen Schultheiserei Altzweiler gehörte ehedem denen Grafen

von

von Zweibrüken, Herrn zu Bitsch. Graf Reinhard belehnte mit einem Theil derselben Philipps Brebern von Hohenstein und seine Erben, Söhne und Töchter auf Montag nach Lätare (23. Merz) 1517. Nach gänzlichem Abgang der Grafen zu Bitsch, 1570. sprach die Abtei Tholei das Dominium directum an. Es war indessen das Haus Hattweiler an die von Warsberg gekommen, denen H. Johann L. solches abgekauft, (§. 22.) und die Gefälle im Amt Schaumburg ohne Widerrede genossen. In den zojährigen Kriegs-Unruhen aber wurde Alzweiler von Innwohnern entblöset, damit kamen dann auch die Debenten und Hattweiler Leibeigene ab, und die Zinns-Güter wurden unkenntbar. Nach einem Ablauf von 100. Jahren versprach der Abt Theobert, daß er mit den erforderlichen Nachrichten zu Renovirung des Lehens an Handen gehen wolle, wann sich Pfalz Zweibrüken entschliesen würde, das Lehen von ihm zu erheben. Lezteres geschahe den 19. August 1738. Als aber der Abt sein Versprechen nicht erfüllen konnte oder wolte, so lies man den Lehens-Verband wiederum fahren.

§. 128.

I. Von dem Herzogthum Kleve.

Weil die halbe hintere Grafschaft Sponheim einen Bestandtheil des Herzogthums ausmachet, so ist hier noch anzuzeigen, daß man in Gemeinschaft mit Baden die Vogtei Senheim von dem Herzogthum Kleve zu Lehen trage. Der älteste Fürst Graf zu Sponheim besorgt die Lehens-Erneuerungen.

Bei dem Uebergang dieses Lehens von dem Grafen zu Sponheim auf die jezige Gemeinsherren ist kein Anstand gemacht worden.

———

Vier-

Vierzehendes Kapitel.

Von dem Verhältnis des Herzogs und des Herzogthums mit Kaiser und Reich.

§. 129.

Persönliches Verhältnis. Böhmisches Inkolat.

Das persönliche Verhältnis eines Herzogs von Zweibrüken mit Kaiserlicher Majestät hat nichts besonders von dem, welches alle regierende Herren aus den andern alt=Fürstlichen Häusern auch haben. So lange die Kaisere die Reichstäge in Person besucht haben, sind die Herzoge, bei ihrer mehrmaligen persönlichen Erscheinung auf denselben auch an dem Kaiserlichen Hoflager erschienen; seit dem dieses aber nicht mehr geschiehet, finde ich nicht, daß ein regierender Herzog von Zweibrüken an des Kaisers Hof in dessen Residenz gewesen, auffer unter Karl VII. da Herzog Christian IV. dem Kaiser mehrmalen zu Frankfurt den Hof gemacht, ihme auch 1744. nach München gefolget ist. Er genoß alle Vorzüge eines Prinzen von des Kaisers Hause, man kan aber nicht sagen, daß ein besonderes Etiquette beobachtet worden wäre.

Der jezige Herzog stehet in einem persönlichen Verhältnis mit dem Kaiser, als Könige von Böhmen wegen der ansehnlichen Herrschafften daselbst, so ihme nach Absterben des lezten Kurfürsten in Baiern angefallen. Diese Herrschaften kommen von der ältesten Sachsen Lauenburgischen Erbtochter, Anna Maria
ria

ria Franziska her. (113) Sie war mit Pfalzgraf Philipp Wilhelm, Kurfürst Philipp Wilhelms achtem Sohn vermält, und hinterließ eine Tochter, Maria Anna Karolina, deren Gemal Ferdinand, Kurfürst Maximilian Emanuels in Baiern Sohn war. Der einzige Sohn aus dieser Ehe, Herzog Klemens, starb 1770. ohnbeerbt. Er sezte in seinem Testament den lezt verstorbenen Kurfürsten Maximilian Joseph zum Erben ein, und substituirte ihm, auf den Fall erblosen Absterbens, den jezigen Herzog zu Zweibrüken. Da sich nun dieser Fall den 30. Dezember 1777. ereignet hat, so gieng die ganze Erbschaft an Pfalz Zweibrüken über. Um derselben willen hat das Böhmische Inkolat Recht gesucht, und dem Kaiser als König in Böhmen die gewöhnliche Huldigung geleistet werden müssen.

§. 130.
Zweibrükisch und Veldenzische Vota auf dem Reichstag.

Auf dem Reichstage hat Pfalz Zweibrüken auf der weltlichen Fürsten Bank seine Stimme nach Baiern, Magdeburg, Pfalz Lautern, Pfalz Simmern, Pfalz Neuburg und Bremen, mithin die siebende Stimme.

Unmittelbar nach Pfaz Zweibrüken komt das Pfalz Velbenzische Votum, welches H. Georg Hanns von Veldenz auf dem Reichstag zu Augsburg 1566. wegen der ihme damalen

mit

---

(113) **Julius Franz, lezter Herzog zu Sachsen Lauenburg.**

| **Anna Maria Franziska.** Gem. Philipp Wilhelm Prinz von Pfalz Neuburg. | **Franziska Sib. Aug.** Gem. Ludwig Wilhelm Marggraf zu Baden. |

Maria Anna Karolina, Gem. Herzog Ferdinand von Baiern.

Klemens.

mit der völligen Landes-Hoheit eingeräumten Pfälzischen Lande (§. 96. am Ende) zum erstenmale in Person verführt hat, und welches bis zu Ausgang dessen Linie 1694. von dessen Regierungsfolger fortgeführt worden. Wegen des über deren verlassene Lande entstandenen Successions-Streits blieb das Veldenzische Votum lange Zeit vazirend. Nachdem aber Kurpfalz und Pfalzgraf Christian III. sich den 24. Dezember 1733. deswegen verglichen; so wurde in dem 5. Art. des Vertrags paktirt, daß Kurpfalz, solange Kurfürst Karl Philipp im Leben seyn würde, das Pfalz Veldenzische Reichs- und Kreis-Votum allein führen, nach dessen tödlichen Hintritt aber zwischen denen Pfalzgräflichen Häusern Sulzbach und Zweibrüken damit ein Jahr um das andere abgewechselt werden solle. Nach des Kurfürsten Ableben hätte sogleich mit dem Voto Vertrags mäßig alternirt werden sollen. Pfalz Zweibrüken ließ aber, aus besonderen Ursachen, zumalen, weil die Pfalz Zweibrükische Gesandschafts-Stelle öfters lange ledig stunde, die Sache noch auf sich beruhen. Im Jahr 1768. aber wurde anderweit verglichen, daß die Pfalz Veldenzische Stimme von Kurpfalz und Pfalz Zweibrüken alternatim von Jahr zu Jahr verführt werden solle. Welches auch seithero also beobachtet wird.

§. 131.
Uebertritt zum Corpore Catholicorum.

Da das Herzogthum Zweibrüken nach seinem Zustand in dem Entscheidungs-Jahr Protestantisch Land ist, so haben dessen Regenten, so lange sie der Protestantischen Religion beipflichteten, sich zu dem Korpore Evangelicorum gehalten. Auch wurde in denen Reichs-Anstalten, da auf die Parität der Religion gesehen wird, Zweibrüken unter die Protestantische Stände gerechnet. Im Jahr 1758. erklärte H. Christian IV., daß er die Katholische Religion angenommen habe. Es sind bei dieser Gelegenheit einige Schriften durch den Druk bekannt worden, nach welchen sich Frankreich verwendet hat, daß der Herzog bei dem Korpore der Evangelischen bleiben möge. Der Herzog selbsten machte aber deswegen keine Bewegungen oder dahin einschlägige Anstalten, sondern gieng nicht lange hernach zu dem Korpore Katholicorum über.

§. 132.
Reichs-Matrikular-Anschlag.

Der Reichs-Matrikular-Anschlag des Herzogthums, ehe die halbe hintere Grafschaft Sponheim dazu gekommen, (s. 8.) war 10. zu Roß und 30. zu Fus, oder, auf einen Römer Monat 240. fl, darunter sind die Lande begriffen, welche H. Wolfgang im Jahr 1543. seinem Vaters Bruder H. Ruprecht abgetretten. (§. 39. und 46.) desgleichen diejenige, welche an den Gränzen des Elsasses liegen, und seit den Reunions Zeiten und darauf gefolgtem Ryswikischen Frieden unter Königlich Französischer Hoheit stehen. (§. 9. und 10.)

Der hintere Grafschaftlich Sponheimische Matrikular-Fus zum Pfälzischen Theil war 2½ zu Roß und 8. zu Fus, mithin auf einen Römer Monath 62. fl.

Der ganze Zweibrükische Anschlag vor einen Monath war also nach dem Jahr 1560. 302. fl.

Im Jahr 1701. lies der König von Schweden, als Herzog von Zweibrüken bei dem Ober-Rheinischen Kreis erklären, daß er

1.) wegen Abgang der Veldenzischen Successions Lande, 2.) weil Guttenberg und Bischweiler unter die Französische Hoheit gezogen worden, 3.) weil das ganze Land, Sponheim mitgerechnet, von Einwohnern entblöset seie und 4.) mit Durchzügen, Still-Lagern und andern Kriegs-Beschwerden täglich mitgegenommen wurde, mehr nicht geben könne, als wegen Zweibrüken im engen Verstand, das ist, wegen der vier Ober-Aemtern Zwei-brüken, Lichtenberg, Meisenheim und Bergzabern, nebst dazu gehörigen Neben-und Unter-Aemtern 4. zu Ros und 16. zu Fus oder 112. fl. und wegen Sponheim 1½. zu Ros und 8. zu Fus oder 50. fl. zusammen also 162. fl. welches auch der Kreis, bei welchem alle diese Umstände notorisch waren, genehmigte.

In dem Alt Ranstatter Frieden, 1708. zwischen Kaiser Joseph I. und König Karl XII. bedingte sich lezterer die Befreiung von den Reichs Beschwerden vor sein Herzogthum Zwei-brüken.

Nach dieses Königs Tod und H. Gustavs Regierungs-Antritt brachte der Kreis den alten Zweibrükischen Anschlag mit 240. fl. und wegen Sponheim den moderirten Anschlag mit 50. fl. also in allem 290. fl. wieder in seine Usual-Matrikul.

H. Gustav zeigte aus dem Vertrag von 1600. (§. 96.) daß der Beitrag von denen dem H. Ruprecht 1543. eingeräumten Aemtern zu denen Reichs Oneribus auf ½. des ganzen Zwei-brükischen, mit Inbegrif des Sponheimischen Anschlags, gesezt worden, und begehrte, weil nicht er, sondern Kurpfalz diese Lande innehabe, den Nachlas dieses ½ theils.

Desgleichen verlangte er den Nachlas eines zweiten ¼. theils, weil die beede Herrschaften Guttenberg und Bischweiler unter Französische Hoheit gezogen worden, wo dergleichen Abgaben nicht erhoben werden dörften.

Der Kreis bewilligte beedes durch den Schlus vom 10. Junii 1722. welches den 6. Julii hernach zur Diktatur gekommen.

Der ganze Anschlag wurde also von 290. auf 193. fl. 20. kr. herunter gesezt.

Das

Dabei blieb es, bis durch den Successions Vergleich von 1733. (§. 95.) das Zweibrükische Amt Stadeken (§. 19.) an Kurpfalz abgetretten wurde, da dann dessen individual Anschlag mit 6. fl. 20. kr. Pfalz Zweibrüken ab= und Kurpfalz zugeschrieben worden, so daß dermalen das ganze Zweibrükische Matrikular Quantum noch in 187. fl. vor einen Römer Monath bestehet. An demselben zahlt die Zweibrükische Helfte der H. Gr. Sponheim 50. fl. und die übrige Zweibrükische auf Reichs=Boden gelegene Lande 137. fl. Aus Gelegenheit der in dem Krieg von 1757. bis 1763. in Regenspurg angelegten Reichs=Operations=Kasse ist auch die dortige Usual Matrikul hiernach rektifizirt, und auf 187. fl. gesezt worden.

§. 133.
Kreis=Anschlag.   Kreis=Kontingent.
Vota beim Kreis.

Der Pfalz Zweibrükische Matrikular=Anschlag beim Ober=Rheinischen Kreis ist der nemliche, wie beim Reich. Das Kreis=Kontingent bestund in zwei Kompagnien zu Fus. Im Jahr 1746. aber (§. 95.) hat Pfalz Zweibrüken ein Bataillon Infanterie an Kurpfalz eigenthümlich überlassen, wogegen Kurpfalz sich anheischig gemacht hat, das Herzogthum zu ewigen Tagen in Stellung sothanen Kontingents beim Kreis zu vertretten.

Pfalz Zweibrüken hat bei dem Kreis eine Stimme wegen des Herzogthums, in der Stimme der im Jahr 1694. ausgegangenen Pfalz Veldenzischen Linie aber alternirt es mit Kurpfalz, wie auf dem Reichstag.

Wegen der halben hintern Grafschaft Sponheim führet Pfalz Zweibrüken eben so wenig ein besonderes Votum beim Kreis, als Pfalz Simmern wegen seiner ⅟. der vordern Grafschaft.

ſchaft. Dann beederlei Theile ſind reſpektive ſeit 1560. und
1444. Beſtandtheile dieſer Fürſtenthümer, welche beede im Ober-
Rheiniſchen Kreis liegen. Dahingegen hat Baden wegen ſeiner
Antheile an Sponheim ein Votum beim Ober-Rheiniſchen Kreis
hergebracht, weil es ſeine Ratam an den Sponheimiſchen Kreis
præſtandis zu dieſem Kreis bezahlet, obſchon die Badiſche
Haupt-Lande im Schwäbiſchen Kreis liegen.

§. 134.

Präſentation eines Evangeliſchen Kammer-Gerichts-Aſſeſſors.

Wann das Kaiſerliche und Reichs-Kammer-Gericht aus
50. Aſſeſſoren mit Einſchlus 4. Präſidenten beſtehet, ſo präſen-
tiren die drei weltliche Fürſten des Ober-Rheiniſchen Kreiſes,
Pfalz Simmern, Pfalz Zweibrüken und Heſſen vermög des
Osnabrükiſchen Friedens-Inſtruments Art. V. §. 57. zwei
Evangeliſche Subjekta zu Aſſeſſoren. Eben dieſes beſaget auch
der jüngere Reichs-Abſchied §. 33.

Nachdem lange Zeit kein Evangeliſcher Aſſeſſor von wegen
des Ober-Rheiniſchen Kreiſes präſentiret worden, und inzwi-
ſchen das Fürſtenthum Simmern an die Katholiſche Pfalz Neuburgiſche Linie gefallen war, auch der Umſtand, daß jedes der Fürſtlichen Häuſer, Heſſen Kaſſel und Heſſen Darmſtadt ſeine beſondere Konſiſtenz und beſonderes Verhältnis mit Kaiſer und Reich
erhalten hatte, eine Auskunft zwiſchen denenſelben wegen der
Aſſeſſorats-Präſentation nothwendig machte; So gab dieſes
den Anlas, daß dieſe 3. Fürſtliche Häuſer ſich vereinigten, das
ihnen gebührende Ober-Rheiniſche Präſentations-Recht eines
Evangeliſchen Aſſeſſors auf eine denen Rechten angemeſſene Art
wieder in den Gang zu bringen. Zuvörderſt verglichen ſich
beede Fürſtliche Häuſer, Heſſen Kaſſel und Heſſen Darmſtadt
am 16. Februar 1711., daß wann der turnus der Präſentation
das Fürſtliche Haus Heſſen treffen würde, zuerſt Kaſſel und

M   hernach

hernach Darmstadt ernennen solte. Hernach erfolgte den 30. May 1711. der Haupt=Rezes zwischen allen dreien Fürstlichen Häusern, kraft dessen Kurpfalz als Inhaber des Fürstenthums Simmern den ersten, Pfalz Zweibrüken den zweiten und Hessen Kassel den dritten, dann wiederum Pfalz Simmern den vierten, Pfalz Zweibrüken den fünften und Hessen Darmstadt den sechsten Evangelischen Assessoren ernennen solte. In dessen Gefolg hat auch Pfalz Simmern im Jahr 1713. den Assessor von Breuer, und Pfalz Zweibrüken im Jahr 1731. den Assessor von Flekenbühl genannt Birgel, und in dem 1781. Jahr Hessen=Kassel dessen Oberappellations=Gerichts=Rath von Meyer zu Assessoren ernannt, welcher auch angenommen worden, und bei erster Gelegenheit eingeführt werden wird. Nach dem 6. §. des Rezesses gibt bei einem vorkommenden Präsentations=Fall dasjenige Fürstliche Haus, an dem der Turnus ist, denen andern Häusern von der beschehenen Nomination lediglich Nachricht.

Da die Verordnung des Friedensschlusses, die Zahl der Assessoren bis auf 50. zu erhöhen, nicht zum Volzug gekommen, so lautet auch der Vertrag von 1711. nur auf einen und nicht auf zwei Assessores. Der jüngste Reichsschluß vom 15. Dezember 1775. §. 30. nach welchem die Anzahl der Assessoren einsweilen auf die Helfte nemlich auf 25. gesezt werden solle, ändert an dem Vertrag von 1711. nichts ab, wol aber ist aus Anlas nur besagten Reichsschlusses hier noch eine Anmerkung zu machen.

Bei der im Osnabrükischen Friedens=Instrument angenommenen Zahl von 50. Beisizern wird Art. V. §. 57. verordnet, daß die Ober= und Niedersächsische Kreise, über die ihnen zugetheilte Anzahl, alternando noch einen, und die vier vermischte Kreise auch alternando einen Evangelischen Beisizer ernennen sollen. Da die Zahl der Beisizer von solcher Zeit an nie=

niemalen auf 25. geschweige auf 50. gekommen; So blieb die=
se Verordnung auch bishero ohne Anwendung. Da nun aber,
besagter maßen, die Zahl der Beisizer auf 25. festgestellet wor=
den, so hätten die beede Sächsische Kreise eine halbe - und die
vier vermischte Kreise auch eine halbe Präsentation gehabt. Die
Unmöglichkeit der Ausführung rieth also denen benannten Sechs
Kreisen eine Auskunft ein, welche am 23. Julius 1777. dahin
erfolgte: Ober=Sachsen soll den ersten, Franken den zweiten,
Niedersachsen den dritten, Schwaben den vierten, Obersachsen
den fünften, Ober=Rhein den sechsten, Niedersachsen den sie=
benden und Westphalen den achten Beisizer präsentiren. In
dem sechsten turno kommt also die Reihe an die präsentirende
Fürsten des Ober=Rheinischen Kreises. Ob dieselbe alsdann
unter sich den im Jahr 1711. beliebten Turnum, auch in An=
sehung dieser unter den Kreisen alternirenden Präsentation bei=
behalten oder ein anderes belieben werden, stehet zu erwar=
ten.

§. 135.
Kreis=Obrister.

Einmal ist ein Herzog von Zweibrüken, nemlich H. Wolf=
gang zum Kreis=Oberster bestellet worden. Es liegt noch deß=
sen Bestellung von 1557. bei den Ober=Rheinischen Kreis=Ak=
ten. Er muß aber diese Stelle resignirt haben, weil schon
1560. Graf Reinhard von Solms zu derselben bestellet wor=
den.

§. 136.
Beitrag zum Kammer=Gericht.

Der alte Anschlag des Beitrags zum Kammer=Gericht
war im Jahr 1548. mithin noch ehe die hintere Grafschaft Spon=

heim an das Herzogthum Zweibrüken gekommen, jährlich 80. fl.
Kammer = Währung. Anno 1566. und 1570. wurden zwei
Drittel Erhöhung von den Ständen bewilliget. Das Zweibrü=
kische Quantum war also 133⅓. fl. oder vor ein Ziel 66⅔. fl.
Kammer Währung, die machen in Reichsthalern, zu 90. kr,
61. Reichsthaler 75. kr. Im Jahr 1575. hat H. Johann I.
von dem alten Sponheimischen Kammer = Matrikular = Anschlag
zu 60. Kammer = Gulden ein drittheil, mithin vor 1. Ziel 10. fl.
von wegen der halben hintern Grafschaft Sponheim übernom=
men. Das eben angezeigte im Jahr 1570. bewilligte Augmen=
tum zu zwei Drittel dazu geschlagen thut 16⅔. fl. oder in Reichs=
thalern 15. Rthlr. 41. kr.

Das ganze Zweibrükische Quantum war also nunmehro,
nemlich im Jahr 1575. zu einem Ziel 77. Reichsthl. 26. kr. Auf
diesen Fus stehet auch Pfalz Zweibrüken in den Usual = Matrikeln
bis zum 130. Ziel A. M. 1719. In diesem Jahr aber wurde be=
schlossen, ein einfaches Ziel vor einen ganzen Jahrs = Betrag,
siebenmal zu erhöhen und die Helfte des Betrags zu denen ge=
wöhnlichen 2. Zielern zu erlegen. Das ganze Quantum be=
trug also vor Pfalz Zweibrüken 541. Rthlr. 2. kr. mithin vor ein
Ziel 270. Rthlr. 46. kr. und wurde mit dem Ziel N. M. 1719. damit
der Anfang gemacht.

Nachdeme aber der Kreis den 6. Julii 1722. Pfalz Zwei=
brüken in seinem Reichs = Anschlag um ein Drittel oder 2. sechs=
theil moderirt hatte; (S. 132.) so fieng H. Gustav an, seine
rückständige und lauffende Kammer = Zieler ex paritate rationis
und in der Hofnung, daß bei dem damalen vorgewesenen Mo=
derations = Geschäft solches von dem ganzen Reich gebilliget wer=
den würde, auch nur zu zwei drittel zu bezahlen, welches man
auf 180. Rthlr. 33. kr. evaluirt hat. Gleichwol geschahen die
Zahlungen nur überhaupt, theils, weil der Herzog noch einen
besondern Beitrag an Pfalz Birkenfeld forderte, (§. Sq.) theils,

weil

weil des Reichs Genehmigung noch fehlte. Es ist diese nachhero wirklich erfolgt, masen von dem gesamten Reich in dem am 8. November 1726. erstatteten Reichs-Gutachten und dessen Beilage Lit. A. die Moderation vor Pfalz Zweibrüken auf ein Drittel angetragen - und solche durch das am 2. November 1727. erfolgte Kaiserliche Ratifilations-Dekret genehmiget worden, auch dem Herzogthum vermög sothanen Reichsschlusses von dem 134. Ziel, A. M. 1721. an, zu guten gekommen.

Nachdeme in dem Successions-Vergleich von 1733. Pfalz Zweibrüken das Amt Stadeken an Kurpfalz abgetretten hatte; so erklärte Kurpfalz unterm Datum Schwezingen den 6. Maii 1746. an dem Zweibrükischen Kammer-Matrikular-Quantum jährlich 23. fl. 54. kr. übernehmen zu wollen, welche der Kaiserliche fiscalis generalis mittelst eines - Veneris 1. Julii 1746. abgehaltenen Rezesses acceptiret und dahin konkludirt hat, daß sothane Summe dem Herzogthum an seinen Kammer-Zielern seither dem Jahr 1739. oder vom 170. Ziel an, ab- und Kurpfalz zugeschrieben werden möge. Welches auch sofort geschehen, und von solcher Zeit an gab Pfalz Zweibrüken per Ziel 7. Rthlr. 87. kr. weniger, mithin 172. Rthlr. 36. kr.

Dabei blieb es bis zum jüngsten Reichsschluß vom 15. Dezember 1775. kraft desselben §. 32. ist beschlossen worden, das ganze Matrikular-Quantum auf eine Quart, oder, welches einerlei ist, auf die Helfte eines einfachen Ziels zu erhöhen, und damit mit dem 244. Ziel A. M. 1776. den Anfang zu machen. Solchemnach beträgt die Erhöhung eines Zweibrükischen Ziels zu 172. Thlr. 36. kr. drei und vierzig Thaler, neun Kreuzer, mithin dermalen jedes Ziel zweihundert fünfzehn Reichsthaler, vierzig fünf Kreuzer.

§. 137.

Vorgewesene Irrung wegen des Sponheimischen Beitrags.

Bei Uebergebung der hintern Grafschaft Sponheim an H. Karl (§. 8.) hatte sich zwar H. Johann I. die Reichs = und Kreis = Onera ausbehalten, allein von einem Beitrag zu Unterhaltung des Kammer = Gerichts war um so weniger Frage, als vermög Reichs = Abschieds vom Jahr 1576. §. 101. die Reichs = Onera bei dem Stamm = Haus zu fordern waren, welches im jüngsten R. A. ausbrüklich auf die Kammer = Zieler gedeutet worden, es seie dann, daß das Haus oder Familie ihre Herrschaften sowol als des Kammer = Gerichts Unterhaltung unter sich getheilt hätten. (114) Da nun H. Johann I. mit seinem jüngern Bruder H. Karl eine Theilung der Lande im eigentlichen Verstand nicht vorgenommen, sondern ihm nur nach Maasgab des väterlichen Testamentes die - einen Bestandtheil des Herzogthums ausmachende H. Gr. Sponheim zum Ansiz unter denen den Umständen angemessenen Bedingungen im Jahr 1584. eingeräumt hatte, überdis in dem väterlichen Testament bei Benennung der - dem erstgebornen in den abzutrettenden Deputats = Landen vorbehaltenen Reichs = und Kreis = Prästationen, des Beitrags zum Kammer = Gericht keine Erwehnung geschehen; So hat man auch deswegen bei der Einräumung nichts ausbehalten, sondern den Beitrag, nach der in vorhergehendem §. angezeigten Einrichtung von 1575. aus den Kameral = Gefällen des Herzogthums geleistet.

Was dahero in actis publicis von des Herzogs Gustavs an Pfalz Birkenfeld wegen eines Beitrags zu den Kammer = Zielern gemachter Forderung, von dem Davorhalten der Pfenning = Meisterei, die hintere Grafschaft Sponheim trage gar nichts

(114) s. den jüngern R. A. §. 16.

nichts zu den Kammer-Zielern bei, und von dem Pfalz Birkenfeldischen Anerbieten, sich dieser Schuldigkeit, wann sie ihme
obliege, nicht zu entziehen, von 1720. an, vorkommt, war
alles irrig. Gleichwol wurde mehrere Jahre ein Anschlag auf
Birkenfeld nachgeführet, bis man endlich im Jahr 1747. den
Irrthum gerichtlich dargethan, da dann derselbe auch verbessert, und die Ordnung hergestellet worden.

§. 138.

Reichs-Deputation.   Kammer-Gerichts-Visitation.

Zu den ordentlichen Reichs-Deputationen ist Pfalz Zweibrüken nicht ernannt worden. (115)

Was hingegen die Kammer-Gerichts-Visitation betrift,
stunde nach dem jüngern Reichs-Abschied Zweibrüken in der
dritten Klasse auf der Protestantischen Seite. Bei jezig veränderten Umständen ist im Jahr 1774., da die Frage von Er-
gänzung des im Jahr 1654. errichteten, dem jüngsten Reichs-
Abschied beigefügten, indessen aber durch mancherlei Veränderungen und Zufälle mangelhaft gewordenen Schematis, vorgekommen, Pfalz Zweibrüken vermög Reichs-Gutachtens vom
3. Junii, welches von Kays. Mayest. am 4. Aug. 1774. ratifizirt wurde, in die vierte Klasse auf die Katholische Seite gesezt worden.

Nach diesem Reichsschlus solten auf der Katholischen Seite
sizen:

1. Kur Mainz.
2. Kur Baiern.
3. Worms.
4. Paderborn.
5. Passau.
6. Brixen.
7. Basel.

8. Pfalz

N 4

8. Pfalz Zweibrüken.

9. ein Prälat.

10. ein Graf.

11. Stadt Wangen.

12. Stadt Offenburg.

Es sind aber vermög der Beilage N. L zu dem Kaiserlichen Hof-Dekret an die Reichs-Versammlung vom 13. Jul. 1776. durch anderweite Verkommnisse folgende Stände zur 4. Klasse einbeschrieben worden:

1. Kur Mainz.

2. Kur Baiern.

3. Oesterreich.

4. Worms.

5. Paderborn.

6. Brixen.

7. Pfalz Zweibrüken.

8. Pfalz Veldenz Lauterek.

9. ein Prälat.

10. ein Graf.

11. Stadt Wangen.

12. Stadt Offenburg.

Fünfzehendes Kapitel.

Innere Landes-Verfassung in Geistlichen Sachen, und disfalsige Landesherrliche Gerechtsame.

§. 139.

Bemerkung der Perioden in beständiger Rüksicht auf die Bestandtheile des Herzogthums.

Um sich von der Religions-Verfassung im Herzogthum einen

nen richtigen Begrif zu machen, mus man nicht allein die Perioden wol unterscheiden, nemlich a) vom Anfang der Reformation bis zu Herzog Wolfgangs Absterben, b) von diesem bis zum Entscheidungs-Jahr 1624. c) von da bis zum Ryswikischen Frieden 1697. d) von demselben die Königlich Schwedische Regierungs-Zeit hindurch bis 1719. e) und von hier an, bis auf die heutige Verfassung; sondern man mus auch in allen diesen Epochen wiederum das Herzogthum im engen Verstand, hernach die hintere Grafschaft Sponheim, ferner die Gemeinschaften, desgleichen die Zweibräkische unter französischer Hoheit gelegene Lande und endlich die seit 1755. eingetauschte Aemter besonders betrachten, um alsdann die Geseze richtig anwenden zu können.

§. 140.

Erste Periode, von Anfang der Reformation bis zu H. Wolfgangs Tod 1569. Reformation in denen Lehen.

Die Reformation fieng unter H. Ludwig dem jüngern an, masen im Jahr 1523. Johann Schwebel zum Ersten Evangelischen Prediger in Zweibrüken bestellt worden. Sein Bruder H. Ruprecht, H. Wolfgangs Vormünder führte solche fort, und dieser vollendete sie, ohne gleichwol jemalen an dem Schmalkalbischen Bund Antheil zu nehmen, oder auf der andern Seite das Interim einzuführen. Er publizirte erstmals seine Kirchen-Ordnung nach Luthers Lehrbuch im Jahr 1557. von welcher nachhero im Jahr 1560. 1570. und 1600. wiederholte Auflagen gemacht worden.

Solchergestalt waren bei seinem Absterben 1569. die Ober-Aemter Zweibrüken, Lichtenberg mit Einschlus Nohfelden, Meisenheim mit Einschlus Obermoschel und Stadeken, Bergzabern

M 5 mit

mit Einschluß Annweiler, Kleeburg und Wegelnburg der Evangelischen Religion beigethan.

Auch die Aemter Veldenz und Lautereken, die H. Wolfgang seinem Oheim H. Ruprecht eingeräumt hatte, waren Evangelisch, und blieben ohnverrükt dabei.

H. Wolfgang hat auch allen denen Pfalz Zweibrükischen Vasallen, welche in ihren lehenbaren Dörfern das Patronat-Recht zu Lehen trugen, seine Kirchen-Ordnung mit dem Befehl zugeschikt, um solche einzuführen, als 1) zu Hennweiler und Oberhausen, 2) zu Kingernheim an der Selse, 3) zu Badenheim, 4) zu Münchweiler am Glan, 5) zu Heuchelheim, 6) zu Hinterweidenthal, 7) zu Neunkirchen, 8) zu Langensulzbach. Die Vasallen haben solches auch ohne Widerrede befolgt, obschon einige der Katholischen Religion beigethan waren, zumalen selbige damalen sich noch nicht einfallen lassen, die Landes-Hoheit des Lehen-Herrn in seinem Eigenthum zu miskennen, oder gar anzufechten, wie nachhero von einigen derselben geschehen, nachdem das Ritterschaftliche System – sofort nach und nach eine sogenannte Ritter-Matrikel aufgekommen; und aus derselben und denen darauf gefolgten Kaiserlichen Privilegien das Schazungs-Recht aufgestellt – auf dieses aber die Ritterschaftliche Territorial-Gerechtsame zum Nachtheil der ursprünglichen Eigenthums-Landes- und Lehens-Herren gebauet worden.

Die ersten fünf Lehenbare Orte haben den Besiz-Stand des Normal-Jahrs erreicht, und obschon in dem Westphälischen Frieden (Art. V. §. 42.) nicht gebilliget wird, daß die Lehen-Herren in dieser Eigenschaft sich der Reformation in den Kirchen ihrer Vasallen angemasset; So ist doch einestheils sicher, daß H. Wolfgang die Reformation in den angezeigten Kirchen nicht als bloser Lehen-Herr, sondern als Landes- und Ober-Eigenthums-Herr um so gewisser veranstaltet habe, als man

dama-

damalen in der Pfalz von dem heutigen Rittersystem noch gar
nichts gewust, (116) sondern sich in Ansehung des Landes-
und Lehens-Adels an die Reichs-Verordnung von 1471. lediglich gehalten hat, zumalen auch die Ritterschaftliche nähere
Zusammentrettung erst den 7. August 1560. in der Donaustadt
Munderkingen konzertirt worden, anderntheils aber, wann auch
ein oder anderer Zweibrükischer adelicher Vasall seine anmasliche
Territorial-Rechte gegen den Lehen-Herrn, rechtlich, wie doch
noch bei keinem geschehen, evinciren solte, so saget doch an-
geregter Friedensschlus, daß es bei dem Besiz-Stand des Entscheidungs-Jahrs in Ansehung der solchergestalten unter die
Reformation gezogenen Lehenbaren Orte sein Verbleiben haben
solle.

Das sechste Lehen Hinter Weidenthal ist im Jahr 1604.
heimgefallen, und bemerke ich, um nicht noch einmal darauf
zurükzukommen, daß solches im Jahr 1624. einen Ev. Reformirten Geistlichen gehabt.

Das siebende Lehen Neunkirchen, war in dem Entscheidungs-
Jahr ebenfals Ev. Reformirt. Allein der Vormünder des damaligen Vasallen, Philipps Christof Freiherr von Sötern,
nachmaliger Kurfürst zu Trier, führte 1626. die Katholische
Religion mit Gewalt ein. Die Einwohner zogen weg, oder
traten zu der andern Kirche über, so daß nach dem Westphälischen Frieden kein einiger Evangelischer Unterthan mehr da
war, dahero auch keine Wiederherstellung nachgesucht wurde,
und es bis dahero dabei verblieben. Das achte Lehen hat auch
den Besiz-Stand des Normal-Jahrs, liegt aber im Elsas.

§. 141.

(116) f. die Würtembergische Vorlegung der anwachsenden Reichs-Rit-
terschaftlichen Irrungen 1749. S. 25. u. f. Siehe auch C. F. v. Guy-
ter von dem Verhältnis des Adels im Kraichgau gegen die Kurpfalz,
in Act. Acad. Theod. Pal. Vol. V. historica p. 473.

§. 141.

Reformation der Klöster Hornbach, Wörschweiler, St. Remigsberg, Offenbach, Disibodenberg. Wolfgangische Verordnung deswegen. Ursprung der Kirchschaffneien.

In denen angezeigten Pfalz Zweibrükischen Ober und Aemtern lagen auch

1) Das Kloster Hornbach, 1¼. Stund von Zweibrüken gegen Lothringen.

2) Das dazu gehörige St. Fabians Stift daselbst.

3) Das Kloster Wörschweiler, 1. Stund von Zweibrüken gegen Abend.

4) Das Kloster St. Remigsberg, 2. Stund von Kußel.

5) Das Kloster Offenbach am Glan in einem Rheingräflichen Fleken gleiches Namens, 1. Stund von Lautereken.

6) Das Kloster Disibodenberg, oberhalb dem Städtgen Odernheim, 2. Stunde von Meisenheim.

Sie stunden alle unter Pfalz Zweibrükischer Landes-Hoheit und Erb-Kasten Vogtei, und wurden nach und nach, und fast durchgängig mit der Mönche Zufriedenheit, eingezogen.

Der Abt von Hornbach, Johann von Kindhausen war der erste, der seine Abtei im Jahr 1533. resignirte, und hernach zu Zweibrüken seine Pension verzehrte. Die meisten Konventualen in der Abtei und St. Fabians Stift folgten seinem Beispiel, und traten der Reformation bei. Etliche aus ihnen liessen sich zu Predigern in denen Kirchen bestellen, die sie vorhin nach dem Katholischen Kirchen-Gebrauch bedient hatten. Etliche

liche andere blieben noch im Kloster, und hatten daselbst ihren Unterhalt. Einer aus ihnen Johannes Bonn von Wachenheim lies sich 1540. von Kaiser Karl V. zum Verwalter des Klosters bestellen, welches der damalige Vormund H. Ruprecht gesche= hen lies, dergestalt jedoch, daß er der Landes = Herrschaft Rech= nung ablegen muste. Ihm folgte in der Verwaltung Graf An= ton von Salm, welcher aber, wegen groser Unordnung und Un= richtigkeit in der Rechnung, seinen Posten unter H. Wolfgangs Regierung heimlich verlies. Worauf der Herzog 1556. einen Kloster=Schafner dahin bestellete, und die Schaffnei seiner Rent=Kammer einverleibte, wie solches bei Bestellung der übri= gen Kloster Schafneien ebenfals geschehen. Bald darauf fand der Herzog gut, ein Gymnasium daselbst zu stiften, dessen Un= terhaltung er auch in seinem lezten Willen seinen Söhnen em= pfohlen. Immanuel Tremellius wurde der erste Rektor daselbst 1559.

In dem Kloster **Wörschweiler** wurde im Jahr 1556. ein Schafner bestellt.

Das Kloster St. Remigsberg war schon sekularisirt, als es dem H. Ruprecht 1543. durch den Marburger Vertrag ab= getretten worden. Dermalen besizt solches Kurpfalz zum Ober= amt Lautereken.

Das Kloster **Offenbach** hat noch bis 1566. zween Mönche gehabt, welche auf Pension gesezt waren, das Kloster aber be= kam ebenfals zeitlich seinen Schafner. Im Jahr 1755. ist dasselbe an das Rheingräfliche Haus Grumbach vertauscht wor= den.

Das Kloster **Disibodenberg** wurde im Jahr 1560. mittelst eines Vergleiches mit dem lezten Abt, Peter, mit einem Schaf= ner versehen. Es ist dasselbe im Jahr 1768. an Kurpfalz nebst dem Städgen Odernheim vertauscht worden.

Zu Herzog Wolfgangs Zeiten und bei seinem Absterben stunden also alle Zweibrükische Klöster mit ihren Schafnern und Gefällen unter der Rent=Kammer, welche dieselbe vorzüglich zu Ablegung der denen Klöstern von Alters her obgelegenen Lasten, als: Besoldung der Geistlichen, Unterhaltung der geistlichen Gebäude 2c. sodann zu Unterhaltung der von H. Wolfgang gestifteten Schule angewendet. Es verdienet die Wolfgangische Verordnung aus dem Art. 5. seines Testaments hier eingerükt zu werden: „Sezen, statuiren und ordnen demnach in kraft dieses unsers lezten Willens, daß Unsers Fürstenthums Neuburg incorporirte Elöster, Neuburg, Meding, Medling, Eichenbrunn, Bergen, Pulenhofen und Bottendorf, samt allen Einkommen, Renten, Gülten, Zinnsen, Zehenden und aller ihrer Zugehör, Recht und Gerechtigkeit, wie das Namen haben mag, benannten und unbenannten, gesuchten und ungesuchten, auch allen Ansprüchen, Actionen und Forderungen, wie die Namen haben mögen, so wir als der Landesfürst und Oberste Schirmherr Unsers Fürstenthums Elöster und Geistlicher Güter, dieser Zeit von solcher Clöster wegen, oder Closter und derselben Verwalter von Rechts wegen gehoben, oder künftig gewinnen würden, nun fürter zu ewigen Zeiten unwiederruflich bei den Gebräuchen bleiben sollen, dazu sie von Gott und aller Billigkeit wegen gehören und geordnet sind, nemlich zu Ufbauung, Ufpflanzung und Erhaltung der wahren Christlichen Kirchen und Schulen in diesem Unserm Fürstenthum. — — — Wir haben Uns auch bei diesem allem bedächtlich erinnert, daß von obbemelten Elöstern und andern geistlichen Gefällen, vor dieser Zeit an Geld, Traydt und andern zu unterschiedlichen Zeiten zu Unserer Hofhaltung und anderer Nothdurft Lehensweis uf künftige Vergleichung eingenommen worden, welches doch von Uns nicht anderst gemeynt, dann dasselbige zu gebührender Zeit wieder restituirt werden soll, wie wir

dann

dann nochmals dieses Vorhabens sind, auch deswegen albereits
Befelch gethan, daß solche Einnahmen zu erster Gelegenheit
verglichen werden sollen. —— Wann auch etwan die Gelegenheit nit erleyden mögte, daß in Zeit Unsers Lebens oder
nach Unserm Tod solche Restitution und Vergleichung erfolgte;
So ist doch Unser Will und Meynung, daß bis zu gebürlicher
Vergleichung, die Klöster und Kirchen des Haupt-Guts genugsam versichert, auch die jährliche Pension und Zinns davon
würklich und ohne alle Einrede habhaft gemacht werde.

Als wir auch vor etlichen Jahren in Unserm Zweibrük-
schen Fürstenthum die Gefäll, Nuzungen und Einkommen der
Klöster Hornbach, Wersweiler, Offenbach und Dißbodenberg,
zu einer Schul, welche albereit zu Hornbach im Werk ist, de-
putirt und geordnet; So ist unser ernstlicher und endlicher Will
und Meinung, daß solcher Klöster und derselben Einkommen
zu Erhaltung der Schul Hornbach, Besserung der Pfarren und
Kirchen-Dienste im Fürstenthum auch Verpflegung etlicher
Stipendiaten und nirgend anderswohin angewendet werden.
Wir wollen auch alles dasjenig, so wir der Neuburgischen Klö-
ster- und Kirchen-Gefäll halber, wie oben, statuirt, gesezt
und verordnet, allerdings dieser Unserer Zweibrükischen Klöster-
und Kirchen-Gefäll wegen hieher repetirt und erhohlt haben,
nit anders als wäre alles und jedes von Worten zu Worten
specificirt und über dasselbig ein neue sondere Fundation und
Stiftung ufgerichtet, insonderheit soll dasjenig, so von Erstattung und Vergleichung des Geld, Getraids und andern, so
von Klöstern und Kirchengefällen entlehnt, hiebevor bei den
Neuburgischen Geistlichen Gefällen gleicher Gestalt angeregt
und vermeldet ist, hieher auch repetirt und erhohlt seyn, aller-
masen als wir solches von Wort zu Worten specificirt und einverleibt. „

Der

Der Herzog bestimmt also alles, was er selbst als Landesfürst von solcher Klbsterwegen gehoben, und das, was die Kloster = Verwaltere von Rechts wegen gehoben, zum geistlichen Gebrauch, und soviel die Zweibrükische Klöster insonderheit betrift, zu Erhaltung der Schul Hornbach, Besserung der Pfarr und Kirchen = Dienst im Fürstenthum auch Verpflegung etlicher Stipendiaten.

Im Vorbeigehen mus ich hier noch des Klosters der Reuerinnen auf dem Marienstein ausserhalb Zweibrüken in dem anmuthigen Thal gegen Konwig Erwehnung thun, welches gegen das Ende des 15. Jahrhunderts aufgehoben und dessen Reuten zu der von H. Alexander erbauten hiesigen Stadt = Kirche geschlagen worden.

Noch ist hier anzuzeigen, daß man aller Kirchen in jedem Oberamt besondere Gefälle, theils um die vielen Partikular-Rechnungen, und dabei vorgekommenen Unordnungen und Unrichtigkeiten zu vermeiden, theils damit die Kirchen selbst einander aufhelfen können, alles zusammen aber durch einen tüchtigen mit der erforderlichen Authorität versehenen Mann besorget werden könne, in ein Korpus zusammen geworfen, woraus dann die Kirchschafneien der vier Oberämter Zweibrüken, Lichtenberg, Meisenheim und Bergzabern entstanden. Ein gleiches Institutum ist auch im Jahr 1629. in der Herrschaft Guttenberg eingeführt worden.

§. 142.
Reformation der Herrschaft Guttenberg.

Diese Herrschaft Guttenberg war zur Zeit der angefangenen Reformation bis 1559. noch zwischen Kurpfalz und Pfalz Zweibrüken gemeinschaftlich. Kurfürst Ludwig hinderte die Reformation nicht, seine beede Regierungsfolger aber, Friederich

und

und Otto Heinrich, sowohl als Pfalz Zweibrüken beförderten solche.

Als im Jahr 1555. bald nach algemein bekannt gemachtem Religionsfrieden H. Wolfgang eine algemeine Kirchen-Visitation in seinen Landen, mithin auch im Guttenbergischen anordnete, waren alle Pfarreien daselbst, keine ausgenommen, mit Evangelischen Predigern besezt.

§. 143.
Reformation der hintern Grafschaft Sponheim.

Die Gemeinsherren in der hintern Grafschaft Sponheim H. Johann II. von Simmern und Marggraf Philibert von Baden wehrten der Reformation so wenig, daß sie vielmehr derselben den vollen Lauf liesen, so daß, als H. Wolfgang im Jahr 1560. den Simmerischen Antheil an der H. Gr. Sponheim bekam, er nicht nöthig hatte, erst eine Reformation zu veranstalten, sondern nur in dem, was bereits geschehen war, Ordnung einzuführen. Das Kloster Wolf, die Probstei Enkirch und dergleichen kleine Korpora wurden auf die nämliche Art, wie im Zweibrükischen, sekularisirt, und auch die vorhin darauf gehaftete Onera nunmehro vorzüglich aus deren Gefällen bestritten.

Dahingegen verhinderte Kur Trier in dem zum Oberamt Trarbach gehörigen Kröve Reich die Reformation wegen prätendirter Mit-Obrigkeit.

H. Wolfgang hatte sich zwar, besäg seiner Kirchen-Ordnung, vorgenommen, ein eigenes Konsistorium zu errichten, es kam solches aber nicht zu Stand, und die Konsistorialia wurden bei der Regierung verhandelt, wobei es auch bis in die Zeiten der fünften Periode geblieben.

N §. 144.

§. 144.

Zweite Periode, von H. Wolfgangs Abſterben, 1569. bis zum Entſcheidungs-Jahr 1624. H. Johann I. führt die Reformirte Religion ein.

In der zweiten Periode, nemlich von H. Wolfgangs Abſterben 1569. bis zum Entſcheidungs-Jahr 1624. hat deſſen Regierungsfolger H. Johann I. anfänglich ſeines Vaters Anſtalten fortgeſezet. Als aber die Frage von ſeinem Beitritt zu der Formula Concordiä war, ſo wurde man gewahr, daß er in denen Artikeln, worinnen der Heidelbergiſche Katechismus von dem Lutheriſchen Glaubens-Bekenntnis abweichet, mehr dem erſtern beipflichtete.

Das jus reformandi der Reichsfürſten, eine Folge der Landes Hoheit, war damalen noch nicht beſchränket. H. Johannes I. faſte dahero den Entſchluß, den Heidelberger Katechismus in ſeinen Landen einzuführen. Er ließ denſelben im Jahr 1588. abdruken, machte ſelbſt die Vorrede dazu, und reiſte damit in die Haupt-Orte des Herzogthums, um ſolchen unter die Geiſtlichen auszutheilen. Diejenige, ſo ſolchen annahmen, blieben bei ihren Pfarreien, diejenige aber, ſo ſich mit ihrer Ueberzeugung entſchuldigten, wurden unter einem Termin von 3. Monaten beurlaubet, und ihre Stellen theils mit denen vorbereiteten Hornbacher Stipendiaten theils mit Ausländern erſezt. Ueberall wo der Herzog in ſeinem Lande in Sactis allein zu befehlen hatte, wurde in wenig Jahren die Reformirte Religion eingeführt, und an allen dieſen Orten blieb es dabei, ſo daß in dem Entſcheidungs-Jahr 1624. die Evangeliſch Reformirte Religion faſt durchgehends die herrſchende in dem Herzogthum war. Auch in zweien Gemeinſchaften, nemlich im Falkenburgiſchen und zu Alſenz, führte er die Reformirte Religion

ein.

ein. Es fehlte zwar anfänglich nicht an Widerspruch der Gemeinsherren, allein diese Anstalt blieb, und erreichte das Entscheidungs-Jahr, weshalben sie noch bestehet.

§. 145.

Einige Bestandtheile des Herzogthums sind nicht unter diese zweite Reformation gezogen worden, nemlich die Lehenbare Orte, die beeden Buntenbach, Dielkirchen, die Herrschaft Guttenberg, die h. Gr. Sponheim und das Gymnasium zu Trarbach, Birlenbach, Elsenbach.

Gleichwol blieben noch verschiedene Bestandtheile des Herzogthums zurük, in welchen diese zweite Reformation nicht statt hatte, sondern die Evangelisch Lutherische Religion beibehalten werden muste, vor welche dann auch noch heut zu Tage der Besizstand des Entscheidungs-Jahrs 1624. die Gewähr leistet.

Dahin gehören

1) Die §. 138. angezeigte Lehenbare Orte. Die Vasallen, beederlei Religion, die einmal H. Wolfgangs Kirchen-Ordnung eingeführt hatten, fanden Anstand, ihre Unterthanen weiter zu treiben, und verbaten sich eine abermalige Veränderung.

2) Die beede Buntenbach Oberamts Zweibrüken hatten ebenfals die Wolfgangische Kirchen-Ordnung. Deren Besizer von Stein-Kallenfels, ob er schon die Zweibrükische Landes-Hoheit nicht miskannte, war jedoch nicht zu bewegen, seinen Lutherischen Pfarrer abzudanken.

3) Die Pfarrei Dielkirchen im Stolzenberger Thal, woselbst Pfalz Zweibrüken zu zwei Drittel und die Grafen von Fal-

kenstein

kenstein zu einem Drittel in Gemeinschaft stehen, blieb Lutherisch, weil der-, dieser Religion beigethane Graf von Falkenstein
die Einführung des Zweibrükischen neuen Katechismus nicht
zuließ.

4) in der Herrschaft Guttenberg waren nun Pfalz Zweibrüken und Pfalz Veldenz seit 1566. Gemeinsherren.

Lezteres Haus blieb Lutherisch und verhinderte die Einführung des Reformirten Katechismus.

5) Die hintere Grafschaft Sponheim war seit 1584. zur
Pfälzischen Helfte unter der Hoheit H. Karls zu Birkenfeld.
Ohnerachtet dieselbe nach wie vor einen Bestandtheil des Her-
zogthums ausmachte, und von Pfalz Zweibrüken beim Reich
und Kreis vertreten wurde; so versuchte es H. Johannes I. doch
nicht, sein jus reformandi bis dahin auszudehnen, zumalen
er die Ausübung des juris circa sacra daselbst seinem Bruder
H. Karl, wegen dergleichen Gemeinschaft mit Baden, durch den
Bergzaberer Vertrag von 1584. überlassen müssen. Damit
blieb dann auch das Gymnasium zu Trarbach, zu welchem H.
Johann I. selbst anno 1572. den Grund gelegt hatte, in seiner
Verfassung.

6) Die Pfarrei Birlenbach im Amt Catharinenburg war
1611., da H. Johann II. diesen Fleken acquirirte, Lutherisch,
und verblieb dabei.

Hier ist auch anzuzeigen

7) Das Dorf Eisenbach am Glan im Oberamt Lichtenberg,
welches eine kleine Kirche hat, und von dem allernächst geses-
senen Rheingräflichen Pfarrer zu St. Julian bedienet wird. Unter H. Johann II. Regierung hatte man vor, dasselbe zu der
Reformirten Pfarrei Hirsau zu schlagen, es kam solches aber
nicht zu Stande, sondern die Kirche ist das Normal-Jahr
hindurch und bis auf den heutigen Tag Lutherisch geblieben.

§. 146.

§. 146.

Veränderung des Gymnasiums zu Hornbach; Verwendung der Kloster-Gefälle.

Eine Folge dieser Reformation war die Veränderung des Hornbacher Gymnasiums aus einem Ev. Lutherischen in ein Ev. Reformirtes, und die Verwendung der Geistlichen Gefälle, zu Salarirung der nunmehrig Reformirten Pfarrer und Schul-Diener und Unterhaltung der Geistlichen Gebäude.

So viel aber die Gefälle betrift, welche nach Ablegung aller - diesen ehemaligen Kloster-Gefällen ursprünglich obgelegenen und von H. Wolfgang zu Behuf des gestifteten Hornbacher Gymnasiums noch weiter aufgelegten Lasten, annoch übrig waren; So bestimmte eben dieser Herzog Johann I. dieselbe zum weltlichen Gebrauch. Er hatte nemlich schon im Jahr 1571. in denen Kammerschreiberei = (Rentel) Rechnungen die Rubrik: Einnahm-Geld von Kirchen und Kloster - Rezessen, und gegen über in denen Kirchen und Kloster-Rechnungen, diese: Ausgab-Geld zur Fürstlichen Rent-Kammer, eingeführet. Eben so wurden auch Wein und Früchte vor den Hof abgegeben, nebst deme Fürstlichen Räthen und Bedienten Besoldungen und Zulagen auf den Ueberschus der Kloster-Gefälle angewiesen.

Ob der Ausdruk des Wolfgangischen Testaments: So wie als der Landesfürst von solcher Klöster wegen geboben, oder der erbärmliche Zustand der Finanzen, den H. Johann I. bei seinem Zweibrükischen Regierungs-Antritt vorgefunden, ihn bewogen, einen Theil der Geistlichen Gefälle, gegen die Vorschrift des väterlichen Testaments, sich zuzueignen, kan ich nicht entscheiden. So viel ist aber doch in facto richtig, daß, aber Abzug aller, auf den Geistlichen Gefällen haftenden Onerum, noch ein ansehnlicher jährlicher Ueberschus sich ergeben habe,

habe, ben der Herzog als Landesherr, ohne Abbruch der väter=
lichen Stiftung, sich zueignen zu können, geglaubt hat. Gleich=
wol hat derselbe das ganze Korpus der Geistlichen Gefälle sehr
sorgfältig beisammen gehalten, und ob er schon gar keinen An=
stand genommen, solche in seine viele mit allen seinen Nach=
barn gemachte Vergleichungen mit einzuwerfen und zu vertau=
schen, so lies er sie doch sogleich aus seinen Kammer = Renten
wieder ersezen.   In diesem Zustand erschritte die Einrichtung das
Entscheidungs = Jahr.

§. 147.
Synodal=Anstalten.   Censur.

In diese Periode fallen auch die Synodal=Anstalten. Es
wurden nemlich nach den vier Oberämtern, Zweibrüken, Lich=
tenberg, Meisenheim und Bergzabern die Geistliche in 4. Klas=
sen getheilt.   Einer aus derselben war Inspektor. Dieser be=
schrieb, entweder auf Herrschaftlichen Befehl, oder auch nach
eingeholter herrschaftlichen Erlaubnis, die Geistliche seiner Klasse
auf einen Tag zusammen, und überschifte ihnen zugleich die
Synodal=Quästionen, welche bei dieser Zusammenkunft abge=
handelt werden solten, und hauptsächlich die Reinigkeit der
Lehre und Gleichförmigkeit der kirchlichen Gebräuche zum
Gegenstand hatten. Dabei kam auch vor, was etwa gegen
das Leben und Wandel eines Pfarrers, von Aergernissen der
Gemeinde, von andern in der Pfarrei noch wohnenden Reli=
gions=Verwandten u. s. w. angezeigt worden. Ueber den Vor=
gang wurde ein Protokoll gehalten, und dasselbe zur Regierung
eingeschift, um nach denen Umständen das nöthige verfügen zu
können. Nebst deme wurde auch die Anstalt, welche schon in
der Wolfgangischen Kirchen=Ordnung, unter dem Titel, von
Kirchen=Gerichten, vorgeschrieben war, beibehalten, nemlich
in allen Pfarreien eine gewisse Anzahl Männer zu Censoren zu
                                                    bestel=

bestellen, welche mit dem Pfarrer über die Kirchen-Disziplin, Zucht und Erbarkeit in der Gemeinde halten solten.

§. 148.

Dritte Periode von 1624. bis zum Ryswikischen Frieden 1697. Der Zustand bleibt in dieser Periode im Grunde der nemliche. Bekanntmachung der Presbyterial oder Aeltesten Ordnung, 1656.

Während der dritten Periode, nemlich von 1624, bis zum Ryswikischen Frieden 1697. war der Religions-Zustand der Reformirten und Lutherischen im Grunde der nemliche. Zu Behuf der erstern erneuerte und erweiterte H. Friederich am 16. September im Jahr 1656. seines Herrn Vaters Presbyterial oder Aeltesten Ordnung „als eine Wegweisung zu einer gott= „seligen und nöthigen Kirchen-Zucht, den dazu verordneten „Pfarr-Herrn, Aeltesten und Censoren zur Nachrichtung, da= „mit dieselben, was ihres Amts in diesem Aeltesten Rath „und Konsistorio seie, nicht allein desto besser wissen, son= „dern sich auch solche Kirchen-Zucht und die Erbauung der „Christlichen Gemeinde und Verhütung schädlicher Aerger= „nisse desto fleisiger und mit Ernst angelegen seyn lassen.„ Aus den Worten des Edikts ist dessen Absicht deytlich, und nur noch anzumerken, daß diesen Konsistorialen in der Residenz Zweibrüken ein Mitältester aus den Hof= oder Kanzlei-Ver= wandten (Kap. 2.) beigeordnet, sodann in vorkommenden wich= tigen Fällen die Kommunication mit den nächstgesessenen Geist= lichen, wie auch, bei einem sehr zweifelhaften Vorfall (Kap. 4.) mit dem Superintendenten oder Inspektor, mit Vorwissen der höchsten Obrigkeit anbefohlen worden. Es sind nebst dem etli= che Umstände vorgefallen, welche dahier anzuzeigen sind.

§. 149.

Anmerkung wegen Dielkirchen und deſſen Status von 1648.

Die Pfarrei Dielkirchen (§. 145. 3.) wurde, zu Anfang des 30jährigen Kriegs in hieſigen Gegenden, ledig, und blieb um der Kriegs-Unruhen willen lange unbeſezt, wurde aber in-deſſen von den benachbarten Reformirten Geiſtlichen aus dem Herzogthum und dieſes namentlich in dem Entſcheidungs-Jahr bedient. Noch vor erfolgtem Frieden aber verſahe ſie wiederum ein Evangeliſch Lutheriſcher Pfarrer, und in dieſem Zuſtand war dieſe Pfarrei, als der Weſtphäliſche Frieden publizirt wurde. Hierbei iſt es auch bishero geblieben, maſen man bei Entſcheidung einer über einen dergleichen Vorfall zwiſchen Lu-theriſchen und Reformirten entſtehen mögenden Frage, nicht auf den V. ſondern auf den VII. Artikel des W. F. Inſtru-ments zu ſehen hat.

§. 150.

Das Hornbacher Gymnaſium leidet durch die Speye-riſche Okkupirung des Kloſters eine totale Ver-änderung. Wird nach Meiſenheim transportirt.

Mit dem Gymnaſium zu Hornbach gieng in dieſer Periode eine totale Veränderung vor. Im Jahr 1631. nahm das Biſtum Speier aus Gelegenheit des Ferdinandeiſchen Edikts von Wieder-Einräumung der Geiſtlichen Güter von 1629. unter dem Vorwand einer alten Stiftung Kaiſer Henrichs IV. von dem auſſer ſeiner Diözes gelegenen Kloſter Hornbach Beſiz, und beſezte es mit Benediktinern, ohne daß Pfalz Zweibrüken bei der damaligen Uebermacht des Katholiſchen Theils ſolches wehren konnte. Wenige Jahre hernach haben zwar bei der ein-

eingeriſſenen Peſt und Hungersnoth die Benediktiner das Klo-
ſter wiederum verlaſſen, und Pfalz Zweibrüken ſofort ſich wieder in deſſen Beſitz geſezet, wie dann auch in dem W. F. J.
(Art. IV. §. 21.) dem regierenden Herzog Friederich das Kloſter Hornbach mit allen deſſen Rechten, wie ſolche deſſen Vater
H. Johann II. beſeſſen, noch beſonders zugeſichert worden;
allein das Land war indeſſen ſo entvölkert, und die Haupt-
Renten des Kloſters, nemlich Zehenden, Zinſe und Pächte von
Höfen und Gütern, dergeſtalt geſchwächt, daß dieſe Schul-
Anſtalt ſchlechterdings ſtille ſtehen, und man ſich begnügen
muſte, von 1631. an ein interims Gymnaſium in der Stadt
Zweibrüken zu haben, welches hernach bey anderweit veränderten Umſtänden H. Friederich Ludwig im Jahr 1676. nach Meiſenheim überſezte, und ſo viel es die Kaſſe erlaubte, ein Kon-
viktorium anordnete.   Dieſe Anſtalt hat gedauert, bis in der
folgenden Periode dieſe Schule nach Zweibrüken verlegt - und
mit der neuen Schul-Anſtalt verbunden worden.

§. 151.

Neuerliche Errichtung einer General-Kaſſe des Ueber-
ſchuſſes der Kirchen - und Kloſter-Gefälle. Beſtellung
eines Verwalters, der von der Rent-Kammer abge-
ſondert war. Dieſe Anſtalt wird zur Kammer ge-
ſchlagen, aber die General-Kaſſe-Rechnung
bleibt.

Auch in Anſehung der Verwaltung der Kirchen- und Kloſter-Gefälle machte H. Friederich Ludwig eine neue Anſtalt.
Die Verheerung des Landes und mit derſelben die Abnahme
der Gefälle war ſo gros, daß nicht allein, wie ſchon geſagt,
die Gymnaſial-Einrichtung ſtille ſtehen, ſondern auch viele
Pfarreien unbeſezt bleiben - und deren 2. bis 3. zuſammenge-

fogen

zogen werden muſten, um aus deren Einkünften nur Einem Pfarrer den benöthigſten Lebens = Unterhalt zu verſchaffen, auch waren viele Kirchen, Pfarr = und Schul = Häuſer verfallen, verbrannt, oder hatten wenigſtens ſchleunige Ausbeſſerungen nöthig. Neben dem aber waren aus gleicher Urſache die Kameral = Renten ſo ſehr in Abnahm gekommen, daß aus denſelben ein Vorſchus, zu Behuf der Kirchlichen Bedürfniſſe nicht geſchehen konnte. Man verfiel alſo darauf, eine General = Kaſſe zu machen, zu welcher dasjenige, was nach Ablieferung der = nach denen getroffenen interimiſtiſchen Einrichtungen, auf die Kirchen = und Kloſter = Schafneien gelegten Abgaben, annoch überſchieſen würde, eingeſchikt werden ſolte, um aus derſelben die ſonſten dringendſte Bedürfniſſe zu beſtreiten. Es wurde ein beſonderer Verwalter beſtellt, (117) der über dieſen Ueberſchus eine eigene = von dem Herrſchaftlichen Aerarium abgeſonderte ſogenannte General = Kaſſe=Rechnung führen = und ſeine Befehle ohnmittelbar von dem Herzog empfangen ſolte. Unter dieſem Verwalter ſtunden auch alle Kirchen = und Kloſter = Schafner.

Durch dieſe Anſtalt einer ſeparaten Geiſtlichen Kaſſe hielte der Herzog ſeine geringe Kammer = Renten von dem häufigen Anſuchen der Geiſtlichen um Unterſtüzung ziemlich befreit.

Nachdeme dieſer Herzog und der von ihm beſtellte Verwalter (1681.) verſtorben, wurde die Verwaltung der Geiſtlichen Güter wieder zur Rent = Kammer gezogen, die beſondere Führung einer General = Kaſſe = Rechnung aber beibehalten.

Man kan ſich leicht vorſtellen, daß, ſolange dieſer algemeine Mangel angedauert hat, die Landes = Herren auf wenig oder gar keinen Ueberſchus zu ihrer Rentei haben zählen können. Es hat aber gleichwol eben dieſer Herzog Friederich Ludwig nicht allein die Rubrik: **Ausgab=Geld zur Fürſtlichen Rent=**

(117) Deſſen Beſtallungs = Brief vom 9. Jenner 1663. ſtehet in der Unterſuchung des Status religionis Reform. ꝛc. 1732. Beyl. Lit. K.

Rent-Kammer geliefert, vorsichtig, und auf Hofnung besserer
Zeiten beibehalten, sondern sich auch jährlich eine Anzahl Früchte zu seiner Hofhaltung aus den Gefällen des Klosters Disibodenberg abliefern lassen. In diesem Zustand blieb es bis zum
Ryswikischen Frieden.

§. 152.

Verbesserung der Censur, oder Konsistorial-Anstalt. Errichtung 4. Unter-Konsistorien und eines Obern Konsistoriums.

Herzog Friederich Ludwig verbesserte auch seines Regie-
rungs-Vorfahrers H. Friederichs Censur oder Konsistorial-An-
stalt von 1656. (§. 148.) Er verordnete nemlich in jeder der
4. Oberamts-Städte zu besserer Handhabung der Ordnung und
Disziplin auch Gleichförmigkeit, einen Konsistorial-Konvent
oder Unteres Konsistorium, welches aus einem weltlichen Diener, insgemein einem Beamten und einem Geistlichen, nemlich dem Pastor des Orts, der insgemein zugleich Inspektor
war, bestund. An dieselbe wurde dasjenige gebracht, was der
Aeltesten Rath oder die Konsistorialen jeder Pfarrei auszuma-
chen, sich nicht getraueten. Diesem Unter-Konsistorium war
erlaubt, noch einen Pfarrer der Klasse als Assessorn bei wichtigen Fällen zuzuziehen. Ueber diese 4. Unter-Konsistoria war
in der Residenz des Landes-Herrn ein Oberes Konsistorium
bestellt. Dasselbe bestund aus einem Regierungs-Rath und einem Geistlichen, nach der Auswahl des Landes-Herrn, insgemein dem Hof-Prediger. An dieses Ober-Konsistorium
brachten die Untere Konsistorien die Sachen, welche von des
Landes-Herrn Entscheidung abhiengen. Wann auch bey demselben ohnmittelbar Beschwerden eingebracht wurden, so in-
struirte dasselbe die Sache nach der Beschaffenheit in rechtlicher
Ordnung, und referirte hernach dem Landes-Herrn.

Der

Der Haupt-Endzwek dieser Einrichtung war im Grund
der nemliche, den H. Friederich bei Verfassung der Aeltesten
Ordnung hatte. (§. 148.)

§. 153.

Einführung des Katholischen Simultaneums im Her-
zogthum im engern Verstand, währender Fran-
zösischer Reunion.

Als 1681. die Krone Frankreich das Herzogthum Zweibrüken unter seine Hoheit gezogen hatte, so wurde auch gar
bald die Katholische Religions-Uebung in demselben eingeführt.

Es betraf solches in dem Herzogthum im engern Verstand
hauptsächlich die Städte. Dann auf dem Lande pflanzten sich
nur hie und da Katholische Einwohner an.

Auf die Chamoische Liste ist in diesem Stük gar nicht zu
gehen. Wann man dieselbe ansiehet, solte man glauben, das
ganze Herzogthum seie von 1681. bis 1697. mit Katholischen Einwohnern ganz untermischt worden. Allein eine einzige Anmerkung
widerlegt solches.

Der Französische Intendant zu Homburg, Mr. de la Gou-
pilliere, machte den 21. Dezember 1684. eine Königliche Or-
donnanz öffentlich bekannt. In deren Gemäsheit solte zwischen Rhein, Mosel und Saar, so weit sein Departement
gieng, an denen Orten, wo zwei Kirchen seien, denen Katholischen die kleinere eingeräumt werden, wäre aber nur eine
Kirche in dem Ort; solte dieselbe zwischen denen Evangelischen
und Katholischen dergestalt gemein seyn, daß leztere nur in
dem Chor die Messe halten dürfen, welcher zu solchem Ende,
wo es nöthig, von dem Langhaus abgesondert werden mögte.

Wann

Wann sich dahero ein Kasuale ereignete, so muste dem aus der Nachbarschaft herbei gerufenen Katholischen Priester auf Verlangen die Kirche eröfnet werden, welcher nach Erfordernis des Falls sein Amt daselbst verrichtete, und den Vorgang in seinem Kirchen-Buch bemerkte.

Man darf nur die Lage des Herzogthums auf der Karte sehen, so wird man finden, daß man nirgend weit zu gehen gehabt, um einen Katholischen Priester aus der Nachbarschaft zu hohlen. Solchergestalt sind wenig Kirchen im Herzogthum, in denen nicht während Französischer Reunion ein Kasuale verrichtet worden wäre, obschon in denen allerwenigsten von einem ordentlichen offentlichen Gottesdienst die Frage war.

Bei Zusammentragung der Chamoischen Liste schikten die Katholischen Geistliche nicht etwa nur die Namen der Kirchen ein, in denen sie während Reunion den ordentlichen offentlichen Gottesdienst gehabt, sondern es kamen alle Kirchen auf die Liste, in denen auch nur ein oder mehrere Kasualien verrichtet worden, und da zu den meisten Kirchen mehrere Dörfer und Höfe eingepfarret sind, so brachte man auch diese auf die Liste, wann schon dieselbige ganze Zeit über keine Katholische Seele darinnen gewohnt hatte.

Die Einführung des ordentlichen offentlichen Gottesdienstes traf also hauptsächlich die Städte.

In der Stadt Zweibrüken wurde ein Weltgeistlicher angestellet, welcher in dem Chor der Reformirten Kirche seine Sacra verrichtete.

Eben so in der Stadt Hornbach, woselbst der Pastor in der Burger-Kirche mit den Reformirten das Simultaneum exerzirte, jezo aber, nachdem die Kloster-Kirche wiederhergestellt und denen Reformirten gegeben worden, dieser Burger-Kirche mit den Lutherischen sich simultaner bedienet.

In

In der Stadt Kuffel wurde auch ein Welt = Geiftlicher angeordnet, welcher in dafig Reformirter Kirch das Simultaneum übt.

In der Stadt Meifenheim wurde im Jahr 1684. eine Franziffaner Kirche zu bauen angefangen und im Jahr 1688. vollendet, es ift dabei eine Art von Klofter, in welchem fich einige Franziffaner zu Verfehung des Gottesdienftes in der Stadt und denen herumgelegenen Dorffchaften, aufhalten.

In die Stadt Bergzabern wurden die Kapuziner von Weiffenburg beftellet, welche das Simultaneum in dafiger Reformirten Kirche haben. In der Folge haben fich auch diejenigen zu ihnen gefellet, welche einen Theil der nahe gelegenen Herrfchaft Guttenberg verfehen, fo daß dermalen insgemein 2. oder 3. dafelbft beifammen in einem Haufe wohnen, fo aber kein Klofter ift.

§. 154.
In denen Herrfchaften Guttenberg und Bifchweiler.

Von denen unter die Französifche Hoheit gekommenen Herrfchaften Guttenberg und Bifchweiler denkt fich ohnehin, daß dafelbft die in Frankreich herrfchende - nemlich die Katholifche Religion eingeführt worden.

Was Bifchweiler betrift, haben die Katholifchen ihren Gottesdienft in der - in dem nächft dabei liegenden Dorf Hanhofen befindlichen kleinern Kirche, in dem Flecken felbft aber ift eine Teutfche und eine Französifch Reformirte, fodann eine Luthe- rifche Gemeinde, welche in der dafelbft befindlichen gröfern Kirche alle drei das Simultaneum üben.

Im Guttenbergifchen ift das Simultaneum in denen Luthe- rifchen Kirchen.

Wir

Wie das Entscheidungs-Jahr im Reich die Regel zwischen Katholischen und Evangelischen macht, so hat auch die Krone Frankreich, welche dem Art. V. des Osnabrükischen Friedens in dem Münsterischen Friedensschlus beigetretten, und die Garantie des erstern übernommen hat, sothanen Statum des Entscheidungs-Jahrs in denen auf den Gränzen des Elsasses gelegenen teutschen Landen und Herrschaften ebenfals als Regel gelten lassen, um so mehr, als dieselbe auf der Liste der restituendorum stehen, auf welche sich der vierte Artikel des Ryswikischen Friedens beziehet, und die eigentlichen Nordlichen Gränzen des Elsasses zwischen Kaiser und Reich eines - und der Krone Frankreich anderntheils noch nicht festgesezt sind. Dæ aber seit dem Wiener Frieden vom 30. Oktober 1735. zu Vollziehung dessen 7. Artikels (118) noch keine Anstalt gemacht - mithin diese Gränzen noch nicht regulirt worden, und indessen mehrere Stände, welche ni dem Landes-Strich der sogenannten païs limitrophes Land und Leute haben, die Französische Hoheit und höchste Gerichtsbarkeit anzuerkennen sich vermüssiget gesehen, und bei fernerer Unthätigkeit des Reichs sich wohl deren noch mehrere dazu bemüssiget sehen dörften; So fangt man nun seit kurzem an, die Religion des Königs vor die Regel, und den Besizstand in dem Entscheidungs-Jahr vor die Ausnahm zu nehmen, und die Evangelische freie Religions-Uebung in die engsten Schranken des Besiz-Standes späterer Friedensschlüsse, besonders des Ryswikischen, einzuschliesen, woraus einige vermuthen wollen, daß die Evangelische Religions-Uebung endlich gar in eine wiederruflische Vergünstigung ausarten werde. Es würde dieses aber nur alsdann geschehen können, wenn es möglich wäre, daß nach dem erleuchten achtzehenden Jahrhundert wiederum dike Finsterniß, blinder Eifer, und der Verfolgungs-Geist auftretten, und Vernunft, Menschlichkeit und Freiheit verdringen könnten.

§. 156.

(118) Wenk: Cod. Jur. Gent. T. I. p. 51

§. 155.

Im Sponheimischen — Errichtung des Konsistoriums zu Trarbach.

In den Sponheimischen Landen ist die Katholische Religion ebenwol währender Reunion eingeführt worden, dann die Katholische Hof = Kapelle zu Kastelaun, welche aus Gelegenheit des Austausch=Vergleichs von 1595. (§. 103) von seiten Baden daselbst angeordnet worden, solte sich bei dem Hof einschränken, und keinen Einfluß auf das Land selbst haben, und kan also von deren Existenz auf eine schon vor den Reunions=Zeiten eingeführte Katholische Religions=Uebung in der Grafschaft überhaupt, nicht geschlossen werden.

In der Klause zu Enkirch sind Mönche. In einigen Oberamts=Städten sind Pastores, die das Simultaneum in den Evangelischen Kirchen haben, angeordnet worden; Wobei es in der Folge nicht allein verblieben, sondern die Katholische Religions=Uebung um so leichter zum Nachtheil der Evangelischen gegen deren Besizstand von 1624. weiter ausgebreitet werden können, als die damalige Mit=Gemeins=Herrschaft Baden=Baden allen Vorschub dazu that, wie solches die in Druk seyende Religions=Beschwerden und darüber gewechselte Drukschriften ausweisen.

In diese Periode gehöret und ist dahier nachzuholen die Errichtung des Sponheimischen Konsistoriums zu Trarbach 1672.

Von der Zeit an, da Marggraf Philipp, welcher in der Katholischen Religion erzogen war, die Mit=Regierung in der H. Gr. Sponheim angetretten hatte, nahm dieses Fürstliche Haus sich des Evangelischen Kirchen=Wesens daselbst weiter nicht an, als daß es die von dem Evangelischen Mit=Gemeins=herrn bestellte Kirchen=und Schul=Diener, seines Orts bestätigte, und zu Sachen, welche ohne des Mit=Landesherrn,

qua

qua talis, Bewilligung nicht vollzogen werden konnten, seine Einwilligung gab, und also mitwürkte.

H. Karl publizirte die neue Auflage der Wolfgangischen Kirchen-Ordnung, mittelst eines unter seinem alleinigen Namen gefertigten an die Geist- und Weltliche Dienerschaft und gesammte Einwohner der H. Gr. Sponheim gestellten Patents vom 28. Jenner 1600. Er und seine Regierungsfolger besorgten alle Episkopalia von ihrer Residenz Birkenfeld aus bei der daselbst angeordneten Kanzlei allein. Bei der Konferenz zwischen H. Christian II. und Marggraf Wilhelm vom $\frac{7}{17}$. Merz 1672. wurde festgesezt, daß in Religions-Sachen nichts geändert werden solle. Am 12. und 24. Hornung 1679. stellete Baden noch eine besondere Deklaration deswegen aus.

Als beide Gemeinsherren im Jahr 1672. den Entschluß nahmen, zu Beförderung der Geschäften eine eigene gemeinschaftliche Regierung und Rent-Kammer in der Stadt Trarbach anzuordnen, und dahero H. Christian II. nicht nöthig fand, ferner eine Kanzlei zu Birkenfeld zu haben, so muste auch wegen Besorgung der Geistlichen Sachen eine andere Anstalt getroffen werden. Er errichtete dahero zu Trarbach ein eigenes Konsistorium, welches aus dem Pfälzischen Regierungs-Rath und einem zeitlichen Inspektor zu Trarbach bestand, und versahe dasselbe mit einer besondern Instruktion. Es hat sich solches, obschon nicht ohne Badischen Widerspruch erhalten, bis es bei der Abtheilung der Grafschaft 1776. gleich der Regierung und Rent-Kammer wieder aufgehoben, und jedem Gemeinsherrn die Bischöfliche Rechte in dem ihm zugefallenen Landestheil zur eigenen Besorgung überlassen worden. (S. 107.)

§. 156.
Anstellung eines Lutherischen Predigers in die Residenz zu Meisenheim, 1683.

Noch ist in dieser Periode zu bemerken, daß H. Christian II. weil

welcher in denen Französischen Reunions = Zeiten von 1681. bis
1691. das Herzogthum Zweibrüken administrirte, im Jahr
1683. einen Evangelisch Lutherischen Prediger in die damalige
Residenz Meisenheim bestellet, und ihme den Saal im Steffans=
Stok zu Haltung des Gottes=Dienstes einräumen lassen. Et=
wa 30. Jahre hernach ist den Evangelischen der grose Speise=
Saal eingegeben und derselbe zu einer Kirche eingeräumt wor=
den. Dermalen haben sie eine eigene unter H. Christian IV.
neu erbaute Kirche.

§. 157.

Vierte Periode, oder die Regierung König Karl XII. von 1697. bis 1719.

Es kommt nun die vierte Periode, nemlich die Regierung
K. Karls XII. in Schweden, als regierenden Herzogs in Zwei=
brüken - von 1697. bis 1719. zu betrachten vor. Ich werde
dabei in der nemlichen Ordnung, wie bishero, von jeder der
drei Religionen besonders reden.

§. 158.

In Ansehung der Katholischen Religion und des Rys=wikischen Friedens.

Was demnach erstlich die kurz vor dem Ausgang der drit=
ten Periode in denen Städten und hie und da auf dem Land
eingeführte Katholische Religion in dem Herzogthum betrift;
So hat sich zwar die Krone Frankreich in dem IV. Artikel des
Ryswikischen Friedens bedungen, daß in denen von derselben
dem Reich und dessen Ständen restituirten Orten die Katholi=
sche Religion in dem Stand bleiben solle, wie sie zur Zeit des
geschlossenen Friedens gewesen, wobei der König nachhero durch
seine Ministers mehrmalen erklären lassen, daß er unter dem im

Frie=

Friedens-Instrument gebrauchten Ausdruk: die Religion, nur die Religions-Uebung nicht aber der Evangelischen Kirchen-Gefälle verstehe, sondern daß er vor die Salarirung der von Frankreich in denen reunirt gewesenen Landen angestellte Katholische Geistliche selbst sorgen wolle. Allein dieser Ausbehalt oder Klausul gieng das Herzogthum Zweibrüken gar nicht an, dann dasselbe solte dem König in Schweden nicht unter dem Vorbehalt der Klausul, sondern, wie sich der Friedensschlus im 9. Artikel ausdrukt, *ad Normam pacis Westphalicæ* restituirt werden. Der König in Schweden, der den Frieden vermittelt hatte, verlangte sonst nichts vor sich, als daß ihm sein avitus Ducatus liber & integer ad Normam Pacis Westphalicæ restituirt werden solte. Zweibrüken war nun zwar würklich, so viel den Punkt der Restitution betrift, albereits unter der Vorschrift des 4. Artikels begriffen, dann es war reunirt worden, und was reunirt worden war, solte auch restituirt werden. Allein eben dieser 4. Artikel enthält auch am Ende die berufene Klausul, unter welche Zweibrüken nicht befangen werden solte, deswegen war eine besondere Verordnung nöthig. Daß auch die Krone Frankreich bei Nachgebung des 9. Artikels diese Meinung würklich gehabt, mag aus Vergleichung des IX. mit dem X. Artikel erhalten. In diesem wird die Restitution der Veldenzischen Lande paktirt, es stehet aber ausdrüklich dabei *juxta* §. 4. Dahingegen bei Zweibrüken heiset es: *ad Normam pacis Westphalicæ.*

Der König von Schweden war dahero befugt, die Katholische Religions-Uebung wieder abzustellen. Es geschahe auch solches würklich an mehrern Orten, welche zum Theil in der Chamoisen Liste selbst als *Innovationes* angemerket sind, von denen aber auch der König von Frankreich erklären liese, daß er deren Redressirung nicht verlange.

Gleichwol blieb die Katholische Religions-Uebung in denen Städten und an etlichen Orten auf dem Lande, zumalen an solchen, da während der Reunion viele Katholische Unterthanen durch Wieder-Anbauung der lange Zeit öde gelegenen Felder und Wohnungen sich eingepflanzt hatten. Das Königliche Gouvernement erklärte aber, daß solches blos aus Toleranz und aus Konsideration vor die Krone Frankreich geschehe. (119)

Nach diesem angenommenen Grundsaz war also auch das Betragen der Regierung gegen die Katholischen und ihre Religions-Uebung abgemessen. Von Besoldung der Geistlichen und Schul-Diener nahm man gar keine Notiz, so wenig als von deren Bestellung. In Ansehung der leztern gieng man so weit, daß man auch sogar die Patronat-Rechte, welche Pfalz Zweibrüken bei einigen Katholischen Pfarreien ausser dem Herzogthum z. B. im Lothringischen, Leyischen ec. hergebracht hat, bei sich ereigneten Veränderungen mit den Pfarrern nicht übte, sondern die zur Nomination gesezte Zeit verstreichen ließ, da dann der Bischof vor selbigesmal nominirte.

Man gestattete denen Erz- und Bischöffen, unter deren Kirch-Sprengeln, nach der alten Eintheilung in Diözesen, die Zweibrükische Lande liegen, keine Diözesen-Rechte noch Geistliche Gerichtsbarkeit.

Die Prozessionen und offentliche Tragung der Monstranz zu Kranken, wurden nicht gestattet. Auch die Prozessionen nach

aus-

(119) In dem Schreiben des General-Gouverneurs B. v. Strahlenheim an den Bischof von Mez vom 22. Merz 1714. heiset es: Si sa Majesté le Roi de Suede mon Maitre permet dans les lieux de ce Duché aux Catholiques le libre exercice de leur Religion ce n'est aucunement en vertu du dit Article, mais par pure tolerance, ou plutot par Considerasion pour Sa Majesté trés Chretienne, motifs qui cesseroient si on continuoit de donner de si sensibles atteintes à la Souveraineté du Roi mon Maitre. s. des Kaiserl. Kommissions-Dekret in materia Religionis vom 11. April 1720. Beil. N. 1. und deren Beil. Lit. B. in diesee aber die Beil. Lit. HH. S. 2b.

auswärtigen Orten, durften nicht mit Gesang aus den Städten geführt werden.

Die Katholische Geistliche und Schul-Diener stunden unter der Gerichtsbarkeit der Ober und Aemter.

Alles ward nach der Norm des Westphälischen Friedens, nach welcher das Herzogthum dem König in Schweden restituirt worden, eingerichtet. Solchergestalt hielt man sich den Weg offen, die durch den Art. IX. des Friedensschlusses dem Herzogthum erworbene Rechte geltend zu machen, und die in Rüksicht auf der mit der Krone Schweden in genauer Allianz gestandene Krone Frankreich bezeigende Dultung allenfals zu berufen.

Dieser Plan wurde die ganze Schwedische Regierungs-Zeit hindurch fortgeführt, und obschon die Klerisei mehrmalen und besonders aus Gelegenheit der Kleinholzischen Streifferei kurz vor dem Badischen Frieden, bemühet war, ihre vermeintliche Rechte zu erweitern; So kam man doch immer wieder auf den Plan zurük, den sich das Königlich Schwedische Gouvernement vorgeschrieben, auch bis H. Gustavs Regierungs-Antritt ohnunterbrochen beibehalten hatte, und den ich hier angezeiget habe.

In dieser Periode ist auch geschehen, daß sich Katholische und Protestanten zusammen geheurathet haben. Die Königliche Regierung machte bei dieser Gelegenheit die Verordnung, daß, wo nicht beede Eheleute Katholischer, sondern ein Theil Protestantischer Religion seie, die bei denselben sich ergebende Kasualien nicht von dem Katholischen - sondern von dem Geistlichen derjenigen Protestantischen Religion, deren der eine Ehegatte zugethan seie, verrichtet werden solle. Der Punkt, wie es mit Erziehung der Kinder aus dergleichen Ehen zu halten seie, ist unberührt gelassen worden.

D 3

§. 152.

§. 159.
In Ansehung der Ev. Lutherischen Religion.
Patent von 1698.

In Ansehung der Reformirten und Lutherischen hat man sich aus dem §. 144. und 145. zu erinnern, in welchen Bestandtheilen des Herzogthums die einen und die andern den Besitzstand des Entscheidungs-Jahrs hergebracht haben.

Durch das langwührige Kriegs-Wesen hatte das Land an Innwohnern sehr abgenommen. Viele tausend Morgen Land lagen öde, die Städte und viele Dörfer waren von denen erlittenen Feuer-Schäden noch nicht wieder hergestellt, Handel und Wandel stund stille, überall mangelte es an geschäftigen Händen, dem Wohlstand des Fürstenthums wieder aufzuhelfen.

Um dahero dieses Evangelische Fürstenthum so geschwind als möglich wieder zu bevölkern, lies der König in Schweden von Stokholm den 9. November 1698. ein Patent ausgehen, in welchem er ausländische Evangelisch Lutherische und Reformirte, welchen Standes und Nation sie seien, einlud, sich unter denen ihnen angebottenen Vortheilen und Freiheiten im Lande anzupflanzen. Insonderheit wurde ihnen versprochen, daß sie beiderseits ihre volkommene Gewissens-Freiheit und Religions-Uebung zu geniesen, und sich deren beständig zu versichern haben solten.

In Ansehung der neu einziehenden Reformirten, fremder Nation, wurde besonders versprochen, daß ihnen, sobald sich in den Städten Meisenheim, Zweibrüken und Bergzabern eine merkliche Anzahl derselben angepflanzet haben würde, einen Prediger in ihrer Sprache zu halten, auch selbigen zu ihrem Gottesdienst die Reformirte Teutsche Kirchen des Orts, jedoch ohne Abbruch des teutschen gewöhnlichen Gottes-Dienstes, erlaubt seyn solte.

Di

Da der König in Schweden bei dieser Anstalt gar nicht gemeinet war, ein Jus reformandi (120) zu üben, sondern blos sein von Evangelisch Reformirten und Evangelisch Lutherischen albereit bewohnt gewesenes Land wieder zu bevölkern; da ferner der Friedensschlus beeden Protestantischen Theilen unter sich die Gewissens = Freiheit zusichert; da die Evangelisch Luthe= rischen in mehrern zum Theil sehr beträchtlichen Bestandtheilen des Herzogthums ihre öffentliche Religions = Uebung von der Zeit der Reformation an beibehalten hatten; da endlich derje= nige Landestheil, in welchem die Evangelisch Reformirte den Besizstand des Entscheidungs = Jahrs vor sich haben, bei dieser Anstalt ihres Landesherrn nichts erinnerte, vielmehr durch das denen Lutherischen in vielen Kirchen gestattete Simultaneum und durch die häuffige Verehelichungen der Lutherischen mit Reformirten zu erkennen gab, daß man damit zufrieden seie; So kan man die Anpflanzung Evangelischer Einwohner und Unterthanen in einem entvölkerten - obschon größtentheils refor= mirten Lande nicht vor gesezwidrig halten, vielmehr ist nach der Analogie des Friedensschlusses, (121) der diesen mit ganz besondern Umständen vergesellschafteten Fall in terminis nicht entscheidet, denen sich solchergestalt im Herzogthum angepflanz= ten Evang. Lutherischen ihre öffentliche Religions = Uebung von Rechtswegen beständig zu lassen.

D 4 §. 160.

(120) Meyer Geistliches Staats-Recht Th. 2. Kap. 4. Abschn. L. §. 50. S. 179. und 180.

(121) J. P. O. Art. VII. Si vero aliqua communitas, eveniente mutationis casu, domini sui Religionem amplexa, petierit suo sumtu exercitium, cui princeps vel dominus addictus est, libe= rum esto, sine reliquorum praejudicio ei illud indulgere, à suc= cessoribus non auferendum.

§. 160.

Anstellung Lutherischer Pfarrer, und deren Besoldung. Lutherisches Konsistorium. Erbauung der Karls-Kirche.

Nach Maase des Anwachses der Evangelisch Lutherischen Einwohner wurden auch Geistliche ihrer Religion angestellet, und denenselben von dem Königlichen Gouvernement Besoldungen aus dem Ueberschuß der Kloster-Gefälle, den die Landes-Herrschaft sich seit 1571. zur Rentei hatte liefern lassen, (S. 146.) angewiesen. Im Jahr 1708. wurde das Lutherische Konsistorium errichtet, welches damalen mit einem Fürstlichen weltlichen Rath, nemlich dem Kammer-Rath Otto Heinrich Webel, und dem hiesigen Stadtpfarrer Follenius, welcher zugleich Inspektor der Evangelischen Kirchen und Gemeinden des Herzogthums im engern Verstand, nemlich der Oberämter Zweibrüken, Lichtenberg, Meisenheim und Bergzabern war, sodann dem damaligen Regierungs-Sekretarius, Johann Reinhard Heinzenberg, besezet. Auch ließ der König um diese Zeit eine Kirche in hiesiger Residenz erbauen, welche 1711. fertig geworden, und von ihme die Karls-Kirche genennet wurde.

§. 161.

Verordnung wegen vermischter Ehen, 1703.

Da beede Evangelische Religions-Verwandten anfiengen, sich zusammen zu verehelichen, so muste um Ordnung und Ruhe zu erhalten, so wol denen Geistlichen als denen Eltern eine Vorschrift gegeben werden, wie es mit der Erziehung der Kinder aus dergleichen vermischten Ehen gehalten werden solte. Es wurde dahero im Jahr 1699. und wiederum den 6. Dezember 1703. verordnet, daß die Söhne in des Vaters und die Töchter in der Mutter Religion erzogen, und die Trauung durch

den

den Geistlichen von des Mannes Religion verrichtet werden soll
te. Da auch auf dem Lande in gar vielen Pfarreien nur Ein
Schulmeister war, und es dahero nothwendig geschehen muste,
daß Lutherische Kinder zu einem Reformirten oder Reformirte
Kinder zu einem Lutherischen Schulmeister in die Schule ge
schikt wurden; so wurde zugleich verordnet, daß derselbe denen
Reformirten oder Lutherischen Kindern den Katechismum ihrer
Religion lernen, sich aber, so wie die Prediger selbst, dergestalt einrichten solle, daß alle unnöthige und anzügliche Anfüh-
rungen der Streit-Fragen vermieden bleiben mögen.

Dabei wurde verordnet, daß dergleichen Kinder bis zum
15. Jahr in ihrer Religion unterrichtet, alsdann zur Kommu-
nion zugelassen, oder wo sie genugsam unterrichtet worden,
und doch aus bewegenden Ursachen zu der andern Religion übertretten wolten, die Sache vorhero untersucht, und der Königlichen Regierung Anzeige davon gethan, so fort gemessener Be-
scheid darüber abgewartet werden solte. In diesen Umständen
blieb die Evangelische Religions-Verfassung bis zu H. Gustavs
Regierungs-Antritt.

§. 162.
In Ansehung der Ev. Reformirten Religion.

Die Evangelisch Reformirte Religions-Uebung mit allem,
was davon abhanget, blieb nach dem Besizstand des Entscheidungs-Jahrs unter der Königl. Schwedischen Regierung in
der Haupt-Sache ungeändert.

Sie hatten das Eigenthum aller Kirchen, Pfarr- und Schul-
Häuser, nebst denen dazu von altersher gestifteten Gefällen, wie
sie es in dem Entscheidungs-Jahr hatten.

Die Kloster Einkünfte trugen die nemlichen Lasten, welche
ihnen von Altersher obgelegen, und welche nach der Reforma-

O 5   tion

tion noch weiter darauf gelegt worden. Den Ueberschus aber
zog der König und disponirte darüber, wie solches besagter masen seine Regierungs-Vorfahrer von 1571. an gethan hatten.

Die sogenannte General-Kasse, welche H. Friederich angeordnet hatte, wurde fortgeführt.

Gleichwol fanden sich im Jahr 1704. einige Reformirte
Geistliche veranlasset, dem König 4 Haupt-Beschwerden vorzu-
legen, (122) auf welche alle in einzelnen Fällen nachgefolgte
Beschwerden ihren Bezug haben, und die ich dahero anzeigen
will.

§. 163.

Deren Beschwerden. Erste Beschwerde, wegen des Reformirten Obern-Konsistoriums.

Erste Beschwerde. Anstatt daß man gehoft habe, daß
das von den vorigen Landesherren angeordnete Ober-Konsistorium nicht allein belassen, sondern in einigen Stüken vermehrt-
und nach dem Sinn des Friedensschlusses eingerichtet werden
möge, so seie doch seit des General Gouverneurs Ankunft das
geringste von Kirchen-Sachen nicht mehr an dasselbe kommunizirt, sondern diese alle unmittelbar von dem Königlichen Gouvernement verhandelt worden, ohne daß auch dem Ober-Konsistorium dem Friedensschlus gemäs, die Examination der Kandidaten heimgegeben worden wäre.

Da das Schwedische Gouvernement nicht hierauf geant-
wortet hat, so will ich etliche Anmerkungen beifügen.

Vom

(122) Diese Vorstellung stehet in einem von dem ehemaligen Präsidenten Freyh. von Schorrenburg entworffenen Impressum vom 20.
Jenner 1720. unter dem Titel: Gründliche Deduktion und Verifizi-
rung der Reformirten Kirchen und Schulen Gerechtsamen und zugehörigen Gefällen des Herzogthums Zweibrüten. Beyl. N. 13.

Vom Anbeginn der Reformation bis in die Französische Reunions=Zeiten that bei Pfarr=Besetzungen der Superintendent den Vorschlag an die Regierung. Diese begleitete denselben mit ihrem Gutachten an den Landesherrn, welcher die Entscheidung that, worauf unter dessen Titel und Unterschrift die Vokation bei der Regierung ausgefertiget wurde.

Der Landesherr nominirte zu den Pfarreien entweder von wegen des seinen sekularisirten Klöstern zugestandenen Patronat=Rechts oder ex Jure patronatus regio s. regali.

Die Kandidaten und angehende Geistliche wurden von dem Superintendenten, bald allein, bald in Beyseyn eines oder mehrerer Räthe, bald bei versammelter Regierung geprüfet.

Es war gar kein Konsistorium, oder ein von dem Regierungs=Kollegium abgesonderter Geistlicher Rath, wie dergleichen bei oder bald nach der Reformation von andern Evangelischen Kur = und Fürsten angeordnet worden, jemalen in dem Herzogthum Zweibrüken, sondern die Regierung selbst mit Zuziehung des Superintendenten in Fällen, da de rebus ordinis die Frage war, machte das Konsistorium aus.

Die Anstalten, welche H. Friederich im Jahr 1656. und nach ihme H. Friedrich Ludwig gemacht (§. 148. und 152.) betrafen blos das Censur=Gericht, und der Begrif eines Konsistoriums, in so ferne er die Verwaltung der sogenannten Bischöflichen Rechte des Landes = Herren in sich schließet, passet eben so wenig, als der, den der Friedensschlus Art. 5. §. 31. und wiederum Art. 7. §. 1. damit verbindet, auf das von H. Friederich Ludwig angeordnete Obere Konsistorium.

Dieses konnte aber seiner ursprünglichen Einrichtung nach ohne Vorwissen und Genehmigung des Reformirten Landesherrn nichts abschließen, noch zum Vollzug bringen. Da nun kein reformirter Landesherr mehr da war, so muste nothwendig diese Einrichtung von selbsten wegfallen.

Auch

Auch die 4. untere Konsistorien konnten ohne jenes Ober-Konsistorium nicht mehr bestehen. Sie stunden in der wesentlichsten Verbindung und eines hatte seinen unmittelbaren Bezug auf das andere. Dahero muste auch der Abgang des einen die Aufhebung des andern durch eine nothwendige Folge nach sich ziehen.

Es blieb also von der ganzen Anstalt nichts stehen, als H. Friedrichs Aeltesten Ordnung von 1656, welche noch bestehet. Deswegen waren auch die Beschwerden der Geistlichen, daß das Schwedische Gouvernement in Kirchlichen Sachen mit dem ehemaligen Obern Konsistorium nicht kommunizire, nichtwol aber darinnen gegründet, daß man ihnen Geistliche gegeben, die sie weder examinirt noch vorgeschlagen hatten.

Dann wann schon etwa das damalige Reformirte Ministerium durch einen irrigen Begriff von ihrem ehemaligen Obern-Konsistorium behindert worden, einzusehen, daß dasselbe bei veränderter Religion des Landes-Herrn sich nicht von selbsten in ein solches Konsistorium umformen können, wie es in dem angezeigten Fall der Friedenschluß autorisirt; sondern daß dazu eine eigene dem Friedenschluß angemessene Anordnung und deren Landesherrliche Bestättigung erforderlich gewesen seie, welche ihnen auch ohnmöglich hätte versagt werden können, wann sie darum angestanden hätten; So war es doch, so viel ich einzusehen vermag, von Seiten des Gouvernements nicht in der Ordnung dergleichen Beschwerde zu veranlassen. Wäre damalen nach dem Begehren der Reformirten Geistlichkeit ein Reformirtes Konsistorium, in Reichs-Grundgesezlicher Form verwilliget worden; so würden unendliche Weitläufigkeiten vermieden worden seyn.

§. 164.

§. 164.

Zweite Beschwerde, wegen Verwendung der Geistlichen Gefälle.

Zweite Beschwerde: diese betrift die Verwendung der Geistlichen Gefälle. Da aber der Verfasser den Umstand, den ich oben §. 146. und am Ende §. 151. angeführt, daß nemlich von 1571. an, die Landesherren den Ueberschus dieser Gefälle zu ihrer Rentkammer gezogen, ohnberührt gelassen, und der König von Schweden sich schon im Jahr 1699. den wahren Verhalt der Sache aus denen Rechnungen hatte vorlegen lassen; So kan man leicht erachten, wie eine dergleichen Vorstellung angesehen werden müssen. In einer jüngern Schrift gestehet man selbst, daß der Landsherr sich etwas von diesen Gefällen reichen lassen. (123)

§. 165.

Dritte Beschwerde wegen des Simultaneums.

Die dritte Beschwerde betrift das Simultaneum. Es heiset: Es seie dasselbe fast in allen Kirchen des Herzogthums und zwar mehrentheils nach dem Ryswikischen Frieden eingeführet worden. Dadurch wurden gegen des Königs von Schweden Willen der Katholischen Kur- und Fürsten hin und wieder machende Neuerungen indirekte gebilliget.

Hier wurde das Katholische vor dem Ryswikischen Frieden - mit dem Lutherischen dem Ryswikischen Frieden eingeführte Simultaneum vermischt. Ersteres solte nach dem IX. Art. besagten Friedens gar nicht statt haben, (§. 158.) bei lezterm lagen aber andere Umstände und andere Gründe vor.

Rich-

(123) Kurze der Wahrheit gemäse Untersuchung des anno 1731. bei der Reichsversammlung eingegebenen Status Rel. Kof. im Herzogthum Zweibrüken. 1732.

Richtig ist es, daß die Reformirten das Lutherische Simulta:
neum in ihren Kirchen zu dulten, nach deutlichem Inhalt des
Art. VII. des Fr. Instr. nicht schuldig gewesen, sondern diese
nach eben diesem Artikel gleich Anfangs zu besonderer Haltung
ihres Gottesdienstes hätten Anstalt machen sollen.   Allein die
Reformirten waren es selbst zufrieden, und ist niemalen geklagt
worden, daß ein Lutherischer Geistlicher sich in eine Reformirte
Kirche mit Gewalt einzudringen sich unterstanden hätte.   Im
Grund solte auch das Simultaneum nicht länger währen, als
bis die Lutherische selbsten eigene Kirchen haben würden.

Endlich wurde auch das Simultaneum in dem ordentlichen
Gottesdienst mit jenem, wo nur Evangelische Kasualien ver:
richtet wurden, vermischt.   Kirchen der ersten Art waren sehr
wenige.   Durch die Verrichtung der Kasualien in den Refor:
mirten Kirchen aber wurde niemand gehindert, weil sie nicht
eher, als bis die Kirchen leer stunden, vorgenommmen worden.

§. 166.

Vierte Beschwerde, über die Verordnung wegen der vermischten Ehen.

Die vierte Beschwerde betraf die Verordnung von 1703.
wegen Erziehung der Kinder aus vermischten Ehen. (§. 161.)
Man beschwerte sich: man müsse derselben ohne Rüksicht auf
die gemachte Ehepakten folgen.   Ferner: Wann ein Kind Lu:
therisch werden wolte, seien Beamte und Räthe sehr nachgiebig,
wann aber eines Reformirt werden wolle, müsse man erst beim
Gouvernement anfragen.

Vermög der Verordnung solte in Ansehung eines Religions:
Theils, wie des andern, die Anzeige geschehen.   Die Geistli:
chen erhielten dahero auf diese unbescheinigte Beschwerde keine
beruhigende Antwort.

Aller:

Allerdings war das Gouvernement befugt, dergleichen Verordnung, welche nicht das Innere der Reformirten oder Lutherischen Religion angehet, als ein von Höchster Obrigkeit gegebenes gültiges Landesgesez, anzusehen, und darüber zu halten. Es stunde bishero einem jeden frei, eine Person, die nicht seines Glaubens ist, zu heurathen, mithin sich diesem Gesez zu unterwerfen. Fast jedes Land hat desfals eigene Geseze, wovon der Grund aus der Landes-Hoheit allein herzuleiten.

§. 167.

Das Zweibrükische Gymnasium Illustre.

Da nach dem Ryswikischen Frieden gut gefunden wurde, die Residenz des Königlichen General-Gouverneurs und den Siz der Fürstlichen Kollegien von Meisenheim wieder hieher zu bringen; So wurde auch die Lateinische Schule von Meisenheim (§. 150.) hieher verleget, und im Jahr 1701. der Anfang mit Lehren gemacht. Sie solte aber nicht in der Einschränkung bleiben, worinnen sie bisher nur mit 3. Lehrern gewesen, sondern in eine Akademie verwandelt, und nebst denen gewöhnlichen Lehrern der Humanität noch besonders mit Professoren versehen werden, welche die Geschichte mit ihren Hülfsmitteln, die Weltweisheit, die Mathematik, die Orientalischen sowol als die nöthigsten Europäischen lebendigen Sprachen und dergleichen lehren solten. Man war sogar Willens, eine Universität dahier zu errichten. Da aber das Vorhaben auf einmal nicht ausgeführt werden konnte, zumalen die in Kurpfalz fällige Pfalz Zweibrükische Geistliche Gefälle bei Gelegenheit des Pfalz Veldenzischen Succeßions-Streits mit Arrest belegt waren; So machte man einstweilen den Anfang mit Bestellung des Gymnasiums. Da selbiges vorhero blos Reformirte Lehrer hatte; So fand der König gut, bei deren vorhabenden Ver-

besse-

besserung und Erweiterung, sie in ein Gymnasium illustre mixtum, und sobald als möglich in eine dergleichen Akademie zu verwandeln, mithin mit Ev. Reformirten und Ev. Lutherischen Lehrern zu besezen. Es geschahe dieses einstweilen dergestalt, daß an das Gymnasium 4. Lehrer bestellt wurden, wovon der Rektor und noch ein Lehrer Reformirt, der Konrektor aber und der vierte Lehrer Lutherisch waren. (124)

Zu Ausführung des Haupt-Plans wurde zwar der berühmte Professor Johannis, ebenfals Evangelisch Lutherischer Religion, hieher berufen, und zu einem Mitglied der zur Verbesserung des Schulwesens niedergesezten Schul-Kommission ernannt; Allein die ohnunterbrochene kriegerische Unruhen, und der noch immer fortgedaurte Arrest der in der Kurpfalz gelegenen Zweibrükischen Geistlichen Gefällen behinderten sothane Ausführung. Gleichwol wurden durch die Veranlassung eben dieses Professors viele Lektionen eingeführt, zu denen man besondere Lehren zu bestellen vorgehabt hatte, so daß das Gymnasium mit Recht den Namen, illustre, führt.

In dem Entscheidungs-Jahr waren an dem damaligen Gymnasium zu Hornbach, als der einzigen Haupt-Schule im Land, lauter Reformirte Lehrer, so wie nachhero an der Lateinischen Schule zu Zweibrüken und Meisenheim. Nach dem Art. VII. §. 2. W. Fr. Instr. hätte also, nachdeme das Herzogthum an einen Ev. Lutherischen Regenten gefallen, und wiederum eine Haupt-Schule errichtet werden wolte, diese Verfassung bleiben sollen. Das Königliche Gouvernement wuste solches wol. Da aber ein groser Theil der Dienerschaft Lutherisch war, deren Anzahl immer zunahm, und vor deren Kinder

Erzie-

(124) Diese Anstalt dauerte auch die ganze Schwedische Regierungs-Zeit hindurch, und waren in solcher Zeit vier Lutherische Konrektore, nemlich: Ludovici, Kraft, Wort und Flessa, und 3. Präceptores der untern Klassen, nemlich: Kraft, Sebastiani und Wort.

Erziehung auch Obrigkeitswegen mitgesorgt werden muste; so war nichts übrig, als entweder ein besonderes Lutherisches Gymnasium neben dem Reformirten zu errichten, oder lezteres mit Lutherischen Lehrern zu verstärken. Es wurde zwar ein dritter Weg vorgeschlagen, nemlich: die Lutherischen Knaben in das Reformirte Gymnasium zu schiken, und in ihrer Religion ihnen ausser dem Gymnasium besondern Unterricht geben zu lassen. Allein solchergestalt hätte der Unterricht eines grosen Theils der Schüler in der Religion, welcher doch bei allen Gymnasien ein Haupt-Gegenstand mit ist, bei dieser neuen Anstalt wegbleiben müssen. Dazu kam noch der grose Unterschied zwischen einer öffentlichen Lehr-Anstalt und einer Privatstunde, der Schade, der mit der vielfältigen Abwechselung der Lehrer verknüpft ist, und der Einflus, den das öftere gehen über die Strasen in die Sitten der Schüler und die Diszi-plin auch selbsten in die Gesundheit und Kleidung der Schüler, hat. Alles dieses widerrieth diesen Ausweg. Und da bei Einrichtung zweier Gymnasien, um der schweren Kösten willen, beede nicht viel besser als Trivial-Schulen würden haben ausfallen können, annebst zum voraus zu sehen war, daß nach Abzug der Lutherischen Geistlichen und Weltlichen, Militär Bedienten und angesehener Bürger Kinder wenig Schüler vor die Reformirte Schule übrig bleiben würden; So wurde beschlossen, es nur bei Einem Institut zu belassen, selbiges aber mit Evangelisch Lutherischen Lehrern zu verstärken.

§. 168.

Fünfte Periode, von Herzog Gustavs Regierungs-Antritt bis auf die heutige Zeiten. Neuerungen gegen den vorigen Zustand in Ansehung der Katholischen Religions-Uebung.

In der fünften Periode, nemlich von H. Gustavs Regierungs-

rungs=Antritt bis auf die heutige Zeiten kommen diejenige Um=
stände vor, durch deren nähere Einrichtung die jezige innere
Verfassung des Herzogthums in Geistlichen Sachen ihre gesez=
liche Gestalt erhalten hat.

Um mit der Katholischen Religions=Uebung den Anfang
zu machen, so hatte

1) Der Herzog vor, das Katholische Simultaneum in al=
len auf der Chamoischen Liste angezeigten Zweibrükischen Ort=
schaften einzuführen, und den Erz= und Bischöffen die Ausübung
der Dibzesan=Rechte und der geistlichen Gerichtsbarkeit zu er=
lauben. Kur Mainz schikte 1719. den Regierungs=Rath von
Hachenberg ab, um die bisfalsige Einrichtung zu machen,
und solche, so viel die Mainzische Dibzes betrift, ins Werk zu
sezen. Der Herzog redressirte zwar durch ein offenes Patent
vom 24. Febr. 1721. in Gefolg des Kaiserlichen Mandats vom
14. Nov. 1720. alles, was in dieser Absicht würklich schon
geschehen war, gab aber doch die Dibzesan=Rechte über die
Katholische Unterthanen nach.

2) Er führte durch ein Ausschreiben vom 12. May 1719.
die Katholische Feiertäge, die solenne Prozessionen, und die
öffentliche Tragung der Monstranz zu den Kranken im ganzen
Herzogthum ein.

3) Er erlaubte durch ein Ausschreiben vom 23. Maii 1719.
daß bei Katholischen Kasualien=Messe gelesen werden dörfe.

4) Er befreite die Katholische Unterthanen von dem Bei=
trag zu Erbau= und Unterhaltung der Reformirten Pfarr= und
Schul=Häuser und von dem Hausfaß und Gloken=Brod, so
bis dahin denen Reformirten Schulmeistern und Glöknern ge=
liefert worden.

Durch ein weiteres Ausschreiben vom 30. April 1721.
schräkte er zwar (bei 2.) die Prozessionen am Fronleichnams=

Tag

Tag und in der Kreuz-Woche nur auf diejenige Kirchen ein, worinnen die Katholische ihren ordentlichen Gottes-Dienst gehabt. Die Haupt-Sache in Ansehung der unter K. Schwedischer Regierung abgeschaften und nun wieder eingeführten Prozessionen, so auch in Ansehung der offentlichen Tragung der Monstranz zu den Kranken, blieb aber bestehen, und es wurden nur die Kirchen, in denen die Katholischen ihre Kasualien verrichteten, von den Prozessionen frei gelassen.

Bei 3) wurde das Messelesen bei Kasualien auf diejenige Kirchen eingeschränket, da solches auch unter der Königlich Schwedischen Regierung herkommlich gewesen.

Bei 4) wurde das Verbott wegen Beitrags zu den Reformirten Pfarr- und Schul-Gebäuden aufgehoben, in Ansehung des Haus- und Gloken-Brodes aber verordnet, daß solches, wo dergleichen Abgabe von Alters herkommlich, fernerhin ohnweigerlich entrichtet, wo aber solches erst neuerlich eingeführt worden, nähere Untersuchung geschehen und alsdann weitere Verordnung erfolgen solle.

In Ansehung des Haus-Fasses ist nach der Hand die Verordnung gemacht worden, daß solches dem Schulmeister jeder Religion, zu dem die Kinder in die Schule geschikt würden, gereicht werden solle, welches zu vielen Irrungen, theils wegen Vermischung der Begriffe von Haußfaß und Gloken-Korn theils bei vermischten Ehen, wo die Kinder zu zweierlei Schulmeistern geschikt worden, theils auch an Orten, wo nicht der Schulmeister sondern der Pfarrer selbst das Haus-Faß zu beziehen, im Herbringen hat, Anlas gegeben hat.

Den 28. Jenner 1719. hub der Herzog die Königlich Schwedische Regierungs-Verordnung auf, kraft deren bei Katholisch vermischten Ehen der Geistliche der Protestantischen Religion des einen Ehegatten die Kasualien verrichten solle, §. 158. am Ende) und befahl, daß die Katholische hierunter denen Protestanten völlig gleichgehalten werden sollen. Dadurch wurde dann die Verordnung von 1703. (S. 161.) die vermischten Protestantischen Ehen betreffend, ihres ganzen Innhalts, auch auf die Katholische Innwohner des Herzogthums ausgedehnt, und bestehet noch. Nur ist dabei zu bemerken, daß in dem Bistum Mez nicht gewöhnlich ist, ein Paar von ungleicher Religion zu trauen, es seie dann, daß der Protestantische Theil, so er nicht selbst zur Katholischen Religion übertretten will, verspricht, die aus einer solchen Ehe kommende Kinder in keiner andern, als der Katholischen Religion erziehen zu lassen. Wann nun die angehende Eheleute sich dazu nicht verstehen, sondern ihre künftig hoffende Kinder nach Vorschrift der Landes=Ordnung erziehen wollen, und des Pastors Weigerung, sie zu trauen, der Regierung anzeigen, so erlaubt diese ohnbedenklich, daß sie von dem Protestantischen Geistlichen der Religion des einen neuen Ehegatten getrauet werden.

§. 169.
Besoldung der Katholischen Geistlichen.

Da jeder der in dem Herzogthum während Reunion angestellten Katholischen Geistlichen von dem König in Frankreich nur 300. Pfund zu beziehen hat, so stipulirte sich der Herzog bei Aufrichtung der Verwaltung, (wovon hernach,) daß alljährlich aus den Geistlichen Gefällen 500. fl. zu Verbesserung der Pastoren und Schul=Diener Unterhalt abgegeben werden solten, er schoß auch selbst aus seinem Aerarium jährlich eine gewisse Summe bei.

§. 170.
Erbauung Katholischer Kirchen.

Der Herzog bauete in seinem neuen Residenz=Schloß, und bei dem Lustschloß Gutenbronnen eine Katholische Kapelle. Leztere

tere wurde denen Franziskanern im Kloster Homburg zur Bedie=
nung übergeben, und ihnen eine jährliche Abgabe deswegen
versprochen. Nebst deme bauete derselbe neue Kirchen vor sei=
ne Glaubens = Genossen zu Wolfersweiler im Amt Nofelden,
zu Obermoschel im Amt Landsberg und zu Schönau im Amt
Wegelnburg. Er lies auch zwei kleine Kapellen bei dem Schloß
Hansweiler und in dem Schloß zu Bergzabern einrichten; Es
sind aber in neuern Zeiten beede leztere zu anderm Gebrauch
gewidmet worden.

§. 171.
Friedensschluswidrige Lage überhaupt.

Solchergestalt lagen würklich folgende gegen die Friedens=
schlüsse angehende That = Sachen vor:

1) Anstatt daß der Herzog nach dem IX. Art. des Rys=
wikischen Friedens darauf hätte bestehen sollen, wie er denn
auch schon im Jahr 1719. von dem Korpore Evangelicorum
dessen erinnert wurde, daß die Klausul des IV. Art. das Her=
zogthum gar nicht angehe, hat er sich derselben freiwillig un=
terworfen.

2) Er beschränkte sich nicht einmal bei dem Zustand, wor=
innen die Katholische Religions=Uebung zur Zeit des geschlos=
senen Ryswikischen Friedens war, sondern erweiterte denselben
durch Ausdehnung des Simultaneums in denen Reformirten
Kirchen, durch Erbauung Katholischer Kirchen, Gestattung der
solennen Prozessionen und der offentlichen Tragung der Mon=
stranz zu Kranken, zu nicht geringer Beschwerde des Evange=
lischen Fürstenthums und gegen dessen Besiz=Stand in dem
Entscheidungs=Jahr, welcher vermög des IX. Art. des Rys=
wikischen Fr. besagter masen hätte beobachtet werden sollen.

3) Er

3) Er gestattete in seinem Protestantischen Land gegen die deutliche Vorschrift des §. 48. Art. V. Onabr. Fr. Instr. denen Bischöffen die Diözesan-Rechte.

4) Die besondere Beschwerden jedes Orts blieben unerörtert.

§. 172.

Mannheimer Successions-Vergleich. Zulassung und Einschränkung des Katholischen Religions-Exerzitiums.

Als im Jahr 1733. der Pfalz Zweibrükische Successions-Streit zwischen Kurpfalz und Pfalz Birkenfeld in Güte beigelegt, und damit das Herzogthum dem H. Christian III. überlassen worden, ließ der Kurfürst bei der Handlung zu erkennen geben, wie er gerne sehen möchte, daß das Katholische Religions-Exerzitium in dem Herzogthum auf die Art beibehalten würde, wie es damalen eingeführt war. Der Herzog bewilligte solches unter folgenden Bedingungen:

1.) Die solenne Prozessionen nebst der öffentlichen Umtragung der Monstranz solten, zumalen in der Fürstlichen Residenz Zweibrüken, ganz abgestellet, ausser derselben aber solche nur um die Kirchen, bei welchen solches herkommlich und ohne Belästigung der Protestirenden Unterthanen, gehalten werden.

2.) Die Katholische solten aus der Schloß-Capelle bleiben.

3.) Die Unterhaltung der Katholischen Geistlichen und Schuldiener solte denen Protestantischen Unterthanen nicht zur Last gereichen.

4.) Was zu solchem Behuf aus der Rent-Kammer gereicht worden, solte wegfallen, dahingegen solten

5.)

5.) diejenige 500. fl. so bis dahin aus den Geistlichen Ge=
fällen an die Katholischen verabreicht worden, fernerhin gelie=
fert werden.

6.) Die Beilegung der zwischen beiderlei Religions=Ver=
wandten Unterthanen obschwebenden Religions=Irrungen sol=
ten unter des Herzogs Autorität durch Güte oder Recht ge=
schehen.

7.) Durch die jezmalige Gestattung des auf obbemeldte
Weise eingeschränkten Katholischen Religions=Exerzitiums solte
weder dem Westphälischen Friedensschlus noch andern Reichs=
Konstitutionen, am allerwenigsten aber denen der Protestiren=
den Religion beipflichtenden Unterthanen oder auch dem Evan=
gelischen Wesen überhaupt etwas begeben oder präjudizirt,
sondern vielmehr alles nur bis auf eine anderweite höhere De=
zision verstanden seyn.

Das Verhältnis, in welchem der Herzog mit Kurpfalz und
besonders mit Frankreich stuud, welch lezteres schon dem König
von Schweden die obangezeigte Nachgebung eingerathen hatte,
(S. 158.) bestimmete diese interimistische Uebereinkunft, welche
seithero allerseits zur Regel gedienet hat.

Die Beschwerden der Protestanten und Katholischen gegen
einander, liefen, nachdem solchergestalt der Punkt der Reli=
gions=Uebung festgesezt war, meistens auf geringe Uebergriffe
und unterstandene Ausdehnungen hinaus, welche von denen
Justizstellen entschieden werden.

Weil in dem Mannheimer Vertrag die solennen Prozessio=
nen mit Umtragung der Monstranz verbotten worden, so ha=
ben die Geistliche mehrmalen die ihnen nachgelassenen Prozes=
sionen um die Kirchen, bei welchen es herkommlich, so solenn
als möglich zu machen gesucht, und sich dazu berechtiget gehal=
ten, weil die Monstranz doch nicht mitgetragen werde.   Da
aber die Mittragung der Monstranz nur ein Theil, obschon

P 4   der

der vornehmste, dieser Feierlichkeit ist, und zu dieser auch die Mittragung der Kreuze, Fahnen, Bilder, das Reihen= oder paarweise Gehen, der laute Gesang, das laute Recitiren der Litaneien, das Anziehen der Gloken, und dergleichen gehöret, so wird solches zwar um die Kirchen, bei welchen solches herkommlich ist, gestattet, wann aber die Zweibrükische Katholische einer Prozession ausserhalb dem Territorium zuziehen und beiwohnen wollen, so sind sie angewiesen, gleich andern Reisenden, ohne Reihen und Glieder und ohne Solennitäten über die Strasen zu gehen.

Geistlichen, die aus ganz Katholischen Landen, z. B. aus dem Mezer und Trierer Bistum in dem Herzogthum bedienstet werden, und zumalen den Mönchen, welche einen Theil der Katholischen Pfarreien im Lande zu versehen haben, kommt diese Einschränkung bisweilen fremd vor, und es haben sich deren schon mehrere einfallen lassen, Ausdehnungen in ihren Pfarreien zu veranlassen, welche der Landes=Verfassung gerade entgegen waren, und öfters zu blutigen Auftritten Gelegenheit gegeben. Da aber von Seiten der Landesherrschaft, obschon selbige seit 1758. sich selbsten zur Katholischen Religion bekennet, dergleichen Uebergriffe nicht gebilliget, sondern hart bestrafet worden, so siehet zu hoffen, daß man endlich, wie an den meisten Orten wirklich geschiehet, sich durchgehends der vorgeschriebenen Ordnung fügen werde.

§. 173.
Abschaffung des von H. Gustav nachgegebenen Diözesan=Rechts.

Da Herzog Gustav nicht befugt war, denen Bischöffen in seinem Protestantischen Land Diözesan=Rechte oder geistliche Gerichtsbarkeit nachzugeben, die sie in dem Entscheidungs= Jahr nicht geübt hatten; So stellte Herzog Christian III., so

viel

viel diesen Punkt betrift, die Friedensschlus-mäsige Verfassung
wieder her.

Denen Katholischen wurde dahero zwar das, was sie durch
die Nachgebung des Königs in Schweden und zulezt noch des
H. Christian III. besassen, ruhig gelassen, und sie dabei geschüzt; Im übrigen aber wurde alles wieder auf den Schwedischen Fus gesezt, mithin den Bischöffen die Ausübung einer
Geistlichen Gerichtsbarkeit in diesem Protestantischen Lande
nicht gestattet, nur mit dem Unterschied, da die Schwedische
Regierung die Sache so weit getrieben, daß sie die Katholische
Geistliche fast gar ignorirt hat, daß man nunmehro anfieng,
die von den Gemeinden vorgeschlagene Subjekten, die man
übrigens, was den Lehrpunkt betrift, dem Bischof überlies,
zu bestättigen.   Im Jahr 1745. ist die Verordnung ergangen,
daß kein Katholischer Pfarrer seine Amts-Verrichtungen an-
tretten solle, er habe dann von dem Landesherrn die Bestättigung erhalten.   Diese wird mit Vorbehalt der Landesherrlichen
Gerechtsame in Rüksicht auf die obangezeigte 7te Bedingung in
dem Mannheimer Vertrag, (§. 172.) ertheilet, und den Aems-
tern befohlen, die Neubestellten dem Pfarrvolk vorzustellen.
Nach erstbesagter Verordnung solten eigentlich die Gemeinden
die Pfarrer vorschlagen, man lässet aber zuweilen geschehen,
daß diese selbst um die Konfirmation ansuchen, zumalen wenn
man vor der Hand weis, daß die Gemeinden damit zufrieden
sind.   Nebst deme sind dieselbe schuldig, als Staatsbürger dem
Landesherrn zu huldigen, und stehen unter der Gerichtsbarkeit
der Aemter.   Die Ehesachen der Katholischen im ganzen Umfang, desgleichen Dispensation in verbottenen Graden u. d. gl.
entscheiden die Regierung.   Will jemand zu Beruhigung seines
Gewissens auch noch die Bischöfliche Dispensation nachsuchen,
so hindert man ihn nicht, ignorirt es aber, und gestattet keine
Jurisdiktion.

§. 174.

H. Chriſtian IV. Religions-Aenderung. Heutiger Zuſtand und endliche Aushaltung der Diözeſan-Rechte.

Die Religions-Aenderung H. Chriſtian IV. (1758.) hat hierinnen gar keine Veränderung gemacht.

Die Hoheits-Rechte im Geiſtlichen gebühren dem Landes-herrn, wie im Weltlichen, vermög ſeiner Qualität als Landes-herr. (125)

Wann dahero ein Herr eines Evangeliſchen Reichs-Landes zur Katholiſchen Religion übertritt, ſo verliert er um deswillen die Hoheits-Rechte im Geiſtlichen über ſein Evangeliſches Land nicht; Er kan ſich zwar deſſen, was ſeiner Proteſtantiſchen Unterthanen Glauben, Kirchengebräuche, Ordnung und Cere-monien, und deſſen, was der Friedenſchluß Art. V. §. 31. an-nexa der Religion nennet, nicht mehr ſo unterziehen und Theil daran nehmen, wie er vorher als Mitglied gethan hatte. Dann durch ſeine Glaubens-Aenderung hat er ſich der Rechte, die die Evangeliſche Kirche ihrem Evangeliſchen Landesherrn ſo wenig jemalen bezweifelt hat, daß dieſer ſie vielmehr von Zeit der Reformation an, als ein ihm zukommendes Recht, in dem weiteſten Umfang ausgeübt- und mit ſeinen Territorial-Rech-ten gleichſam vereinbaret hat, freiwillig ſelbſten begeben, und er muß nun deren Beſorgung denen geiſtlichen und weltlichen Räthen, welche der Landes-Religion beigethan ſind, überlaſ-ſen; Es hindert aber ſolches gar nicht, daß er vermög der Lan-des-Hoheit von allem, was bei ſeiner Evangeliſchen Landes-verfaſſung vorkommet, genaue Notiz nehme, die oberſte Auf-ſicht auf Konſiſtoria, Kirchen, Schulen, Gefälle, Geiſtliche
Die-

---

(125) Art. VIII. §. 1. Osn. Fr. Inſtr.

Diener-Bestellungen und alles, was davon abhanget, habe, und sich davon genau unterrichten lasse, damit alles unter seiner höchsten Autorität friedensschlusmäsig veranstaltet und behandelt werde.

Auf der andern Seite ist er aber auch weder schuldig noch befugt, einem Bischof in seinem Protestantischen Land eine Geistliche Gerichtsbarkeit und Dibzesan-Recht zu gestatten, wo dergleichen in dem Entscheidungs-Jahr nicht geübt worden. Der Katholische Landes-Herr stehet zwar nach den Grundbegriffen der Römischen Kirche, was die Glaubens-Lehren anbetrift, eben sowol unter dem Bischof, als der allerlezte seiner Katholischen Unterthanen; dahero sich auch Leute finden, welche einen Fürsten, welcher Besizer eines Protestantischen Landes ist, in dem Augenblik, da er zur Katholischen Kirche übertritt, aller Geistlichen Gerichtsbarkeit über seine in diesem protestantischen Lande angesessene Unterthanen vor unfähig halten, mithin die Gerichtsbarkeit der Bischöfe sowol über den Katholischen Landesherrn selbst als seine Katholische Unterthanen vor eine nothwendige Folge seiner Religions-Aenderung ansehen, wodurch sie, so viel an ihnen ist, die durch den Friedensschlus in denen Protestantischen Landen suspendirte Bischöfliche Rechte aufleben machen wollen.

Allein 1.) lässet sich überhaupt die Katholische Glaubens-Lehre und die Gerichtsbarkeit der Bischöffe gar wohl allein und ohne die geringste Verbindung mit einander gedenken. Man weis auch, daß die Bischöfliche Dibzesan-Rechte ein Werk der spätern Zeiten sind, und gar nicht zum Wesen der Religion gehören.

2.) Ist schon gesagt worden, daß vermöge des Friedensschlusses dem Katholischen wie dem Protestantischen Fürsten die Landesherrliche Rechte in geistlichen Sachen gebühren.

3.) Ist

3.) Ist bekannt, daß das Bischöfliche Diözesan-Recht und ganze geistliche Gerichtsbarkeit in Protestantischen Landen durch den Friedensschluß (Art. V. §. 48.) bis zur allgemeinen Religions-Vergleichung suspendirt seie, und daß denen Bischöffen nur nachgelassen worden, a) ihre in Protestantischen Landen fallende Zehenden und Gefälle durch eigene Leute erheben zu lassen, und b) das Diözesan-Recht über Evangelischer Fürsten Katholische Unterthanen auszuüben, wenn sie in Ansehung beeder Punkten in dem Entscheidungs-Jahr im Besiz gewesen.

4.) Ein protestantisches Land hört um deswillen nicht auf Protestantisch zu seyn, weil dessen Innhaber von der Protestantischen zur Katholischen Religion übertritt. Dann man nennet nicht das ein Protestantisches Land, dessen Besizer in dem Entscheidungs-Jahr der Protestantischen Religion beigepflichtet hat, sondern das, in welchem 1624. das ganze Jahr hindurch keine andere, als die Protestantische Religion offentlich geübt worden. Ein solches Protestantisches Land hat sich von der Geistlichen Gerichtsbarkeit der Römischen Kirche frei gemacht, und eben diese Freiheit ist demselben durch den Friedensschluß mittelst Suspendirung des Diözesan-Rechts und der ganzen geistlichen Gerichtsbarkeit der Bischöfe bestättiget worden.

5.) Wann in einem solchen Land wiederum Bischöfliche Diözesan-Rechte eintretten solten, so müste es aufhören, Protestantisch zu seyn, das ist, es müste keine andere als die Katholische Religion offentlich in demselben geübt werden, eben so wie in dem Entscheidungs-Jahr keine andere als die Protestantische Religion offentlich darinnen geübt worden. Wie aber eine dergleichen gänzliche Veränderung eines Landes sich wol dwerlich jemalen ereignen dörfte, dahingegen die persönliche Religions-Veränderung eines Landesherrn an sich gar leicht möglich ist; So hat auch der Friedensschluß nur von dem leztern

Fall

Fall Verordnung gemacht, durch welche aber der Normal = Zu=
stand eines Protestantischen Landes im wesentlichen, mithin
auch in dem Punkt der Suspendirung des Diözesan = Rechts und
der Geistlichen Gerichtsbarkeit und deren Ausübung durch die
Bischöffe, gar keinen Abfall leidet.

Die Anwendung auf das Protestantische Herzogthum Zwei=
brüken macht sich nun von selbsten.

In demselben war im Jahr 1624. keine offentliche Katholi=
sche Religions = Uebung, mithin hat auch die Uebung eines Diö=
zesan = Rechts eines Bischofs nicht statt, wann schon die in spä=
tern Zeiten sich angepflanzte Katholische Einwohner desselben
auf die angezeigte Art eine limitirte Religions = Uebung erhal=
ten haben, und wenn schon der Landes = Herr selbsten zu dieser
Religion übergetretten ist.

Der Katholische Landes = Herr kan also dem Bischof den
Lehrpunkt wol überlassen, dieser aber kan nichts, so ein Diöze=
san = Recht oder Geistliche Gerichtsbarkeit voraußsezet, es mag
Nahmen haben, wie es will, unternehmen, oder verfügen,
noch dem Landes = Herrn in seine Territorial = Gerichtsbarkeit in
Geistlichen Sachen eingreiffen.

§. 175.

Reformirte Religions = Verfassung unter H. Gustav.
Die Reformirten verlangen die Wiederherstellung des=
sen, was ihnen unter der Schwedischen
Regierung entzogen worden.

Ich komme nun auf die Reformirte Religions = Verfassung
in dieser Periode.

Es war dieselbe die nemliche, wie sie zu Anfang der vori=
gen Periode war. (§. 162.) dahero wurden auch die Beschwer=

den,

den, die im Jahr 1704. bei dem König in Schweden von den Reformirten Geistlichen eingebracht worden, erneuert.

Der Herzog gab gleich nach seinem Regierungs-Antritt denen Reformirten unterm 14. Jenner 1719. eine schriftliche Versicherung, sie bei ihrer freien Religions-Uebung und hergebrachten Privilegien und Gerechtsamen zu lassen und zu handhaben.

Darauf kamen die Inspektores und Pfarrer der vier Klassen durch Deputirten am 30. Jenner 1719. bei dem Herzog an, und baten um Wiederherstellung dessen, was ihnen durch das Königlich Schwedische Gouvernement entzogen worden.

Aus denen nach der Hand im Druk erschienenen Schriften (126) kan man sehen, auf welche Art diese sogenannte Wiederherstellung eingeleitet worden.

§. 176.

Einrichtung eines Obern Konsistoriums, dessen heutige Verfassung.

Die Punkte, deren Wiederherstellung verlangt worden, waren diese.

Erstlich: daß das von denen vormaligen regierenden Landesfürsten angeordnete- und bis zur Ankunft des Gouverneurs Graf Oxenstiern bestandene Ober-Konsistorium wieder in vorigen

---

(126) Status Religionis Reformatæ im Herzogthum Zweibrüken 1731. pro Serenissimo Gustavo. Untersuch- und Beantwortung des Status Religionis 1732. pro Reformatis. Species facti entgegengesezt dem Statui Religionis 1733. Die zu Regensburg eingebrachte Gravamina, insonderheit das addit. Secundum ad Num. XIX. vom 19. August 1724. s. auch oben §. 162. am Ende das Schorrenburgische Skriptum: Gründliche Deduktion und Verfichtung der Reformirten Kirchen und Schulen Gerechtsamen u. s. w. 1720.

gen Stand gestellt, mithin aus den Fürstlich Reformirten Räthen ein Präses samt zugehörigen Konsistorialen gnädigst verordnet werden möge.

Ohne auf den Ursprung und die Verfassung des vorigen Ober-Konsistoriums zu sehen, (§. 147. am Ende. 148. 152. 163.) konnte der Herzog ein Ober-Konsistorium um so leichter bewilligen, als vermög des Friedensschlusses solches schon unter der vorigen Periode hätte geschehen mögen.

Allein man schlug bei dessen Errichtung einen besondern Weg ein.

Es wurde nemlich der Kurpfälzische Kirchen-Rath und die dasige Administration der geistlichen Gefälle, ohne zu überlegen, daß beede von Reformirten Kurfürsten errichtet, durch den Besizstand des Kurpfälzischen Normal-Jahrs fortgeführet- und hernach von dem Katholischen Kurfürsten vermög des Schwäbisch Hallischen Rezesses, 1685. kontinuirt worden, dahingegen in dem Herzogthum dergleichen Anstalt, welche unter den Reformirten Herzogen nicht war, nunmehro unter einem Katholischen Herrn erst neu geschaffen werden solte, zum Muster genommen, ein förmliches Fürstliches Kollegium unter dem Namen eines Ober-Konsistoriums errichtet, mit Präsidenten und Räthen besezt, und die neue Registratur mit allen Archiv-Akten, welche die Reformation, Kirchen und Schulen betreffen, bereichert.

Es wurden dieselbe aber wegen des angezeigten Misverstandes im Jahr 1724. zurükgezogen, masen der Herzog niemalen die Absicht gehabt hatte, seiner Landes-Regierung die Besorgung seiner höchsten Rechte circa Sacra abzunehmen.

Indessen blieb das Konsistorium an sich unter dem Titel eines Ober-Konsistoriums bestehen, welches aber doch unter der Birkenfeldischen Regierung erst vollends in die jezige Regelgelmäßige Verfassung gedeihen. Nunmehro versiehet solches aus, was nach dem Sinn des Friedensschlusses derjenigen Religion, die das Entscheidungs=Jahr vor sich hat, unter einem Katholischen Landesherrn zukommt.

Der Herzog nennet und bestellet die Glieder des Ober=Konsistoriums und dessen Subalternen. Insgemein ist der hiesige Inspektor der vorsitzende Konsistorial=Rath, welchem noch etliche Geist= und weltliche Assessoren beigegeben sind, auch führt dasselbe das Herzogliche Siegel.

Es hat die Examination und respektive Ordination der Kandidaten, welche sowol zu Kirchen= als zu Schul=Diensten am hiesigen Gymnasio illustri und an den Trivial=Schulen in den Oberämtern Lichtenberg, Meisenheim und Bergzabern bestimmet sind; Es bestellet die Pfarr=Vikarien, ihm gebühret auch die Prüfung, Bestellung und Abschaffung der Schulmeister ohne darüber anzufragen: Doch müssen sie, wann der Schulmeister wegen seiner Entlassung klagt, bei der Regierung darüber Antwort geben, und Bescheids gewärtigen.

Mit dem Vorschlag zu den Pfarr=Bestellungen wird es so gehalten: Wenn zu einer vazirenden Pfarrei ein bereits im Herzogthum im Amt stehender Geistlicher von dem Ober=Konsistorium vorgeschlagen wird, so konfirmirt der Herzog denselben pure, wornach das Ober=Konsistorium demselben namens des Landes=Herrn die Vokation zugehen lässet.

Solten aber bei einem solchen Vorschlag unerlaubte Absichten, oder Kabalen, wiewolen dergleichen nicht leicht zu vermuthen, sich äussern; So ist der Landes=Herr in alle Wege befugt, einen solchen ungleichen Vorschlag zurük zu geben, oder auch nach dem Zusammenlauf mehrerer gravierlicher Umstände, durchzugreifen und vor selbigen Fall selbst zu nominiren, so fort dem Ober=Konsistorium die Fertigung der Vokation aufzulegen, und verstehet sich von selbsten, daß in solchem Fall der

Lan=

Landes-Herr keine andere Geistliche nennen werde, als von denen er versichert ist, daß das Ober-Konsistorium bei deren Lehr und Leben nichts zu erinnern habe.

Wird hingegen zu einer erledigten Pfarrei ein Kandidat, er mag bereits ordinirt seyn, oder nicht, in Vorschlag gebracht; So ist das Ober-Konsistorium schuldig, deren zween vorzuschlagen, und dem Landes-Herrn die Auswahl zu lassen.

Dem Ober-Konsistorium gebühret demnächst auch der Vorschlag zu den Stellen der Lehrer an hiesigem Gymnasium und an den Lateinischen Schulen in den Landstädten und die Ausfertigung deren Vokationen.

Das Ober-Konsistorium hat die Aufsicht über der Prediger und Schul-Diener Lehr und Leben, über die Kirchen-Disziplin und überhaupt über Zucht und Ordnung über das Almosen überhaupt, und deren richtige Verwendung. Mithin gebühret ihm das Recht, diejenige, so sich der Ordnung entziehen, zu Recht zu weisen, auch nach Umständen nachdrüklich zu korrigiren. Wann aber die Sache soweit gekommen, daß eine wirkliche Strafe, Suspension oder Absezung darauf erfolgen kan, so wird sie zur Regierung einberichtet, und alsdann in rechtlicher Ordnung entschieden.

Das Ober-Konsistorium ist schuldig davor zu sorgen, daß denen Reformirten in ihrer Religions-Uebung von den andern beiden im Lande etablirten Religionen gegen das, was jene erweislich hergebracht, desgleichen denen Pfarrern und Schul-Dienern in ihren Kompetenzen kein Eintrag geschehe, und hat nach Unterschied der Gegenstände, die beleidigte und beschwerte, wann es eine blose Justiz-Sache ist, an die gehörige Justizstellen zu verweisen, oder sie durch Vorschreiben selbst zur rechtlichen Remedur einzuleiten. Wann aber die Sache von mehrern Belang ist, und die subsistirende Reglements und Haupt-Verhältnisse der Religions-Theile unter sich angehet, so hat

das

das Ober = Konsistorium solche der Landes = Regierung anzuzeigen.

Die Inspektores in den vier Klassen bestellet der Herzog, weil er ihnen einen Theil der ihme zuständigen Landesherrlichen Ober = Aufsicht über die Geistlichen und Schul = Diener der Klasse anvertrauet.

Vermög dieses Amts visitiren solche alljährlich die Pfarreien ihres Kirchsprengels, legen kleine Vorkommenheiten bei, unterhalten gute Ordnung, aber in Sachen von mehrerem Belang müssen sie an das Konsistorium, und dieses, bewandten Umständen nach, an die Regierung berichten.

Die Synodal = Versammlungen in jedem Ober = Amt werden auf den Fus, wie solche vor alters gewöhnlich waren, schon lange nicht mehr gehalten, es geschiehet aber mehrmalen, daß der Inspektor einen oder zwei Geistlichen aus der Klasse in vorkommenden Fällen, zu sich erfordert, und mit ihnen zu Rath gehet.

Soleune Kirchen = Visitationen können nur unter Landesherrlicher Autorität und Anordnung gehalten werden.

Wolte das Ober = Konsistorium einen General = Konvent der 4. Klassen entweder in Korpore, oder durch Deputirte veranlassen, so gehöret dazu ebenwol des Landes = Herrn Erlaubnis, welche unter Anzeige der Ursachen des Konvents einzuhohlen ist.

§. 177.
Errichtung einer Verwaltung der Geistlichen Gefälle; heutige Verfassung.

Der zweite Punkt, dessen Wiederherstellung verlangt wurde, betraf die Verwaltung der Geistlichen Güter. Man bediente te sich dabei fast der nemlichen Ausdrüke, welche in dem Memorial an den König von Schweden von 1704. stehen. (S. 164.)

Der Herzog bewilligte ohne vorherige Berichts-Erholung die Wiederherstellung der Verwaltung, welche aber ebenfals nach der Art der Kurpfälzischen Administration eingerichtet worden. (S. 176.)

Hierbei verblieb es aber nicht lange; denn schon am 11. Maii 1720. gab der Herzog eine neue und eingeschränkte Erklärung, dahin: „Gleichwie er bei angetretener Regierung sei-
„ nen Unterthanen Reformirter Religion versprochen, sie bei
„ ihren durch den Westphälischen Frieden und seithero weiter
„ erfolgte Friedensschlüsse bestättigten Religions-Freiheit und
„ übrigen Privilegien und Gerechtsamen zu lassen und zu schützen,
„ und daraufhin auch das bei voriger Schwedischer Regierung
„ supprimirte Ober-Konsistorium und Verwaltung der Geist-
„ lichen Gefällen retablirt, und alles ad Normam pacis West-
„ phalicæ, in soweit solcher nicht durch den vierdten Artikel
„ des Ryswikischen Friedensschlusses geändert, zu restituiren
„ gemeinet seie; So lasse er es nochmalen dabei bewenden,
„ und werde ihnen keinen Eintrag thun, und könnten sie dem-
„ nach das von dessen Fürstlichen Vorfahren gestiftete Gymna-
„ sium und was sonsten noch an Kirchen und Schulen zu bese-
„ zen, ihrem Gutfinden nach, auf seine des Herzogs Confir-
„ mation wieder aufrichten und bestellen und damit so gut mög-
„ lich haushalten, Jedoch mit Vorbehalt der ihm als Landes-
„ Fürst und Erb-Kasten-Vogt und Schirm-Herrn compe-
„ tirenden Gerechtsamen, und daß dasjenige, so vor diesem
„ Besag der Landschafts-Verträge zu Ablegung des auf dem
„ Herzogthum stehenden schweren Schulden-Lasts zur Steuer
„ von den Klöstern verglichen worden, (127) fernerhin ent-
„ rich-

Q 2

(127) nemlich zwischen der Herrschaft eines - und den 4. Ober-Klö-
stern, als welche die Schulden übernommen, anderntheils.

„ richtet werden, wie auch daß sie ein mehreres nicht dazu
„ ziehen, als was allezeit dazu gehörig gewesen. „

Dabei gab ihnen der Herzog zu erkennen, er habe das
Vertrauen zu ihnen, daß sie sowol zu Unterhaltung einiger
Geistlichen der Katholischen Religion sich gerne verstehen, als
sich auch mit den Lutherischen möglichen Dingen nach vereinigen werden.

Hierauf brachten die Ober-Konsistorial und Verwaltungs-
Räthe am 13. May 1720. ihre Gegen-Erklärung ein. Das
wesentliche davon ist dieses:

a) wird bei der Erklärung des Herzogs, daß alles nach
dem Westphälischen Frieden, in soweit solcher nicht durch den
Art. IV. des Ryswikischen Friedens geändert worden, hergestellet werden solle, kein Wort erinnert.

b) wird mit Dank angenommen, daß der Herzog von dem
auf ungleichen Bericht prätendirten jährlichen Ueberschus,
in Betracht der angeführten Motiven, und daß es damit
ganz anders beschaffen, als dem Herzog ohngegründet vor-
gebracht worden, abgestanden seie.

c) sind die Reformirten zu Bezeigung ihrer unterthänig-
sten Devotion und Erkenntlichkeit der bishero ihnen erwiesenen
hohen Gnade und angediehener schleuniger Justiz zufrieden,
daß der Herzog den Wörschweiler-Hof und 50. M. Wiesen zu
einer Schweizerei ohne Zinns behalte, welches ein Gegenstand
von 313. fl. war, dazu offerirten sie jährlich 100. Malter Haber zum Marstall ohne Entgeld, welches nach damaligen Werth
100. Rthlr. betragen konnte.

d) tretten die Reformirten dem Herzog die zu denen Klöstern gehörige Waldungen, Jagd, Bäche, und Weyher ab.

e) erbieten sich die Reformirten, jährlich 500. fl. vor des
Herzogs Katholische Geistliche, oder wie derselbe solche zu distri-
buiren gut finden werde, abzugeben.

f) Des-

h) Desgleichen mit der jährlichen Abgabe der 800. fl. zu Behuf des Schulden-Wesens zu kontinuiren.

Man siehet, daß den Erhibenten dieser Schrift die Landesherrliche Befugnis, den Ueberschus zu ziehen, Mühe gemacht habe, und daß sie dieselbe abzukaufen bedacht waren, (128) wie sie dann in der mit den Lutherischen errichteten Konvention deutlich sagen: „da zumalen man sich nunmehro mit Ihro „Hochfürstlichen Durchl. wegen des anfänglich prätendirten „jährlichen Ueberschusses, gegen einen gewissen jährlichen Ab-„ trag und Genus, abgefunden. „.

Den Tag nach Uebergebung dieser Schrift ertheilte der Herzog folgendes Dekret auf dieselbe:

„ Wir acceptiren diese unterthänigste Erklärung gnädigst, und soll diesem allen also behörig nachgelebet werden, jedoch mit dem nochmaligen Vorbehalt Unserer Gerechtsame.

Diese Klausel war an sich ganz gut und wurden die Rechte des damaligen und der künftigen Landes-Herrn dadurch gewahrt.

Allein man hat dabei immer ausgesezt, daß die Kollegia nicht vorhin gehört worden.

Bei Gelegenheit der Schorrenburgischen Entlassung wurde bekannt, daß die Verwaltung mit Ueberlassung geistlicher Güter zu nachgebend gewesen, (129) und man sahe überhaupt wol ein, daß der Herzog die vorgegangene Ueberraschungen fühlte. Er sezte deswegen im Jahr 1727. einen seiner Regie-

Q 3 rungs-

(128) Untersuch und Beantwortung des Status Religionis Ref. S. 16. Die 3. Artikel c. e. f. tragen ohngefehr 1763. fl.

(129) Status causæ und rechtliche Deduktion der Gründe, vermög welcher das Hochfürstliche Haus Zweibrüken behauptet, daß die Freiherren von Schorrenburg — — a limine iudicii abzuweisen seien. 1737. S. 103.

rungs-Räthe, als Fürstlichen Kommissarium, an die Verwaltung, ohne dessen Vorwissen nichts geschehen durfte. Die Reformirten thaten zwar dagegen Vorstellung. Da sie aber dem Landesherrn seine Rechte der höchsten Aufsicht nicht bestreiten kunnten, so blieb es dabei.

Das Jahr hernach 1728. wurde man gewahr, daß die Verwaltung auf denen Bännen, da die Klöster oder auch die Kirchschafneien den ordentlichen Zehenden haben, auch den Neubruch, schon von 1719. an, hatte erheben lassen. Der Herzog stellete solches ab, und ließ sich vor das, was die Verwaltung von 1719. bis 1728. aus diesem Grund bezogen hatte, mit 13755. fl. vergüten.

Es erhub sich von solcher Zeit an die Frage: Was eigentlich vor Neubruch zu halten, und darunter zu ziehen seie, indem die Verwaltung, vielleicht nicht ohne Grund, behauptete, daß die Herrschaftliche Kellere bei deren Einziehung hie und da nicht in der Ordnung geblieben. Es wurde aber nichts entschieden; der Herzog ist im Jahr 1731. verstorben, und hierauf gewannen die Sachen eine andere Gestalt.

Nachdem Herzog Christian III. im Jahr 1734. die Regierung des Herzogthums angetretten hatte, befahl er zwar, daß seine Fürstliche Kollegien fernerhin mit der Verwaltung ohnverfänglich in Kommunication stehen solten, verwahrte aber seine Landesherrliche Rechte auf das bündigste. Nach dessen schon 1735. erfolgtem Absterben wurde eine Kommission niedergesezt, um sowol die Beschwerden der Reformirten gegen die Katholischen zur gütlich oder rechtlichen Beilegung einzuleiten, als auch wegen der – unter der Herzoglich Gustavischen Regierung vorgegangenen Neuerungen eine Auskunft zu treffen, wo inzwischen das Verwaltungs-Kollegium und der Herrschaftliche Kommissarius bei demselben kontinuirt worden. Nachdem besagte eigends niedergesezte Kommission durch dazwischen ge-

kommene

kommene Sterbfälle der Kommiſſarien und Deputirten mehr=
malen unterbrochen worden, wurde ſie im Jahr 1746. von
neuem angefangen und bis 1751. fortgeführet.   Es konnte
aber eine gütliche Auskunft nicht zu Stand kommen, weil die
aus den Gliedern des Ober=Konſiſtoriums und der Verwaltung
zuſammen geſezte Deputation auf dem Dekret des H. Guſtavs
vom 14. May 1720. als einem vermeintlich erworbenen Recht,
beharrete.

Die Verwaltung blieb noch beſtehen bis 1755., da H. Chri=
ſtian IV. ſie aufgehoben, und die Verwaltung der geiſtlichen
Gefälle wieder zur Fürſtlichen Rentkammer gewieſen, bei wel=
cher ſie in dem Entſcheidungs=Jahr auch war.

Die im Jahr 1663. eingeführte General=Kaſſe blieb aber
beſtehen, und es wurde einer der geweſenen Verwaltungs=Rä=
the zum Kammer=Rath, Verwalter und beſtändigen Referen=
ten in Kloſter= und Kirchen=Sachen bei der Rent=Kammer
ernannt.

Bei denen während des H. Chriſtian IV. Regierung vor=
gekommenen Tauſch=Handlungen mit Kurpfalz, Naſſau und
dem Rheingräflichen Hauſe, ſind mehrmalen um der Lage wil=
len Geiſtliche Güter und Gefälle mitvertauſcht worden.   Man
hat aber jedesmalen ſogleich davor geſorgt, daß die Geiſtlichen
Güter aus Herrſchaftlichen Gefällen entſchädiget worden, da=
mit deren Korpus ohngeſchmälert beiſammen bleiben möge.

In dieſer Lage wird die Adminiſtration der Geiſtlichen
Gefälle fortgeführet, und haben noch vor kurzem des jezigen
Herrn Herzogs Hochfürſtl. Durchl. auf Abſterben des vorigen
Kammer=Raths und Verwalters einen andern aus Dero Re=
formirten Kammer=Räthen zum Verwalter gnädigſt beſtellt.

§. 178.

Noch etliche Petita der Reformirten, die Spital-Gefälle, die Verordnung wegen der vermischten Ehen und die Bestellung der Pfarr- und Schul-Stellen mit Landes-Kindern betreffend.

In dem oben §. 175. angezeigten Memorial an den H. Gustav wurde auch verlangt:

1.) Daß die Spitäler, deren Güter und Gefälle zu ihrem destinirten Gebrauch verwendet werden mögen.

Wie es unter der Gustavischen Regierung hierunter gehalten worden, ist mir nicht eigentlich bekannt, dermalen ist meines Wissens alles in der Ordnung.

2.) Weiter wurde gebeten, daß die Verordnungen wegen Erziehung der Kinder aus vermischten Ehen aufgehoben, und es nach der Kurpfälzischen Religions-Deklaration von 1705. kraft deren die Kinder nach der Religion des Vaters erzogen werden sollen, gehalten werden mögte. Der Herzog Gustav bestund aber auf der noch 2. Tage zuvor gegebenen Verordnung. (§. 161. und 168.)

Während der Minderjährigkeit H. Christian IV. wurde von der Frau Ober-Vormunderin verordnet, daß denen neu angehenden Eheleuten von zweierlei Religion erlaubt seyn solte, wegen Erziehung ihrer zu hoffen habenden Kinder Verträge zu machen, welches jedoch wegen des grosen Misbrauchs noch vor der Verheurathung geschehen, und bei Fürstlicher Regierung die Bestättigung, welche nicht leicht erschweret wird, ebenfals noch vor vollzogener Ehe eingeholt werden mus. Daß übrigens in besondern Fällen nach denen vorkommenden Um-

ständen

ständen der Landesherr von seiner Verordnung dispensiren könne, verstehet sich von selbst.

3.) Ferner wurde gebetten, daß alle Pfarr= und Schul-
stellen mit Landes=Kindern, solange tüchtige Leute da seyen,
besezt werden mögten.   Es ist dieses an sich billig, und H.
Christian IV. hat beeden Evangelischen Ober=Konsistorien in
einer besondern Verordnung eingebunden, keine andere als ein-
heimische tüchtige Subjekten, in Vorschlag zu bringen.

4.) Der vierte Punkt betrift das Gymnasium und die Sti-
pendia, wovon im folgenden §. geredet wird.

5.) Endlich wurde die Abstellung des unter der Schwedischen Regierung eingeführten Simultaneums der Ev. Lutherischen verlangt.   Darüber wird die Auskunft in dem lezten Ab-
saz dieser fünften Periode gegeben.

§. 179.
Verfassung des Gymnasiums.

Es ist nun noch übrig, von dem Zustand des Gymnasiums in dieser Periode zu reden.

H. Gustav hatte, wie oben gemeldet, (§. 177.) dem
Ober=Konsistorio erlaubt, das Gymnasium nach Gutfinden,
auf seine Konfirmation zu besezen.   Es war damalen nur noch
der Konrektor Flessa, als Lutherischer Lehrer da.   Nachdeme
dieser etwa ein Jahr hernach einen auswärtigen Beruf angenommen hatte, so ward dessen Stelle mit einem Reformirten
Subjekt wieder besezt.

Das Gymnasium wurde indessen mit 4. ordentlichen Lehrern fortgeführt, wie unter der Schwedischen Regierung, wovon denen zwei erstern, nemlich dem Rektor und Konrektor
der Titel als Professor ertheilt worden.   Es ist hiebei seithero

Q 5   nicht

nicht allein geblieben, ſondern dieſer Karakter iſt auch ſchon Lehrern der untern Klaſſen beigelegt worden.

Wie H. Chriſtian IV. nach aufgehobener Verwaltung ſich das Reformirte Kirchen = und Schulweſen und deſſen Verbeſſerung, beſonders angelegen ſeyn lies; So war auch das Gymnaſium ein Haupt=Gegenſtand ſeiner Landesväterlichen Vorforge.

Zuförderſt lies er durch eine eigends niedergeſezte Kommiſſion von zwei Lutheriſchen und zwei Reformirten Gliedern der Konſiſtorien das Gymnaſium viſitiren, ſodann wurde ein durch dieſelbe entworffenes von dem Herzog genehmigtes Schul=Reglement publizirt, und eben dieſe Viſitatores zu beſtändigen Schul=Kommiſſarien beſtellt, (welche auf eines derſelben Abgang bishero aus denen Konſiſtorialen beeder Religionen allezeit erſezt worden) es wurde ein eigenes Gebäude zum Gymnaſium und Wohnung des Rektors angekauft, die Lehrer wurden mit Zulagen verſehen, es wurde ein eigener Schreib=Meiſter, desgleichen ein Lehrer der praktiſchen Mathematik beſtellet, und noch neuerlich iſt das ehemalige aber ſeit 40. Jahren unterbrochene Inſtitut, daß nemlich ein zeitlicher Franzöſiſcher Pfarrer den Schülern der erſten Klaſſe in der Franzöſiſchen Sprache Unterricht gebe, da indeſſen die Schüler der andern Klaſſen durch einen Sprachmeiſter, der den Titel eines Lektors hat, vorbereitet werden, wieder in Gang gebracht und der jezige Franzöſiſche Prediger als ordentlicher Lehrer in dem Gymnaſium vorgeſtellt, ihme auch der Karakter eines Profeſſoren beigelegt worden.

Da ſich bei der Viſitation befunden, daß die Helfte der Schüler Lutheriſch geweſen, welche in denen beeden unteren Klaſſen vermög des Reglement von 1703. denen Reformirten Katechiſationen zwar beiwohnten, die wenigſten aber Doktor Luthers kleinen Katechiſmum nur wörtlich herzuſagen wuſten,

die

die in beeden obern Klassen aber gar keinen ordentlichen Unter=
richt in ihrer Religion in dem Gymnasium hatten, mithin die
nemliche Umstände wieder vorwalteten, welche das Königlich
Schwedische Gouvernement bewogen, zween Lutherische Lehrer
an das Gymnasium zu sezen; (§. 167.) so fand sich der Her=
zog bewogen, zum Besten seiner Evangelischen Landes=Kinder,
wieder einen Evangelischen Lehrer an das Gymnasium zu bestel=
len, und demselben den Unterricht der Evangelischen Schüler
im Christenthum in allen Klassen des Gymnasiums, neben sei=
ner übrigen ordentlichen Schul=Funktion zu übertragen.

Ob man nun schon nicht behaupten kan, daß diese Verfas=
sung jener in dem Entscheidungs=Jahr völlig gleich seie; so muß
man doch zugeben, daß das damalige Hornbacher Gymnasium
schon im Jahr 1631. abgegangen, und an dessen statt von dem
jeweiligen Landesherrn ein anderes angeordnet, und nach Zeit
und Umständen, allezeit aber zur der Evangelischen Einwoh=
ner wahren Besten, verbessert worden; und ist dahero wol kei=
nem Zweifel unterworfen, daß nicht diese heilsame Anstalten
bei allen vernünftigen und wol denkenden Männern vollkom=
menen Beifall erhalten werden, zumalen beede Evangelische
Religions=Theile zusammengenommen, wegen der im Mittel
stehenden Fürstlichen Versicherungs=Urkunden, eine anderweite
Veränderung des Gymnasiums nicht zu befürchten haben.

In Ansehung der Stipendien merke ich hier an, a) daß
in der Konvention zwischen den Lutherischen und Reformirten
von 1720. (wovon hernach) deren drei vor Lutherische Subjek=
ten ausgesezt worden, b) daß Niemand ein Stipendium be=
kommen kan, der nicht das hiesige Gymnasium frequentirt und
gewissenhafte Zeugnisse seiner Lehrer vor sich hat, oder sich nicht
wenigstens dahier zum Examen gestellet und tüchtig befunden
worden.

§. 180.

§. 180.
Verfaſſung des Evang. Lutheriſchen Kirchen-Weſens in dieſer Periode.

Was endlich die Verfaſſung des Evangeliſch Lutheriſchen Kirchen-Weſens in dieſer Periode betrift; ſo iſt zuerſt zu bemerken, daß H. Guſtav den Lutheriſchen kurz nach ſeinem Regierungs-Antritt am 20. Jenner 1719. einen Verſicherungs-Akt ausgeſtellt, ſie bei ihrer freien Religions-Uebung zu handhaben, wie er dann auch ſeine ganze Regierungs-Zeit hindurch ihnen nicht den geringſten Eintrag gethan, vielmehr auf Abgang ihrer Konſiſtorialen, des Inſpektors, auch der Pfarrer und Schul-Diener, ihnen ſogleich andere beſtellet, und ſie in alle Wege Landesherrlich beſchützet.

Dagegen konnte denen Lutheriſchen Pfarrern und Schul-Dienern ihr Gehalt nicht mehr auf den alten Fus gereichet werden, weil die Geiſtliche Gefälle von der Rent-Kammer ab, und zu der neu errichteten Verwaltung gezogen worden. Da der Herzog in ſeiner Reſolution vom 11. Maii 1720. denen Reformirten zu erkennen gegeben hatte, er habe das Vertrauen zu ihnen, daß ſie ſich mit den Lutheriſchen im Herzogthum nach möglichen Dingen vereinigen werden; ſo traten beide Theile zuſammen, und wurde den 8. Junii 1720. ein Vergleich getroffen, kraft deſſen die Lutheriſchen alljährlich bekommen ſolten

an Geld	=	=	=	=	1200. fl. — kr.
Korn	=	=	=	=	=	100. Malter
Gerſten	=	=	=	=	30. — =
Spelz	=	=	=	=	=	20. — =
Haber	=	=	=	=	=	80. — =
Wein	=	=	=	=	=	5. Fuder
Wieswachs	=	=	=	=	=	40. Wägen
Stroh	=	=	=	=	=	2000. Gebund

alles

alles Zweibrüker Maas und Eiche, nebst soviel Brennholz, als ohngefehr zum Haus = Gebrauch der Geistlichen nöthig, welches zusammen die Helfte dessen ohngefehr ausmachet, so sie vorhin bezogen hatten.

Sodann verwilligten die Reformirten denen Lutherischen zwei = und wenn noch ein fähiger Kopf vorhanden, drei Stipendien.

In Ansehung des Simultaneums geschahe die Erklärung dahin: es solle den Lutherischen erlaubt seyn, in denen Reformirten Kirchen der Orten, wo Lutherische Pfarrer wohnen, oder bishero ihren ordentlichen Gottesdienst gehalten, solchen, wie auch die Kasualien in allen Kirchen, wo sie dergleichen bishero verrichtet, fernerhin zu verrichten, bis sie auf ihre Kosten eigene Kirchen erbaut haben würden, jedoch ohne Verhinderung der Reformirten.

Es sind noch zween Punkte in diese Konvention gesezet worden, nemlich: die Lutherische sollen, ohne des Reformirten Ober = Konsistoriums und der Verwaltung Vorwissen und Bewilligung keinen Pfarrer oder Schul = Diener annehmen, sodann die = wegen Erziehung ihrer Kinder von Eltern verschiedener Religion, gemachte Verträge sollen aufgehoben seyn, und wann unter Eltern Streit darüber entstehen würde, soll die Sache bey dem Ober = Konsistorium gemeinschaftlich untersucht und ausgemacht werden.

Beede Punkte betreffen landesherrliche Gerechtsame, deren Erfüllung hieng also nicht von den Lutherischen ab.

Herzog Gustav bestättigte diesen Vertrag am 10. Junii 1720., und das Korpus Evangelicorum übernahm dessen Garantie durch einen Abschluß vom 4. Oktober besagten Jahrs.

Dabei ist es, bis H. Christian III. die Regierung angetretten, geblieben.

Dieser

Dieser Herr hatte neben dem Herzogthum im engern Verstand, wie solches H. Gustav besessen, auch die hintere Grafschaft Sponheim, die Grafschaft Lützelstein, die Herrschaften Juttenberg und Bischweiler, in welchen allen die Ev. Lutherische Religion eingeführt ist.

Vor die Sponheimische Lande war das Konsistorium zu Trarbach angeordnet, (S. 155.) welches die Pfälzische Bischöfliche Rechte daselbst besorgte.

Im Lützelsteinischen und Guttenbergischen waren Seniores bestellet, welche an die Fürstliche Kanzlei zu Bischweiler gewiesen waren: die die Bischöfliche Rechte, welche der König dem Herzog über seine unter der Souveränete sizende Unterthanen ausdrüklich zugestanden hat, daselbst zu besorgen angewiesen war.

Die Geistliche zu Bischweiler stunden unmittelbar unter dasiger Kanzlei. Da nun am Ende doch alles an den Landesherrn gebracht werden muste; So beschlos H. Christian III. nach seinem Pfalz Zweibrükischen Regierungs-Antritt, die getrennte Aufsicht über die Sacra der Lutherischen aller seiner Lande und Herrschaften zusammen in ein Kollegium zu ziehen, welches unter Beobachtung der Verhältnisse eines jeden derselben insonderheit, in Bezug auf die privative, die gemeinschaftliche und die unter Französischer Hoheit gelegene Lande die Vorkommenheiten vorbereiten, und mit Gutachten zur höchsten Entschliesung übergeben solte.

Zuförderst bestellte er dahero einen Superintendenten, der zugleich erster Pfarrer in hiesiger Residenz seyn solte. Sodann verwandelte er das Konsistorium in ein Ober-Konsistorium, welches aber erst nach dessen gar frühzeitigem Absterben vollends zu Stand kam.

Ueberhaupt hat dieses Ober-Konsistorium die Examination und Ordination der Kandidaten in allen Pfalz Zweibrükischen Landen und Herrschaften.

Es

Es bestellet und danket Schulmeister ab, eben so wie das Ev. Reformirte Ober-Konsistorium.

Es hat den Vorschlag zu Pfarr-Bestellungen, auch eben so wie jenes, so daß zu ledigstehenden Pfarreien entweder ein schon im Amt stehender Geistlicher oder zween Kandidaten vorgeschlagen werden, und es geschiehet dieser Vorschlag unmittelbar an den Landesherrn.

Es fertiget die Vokationen vor die Geistliche in den teutschen Landen, Namens des Landesherrn, aus, aber die Vokationen vor Geistliche in den Souveränetäts-Landen unterschreibt der Landesherr selbst.

Es hat die Aufsicht über der Prediger und Schuldiener Lehre und Wandel, Kirchen-Zucht, Almosen, Religions-Uebung, Pfarr- und Schul-Besoldungen, alles nach Maasgab der Wolfgangischen Kirchenordnung.

Ueberdeme hat dasselbe nach Verschiedenheit der Lande auch verschiedene Obliegenheiten und Verhältnisse.

In dem Herzogtbum im engern Verstand hat dasselbe mehr nicht zu sagen, als das Reformirte Ober-Konsistorium, nur daß das Lutherische Ober-Konsistorium seine eigene Kirchschaffnei hat, welche die von Herzog Christian III. zum Gebrauch des Lutherischen Kirchenwesens gestiftete Strafen wegen frühen Beischlafs, und das was bei den Zünften des Herzogthums nach H. Christian IV. Verordnung von neuen Meistern und Jungen erhoben wird, verrechnet.

Das in der hintern Grafschaft Sponheim angeordnet gewesene Konsistorium ist bei deren Abtheilung mit Baden 1776. aufgehoben, und jedem hohen Theil die Hoheits-Rechte im Geistlichen in seinem Landestheil, vermög eines besondern Religions-Rezesses, überlassen worden.

Solchem-

Solchemnach versiehet das Ober=Konsistorium in denen
an Pfalz Zweibrüken gefallenen Aemtern die ihm eigene Be=
sorgnisse, und untersucht und richtet nach der erneuerten Wolf=
gangischen oder sogenannten Sponheimischen Kirchen=Ordnung
auch die Ehe= und Fornikations=Sachen. Zu Beförderung
der Geschäfte, wegen der Sponheimischen Aemter Entlegenheit
von der Residenz, sind 3. Konsistorial=Konvente, eines zu
Trarbach, eines zu Kastelaun, und eines zu Allenbach ange=
ordnet worden, welche aus einem Beamten und Pfarrer beste=
hen, das vorkommende bis zum Spruch vorbereiten, und mit
Gutachten einschiken.

Das Kloster Wolf, so auch andere minder beträchtliche
geistliche Stiftungen im Sponheimischen, stehen mit ihrem
Verwalter oder Schafner unmittelbar unter dem Ober=Kon=
sistorium.

Im Lützelsteinischen und Guttenbergischen stehen die
Kirchschafneien auch unmittelbar unter dem Ober=Konsisto=
rium.

Im erstern wurde unter Herzog Christian IV. statt des
Seniors ein Inspektor, der zugleich zu Lützelstein ist, ange=
ordnet.

Im Guttenbergischen wird das Seniorat dermalen durch
die Inspektion Bergzabern zugleich besorget.

Die Geistlichen beeder Graf= und Herrschaften sind an
diese Inspektores gewiesen, welche ihre ausführliche Instruktio=
nen haben, verschiedene Sachen, ohne anzufragen, abthun
können, über andere aber mit beigefügtem Gutachten berichten
und Bescheids gewärtigen müssen, nach welchem sie hernach
das weitere besorgen. In beeden Graf= und Herrschaften Lü=
zelstein und Guttenberg wird alle Jahre ein Konvent der Geist=
lichen gehalten, einer aus ihrem Mittel predigt über einen

vor=

vorgeschriebenen Text, alsdann wird über einige zuvor bekannt
gemachte Säze aus der Gottesgelahrtheit Unterredung gepflo-
gen, hernach über die Kirchen = Angelegenheit an sich besprochen,
auch wol einzelne in die Kirchen-Disziplin einschlagende Fälle,
die der Pfarrer mit seinen Censoren oder Kirchen = Vorstehern
nicht schlichten kan, zur Entscheidung des Konvents vorgelegt,
und die Parthien zu solchem Behuf vorgeladen.

Da in beeden Graf= und Herrschaften die Religion des Königs die herrschende ist, obschon die Lutherische das Entschei-
dungs=Jahr vor sich haben, auch der König noch neuerlich
durch lettres patentes vom Monat Junius 1780. Art. XXXIV.
dem Herzog seine Bischöfliche Rechte über seine Evangelische
Unterthanen bestättiget hat; so kommen doch immer Fälle vor,
bei denen man den Zudringlichkeiten des Klerus ausgesezt ist,
dahero auch dieser Theil der Ober=Konsistorial Obliegenheiten
der beschwerlichste ist, und die Kenntnis der Französischen Verfassung vorausezet.

Da dem Ober=Konsistorium mehrere zum Theil ansehnliche Rezepturen untergeordnet sind, daselbige auch das Bauwe-
sen an Kirchen, Pfarr und Schul=Häusern zu besorgen hat,
dieser Theil der Besorgnisse aber durch die im Sponheimischen
vorgegangene Veränderung, vor die gewöhnliche Glieder des
Ober=Konsistoriums zu weitläufig worden; so ist denenselben ein
Evangelischer Fürstlicher Kammer=Rath als Konsistorial=Rath
beigegeben worden.

Die beede Lutherische Pfarrer zu Bischweiler stehen zwar
unter dortiger Kanzlei; doch erstreket sich die Aufsicht des Superintendenten, mithin des Ober=Konsistoriums auch auf sie,
und in den meisten Fällen wird des Ober=Konsistoriums Gutachten in dortigen Kirchen=Angelegenheiten von dem Fürstlichen
Kabinets=Ministerio, unter welchem die Kanzlei unmittelbar
stehet, erfordert.

R   Durch

Durch die Freigebigkeit und Milde H. Christians III. sodann dessen Frau Gemalin als Ober = Vormünderin, vorzüglich aber H. Christian IV. sind die Umstände der Evangelischen Einwohner dieses Herzogthums wirklich verbessert worden.

Die Frau Ober = Vormünderin ersezte denen Geistlichen und Schul = Dienern nicht allein das, was sie unter der Schwedischen Regierung gehabt - durch die Konvention von 1720. aber verlohren hatten, sondern sezte noch Besoldungen vor noch etliche Geistliche und mehrere Schul = Diener aus, welche, da sie in der Folge, bei dem starken Anwachs Evangelischer Burger und Unterthanen noch nicht hinreichend waren, von H. Christian IV. ansehnlich vermehrt worden.

Es wurden nebst dem neue Kirchen gebaut, so daß die Evangelische Lutherische nun in den 4. Haupt = Städten, desgleichen zu Anweiler und Albersweiler eigene Kirchen haben, und die Geistliche und Schul = Diener wurden mit eigenen Waldungen versehen.

Zu Erleichterung des Ober = Konsistoriums und zu Beförderung der Geschäfte, hat auch H. Christian IV. in den 4. alten Oberamts = Städten Inspektores angeordnet, welche alle einerlei Instruction haben, und dem Ober = Konsistorium theils vorarbeiten, theils dessen Abschlüsse und Verfügungen in denen ihrer Inspektion untergebenen Pfarreien zum Vollzug bringen müssen.

Als eben dieser Herzog die Verwaltung aufgehoben hatte, und nicht lange hernach sich zur Katholischen Religion (1758.) erklärte; stellte er seinen Evangelischen Unterthanen der hintern Grafschaft Sponheim eine Versicherungs = Urkunde aus, in welcher er vor sich und alle seine Regierungs = Folgere sich anheischig macht, daß an ihrer dermaligen Verfassung nichts geändert werden solle. Soviel aber das Herzogthum überhaupt betrift, schikte der Herzog dem Ober = Konsistorium schon unterm

23. Julii 1755. eine Versicherungs-Urkunde dero Herrn Bruders, des Herrn Pfalzgrafen Friedrich vom 3. Junii 1755. darinnen sich dieser anheischig macht, daß, wann über kurz oder lang die Succession des Herzogthums Zweibrüken auf ihn oder seine Fürstliche Descendenz kommen solte, alsdann alles dasjenige, was H. Christian der IV. zu Unterhaltung des Ev. Lutherischen Ministeriums und dazu gehöriger Personen auch der Kirchen und Schul-Gebäuden abgeben lassen, nicht nur demselben beständig beibehalten – sondern auch, dafern hochbesagter Herzog vor die Ev. Lutherische Geistlichkeit auch Kirchen und Schulen noch ein weiteres aufwenden würde, solches alles ohngeschmälert verabreichet, und das ganze Ev. Lutherische Kirchen-Wesen in dem Stand, worinnen solches bei Antritt der Regierung gedachten Herzogthums von ihm oder seinen Descendenten befinden wird, ohne einige Aender – oder Schmälerung belassen werden solle.

Diesen Versicherungs-Schein des Herrn Pfalzgrafen Friderichs haben dessen beede Herren Söhne am 12. Dezember 1774. erneuert.

§. 181.
Pfarr Wittwen-Kasse.

Vor die Geistliche beeder Evangelischen Religionen sind auch unter Herzog Christian dem vierdten zwei Wittwen-Kassen angeordnet worden, deren gleichwol jede ihre besondere Einrichtung hat. Diese Kassen stehen unter der Direktion der beeden Ober-Konsistorien, welche solche nach Maasgab der deswegen ergangenen Landesherrlichen Verordnungen, verwalten.

§. 182.
Französische Kolonie.

Noch ehe das Edikt von Nantes ertheilt worden, haben sich

ver-

verschiedene Familien zu Anweiler 1591. niedergelassen, daselbst
auch eine kleine Kirche gebaut. Um das Jahr 1663. kam der
Französische Pfarrer ab; da die damalige Französische Gemeinde, die gröstentheils in Anweiler gebohren war, bei den Nahrungs-
losen Zeiten, einen eigenen Pfarrer nicht ernähren konnte, so
gieng sie zur teutsch Reformirten über, und verlies ihre Kirch,
welche etlich und vierzig Jahre hernach das Schwedische Gouvernement den Lutherischen einräumte. Zu Bischweiler haben
sich die erste Französische Niederländer im Jahr 1618. häuslich
niedergelassen, denen ohnmittelbar darauf die von Pfalzburg
hinwegzuziehen veranlaste Reformirte gefolgt sind. Nach Aufhebung des Edikts von Nantes haben sich auch einige Refugiés
dahier eingefunden. Man hat ihnen anfänglich ihren Gottes-
Dienst zu Ernstweiler, nahe bei Zweibrüken, angewiesen, unter der Ober-Vormundschaftlichen Regierung haben sie durch
Unterstützung der Landesherrschaft und auswärtige Kollekten eine Kirche in der hiesigen Obern Vorstadt gebaut. Eben daselbst
haben sie auch ein Pfarr-Haus erkaufft. Der Pfarrer und
Schulmeister bekommen einen beträchtlichen Zuschuß aus denen
Geistlichen Gefällen, unter welchem der ehemalige Gehalt eines Französischen Sprachmeisters am Gymnasium begriffen ist.
Dagegen sollen auch beede auf obbesagte Art (§. 179.) Französischen Unterricht iu dem Gymnasium geben, nach der ganz
neuen Einrichtung gibt solchen dermalen der Französische Pfarrer alleine. Herzog Christian IV. hat noch besonders der Französischen Gemeinde ihren Zustand festgesezt und ihnen besondere
Privilegien gegeben. Der lezte Pfarrer zu Ernstweiler, der auch
der erste bei der neu erbauten Kirche zu Zweibrüken war, stund
noch unter dem Reformirten Ober-Konsistorium. Seine Nachfolger aber wurden von diesem Verband freigesprochen, und ihnen ein Aeltesten Rath unter dem Namen eines Konsistoriums,
dessen Haupt der zeitliche Pfarrer ist, bewilliget. Und stehet

auch

nun die Kolonie in Kirchen-Sachen unmittelbar unter der Landes-Herrschaft.

§. 183.
Religions-Verfassung in der Herrschaft Homburg.

In der 1755. von Nassau Saarbrüken eingetauschten Herrschaft Homburg haben die Lutherischen zwar das Entscheidungs-Jahr vor sich, nachdeme aber die Stadt und Festung Homburg seit 1635. meistens in der Gewalt Katholischer Mächte gewesen, und endlich der Französische Intendant zu den Reunions-Zeiten seinen beständigen Siz daselbst genommen; So ist leicht zu erachten, daß die Katholische Religion daselbst eingeführt worden. Die ehemalige Lutherische Kirche wurde denen Katholischen nebst der ganzen Pfarr-Besoldung eingeräumt, und ein Franziskaner Kloster daselbst gestiftet.

Das Fürstliche Haus Nassau hat gleichwol davor gesorgt, daß vor die Evangelisch Lutherische wieder eine besondere Kirche erbauet, und der dazu bestellte zeitliche Pfarrer nothdürftig besoldet worden.

Einige Jahre vor dem Austausch hat das Fürstliche Haus Nassau auch den Reformirten daselbst erlaubt, eine besondere Kirch zu erbauen. Deren Pfarrer ist seithero dem Ev. Reformirten Ministerio des Herzogthums einverleibt - und zum Inspektor der Geistlichen in dem neu errichteten Oberamt Homburg (§. 11.) bestellet worden.

In der Herrschaft und besonders in der Stadt Homburg haben die Katholische das völlig unbeschränkte Religions Exerzitium. Die Evangelische sind aber dabei nicht der mindesten unangenehmen Begegnung ausgesezt.

§. 184.

§. 184.

In den Aemtern Selz und Hagenbach.

In dem 1768. von Kurpfalz eingetauschten Amt Selz ist keine andere als die Katholische Religions = Uebung, welche zur Zeit der Französischen Okkupirung daselbst eingeführt worden, und nach beschehener Restitution an Kurpfalz auch daselbst ge= blieben.

Die Gefälle des ehemaligen Stifts daselbst fallen zum Theil jenseits, zum Theil diesseits Rheins. Jene sind zur Kurpfäl= zischen Geistlichen Güter = Verwaltung, Katholischen Theils, geschlagen, diese aber dem ehemaligen Jesuiter = Kollegium zu Strasburg überlassen worden, und nun besizet solche das = demselben nachgefolgte Königliche Kollegium alba.

In dem zugleich mit eingetauschten Amt Hagenbach ist in dem Kurpfälzischen Restitutions = Jahr 1618. die Reformirte Religion die herrschende gewesen. Nunmehro aber, da zur Zeit der Französischen Okkupirung die Katholische Religion ein= geführt worden, und man nach dem Vorgang des zwischen Selz und Hagenbach liegenden Speierischen Amts Lauterburg die Französische Hoheit in beeden Aemtern anerkennen müssen, wird die Religion des Königs vor die herrschende genommen. Doch haben die Reformirte ihre Kirchen, Pfarrer und Schul= meister und alles was zur öffentlichen Religions = Uebung ge= hört.

In eben diesem Amt Hagenbach sind auch viele Evange= lisch Lutherische Einwohner. Ob nun schon dieselbe, solange sie noch Kurpfälzisch waren, von denen Evangelischen Pfar= rern des Oberamts Germersheim mit Kasualien, öfters auch in einem Herrschaftlichen Haus mit Predigten und Haltung des Abendmahls versehen worden; So haben sie doch niemalen eine eigene Kirche gehabt.

Kur

Kurpfalz hat diese Aemter an Pfalz Zweibrüken dergestalt ab=
getretten, daß es in denselben in Ansehung der Religion nach der
Kurpfälzischen Religions = Deklaration von 1705. gehalten werden
solle. Nach derselben sollen alle Einwohner die völlige Gewis=
sens = Freiheit haben, und denen, so keine eigene Kirche haben,
soll deren Erbauung, so auch der Vorschlag zu Bestellung
Pfarrer und Schuldiener, jedoch alles auf ihre Kösten, erlaubt
seyn. Von seiten Frankreichs aber will noch zur Zeit auf die=
sen Punkt des Vertrags nicht geachtet werden, sondern, weil
zur Zeit des Ryswikischen Friedens die Lutherischen keine Kir=
che, Pfarrer und öffentliches Religions = Exerzitium im Amt
Hagenbach gehabt, so will ihnen auch künftig dergleichen nicht
gestattet werden. (§. 154.)

§. 185.
Waisenhaus vor die dreierlei Religions = Verwandten.

Zum Schluß dieses Kapitels ist auch noch von dem, vor
die dreierlei Religions = Verwandten im Herzogthum gestifteten
Waisenhaus zu Homburg zu reden.

H. Christian IV. stiftete solches, und er widmete ein - bei
Eintauschung des Amts Homburg mit übergebenes solides Ge=
bäude dazu, welches der ehemaligen Französischen Garnison
zum Hospital gedienet hatte. Dasselbe wurde ansehnlich er=
weitert, und mit einem jährlichen Zuschus von 2000. fl. aus
denen geistlichen Gefällen, mit einem Hofgut und mit dem
jährlichen Ertrag dessen, was zu Behuf der Civil = Wittwen=
Kasse an Naturalien aus dem Herrschaftlichen Aerarium zuge=
schossen wird, welchen Ertrag besagte Civil = Wittwen = Kasse
dem Waisenhaus an baarem Geld vergüten mus, botirt, an=
nebst wurde die Anstalt getroffen, daß die Knaben ihren gewis=
sen täglichen Verdienst in der Herrschaftlichen Wollen = Manu=

faktur

faktur, die Mädgen aber in der Herrschaftlichen Mouseline= und Siamoise=Fabrik bekommen können.

In diesem Haus werden unter der Aufsicht eines Schaf=ners und eines Inspektors, deren einer der Evangelisch Luthe=rischen, der andere aber der Evangelisch Reformirten Religion beigethan seyn mus, und welche unter einer eigends niederge=sezten Fürstlichen Waisenhaus=Kommission, ebenfals von bee=den Evangelischen Religionen, stehen, 100. Waisen=Kinder ernähret. Bei deren Auswahl hat man die ohngefähre Anzal der Inwohner der drei Religionen im Herzogthum zum Grund gelegt, nemlich ¼. Reformirten, ¼. Lutherische und ¼. Katho=lische. Beede erstere haben den Unterricht in ihrer Religion im Haus, leztere aber gehen in die Katholische Stadtschule, es ist aber allezeit jemand im Haus, gemeiniglich die Spinnmei=sterin, bestellt, welche mit den Katholischen Kindern das Mor=gen= und Abend=Gebet verrichtet. Die Geistliche der drei Re=ligionen haben den freien Zutritt, und die Seelsorge im Hause.

Das Institut ist im Monat Junii 1759. eröfnet worden. Den Fundations=Brief haben sowol der Herr Pfalzgraf Frie=derich als dessen Herren Söhne bestättiget. Ich werde mich allezeit freuen, daß ich von 1746. an, da der erste Gedanken von einem solchen Haus entstanden, zu dessen Entstehung und Vervollkommnung etwas habe beitragen können, bis im Jahr 1774. wichtigere Gegenstände und meine wankende Gesundheit den Hochseeligen Herzog bewogen haben, mich von dieser Kom=mission zu entladen.

§. 186.

Kurzer Begrif der Rechte des Landesherrn über seine dreierlei Religions=verwandte Unterthanen.

Man kan nun die Gerechtsame des Katholischen Herzogs von Zweibrüken über die in seinem Protestantischen Herzog=

thum

thum angesessene dreierlei Religions-Verwandte kurz zusammen fassen.

Ueber alle drei übt er die Rechte der Landes-Hoheit in geistlichen Sachen.

a) Denen Katholischen insonderheit gestattet er die freie Religions-Uebung nach der limitirten Vorschrift des Mannheimer Vertrags von 1733. und in der Herrschaft Homburg nach dortigem Herkommen.

Er leidet keine Diöcesan-Rechte, wo in dem Entscheidungs-Jahr keine üblich gewesen.

Er bestättiget die Geistlichen, die die Katholische Gemeinden ihm vorschlagen, wann er bei deren Person nichts zu erinnern hat. (s. §. 173.) er übt aber über dieselbe kein Patronat-Recht im eigentlichen Verstande. (130)

Er nimmt keine Notiz von Besoldung der Katholischen Geistlichen und Schuldiener im Herzogthum, weil solches eine Französische Anstalt ist, und der König die von ihm während der Reunion angestellte Geistliche besoldet, wol aber bezahlt er seine Hofgeistliche.

Den Doktrinal-Punkt überläßt er den Bischöffen, in allen andern Sachen stehen die Geistliche und Schuldiener unter den Oberämtern, und sind den Landesherrlichen Verordnungen unterworfen.

b) Den Reformirten lässet er alles, was sie in dem Entscheidungs-Jahr hergebracht haben, und schüzet sie dabei.

Sie üben ihre Konsistorial-Rechte ohne Eintrag.

Ihre Kirchen und Schulen mit Einschlus des Gymnasiums, mit denen dazu gehörigen Pfarrern, Lehrern und Schul-

R 5 dienern

(130) Zu Wolfersweiler im Amt Nohfelden, woselbst H. Gustav eine Katholische Kirch erbauet, wird selbige von Pfalz Zweibrücken mit einem Pastor versehen.

dienern werden aus den geistlichen Gefällen unterhalten; Wann aber über Abzug der von Alters her auf diesen Gefällen liegenden und seithero angezeigter masen noch weiters darauf gelegten jährlichen Abgaben, etwas überschiesset, so ziehet er solches zu seinem Aerarium, nach dem Vorgang der alten Herzoge und dem Besizstand im Entscheidungs = Jahr.

Nach gleichem Besizstand lässet er die geistlichen Gefälle durch seine Rentkammer administriren, deren Reformirten Mitglieder eines der Verwalter und beständige Referent ist.

c) Denen Ev. Lutherischen, welche den Besizstand des Normal = Jahrs hergebracht haben, lässet er solchen, und schü= zet sie dabei.

Denen andern, welche nach dem Königlich Schwedischen Edikt von 1698. und unter denen folgenden Regenten sich in dem Herzogthum angepflanzet haben, lässet er ferner ihr of= fentliches Religions = Exerzitium, ihr Simultaneum in mehre= ren Reformirten Kirchen, und ihre Besoldungen aus den geist= lichen Gefällen vermög der Konvention von 1720.

Desgleichen alle Anstalten, welche die Herzoge Chri= stian III. und IV. zu Behuf des Evangelisch Lutherischen Kir= chenwesens in allen Dero Landen und Herrschaften gemacht haben, vermög der obangezeigten Versicherungs = Urkunden.

d) Die Französische Kolonie hat sich ihrer offentlichen Re= ligions = Uebung und der Festhaltung ihrer Privilegien zu er= reuen.

e) Hospital und Waisen = Haus bleiben bei ihrer Bestim= mung.

Ueberall leuchtet der Geist der Toleranz hervor, bei wel= hem allein die bei einander wohnende dreierlei Religions = Ver= wandten glüklich und ruhig seyn können.

§. 187.

§. 187.

Menonisten. Separatisten.

Es wohnen auch viele Menonisten im Lande, welchen gar nicht verwehrt ist, alle Sonntage sich bei einem aus ihrem Mittel zu versammeln und dem Gottesdienst nach ihrer Art abzuwarten. Sie begraben ihre Todten auf die Reformirte Kirchhöfe. Nach einer herrschaftlichen Verordnung ist ihnen zwar verboten, bei solchen Gelegenheiten öffentlich zu reden; es ist aber doch in neuern Zeiten zuweilen geschehen, und tolerirt worden.

Man trift auch noch Separatisten an. Sie halten sich aber ganz stille, weswegen man sie ignorirt, und ihnen ihre Ruhe lässet.

Sechzehendes Kapitel.

Innere Landes-Verfassung in weltlichen Sachen.

§. 188.

Landes- und Erb-Huldigung.

Alle beständige und zeitliche Einwohner des Herzogthums in den Städten und auf dem Lande adeliche und unadeliche, die geistlich und weltliche Dienerschaft, Burger, Unterthanen, Hintersassen, auch diejenige, so man in Gemeinschaft besizet, z. B. in der Herrschaft Stolzenberg, Falkenburg ꝛc. sind schuldig, die Landes- und Erb-Huldigung zu leisten.

Zu derselben werden auch die Leibeigene, so man ausser dem Territorium hat, vorgeladen, um ihre Erb- und Leibes-

Pflich=

Pflichten nach einem Formular abzulegen, so nach der Natur der Sache eingerichtet, hie und da auch durch Verträge bestimmet ist. Denen Landesherren, unter denen dergleichen Leibeigene wohnen, stehet frei, jemand zu dem Huldigungs-Akt zu schiken, um zu sehen und zu hören, daß alles nach dem Herkommen verhandelt werde.

§. 189.

Jurisdiktion im Geistlichen; Criminal-Jurisdiktion. Jurisdiktion in denen Landen unter der Französischen Hoheit.

Der Landesherr hat alle hohe, mittlere und niedere Gerichtsbarkeit in dem Herzogthum, soweit solches nicht unter der Französischen Hoheit stehet. Es kan niemand auf irgend eine Art einer Gerichtsbarkeit, wie die Namen hat, Anspruch machen, deme der Landesherr solche nicht ausdrüklich verliehen, oder die er durch Verträge nicht ausdrüklich nachgegeben. In beeden Fällen hat gleichwol der Landesherr die Regel vor sich, die allenfalsige Verleihungen und Nachgebungen aber gehören zur Ausnahm, müssen mithin nach dem Buchstaben erkläret werden.

Die Ausübung der Gerichtsbarkeit fangt auf dem Land bei Schultheisen und Gerichten an. Sie haben einen Gerichts-Diener, (Büttel,) und einen Thurn oder Gehorsam. Ihre Gerichtsbarkeit schränkt sich bei Handhabung der Dorfs-Ordnung, kleinen Schuld- auch Injurien-Klagen, so von keinem grosen Belang sind, Handhabung der Polizei-Verordnungen, Ausführung der Herrschaftlichen Befehle, Erheb- und Beitreibung der Schazung und anderer Herrschaftlichen Gelder, Aufsicht über Weg und Steg und d. gl. m. ein. Wann sie über einen Gegenstand erkennen, der nicht über 10. fl. beträgt, so kan von ihrer Erkanntnis nicht appellirt werden.

In

In den Städten hat der Schultheis, Burgermeister und Rath die niedere Gerichtsbarkeit, jedoch nicht auf einerlei Art; dann einige haben auffer der Kontrakt-Schreiberei, und dem Recht bei den Bürgern mit dem Herrschaftlichen Waisenschreiber zu inventiren, eine ordentliche Bürgerliche Gerichts-Verfassung; Bei andern aber gehet dieser Umfang nicht so weit, sondern es kommt auf das Herkommen und ihre Privilegien an. Beede, die Stadt und Land-Schultheisen stehen unter denen Ober - und respektive Aemtern, und wird von ihren Urteln an dieselbe appellirt.

In hiesiger Stadt hat das Oberamt in Bürgerlichen Angelegenheiten eine konkurrirende Gerichtsbarkeit mit dem Stadt-Rath, und stehet dem Kläger frei, ob er gegen einen Bürger in erster Instanz bei dem Ober-Amt oder beim Stadt-Rath klagen will. Doch stehet auch dem Ober-Amt frei, ob es die Klage annehmen, oder den Kläger an den Stadt-Rath verweisen will.

Von denen - bei denen Vogteien Kleeburg, Annweiler und Wegelnburg eröfnet werdenden Urteln wird an das Ober-Amt Bergzabern, von denen Urteln des Amts Rohfelden aber an die Regierung appellirt.

Die Appellationen von allen Ober-Aemtern gehen an die Regierung, von dieser aber weiter an das Ober-Appellations Gericht. Es geschiehet zuweilen, daß jemand, statt an das Ober-Appellations-Gericht anzurüfen, um Verschikung der Akten anstehet. Um in der Justizpflege die möglichste Unpartheilichkeit zu zeigen, wird solches zwar erlaubt, es mus aber solchenfals der Appellant eidlich auf das Recht der Berufung an besagtes Ober-Appellations-Gericht Verzicht thun.

In Ansehung der Succumbenz-Gelder, der Revision und überhaupt aller wesentlichen Theile des Prozesses wird bei diesem
sem

sem höchsten Gericht überall die Kammer=Gerichts=Ordnung zum Grund gelegt.

In allen Sachen, wo summa appellabilis ist, und wo von einer Regierungs= oder Lehenhofs Urtel vorhin an eines der höchsten Reichs=Gerichte hat appellirt werden können, werden vermög des erhaltenen uneingeschränkten Privilegiums und der Kaiserlichen Wahl=Kapitulation bei dem Ober=Appellations=Gericht Prozessus erkannt, wann die Beschwerden vor gegründet rachtet werden.

Die Geistliche Gerichtsbarkeit versiehet das aus Räthen von beiderlei Religionen zusammen gesezte Regierungs=Kollezium. Die Rechte des Katholischen Landes=Herrn sind bei allen 3. Religionen immer die nemliche. In Fällen aber, wo in oder der andern Religion besondere Verfassung eintritt, werden dieselbe nach jeder Religion eigenen Grundsäzen behandelt und eines jeden Religions=Theils Gerechtsame, Herbringen und Besiz=Stand auf der einen Seite eben so beschüzt, wie auf der andern Seite keine Uebergriffe, Ausdehnungen und Neuerungen zugelassen.

Die peinliche Prozesse werden von denen Ober= und Aemtern instruirt, von ihnen auch hernach die von der Regierung einlangende Urtheile an den Missethätern exequirt. Den alten unnüzen Gebrauch der Hegung eines hochnotpheinlichen Hals=Gerichts hat H. Christian IV. abgestellet. Die uralte Gebräuche von Hofgerichts=Scheffen, Blut=Scheffen, Zetter=Geschrei, Beischaffung Galgen, Rad, Ketten, Henker Jms, und dergleichen, wovon man hier und da in alten Weistümern lieset, sind längst abgekommen. Von Zent= oder Fraisch=Gerechtigkeiten extra territorium, es seie Aktive oder passive, weis man hier nichts. Die Gränzen des Territoriums sind auch die Gränzen der peinlichen Gerichtsbarkeit. Der Ehebruch eines verheuratheten mit einer ledigen Person, also noch mehr die gerin=

ge=

re Fälſcher-Verbrechen, werden nicht peinlich ſondern bürgerlich beſtraft. Die Unterſuchungs-Koſten beſtreitet der Landes-Herr aus ſeinem Aerarium, wann der Miſſethäter nichts im Vermögen hat.

Die Forſteiliche Gerichtsbarkeit betreffend, werden die Forſt-Frevler von dem Forſt-Bedienten bemerkt, das Regiſter übergeben, ſofort in deren Gegenwart vor den Ober- und Aemtern gethaidiget.

Höhere Forſt-Verbrechen, als Wild-Dieberei, Brand u. d. gl. werden bei einer Forſt-Kommiſſion, welche aus einem Juſtitiario, Aktuario, und einem Deputirten des Ober-Forſtamts beſtehet, inſtruiret.

Die Jurisdiktional-Beamte in denen unter Franzöſiſcher Hoheit gelegenen Zweibrükiſchen Landen und Herrſchaften beſtellet zwar auch der Herzog, und es wird noch auf die alten Zweibrükiſche Statuten geſprochen; Allein die Prozeſ-Form iſt völlig Franzöſiſch, und die Appellationen gehen unmittelbar nach Kolmar an daſiges Conſeil Souverain; Doch ſtehet dem Herzog, vermög der im Jahr 1780. erhaltenen Königlichen lettres patentes frei, eine Regierung zu Biſchweiler zu errichten, an welche die Appellationen von daſiger Kanzlei, in ſo ferne ſie das Amt vorſtellet, ſodann von den Aemtern Lützelſtein und Guttenberg- alsdann aber erſt au dernier Reſſort von Biſchweiler nach Kolmar gehen ſollen.

§. 190.
Statutariſches Recht.

Ein jeder Reichsſtand hat vermög der Landeshoheit das Recht in ſeinem Lande Geſeze zu machen, in ſoweit ſolche nicht der Reichs-Verfaſſung, des Reichs Grund-Geſezen, und Abſchieden entgegen ſind. Das Römiſche Recht oder ſogenannt

Jus

Jus commune paſſet gar oft nicht auf die beſondere Verfaſſung, Umſtände und Herkommen dieſes oder jenes Landes, und wird dahero billig, als ein ſubſidiariſches Recht, nach dem vernünftigen Ermeſſen des Landesherrn modifiziret.

Nach dieſem Grundſaz hat man in dem Herzogthum alte und neue Statuten. Die vornehmſte ſind, die Hofgerichts-Ordnung, die Untergerichts-Ordnung, die Ehe-Ordnung, die Aelteſten-Ordnung, die Steiger- und Konkurs-Ordnung, die Vormundſchafts- die Straf- die Zoll- die Bergwerks- die Umgelds- die Zehend-Pfennings-Ordnung, die Fruhnd- die Erekutions-Ordnung, die Viehmarkts-Ordnung, die Verordnung, wodurch der Anklagungs-Prozes abgeſchaft wird, das Prozes-Reglement, wodurch alle Weitläuftigkeiten in dem Verfahren abgeſchnitten werden, die nähere Beſtimmung der actionis redhibitoriæ, der Lehre vom Retrakt u. d. gl.

Es wäre zu wünſchen, daß dieſes Jus ſtatutarium in Form eines Landrechts zur Bequemlichkeit des Publikums, beſonders der Richter und Advokaten zuſammen getragen würde.

§. 191.
Leibeigenſchaft.

Alle Unterthanen und Hinterſaſſen auf dem Land ſind ohne Ausnahm der Leibeigenſchaft unterworfen. Selbſt die Inwohner der Städte waren leibeigen, und ſind erſt durch erhaltene Privilegien gefreiet worden. Wie dann die Städte Meiſenheim, Obernheim, Moſchel-Landsberg oder Ober-Moſchel, der Fleken Odenbach, die Städte Bergzabern, Hornbach, Kuſel und der Fleken Baumholder erſt den 10. Hornung 1579. von H. Johann I. durch ein ſpeciales Privilegium gefreit worden ſind. Zur Aufnahme der Stadt Zweibrüken wurde deren Einwohnern ſchon im Jahr 1483. der freie Ein- und

Aus=

Auszug bewilliget, die gänzliche Befreiung von allen Würkungen der Leibeigenschaft erhielten sie aber erst im Jahr 1571.
Zu Ausgang des Jahrs 1579. haben auch die Städte und Fleken Herstein, Kastelaun, Dill, Enkirch und Winningen in der
H. Gr. Sponheim von H. Johann L. und Marggraf Philipp
die nemliche Befreiung erhalten.   Deßwegen müssen auch die,
so in die Städte und privilegirte Fleken ziehen wollen, sich zuerst von der Leibeigenschaft loskaufen, dann es fliegt, wie man
sagt, keine Henne über die Mauer.   Es wird kein Unterthan
oder Hintersaß im Land aufgenommen, der einen verfolgenden Herrn hat, bis er sich erst von dessen Leibeigenschaft los-
gekauft hat.   Da in den benachbarten Landen das Recht der
Leibeigenschaft auch eingeführt ist, so hat man sich mit vielen
der Gränz-Nachbarn verglichen, die hinc inde überziehende
Leibeigene in Ansehung des Manumissions-Schillings leidentlich
und auf gleichen Fus zu halten.

Wann ein Fremder, der freizügig ist, z. B. ein Frank,
sich in dem Land als Unterthan etablirt, und Jahr und Tag
darinnen wohnt, so ist er eo ipso leibeigen, dahero man sagt:
die Luft mache Leibeigen.

Das Kurpfälzische Wildfangs-Recht erstreket sich nicht
weiter auf das Herzogthum, als auf die im Landauer Vertrag
verzeichnete Orte des Oberamts Bergzabern und dortiger Gegend. (§. 124.)

Hier und da im Herzogthum sind noch Häuser, in denen
andere Herren von Alters her Leibeigene hergebracht haben,
und auf denselben gewisse Rechte, wie solche durch das Herkommen oder besondere Verträge bestimmet sind, üben.   Dabei
hat es sein Bewenden.   Ein Einzugs-Recht in solche Orte
aber, oder die Anpflanzung mehrerer Leibeigenen ausser ter
hergebrachten Häuser wird nicht gestattet.   Wann ein Zwei-

S   brüki-

brükischer in ein solches Haus ziehen will, so mus er, ob er schon ein schazbarer Unterthan bleibt, sich loskaufen.

Eben so hat auch Pfalz Zweibrüken noch Leibeigene ausserhalb dem Territorium, man ziehet aber sehr wenig von ihnen, und was man noch ziehet, wird durch das Herkommen bestimmet.

Der Leibeigenschaft klebt ordentlich das Besthaupt oder Haupt-Recht an. Es ist aber etwas besonderes, daß obschon, besagter masen, alle Land-Leute im Herzogthum Leibeigen sind, dennoch das Besthaupt nicht aller Orten herkommlich ist, wovon ich bishero vergeblich gesucht habe, den wahren Grund zu entdeken. Wo nun, nach Anhandgebung der Landschreiberei-Rechnungen solches herkommlich ist, da wird es nicht mehr, wie vor Alters, in Natur, sondern in der Regel von der Verlassenschaft des Verstorbenen zwei vom Hundert erhoben. Ich sage, in der Regel. Denn auch diese hat ihre Ausnahmen, z. B. im Amt Nohefelden, im Kübelberger Gericht.

Eben so ist auch in Ansehung der Hüner kein algemeines Herkommen im Herzogthum, sondern jeder verrechneter Bedienter mus das Detail aus seiner Amts-Rechnung lernen.

Der Leibeigene darf seinen Leib ohne des Leibsherrn Willen nicht verrufen, mithin nicht ausser Land ziehen. Wann er aber doch absolute fort will, so muß er sich auch die Bedingungen gefallen lassen, die auf eine solche Auswanderung gesezt sind.

Wann er in Ost- oder West-Indien gehet, und wann er fremde Kriegs-Dienste annimmt; so ist sein gegenwärtiges und künftiges Vermögen verlohren.

Wann er in eine andere Obrigkeit ziehet, mit welcher man wegen Entlassung von der Leibeigenschaft keine Verträge hat, so mus er nebst dem gewöhnlichen Zehenden Pfenning noch fünf vom Hundert seines ausführenden Vermögens vor die Loslassung bezahlen.

Was

Was die Unterthanen im Herzogthum auſſer denen der Leibeigenſchaft inſonderheit anklebenden Laſten zu leiſten haben, das haben ſie zwar mit Unterthanen in Landen und Herrſchaften, da keine Leibeigenſchaft eingeführt iſt, gemein, doch ſcheinet es, daß bei Auflegung der Laſten auf die Zweibrükiſche Unterthanen von jeher in modo auf den Begrif der Leibeigenſchaft mit geſehen worden. Man wird ſolches in dem folgenden hie und da bemerken.

In denen unter Franzöſiſcher Hoheit liegenden Zweibrükiſchen Landen iſt die Leibeigenſchaft mit ihren dahier angezeigten Wirkungen faſt gänzlich aufgehoben, nur das, was man als eine ſtändige Kammer-Rente von Leibeigenen hat qualifiziren können, iſt geblieben, ja man hat ſogar Königliche lettres patentes auswürken müſſen, um nur jährlich 12. Tag Frohnden von denen ehemaligen Leibeigenen zu erhalten.

In der Herrſchaft Biſchweiler hat ſich noch das Recht erhalten, daß die ehemalige leibeigene Weibs-Leute Flachs in der Frohn vor die Hofhaltung ſpinnen müſſen.

§. 192.
Land-Ausſchus. Einquartirung.

Der Landes-Herr hat das Recht, ſeine Unterthanen zur Reiſe, Folge, Wacht, Landeshülfe, Land-Ausſchus und Muſterung anzuziehen.

In jedem Oberamt iſt eine complette Kompagnie Land-Miliz, welche fleiſig exerzirt, und zu geſchwinden Expeditionen, zur Wacht in denen Herrſchaftlichen Häuſern, öfters in der Reſidenz ſelbſt, zum Streifen, zu Ueberlieferung der Gefangenen u. d. gl. gebraucht wird, und ihre beſoldete beſtändige Ober- und Unter-Offiziers hat. So oft der Mann im Dienſt iſt,

be-

bekommt er das herkommliche tägliche Traktament. Rok, Hut und Gewehr gibt der Herzog.

Ein jeder junger Pursch ist schuldig, sechs Jahr als Miliz zu dienen, es seie dann, daß man ihn wegen eines Natur-Fehlers nicht brauchen könne. Zuweilen tretten auch andere Ursachen ein, daß einer dispensirt wird, z. B. daß einer der einzige Sohn einer Wittwe oder eines betagten Vaters ist, deren Haushaltung die Beibehaltnng des Sohns nöthig machet.

In ältern Zeiten hat man keine beständige Land-Miliz gehabt, sondern öfters nur in der Geschwindigkeit eine Kompagnie aufgestellt, von welcher man sich freilich nicht viel militärisches hat versprechen können. Seit 40. Jahren aber wird die jezige Anstalt ohnunterbrochen fortgeführet. Dadurch ist das gesamte Land-Volk beinahe umgeschaffen worden.

Fast alles ist nun Soldat, an die Subordination gewöhnt, in seinen Verrichtungen exakt, in dem Verstand mehr aufgeheitert, mithin sich selbst und dem gemeinen Wesen brauchbarer.

Die Burger-Kompagnien in den Städten haben die Wacht an den Stadt-Thoren, bei den Inquisiten und bei deren Erekution.

In der Residenz werden die Thore nach einer zwischen der Heerschaft und der Stadt getroffenen Uebereinkunft von regulirten Truppen bewacht.

Die Städte liefern das Geleucht zu den Wachtstuben.

Von dem eingeführt werdenden Brennholz wird das sogenannte Wachtscheid vor die Wachtstuben abgeworfen.

Die regulirte Truppen werden, wo keine Kasernen sind, bei den Burgern einquartirt.

§. 193.

§. 193.

Schazung.

Der Herzog hat das uneingeschränkte Schazungs-Recht. Das ganze Land, mit Ausnahm der Städte (§. 191.) ist leibeigen und es sind keine Landstände in demselben.

Man mus aber um deswillen nicht glauben, daß die Schazung nach Willkühr gehoben werde, sondern es wird dabei nach der strengsten Ordnung und Gleichheit zu Werk gegangen.

Jedermann weis, daß in alten Zeiten die ordentliche jährliche Schazung nicht gewöhnlich gewesen, sondern nur die Beete. (precaria)

Alle Reichs-Anlagen wurden, wann dergleichen bewilliget und ausgeschrieben worden, extraordinarie erhoben.

Es war auch damalen die Schazung an dem Ort der belegenen Sache noch so wenig eingeführt, daß vielmehr jeder Stand seine arme Leute, wie man die Leibeigene in den alten Urkunden genennet hat, sie mogten sizen, wo sie wolten, zu dem gemeinen Pfenning mit aller ihrer Haabe, die mochte liegen, wo sie wolte, anzog. Dahero erst in spatern Zeiten und notauter zur Zeit der Reformation, da die Hoheit und Territorial-Rechte der Fürsten sich näher entwikelten, die Schazung an dem Ort der belegenen Sache, und dieses hie und da durch besondere Verträge, zur Regel genommen und die diß- und jenseits sizende Leibeigene gegen einander ausgetauscht worden. Ich bemerke hier im Vorbeigehen, daß der Schluß vom Jure collectandi homines proprios auf das Territorium von der Zeit der Aufklärung der Territorial-Rechte an, nicht vor bündig erachtet worden, sondern daß man, just umgewandt, von dem Jure territorii auf das Jus collectandi, der gesunden Vernunft gemäs, geschlossen, und sich wechselseitig nach diesem

Grund-

Grundsaz betragen habe. (130) Die Herzoge erhoben, nach dem sich die Fälle ereigneten, Kriegs-Unkosten, Auslosungs-Gelder, Landes-Hülf und Landes-Rettungs-Gelder, Reise-Gelder vor sich und ihre Prinzen, Bau-Gelder, Fräulein Steuer bei Ausstattung der Prinzessinnen, Küchen-Gelder und dergleichen Rubriken mehr, aus welchen zusammengenommen sich der Grund-Vegrif von selbsten ergibt, daß der Landes-Herr niemalen weder auf eine gewisse Summe, noch auf gewisse Fälle eingeschränkt gewesen, sondern seine Unterthanen zu allen Benöthigungen zu Unterhaltung Fürstlichen Standes und Wesens angezogen habe.

Unter H. Johann I. Regierung übernahmen die Aemter eine ansehnliche Summe Wolfgangischer Schulden, um solche mit Zinsen und Kapitalien abzulegen. Zu solchem Behuf überließ ihnen der Herzog nicht allein einen gewissen Antheil an seinen Kammer-Renten, sondern erlaubte ihnen auch sich selbst zu kottisiren und alljährlich die bedörfende Summ unter sich zu subrepartiren. In jedem Ober-Amt hatte ein Fürstlicher-Rath die Ober-Aufsicht über diese Anstalt, ein besonders bestellter Rechner aber, den man den Ausschuß nannte, hatte das Detail. Neben dem gieng aber die Erhebung der Reichs-Kreis-Fräulein-Steuern und noch etliche Rubriken ihren Gang immer fort und wurden solche unmittelbar in die Herrschaftliche Kasse geliefert.

Der

(130) Desto auffallender ist es, daß es in noch spätern Zeiten der Ritterschaft gelungen, von denen Rittersteuern, die sie von ihren in territoriis Statuum (von wahren unmittelbaren Rittergütern rede ich nicht;) seßhaften Angehörigen, wann sie auch ihre Leibeigene nicht sind, erhoben, auf das Territorium selbst zu schließen, und solches nicht etwa nur den Landesherren streitig zu machen, sondern sogar Kaiserliche Privilegia darüber zu erschleichen, und das bekannte algemeine, aber auch eben so algemein ungegründete Prinzipium, à Collectis ad Jurisdictionem, darauf zu bauen.

Der dreißig-jährige Krieg hatte die zu Ablegung der Schulden getroffene Anstalt unnütze gemacht. Die Verfassung blieb zwar noch bestehen, allein das Land war so entvölkert und so arm, daß wenig zu erheben war, und dieses dauerte sofort bis nach dem Ryswikischen Frieden. Mittlerweile hat sich doch, auch bei dem wenigen, so noch erhoben worden, durch diejenigen, denen die Subrepartition anvertrauet war, die gröste Ungleichheit eingeschlichen.

Unter der Schwedischen Regierung fieng man an, jährlich eine benannte bald gröfere bald kleinere Summe Schazung, unter dem Namen, der Extraordinären Beitrags-Gelder auszuschreiben, und die ehemalige Ausschüsse wurden zu Herrschaftlichen Kommissarien zu Erheb - und Verrechnung dieser Gelder bestellt. Jedem Ober-Amt wurde sein Kontingent nach einer ohngefähren, aber im Grund gar nicht adäquaten Proportion zugetheilt und dann machte der Kommissarius unter Direktion des Ober-Amts, mit Zuziehung Schultheis und Gerichten die Subrepartition abermal ohne inreichende Proportion von einer Schultheiserei zur andern, und in derselben wiederum von einem Dorf zum andern. Liegende Güter, Nahrung und Gewerb, mehr oder weniger auf einem Fundo bereits haftende ständige Abgaben, wurden nicht genug unterschieden, sondern alzuwilkürlich behandelt.

Ohnerachtet der mehrmaligen Vorstellungen derer, so sich solchergestalt beschwert befanden, hat doch diese mangelhafte Einrichtung bis in H. Christian IV. Regierungs-Zeiten fortgedauert.

Dieser fürtrefliche Herr aber lies das ganze Land renoviren, sodann die Ländereien durch Experten auf gewisse Klassen bringen, jede nach ihrem wahren Werth mit einem Schazungs-Kapital belegen, ordentliche Katastra darüber fertigen, welche durch die in jedem Oberamt angestellte Peräquatores fortgeführt

ret

ret werden, und führete dadurch die möglichste Gleichheit in der Güter-Schazung ein.

Die Nahrungs-Schazung ist von der Güter-Schazung ganz abgesondert, und wird auch hierinnen möglichste Gleichheit zu halten gesucht.

§. 194.
Ober-Amts-Kassen.

Eine Art einer Schazung sind die Oberamts-Kassa-Gelder. Aus derselben werden die gemeine Landes-Unkosten, welche das Beste des ganzen Landes primario angehen, bestritten. So bald das Herrschaftliche Interesse nur einiger masen einen nähern Nuzen davon ziehet, wird ein Theil der Kosten aus dem Herrschaftlichen Aerarium zugeschossen. Dahin gehören z. B. die fürtrefliche Chaussée-Anstalten, vor welche sich der Herzog das dem Kommerz und denen Reisenden so höchst beschwerliche Chaussée-Geld, vielleicht unico Exemplo, nicht bezahlen lässet. Die Gelder zu den Oberamts-Kassen werden nach dem Schazungs-Fus repartirt, mithin tragt einer daran, wie der andere.

Auf eben die Art wird der Ertrag der ehehin gewöhnlich gewesenen Natural-Fourage-Lieferung zum Fürstlichen Marstall, welche nur einer gewissen Gattung von Einwohnern zur Last gefallen, nunmehro nach dem Schazungs-Fus auf das ganze Land repartirt.

§. 195.
Accise.

Eine weitere Art von Schazung sind die Accise auf Karten, Gestempelt Papier, Schoos- und andere Hunde, die zur Lust und Vergnügen gehalten werden, und das Brod unnüz

ver=

verthenren helfen. Dahin gehört auch der eine Zeitlang bestandene Accis vom Kaffe.

§. 196.
Zoll.

In allen Oberämtern des Herzogthums hat der Herzog uralte privilegirte Haupt-Zoll-Städte, und neben denselben mehrere Wehr-Zölle, weil nach der Lage des Landes es schlechterdings unthunlich ist, die passanten anzuhalten, daß sie alle an dem Haupt-Zoll vorbei reisen. Dahingegen ist das Wehr-Zoll-Zeichen eben so gut, als das Haupt-Zoll-Zeichen, der Wehr-Zoll und der Haupt-Zoll in jedem Oberamt sind also im Grunde nur eins.

Die Zoll-Ordnung ist auf das fleißigste nach Einfuhr, Durchgang und Ausfuhr eingerichtet, und überall die Proportion der benachbarten Kur- und Fürstlichen Zoll-Rollen beobachtet, in vielen Artikeln aber der Ansaz noch niedriger gegriffen worden.

Mit vielen Benachbarten z. B. mit Kurpfalz, Lothringen, Hanau, Sikingen zu Landstuhl, hat man Verträge wegen freier Passiruung der zum Haus-Gebrauch gehörigen Konsumtibilien und Effekten, desgleichen wegen der bannstößigen einheimischen und fremden Unterthanen wechselseitigen Kreszentien. Wegen der leztern existirt nach dem Herkommen hie und da ein bloses Jus vicinitatis. Es wird solches aber öfters jure repressaliarum nicht beobachtet, z. B. wann der Nachbar in seinem Land eine Frucht-Sperr anleget.

Das Weg- und Brüken-Geld hat mit dem Zoll gar nichts gemein. Erstie es ist zu Behuf der Städte und Fleken hauptsächlich wegen Unterhaltung des Pflasters- und lezteres vor die Kloster-Schafneien und Kommunen, denen die Unterhal-

S 5   tung

tung der Brüken oblieget, die aber dermalen weit mehr Auf-
wand als vor 2. bis 300. Jahren erfordern, schon so lange
herkommlich, daß man bei den wenigsten mehr auf den Ursprung zurükkommen kan.

Hieher rechne ich auch die Geleits-Gerechtigkeit, welche
Pfalz Zweibrüken! von wegen der Herrschaft Kirkel zu den
Frankfurter Meß-Zeiten von der Gränze des Sikingischen
Amts Landstuhl bis an die Gränze der Grafschaft Saarbrüken,
durch die Oberämter Zweibrüken, Homburg und die Gräfliche
Leyische Herrschaft Blies-Kastel zu verführen, und von denen
passirenden Kaufleuten, auch Juden, die herkommliche Gebühr
zu erheben hat. (§. 116.)

§. 197.
Ohm- und Lager-Geld.

Die Erhebung des Ohm- und Lager-Gelds ist eine uralte
Herrschaftliche Rente.   Die meisten Städte haben vermög ihrer alten Privilegien einen Antheil am alten Umgeld zu Unterhaltung ihrer Stadt-Gebäude und anderer gemeiner Stadt-
Ausgaben.   Vor bald 200. Jahren aber, da der Preis der
Sachen gestiegen, ist das Umgeld erhöhet worden, und das
erhöhete Quantum ziehet die Herrschaft alleine.   Man nennet
es den Herrn-Aufschlag.   Das Ohm-Geld wird gegeben von
Wein, Bier, Brandewein, auch Aepfel- und Birn-Wein und
von Obst-Brandewein.

Die subsistirende Ohmgelds-Ordnung ist sehr billig.

§. 198.
Salz-Kasten.

Der Herzog hat von unfürdenklichen Jahren das Salz-
Monopolium oder den Salz-Kasten in seinem Lande, bei welchem

chem jedermann sein benöthigtes Salz holen mus.   Schon im Jahr 1469. stipulirte sich H. Ludwig der Schwarze in einem Vertrag mit H. Johann von Lothringen, daß dieser ihme das benöthigte Salz von seiner Salz=Sod zu Dienze um den wolfeilsten Preis geben solle.   Von daher wird es noch immer geholet, und das Pfund dermalen nicht höher als 3 kr. verkauft, ohnerachtet es in Vergleichung mit andern Salinen mehr werth ist.

Es ist auch eine Saline im Oberamt Lichtenberg, sie ist aber nicht stark genug, daß das ganze Fürstenthum seine Benöthigung daher nehmen könnte, wann auch sonsten ihre natürliche Lage günstiger wäre.

§. 199.
Tabaks = Fabrik.

Da der Gebrauch des Tabaks gemeiner zu werden anfieng, wurde das Land mit allerhand schlechtem Zeug überschwemmet, und im Preis übernommen.   Diejenigen, so noch guten Tabak führten, musten selbigen aus Holland und Frankreich kommen lassen, und damit gieng viel Geld aus dem Land.

H. Christian IV. lies dahero auf seine Kösten eine Tabaks=Fabrik hier anlegen, von welcher das ganze Land um wolfeilern Preis als anderer Orten mit guter Waare versehen wird, und das Geld im Land umlauft.   Es mußte aber, um des Debits sicher zu seyn, die Einfuhr fremden Tabaks verbotten werden, zumalen seit einigen Jahren die Unterthanen sich selbst stark auf den Tabaks=Bau legen.

§. 260.
Allerhand kleine Monopolia.

Es sind von Alters her noch verschiedene kleine Monopolia im Herzogthum eingeführt, welche von der Rent=Kammer gegen

gen eine gewiſſe jährliche Abgabe temporaliter verliehen-wer=
den. Als: die Sammlung der Heerd=Aſche, das Lumpen=
Sammeln vor die Papier=Mühlen, das Scheerſchleifen, das
Keſſelfliken, das Saitenſpiel, das Gölzenleuchten, (Sau=
ſchneiden.)

§. 201.
Zunftweſen.

Eine gewiſſe Art von Monopol iſt das Zunftweſen. Es
werden da gewiſſen Einwohnern des Landes, welche einerlei Ge=
werb treiben, unter Beobachtung gewiſſer Regeln, womit Geld=
Abgaben verknüpft ſind, ausſchliesliche Freiheiten eingeräumt,
welche andere Landes=Einwohner, die der nemlichen Regel ſich
zu unterwerfen behindert ſind, nicht genieſen können.

So kan z. B. niemand als ein Zunft=Glied aufgenommen
werden, der das Hand=Werk nicht nach denen Zunft=Regeln
erlernet, darauf gewandert, und das vorgeſchriebene Meiſter=
ſtük gemacht hat. Natürliche Anlage, Fleis und Applikation,
ſogar der Beweis, daß man das nemliche machen könne, was
ein anderer macht, iſt nicht genug, ſondern man mus die Klaſ=
ſen paſſiren.

So ſehr dieſes der natürlichen Freiheit, nach welcher ein je=
der ſich auf eine Art ernähren und der Geſellſchaft nüzlich ſeyn
kan, die ihm zu Erreichung ſeiner Abſichten die bequemſte dün=
ket, entgegen zu ſeyn ſcheinet; So würde man doch in Teutſch=
land ſehr übel fahren, wann irgend ein einzelner Reichsſtand
das Zunft=Weſen bei ſich abſtellen und einen jeden treiben laſ=
ſen wolte, was er will, wann er es ſchon nicht nach Regeln,
oder, wann man lieber will, zunftmäſig gelernet hat.

Es gehet ſolches allenfals in einem groſen Reich, da nur
ein Herr und ein groſe Volks=Menge iſt, noch eher an.
Wann

Wann da 10. ungeschikte sind, so ist immer wieder ein brauch=
barer, und wann an einem Ort das Hand=Werk übersezt ist,
so treibet die Nothwendigkeit den, der sich ehrlich ernähren will,
an ein anderes, wo Mangel an demselben ist, und er braucht
mehr nicht, um in demselben aufgenommen zu werden, als
sich durch Proben seiner Geschiklichkeit bekant gemacht zu ha=
ben. Kan er aber nichts, so ist er überall Brodlos. Dennoch
lässet sich auch bei einer solchen Verfassung noch gar vieles er=
innern, und man würde sich sehr irren, wenn man solche vor
vollkommen halten wolte. Deswegen auch selbst in Frankreich
und besonders zu Paris die Corps de maitrise noch bestehen.

In Teutschland aber, da ausser den grösern Territoriis
noch so viele kleine Territoriola sind, da die Unterkunft bald
um der Religion, bald um des Mangels des nach den Gesezen
einzubringenden Vermögens willen, bald weil schon Meister
genug vorhanden sind, die einer den andern, weil sie ausser ih=
rem Zunft=Bann und zumalen in fremde Territoria nicht ar=
beiten dörfen, verderben würde, gehet solches durchaus nicht
an.

Ueberdem ist es nun einmal in Teutschland algemein ein=
geführt, daß kein Gesell auf der Wanderschaft fortkom=
men kan, der nicht Zunftmäsig gelernet hat, mithin von der
Zunft eine Kundschaft mit auf den Weg bekommen kan. Wan=
dern aber mus er, weil nach einem gottlosen, aber fast alge=
meinen Misbrauch der Jung sein Hand=Werk selten von sei=
nem Meister selbst, so sehr es demselben in den Artikeln ein=
gebunden ist, sondern nur von dessen Gesellen lernt.

In hiesigem Herzogthum hat man das Zunftwesen nach
dem Sinn der Reichs=Verordnungen und einer vernünftigen Po=
lizei=Verfassung so einzurichten gesucht, daß jeder Professionist
sein Hand=Werk mit der wenigst möglichsten Einschränkung trei=
ben kan.

So=

Sobald in jedem Oberamt eine Anzahl Meister von einerlei Metier seßhaft sind, so gibt man ihnen Artikel, damit sie selbst ihre innere Angelegenheiten unter den Augen des Ober=Amts besorgen können, und nicht nöthig haben, den Zunft=Tag in einer andern Ober=Amts Stadt auf mehrere Stunden und Meilen mit Kosten und Versäumnis zu besuchen.

Der Unterschied zwischen Haupt=Laden und Neben=Laden ist da völlig aufgehoben.

Hand=Werker, die in einer Verbindung mit einander stehen, als Beker und Müller, Kiefer und Bierprauer, Maurer Steinhauer und Zimmerleut, überhaupt, was zu Bau und Hammer=Zünften gehöret, haben sich bei Wieder=Bevölkerung des Landes wegen ihrer geringen Anzahl zusammen in eine Zunft gethan. Wann aber ein oder anderes Metier an Meistern so stark worden, daß es selbst eine Zunft vorstellen kan, so werden diese auf Verlangen von einander abgesondert, und bekommen besondere Artikel.

Wer in einer Zunft im Herzogthum Meistet wird, kan im ganzen Herzogthum ohngehindert arbeiten. Der ehemalige Zunft=Bann ist gänzlich aufgehoben.

Die Meisterstüke, so sehr ins Geld laufen, öfters gar nicht anzubringen, nebst dem altmodisch und blos um den neuen Meister zu kränken, und wegen der Fehler zu strafen, erfunden worden sind, mit welchen auswärtige Zünfte noch grosen Staat machen, obschon vielleicht kein einiger Meister dieselbe jemalen gemacht - sondern deren Verfertigung mit Geld abgekauft hat, sind alle abgestellet, und dagegen moderne Stüke, die gleich wieder verkäuflich sind, und an denen man den Meister genug erkennen kan, vorgeschrieben worden. Diese müssen aber auch ohnnachläsig gemacht und dörfen durchaus nicht mit Geld abgekauft werden.

Die

Die Probe, daß ein angehender Meister seine Lehr= und Wander=Zeit gesezmäsig ausgehalten habe, ist ganz gut, und bewandten Umständen nach nöthig, aber sie beweist nicht, daß derselbe auch sein Metier verstehe, dann dieses lässet sich nur aus dem Meisterstük beurtheilen. Man siehet noch in manchen Landesherrlichen Zunftbriefen, daß die Ablausung des Meisterstüks sogar taxirt ist. Was vor eine Menge Stümpler muß es da geben.

Durch Abschaffung dergleichen Misbräuche hat man vortrefliche Meister im Herzogthum nachgezogen.

Gleichwol bleiben noch immer einige Ungemächlichkeiten bestehen, die ihren Bezug auf auswärtige inveterirte Misbräuche haben

So kan Z. B. ein Seiler, der ein Spizarbeiter ist, im Reich nicht fortkommen, wenn er bei Seilern, die Stok=Arbeiter sind, in einer Zunft stehet.

So auch ein Schwarz= und Schönfärber, der in einer gemeinen Färber=Zunft stehet u. d. gl.

Gar viele Misbräuche bringen die aus Teutschland hier einwandernde Gesellen mit, zumalen die, so aus den Reichsstädten kommen. Sie versichern, daß sie daselbst alle Freiheit, wie sie es nennen, haben, das ist, daß sie die Misbräuche ohngeahndet forttreiben. Die mehrmalige Tumulte, Aufläuffe und Widersezungen der Handwerks=Bursche in den Reichsstädten, von denen man in den Kur= und Fürstlichen Staaten fast nichts höret, geben zwar Anlas zu glauben, daß der Magistrat gegen die Vorsteher der Zünfte, die zum Theil selbst am Regiment Theil haben, nicht immer durchdringen könne, und man dahero denen Gesellen in vielen Stüken gegen die Reichs=Verordnungen durch die Finger sehe. Indessen wird dadurch die Bemühung anderer Stände, in ihren Landen über der Ordnung zu halten, in soweit vereitelt.

Die

Die grofe Regel bei der Zunft-Einrichtung ift diefe, einem eben die Gewinnung feiner Nahrung auf das mbglichfte zu erleichtern, dem Publikum aber gute Waare und Arbeit um zivilen Preis zu verfchaffen. Auf diefe Regel werden bei uns alle Vorkommenheiten vorzüglich affommodirt.

Wann ein Mann mehr als ein Handwerk treiben, und in beeden das Meifterftük machen will, fo wird ihm, fo bald kein Gefährde vor das Publikum daraus zu befürchten ift, folches erlaubt.

Viele haben ein Metier ergriffen, es fehlet ihnen aber an Vermbgen, oder fie find durch Zufälle verhindert worden, fich zu zünftigen Meiftern zu qualifiziren, können aber doch mit ihrer Hand etwas auf dem Handwerk verdienen, z. B. Schumacher, Schneider, Schreiner, Dreher, Weber und dergleichen Einmännifche Arbeit, denen wird erlaubt, auf ihrem Handwerk gegen eine jährliche Abgabe 1. Rthlrs an die Zunft vor ihre Perfon, jedoch ohne Gefellen und Jungen, zu arbeiten. Ohne diefes würden fie Taglbhner oder Bettler abgeben; der leztere differirt von erfterem ohnehin nur dem Grad nach.

§. 202.
Bergwerk. Münz-Regal.

Der Herzog hat in feinem ganzen Land das Bergwerks-Regal ausfchlieslich; es ftehet daffelbe fchon in dem allererften Pfalz Zweibrükifchen Reichs-Lehen-Brief über deffen Regalien. (§. 117.) Die Berge geben Silber, Kupfer, Blei, Quekfilber, Eifen, Agat, Jafpis, Steinkohlen. Hieher gehören die Berg-Ordnungen. (§. 190.)

Eben fo hat auch der Herzog das Münz-Regal, deffen gefchiehet in dem zweiten Lehenbrief, nicht etwa als einer neuen Konzeffion, fondern als einer Beftättigung Erwähnung. (§. 117.)

Dann

Dann die Grafschaft Zweibrüken hatte als terra Salica ohnehin das Münz-Recht. (131)

§. 203.
Jagd - Regal.

Das Jagd-Regale ist ohnehin keinem Zweifel unterworfen, und ist hier nur zu bemerken, daß in hiesigem Land das Reh zur hohen Jagd gerechnet werde. Einige Adeliche im Land haben die niedere Jagd. Wer aber solche ausschlieslich behaupten will, mus Verträge oder Besiz vor sich haben. Die Aufrichtung der Wild-Zäune ist eine Folge des Wild-Banns. Es sind deren viele im Land, der Herzog vergütet aber den Unterthanen den Schaden, den das Wildpret thut.

Die Forst-Bediente haben über alles in dem Wild-Bann gelegene Gehölz die Ober-Aufsicht, und es darf ohne Herrschaftliche Erlaubnis nichts verbösiget, oder ein ansehnlicher Holz-Schlag gemacht werden.

Das Anschlagen des gefällt werdenden Holzes mit der Waldart gebühret in der Regel dem Landesherrn. An einigen Orten schlägt der Eigenthümer sein Waldzeichen bei, an andern zeichnet er das Holz allein. Den Unterschied mus man aus den Verträgen und dem Herkommen lernen.

§. 204.
Frohnd - Wesen.

Die Frohnden sind eine unmittelbare Folge der Leibeigenschaft.

Im Herzogthum hat man
    a. ordinäre Hand- und Fuhr-Frohnden.

b. Hen-

(131) Krollius von dem Pfälzischen Münz-Regal. S. 27.

T

b. Heu= und Ohmet=Frohnden.
c. Jagd=Frohnden.
d. Chaussee=Frohnden.

Erstere sind vor Zeiten auf 30. Tage des Jahrs regulirt worden. Weil aber dabei theils über Unterschleiffe theils Ungleichheit geklagt werden, so hat man sie gar abgestellt, und dagegen ein gewisses Frohnd=Geld eingeführt; was der Bauer nun führet, oder mit der Hand arbeitet, das wird ihm, wie einem Fremden bezalt.

Die Heu=und Ohmet=Arbeit bestehet noch; es wird aber vor Macher= und Fuhr=Lohn 10. Bazen per Morgen bezahlt.

Die Jagd=Frohnden müssen umsonst gethan werden.

So auch die Beifuhr von Stein, Kies und Sand zu denen Chausseen, auf welcher jeder Gemeinde ihr Distrikt zugemessen ist, den sie, so viel man in der Frohnd erwarten kan, zu bearbeiten hat. Das Haupt=Werk an denselben geschiehet im Lohn.

§. 205.
Postwesen.

Das Postwesen im Herzogthum hatte die Herrschaft jeder Zeit selbsten veranstaltet. Man hatte Land=Kutscher, reutende und gehende Botten. Um das Kommerz blühender zu machen, hat man vor 40. Jahren durch besondere Verträge die Tarische Post zugelassen und derselben unter bestimmten Bedingungen die reutende Posten und den von Frankfurt über Oggersheim und Zweibrüken nach Mez gehenden Postwagen bewilliget.

Die Land=Wägen von hier über Kusel nach Meisenheim und von hier über Birkenfeld nach Trarbach, sodann der fahrende Bott von Rappolzweiler über Straßburg hieher, und so

man

man deren noch mehrere in andere Ober-Aemter anlegen wolte, haben mit der Tarischen Anstalt nichts zu thun, sondern han-gen von der Herrschaft ab.

§. 206.
Azungs-Recht.

Die Herzoge hatten das Azungs-Recht in allen ihren Me-diat-Stiftern und Klöstern, vor Alters auch in dem Kloster Wadgassen, nicht weit von Saarlouis, woselbst es H. Ludwig der jüngere das leztemal exerzirt hat. Die Grafen von Spon-heim haben das Azungs-Recht in der Abtei Springiersbach im Krove-Reich, Ober-Amts Trarbach.

§. 207.
Juden-Schuz.

Der Juden-Schuz im Herzogthum ist ein Landesherrliches Regale.

Es wird dahero keinem Adelichen im Land, weil er selbst subditus ist, erlaubt, in seinem Dorf oder Adelichen Haus, Juden aufzunehmen.

H. Wolfgang hat in seinem Testament gegen die Aufnahm der Juden sehr geeifert. Es haben sich aber doch noch immer Juden im Lande in den Gemeinschaften, an den Gränzen, und nun in dem von Nassau eingetauschten Amt Homburg er-halten.

Sie zahlen ein starkes Schuz-Geld, fremde müssen den Leib-Zoll oder an dessen Statt ein temporarisches Taschen-Ge-leit lösen, und denen öfters durchpassirenden Bettel-Juden ist nicht erlaubt, länger als über Nacht zu bleiben.

T 2 — Um

Um denen wucherlichen Händeln mit dem Landmann vorzubeugen, müssen alle Händel über 6. fl. wie die immer Namen haben, bei Straf der Nullität, und daß die Summ dem Fiskus verfallen, gerichtlich aufgetragen werden, die aber unter 6. fl. betragen, müssen in Beiseyn eines Christen abgeschlossen werden.

▼

§. 208.

Huben. Hubweisthümer.

In dem Herzogthum, zumal in dem Strich, wo von dem Lauterer Gewäld an bis in den Soon-Wald auf dem Hundsrük in uralten Zeiten Königliche Bann-Förste gelegen haben, sind sehr viele Huben, welche ihre besondere Verfassung haben.

Der algemeine Begrif einer Hube ist, ein in bestimmten Gränzen liegendes Stük Land, welches der Eigenthümer mehr oder wenigern Personen zum Untereigenthum mit dem Beding übergeben hat, daß sie solches zur Kultur bringen - oder darinnen erhalten - und ihme jährlich auf bestimmte Zeit gewisse Abgaben davon reichen, annebst gewisse unständige und Kasuelle Retributionen geben sollen.

Das Land, aus dem die Hube bestehet, kan blos Wald, (welches doch selten ist,) oder Wald und Feld, und das Feld wiederum blos Akerfeld oder Aker und Wiesen seyn, es können aber auch Häuser darauf seyn, wie dann gar viele Dorf-Bänne im Herzogthum, ja ganze Schultheisereien, z. B. der ansehnliche Esweiler Thal, Ober-Amts Lichtenberg, ursprünglich Huben sind. Es kommt alles darauf an, auf was Art das mehr oder wenigere Land hat benuzet werden wollen oder können.

Die ständige Abgaben sind Zinse an Geld oder Frucht oder beedes zugleich, welche auf einen gewissen Tag, bei Straf, an den Hub-Schultheisen bezahlt werden müssen.

Die

Die unständigen Abgaben sind ein sogenanntes Besthaupt, welches beim Sterbfall eines Hubers entrichtet werden mus.

Vielleicht gibt der Umstand der alten Hubereien einen Grund mit ab, warum nicht alle Unterthanen des Herzogthums besthauptig sind, (S. 191.) Dieser Gedanke lässet sich aber in Ermangelung alter Nachrichten nicht mehr entwikeln, obschon sehr wahrscheinlich ist, daß der Begrif von Dörfern und Höffen den Begrif der ursprünglichen Hubereien verdrungen haben möge.

Bei manchen Huben sind die Zehenden vor den Hubherrn eingeführt, bei den meisten nimmt sie der ordinäre Zehend-Herr.

Die Huben sind in Commercio. Jeder Huber kan seinen Anteil vererben, verkaufen, verschenken.

Der Hub-Herr bestellete in alten Zeiten einen Hub-Schultheisen. Derselbe und die Hubere wähleten aus ihrem Mittel einige Hubschöffen. Diese kamen alle Jahr auf einen gewissen Tag zusammen und wiesen a) die Gränze der Hube b) dem Hub-Herrn seine Zinnse, c) dem Huber seine Rechte, d) dem Schultheisen und Schöffen ihre Gebühr. Dann wurde das Hub-Register zur Hand genommen. Alle Huber musten gegenwärtig seyn, nichts als Leibes-Noth und Herren Gebot konnte sie entschuldigen. Ein jeder muste seine ständige Abgaben mitbringen. Hatte sich ein Sterb-Fall ereignet, so muste vor dem verstorbenen Huber des sogenannte Besthaupt entrichtet werden. Dieses hatte entweder seine Bestimmung oder nicht. Ju lezterm Fall wurde es von den Schöffen gethaidiget. Sodann wurde des verstorbenen Antheil einem andern zugeschrieben. Entweder behielt solchen einer der Erben, oder er wurde verkauft, in ein und anderm Fall aber der neue Besizer eingeschrieben. War gerne sahen die Hubschultheisen die Theilung

X 3   un-

unter den Erben. Dann dadurch verstärkte sich die Anzahl der
Huber, mithin auch die Besthäupter. Es mus auch solches
bei einigen Huben bis zum Exceß getrieben worden seyn, dann
man findet noch Weisthümer, darinnen stehet, wann einer nur
soviel Land an einer Hube besizet, daß er einen dreibeinigten
Stul darauf stellen kan, so seie er ein Huber und besthäuptig.
Was seit der lezten Zusammenkunft des Hub = Gerichts durch ir-
gen eine Handlung unter den Lebendigen an einen andern Besizer gekommen, wurde bei dem Hubtag diesem zu = und dem
alten Besizer abgeschrieben. Das Hub=Gericht hatte auch gewisse Zwangs = Mittel zu Beitreibung der Abgaben, welche in
dem Weisthum bestimmet waren. Diese Gattung von Gerichtsbarkeit ist aber schon gar lange nicht mehr gewöhnlich, sondern hat sich unter dem algemeinen und alles umfassenden Begrif der Territorial Jurisdiktion verlohren.

Ueber das, was die Schöffen auf dem Huber=Tag münd-
lich gewiesen, hat man Huben=Weisthümer errichtet. Die
ganz alten sind sehr einfach, und enthalten nichts als die eben
angezeigte Haupt=Punkten. Allein im fünfzehenden und sechzehenden Jahrhundert fieng man an, dergleichen Weisthümer
in die Form der Notariats=Instrumente zu bringen. Da nahmen dann die Notarien gar oft die Formuln von Hochgerichts=
Weisthümern, machten den Hubherrn zum Herrn über Leben
und Tod, über Hals und Halsbein, über Wasser, Weyd,
Wald, über und unter der Erden, gesucht und ungesucht,
nichts ausgenommen. Es haben sich auch wol Leute gefunden, die von einer dergleichen Misgeburt gegen den Landes-
Herrn haben Gebrauch machen wollen. Natürlicher Weise sind
sie in den Begrif der Huberei zurükgewiesen worden.

Heut zu Tag weis man fast nichts mehr von dergleichen
Formalitäten. Es ist mir nur die grose Hirsteiner Hube Amts
Nohfelden bekannt, bei welcher noch Hubschöffen oder Hubere,
ange=

angeſtellet, und aus den Amtsdörfern gewählt werden, weil
faſt kein Dorf im Amt iſt, ſo nicht auf dieſer Hube Güter
hätte.

Da übrigens die Huben von ſchazbaren leibeigenen Unterthanen beſeſſen werden; ſo ſind ſie der Gerichtsbarkeit und
Schazung wie andere Bauern-Güter unterworfen, und ge-
ſchieht das Ab- und Zuſchreiben, und die Erhebung der Abgaben, wie bey allen andern Unterthanen.

Wo noch auswärtige Hub-Herren ſind, z. B. im Esweil-
ler Thal Oberamts Lichtenberg, die beſtellen jemand zur Erhebung ihrer Zinſe ꝛc. der aber im Säumungs- oder Verwei-
gerungs-Fäll den ordentlichen Richter angehen muß.

§. 209.
Im Herzogthum ſind keine Domänen.

Der Begrif von Domanial, das iſt, ſolchen Gütern, welche zu der Unterhaltung des Fürſten mit ſeinem Hofſtaat ausgeſezt ſind, fället in dieſem Herzogthum, da keine Landſtände
ſind, und das ganze Land leibeigen iſt, von ſelbſten weg, und
wenn man die Herrſchaftliche Höfe und Güter Domänen nennet, ſo redet man uneigentlich. Es kan alſo auch die Frage
von Unveräuſerlichkeit der Domänen nicht entſtehen, ſondern
die Unveräuſerlichkeit der Pfalz Zweibrükiſchen Lande gründet
ſich auf das Pfalz Baieriſche algemeine Familien-Fideikommis.

§. 210.
Von vakanten Gütern.

Zum Schluß dieſes Kapitels iſt noch mit einem Wort von
vakanten Gütern Erwehnung zu thun. Der Fiskus des Landesherrn ziehet ſie ein, und begiebt ſie anderweit. Doch wird in Anſe-

T 4   hung

hung derer, die sich dazu legitimiren zu können glauben, in alle Wege die rechtliche Ordnung beobachtet.

Siebenzehendes Kapitel.

Von dem Verhältnis des Herzogthums mit Benachbarten.

§. 211.

Von dessen Gränz-Nachbarn überhaupt.

Da die Bestandtheile des Herzogthums nicht an einander liegen, sondern an gar vielen Orten durch anderer Herren Lande von einander abgeschnitten werden, so hat dasselbe nothwendig sehr viele Gränz-Nachbarn. Mit den meisten derselben hat man bald dieses bald jenes zu verkehren, welches die Verhältnisse ungemein weitläuftig macht. Das locale wird man hiernächst, wann die General-Karte vom Herzogthum abgedrukt erscheinet, aus derselben genau ersehen können.

Hier will ich die Lage nur in der Algemeinheit anzeigen.

Die Aemter Selz und Hagenbach liegen am Rhein. Der Östliche Gränz-Nachbar ist die Marggrafschaft Baden. Mitten inne liegt das Speyerische Amt Lauterburg. Gegen Norden gränzt Kurpfalz.

Die Herrschaft Guttenberg gränzt an Speier, und die Weisenburger Mundat. Gegen Norden meistens an das Oberamt Bergzabern, sodann an Kurpfalz und Speier.

Das Amt Kleeburg Nordwärts an die Mundat, West- und Südwärts an Flekenstein nunmehr Rohan, auch Hanau.

Das Amt Wegelnburg, an Hessen-Hanau Lichtenberg und zum Theil an das Amt Dahn.

Das

Das Oberamt Bergzabern, an Kurpfalz, Speier, Falkenburg, das Badische Amt Rodalben oder Grävenstein, an
die Souveränetäts-Aemter Dahn und Guttenberg, endlich an
das Hessen-Hanau Lichtenbergische Amt Pirmasenz.

Das Oberamt Zweibrüken gränzt an Pirmasenz, die Grafschaft Bitsch, die Leyische Herrschaft Blies-Kastel, an Nassau
Saarbrüken, an die Sikingische Herrschaft Landstuhl, an Leiningen, an Baden und an Homburg.

Das Oberamt Homburg gränzt an Zweibrüken, Lichtenberg, Nassau, Kurpfalz und das Amt Landstuhl.

Das Oberamt Lichtenberg gränzt an Homburg, an Nassau, Lothringen, Kurtrier, an Sponheim, an Rheingrafen zu
Grumbach, an Kurpfalz.

Das Amt Nohfelden an Kur Trier, an Lothringen, an
die H. Gr. Sponheim, an Lichtenberg, und an die Herrschaft
Sotern.

Das Oberamt Meisenheim an Kurpfalz, an Grumbach,
an Reipolzkirchen, an Falkenstein, an Nassau Weilburg, an
die vordere Grafschaft Sponheim, an Salm Kirburg.

Das Amt Allenbach, an das Sponheimische Amt Birkenfeld, an Kur Trier, an Rheingrafen von Grehweiler oder
Rheingrafenstein.

Das Oberamt Trarbach an Trier, an die vordere Grafschaft Sponheim, an Pfalz Simmern.

Das Amt Senheim, an Trier.

Das Oberamt Kastellaun, an die vordere Gr. Sponheim,
an Kur Trier, an Beilstein.

§. 112.

Von dem Verhältnis mit Frankreich und Lothringen.

Der beträchtlichste Gränz-Nachbar ist ohne Zweifel die

Krone Frankreich zumalen seit der Vereinigung des Herzogthums Lothringen mit dieser Krone. Die Elsasische und hernach die Lothringische Gränze trift sich mit Zweibrükischen Gränzen von dem Oberamt Bergzabern an bis an die Grafschaft Sponheim.

So viel die Gränzen mit Lothringen und der Grafschaft Bitsch eines und dem Oberamt Zweibrüken anderenteils betrift, sind solche durch die Konkordate von 1600. 1601. besonders 1617. und zulezt durch den Altheimer Vertrag von 1726. meistens berichtiget, auch bei solcher Gelegenheit viele nachbarliche Irrungen gütlich beigelegt worden. Man hat dabei ausdrüklich paktirt, daß bei allenfalsig anderweiten nachbarlichen Irrungen nicht via facti zu Werk gegangen, oder die Beschwerden sogleich zu gerichtlichem Verfahren eingeleitet - oder dahin verwiesen, sondern durch Zusammentrettung beederseitiger Kommissarien in Güte erörtert oder hingelegt werden sollen.

Die Gränzen zwischen Lothringen und dem Oberamt Lichtenberg, sodann dem Amt Nohfelden sind durch den Tholeier Vertrag von 1730. festgestellt, allein die Rechte der Kommunen und der Privatorum nicht genug dabei gewahrt worden. Auch dieses solte nach dem Sinn der Verträge freundschaftlich beigelegt werden. Es kommen aber doch öfters Umstände vor, daß man den Königlichen Hof selbst angehen mus.

Lothringen hat zwei Leibeigene zu Walsheim Oberamts Zweibrüken, welche ihre Schazung oder Subventions=Gelder nach Bitsch zählen.

Was die eigentliche Französische Gränzen betrift, so habe ich schon oben S. 154. angemerket, daß die - in den Wiener Friedens=Präliminarien von 1735. Art. VII. und nachhero in dem Friedens=Instrument von 1739. Art. XIV. paktirte Kommission zu Richtigstellung der Nordlichen Gränzen des Elsasses noch nicht zu Stand gekommen.

Wann

Wann man die Gränzen des Speiergaues, (132) welche mit den Gränzen der Speierer Diözes gegen Elsas genau über- einkommen, mit den Gränzen der Strasburger Diözes vergleí- chet, so gehen die Elsassische Mitternächtliche Gränzen nicht weiter als der Moder (matra) nach, bis nach Selz.

Allein Frankreich behauptet, die Gränzen des Elsasses ge- hen bis an die Queich.

Weissenburg am Rhein (das ist, nicht weit vom Rhein,) liegt an der Lauter. Zwischen der Moder, welche nach obigen Datis die Gränze machen solte, und der Lauter, ist schon ein Strich Landes von fast 3. Stunden in der Breite. (133) Lan- dau liegt an der Queich. Zwischen derselben und der Lauter flie- sen noch die Otterbach, die Erlenbach, und die Klinge. Dieser Strich Landes ist wenigstens noch einmal so breit als der vpri- ge. Die Gränze von der Moder bis an die Queich, welche in Kontestation stehet, ist also sehr beträchtlich. Fast alle Edelleu- te, die in beeden Landesstrichen begütert sind, so auch ein Theil des Bistums Speyer und des Herzogthums Zweibrüken haben die Französische Hoheit bereits anerkannt. Und ich weis nicht, ob man sich wundern darf, wann Frankreich das übrige, so zwischen der Moder und der Queich liegt, und noch unter Teut- scher Hoheit stehet, denen Französischen Grundsäzen nach aber zum Elsaß gehöret, auch noch haben will, und die dabei in- teressirte Fürsten und Stände solches nachgeben. Dann wie wol- len einzelne an der Gränze sizende mindermächtige Stände der mächtigen Krone Frankreich, deren Freundschaft sie, ihrer La- ge nach, so hochnothwendig haben, anderst ausweichen, als durch Nachgebung.

Mit Lothringen und nunmehro auch mit Frankreich hat man Kartel wegen Auslieferung der Deserteurs sowol als der

Mis-

---

(132) Acta Acad. Pal. Vol. III. S. 223. und f. besonders S. 254. u. 255.
(133) s. die Karte l. c. ad pag. 228.

Missethäter, welches nun schon etlichemal, nach jedesmaligem Verlauf von 10. Jahren erneuert worden. Mit Lothringen hat man auch den Zoll=Vertrag von 1726. wodurch die Ausfuhr und Durchfuhr zum Haus=Gebrauch begünstiget wird.

Wie sehr übrigens das Herzogthum bei allen Reichs=Kriegen mit Frankreich denen unglüklichen Begegnungen, welche mit dem Krieg vergesellschaftet und ohnausbleibliche Folgen desselben sind, seiner Lage nach ausgesezt seie, davon hat man seit 150. Jahren die mehrmalige betrübte Erfahrung gemacht. In dem Krieg von 1757. bis 1763. aber ist das Herzogthum verschont geblieben, da die Französische Armeen ihren Zug mit mehrerer Gemächlichkeit ober=und unterhalb des gebürgigen Zweibrüker Landes genommen, wozu gleichwol H. Christian IV. durch persönliche kluge Verwendung das meiste beigetragen.

Eben dieses fürtreflichen Herrn persönliches Attachement an den König, und die Freundschaft, womit ihn der Monarch beehret, haben bewürkt, daß derselbe einen beständigen Minister an dem Pfalz Zweibrükischen Hof bestellet hat, so wie der Herzog dergleichen zu Paris hält. Beederseitige Minister haben den Karakter Ministre Plenipotentiaire und sind von der zweiten Ordnung.

§. 213.
Mit Kur Mainz.

Veldenz ist Kur Mainzischer Erz=Truchses und Kuchenmeister, und stehet schon 500. Jahre mit dem Erzstift in Allianz. (§. 122.) So lange das Amt Stadeken bei dem Herzogthum war, (§. 19.) ergaben sich zuweilen Nachbarliche Irrungen, weswegen im Jahr 1593. ein Vertrag errichtet worden. Dermalen fällt dieser Umstand weg.

Zu

In besagtem Vettrag ist bedungen, daß von beeden Theilen einem - aus des einen in des andern Herrn Land überziehenden Leibeigenen die Entlassung gegen 2. 3. oder höchstens 4. fl. ertheilt werden solle; diese Uebereinkunft bestehet noch.

§. 214.
Mit Kur Trier.

Das Kur-Trierische Amt St. Wendel gränzt an das Ober-Amt Lichtenberg und Amt Nohfelden. Die Gränzen sind ziemlich in Ordnung. Man ist hier gezwungen, gegen die Wild-Diebereien mit der äusersten Strenge zu verfahren.

In der h. Gr. Sponheim ist bishero das Erzstift Trier der beschwerlichste Gränz-Nachbar gewesen.

Es war ein alter Streit zwischen Sponheim und Trier, nicht etwa nur um der Hoheits-Gränze willen, sondern hauptsächlich um der alten Weisthums-Gerechtsamen willen, welche Kur Trier im Sponheimischen ohne Rüksicht auf die Sponheimische Landes-Hoheit auf seinen Leibeigenen und Peterlingen eben so ausdehnungsweise üben wolte, als wenn sie auf ohnbestrittenem Kurtrierischen Territorium gesessen wären.

Wann man nicht annimmt, daß die Kur-Trierische Räthe und Beamte zu Anfang des 16. Jahrhunderts, da die Leibsherren die Schazung noch von ihren auch ausser ihrem Territorium seßhaften Leibeigenen gehoben, den schon oben (§. 193.) angezeigten falschen Schlus vom Jure collectandi homines proprios ad Jus territoriale zum Grund ihres Verfahrens gelegt, so lassen sich viele ihrer Verhäugungen gar nicht erklären.

Wann man aber jenen Grund zum vorausseset, so wird begreiflich, warum man hernach noch weiter gegangen und auf noch soviel andere effectus territorii Anspruch gemacht. Z. B. Kur Trier hatte, vermög eines Weisthums, in einem Sponheimi-

mi=

mischen Dorf ein Junggericht über seine Leibeigene. Diese Leib=
eigene gaben ihre Schazung dem Leibherrn. Nach dem an=
genommenen Saz war nun das Junggericht nicht mehr, waß
es seyn solte, nemlich eine Gattung der niedern Gerichtsbarkeit,
sondern Kur Trier glaubte Condominus territorialis im Dorf
zu seyn.

Sponheim, welches nach seiner Lage denen Vexationen der
Kur=Trierischen Beamten täglich ausgesezt war, sehnte sich
nach der Ruhe, veranlaste eine Konferenz, einen Vergleich nach
dem andern, und gab nach, so viel nur immer möglich war.
Allein auch damit war nicht ans Ende zu kommen. Es wurden
abgethan geglaubte Sachen zum zweiten und drittenmal zur
Konferenz gezogen, und immer mehr verlangt. Sobald man
einem jenseits gethanen Eingrif von Seiten Sponheim realiter
widersprochen, so extrahirte Kur Trier ein Mandat auf die
Pfandungs=Konstitution, und erhielt sich durch seine Uebermacht
im Besiz. Dadurch haben sich die Prozesse zu Ende des 16.
und Anfang des 17ten Jahrhunderts so gehäuffet, daß Spon=
heim genöthiget war, einen eigenen Rath darauf anzunehmen.
Unglüklicher Weise wurde keiner abgeurtheilt, das 30jährige
Kriegswesen fiel darüber ein, und damit blieb vollends alles
erliegen. Dermalen scheinet der Zeitpunkt gekommen zu seyn,
die alte Irrungen durch Austausch und Vergleich gütlich beizu=
legen, wie dann zu solchem Behuf seit etlichen Jahren eine
Abtheilungs= und Austausch=Kommission beederseitiger Räthe
niedergesezt worden, welche auch schon in ihrem Geschäft weit
vorgeschritten ist.

In dem Dominio Mosellæ hat sich Sponheim erhalten,
obgleich die Trierischen Fischer und Schiffleute auch darinnen
unzehlige Eingriffe gewagt haben.

Mit Trier hat Sponheim einen Zoll=Vertrag d. d. Pfalzel
vff den lezten Tag in dem May 1377. kraft dessen die Spon=
heimi=

heimischen an den Trierischen Zoll zu Pfalzel fürbas nicht zollen, Trier auch den Zoll in seinem Land an kein End legen soll, da die Sponheimischen zollen müsten.

Wegen des Dibzesan-Rechts hat man auch zuweilen Irrungen mit Trier. Nach deutlicher Vorschrift des Westphälischen Friedens Art. V. §. 48. kan sothanes Recht in der Evangelischen Grafschaft Sponheim nicht statt haben, ausgenommen an Orten, wo das Erzstift im Jahr 1624. im Besiz gewesen, seine reditus, censûs, decimas & pensiones selbst einzutreiben, und in solchem Fall mus sich das Dibzesan-Recht blos bei sothaner Exaktion einschränken. Da nun aber noch überdis die Katholische Religion erst unter den Französischen Reunions-Zeiten (die Hof-Kapelle zu Kastellaun ausgenommen) eingeführt worden; so kan auch, nach der Natur der Sachen, von dem Schlus des angezeigten §. 48. kraft dessen die Bischöffe das Dibzesan-Recht über Evangelischer Obrigkeiten Katholische Unterthanen eben so fort zu führen berechtiget werden, wie sie es im Jahr 1624. geübt haben, kein Gebrauch gemacht werden, dann es waren damalen in ganz Sponheimischen Orten, weder Katholische Unterthanen noch Pfarreien da, über welche dieses Recht hätte ausgeübt werden können.

Es ist und bleibt dahero immer gegen die Regel, wann durch spätere Veranlassung theils der bekannten Ryswikischen Klausel- theils der Katholisch damaligen Mit-Herrschaftlichen Konnivenz, Kur Trier sich in dem Protestantischen Sponheim eines Dibzesan-Rechts anmasset, und der Herzog von Zweibrüken, wann er schon selbsten katholisch-ist, (§. 174.) ist in alle Wege befugt, dasselbe in denen ihm bei der lezten Abtheilung (§. 8.) zugefallenen Sponheimischen Ober- und Aemtern auszuhalten, zumalen dieselbe einen Bestandtheil des altväterlichen Herzogthums ausmachen, welches dem König in Schweden,

den, als Herzogen in Zweibrüken, vermög des Art. IX. P.
Rysw. ad normam Pacis Westphalicæ restituirt worden.

Ein anderes ist es, wo Kur Trier wirklich Mit=Landesherr
ist, als; in dem Dreiherrischen, nemlich zu Senheim, im Welt=
heimer Gericht, (mit Ausnahm Uhler) zu Panzweiler, Heß=
weiler und Haserich, oder auch wo Kur Trier sich ipso facto
in dem Mit=Besiz einiger Landesherrlichen Rechte befindet, als
im Krove=Reich; Gleichwol kan auch da dem Landesherrn, er
mag Katholisch oder Evangelisch seyn, das liberum juris territorialis in ecclesiasticis exercitium (Art. VIII. princ. J.P.O.)
nicht bezweiffelt, oder er darinnen beinträchtiget werden, wann
schon das Erzstift in solchen Gemeinschaften im Jahr 1624. die
Diözesan=Rechte ausgeübt hat, welches insonderheit bei dem
Krove=Reich auch aus dem Grund um so mehr zu beobachten
ist, weil in der Hauptsache bei dem Kammer=Gericht noch lis
pendens und dahero das Erzstift nicht befugt ist, die demsel=
ben salvo cursu processus zum Theil nachgegebene Hoheits=
Rechte ultra tenorem pactorum & ultra possessa auszudehnen.
Daß es dabei an mehrmaligen Irrungen, zumalen der Kleruß
dabei interessiret ist, nicht fehle, ist leicht zu ermessen; doch ste=
het von der friedfertig und freundschaftlichen Gesinnung beeder
dermaliger Durchlauchtigsten Landesherren zu hoffen, daß de=
nenselben durch die niedergesezte Kommission aus dem Grunde
werde abgeholfen werden.

§. 215.
Mit Kur Pfalz.

Mit Kurpfalz hat man seit 1410. öfters nachbarliche Ir=
rungen gehabt. Ohne der Haus=Angelegenheiten, welche hie=
her nicht gehören, zu gedenken, hat die Reformation den haupt=
sächlichen Anlas dazu gegeben.

Man

Man hatte von beeden Seiten Leibeigene in des andern Theils Hoheit.

Die von beeden Seiten sekularisirte Stifter und Klöster hatten Renten und Rechte in des andern Theils Hoheit.

Man hatte von beeden Seiten Weisthums-Rechte, Patronat Rechte, Kirchen- und Pfarr-Onera.

Es lagen Zweibrükische Orte in Kurpfalz und vice versa, in denen man sich die Hoheit, wenigstens das Jus gladii streitig machte, Waldungen, wegen deren man über die Forsteiliche Obrigkeit stritte.

Das Schazungs-Recht war auf keinen gewissen Fus. Das Recht des Gulden-Zolls, der Wildfänge, der Hagenstolzen wolte auf Zweibrüken ausgedehnt werden.

Alles dieses gab seit 1529. zu vielen Konferenzen, Kompromissen und Verträgen Anlas, unter welch leztern sich besonders der ganz vortreflich verfaste Landauer Vertrag von 1612. und der Maunheimer von 1737. auszeichnen. Gleichwol ist man erst durch den Schwezinger Vertrag von 1767. und durch den jüngsten Austausch-Receß von 1779. in soweit ans Ende gekommen. Ich sage, in soweit, dann wann man will, kan man immer Materie zu neuen Irrungen finden, in Betracht Zweibrüken kein einiges Oberamt hat, da es nicht Kurpfalz oder Simmern oder die vordere Grafschaft Sponheim zum Gränz-Nachbarn hätte. Jedoch die zwischen Kurpfalz und Pfalz Zweibrüken bestehende enge Haus-Union und persönliches gutes Vernehmen lassen hoffen, daß man künftig beederseits ruhig seyn werde. In Ansehung der Hoheits-Gränzen ist ohnehin alles in der Ordnung.

§. 216.

Mit dem Hochstift Speier.

Das Hochstift Speyer ist nicht allein Gränz-Nachbar in

dem Ober = Amt Bergzabern, Ober=Amt Guttenberg und Amt Kleeburg, sondern es liegen auch diese 3. Aemter nebst Selz und Hagenbach in der Speierischen Didzes. So viel diese lez=tere Aemter und Guttenberg betrift, kan man die Ausübung der Didzesan=Rechte, so weit ein ausser dem Königreich gesesse=ner teutscher Bischof solche daselbst unter Königlicher Bewilli=gung verrichten darf, nicht hindern. Was aber die teutschen Aemter betrift, bleibt es bei der mehrmalen und noch zulezt §. 214. angezeigten Regel.

Mit Speier hat man Irrungen wegen der in den Speieri=schen Aemtern unter Franzöfiſcher Hoheit angelegten neuen Zöl=le, wegen des Zolls von Sachen, so zum Haus=Gebrauch bei=derseitiger Unterthanen bestimmet sind, wegen des Beholzigungs Gedings im Bbhwald, wegen der im Speierischen wohnenden Zweibrükischen Leibeigenen, wegen der Mundats=Gränzen, wegen der Gerichts=Bestellung in denen 4. Zweibrükischen Mun=dats=Orten Amts Kleeburg, wegen etlicher geringfügigen Gränz Unrichtigkeiten und noch etliche dergleichen. Die Sache beru=het auf dem Abschlus der fast ans Ende gebrachten gütlichen Konferenz. Man stehet übrigens mit diesem Hochstift in rech=ter güter nachbarlichen Korrespondenz, dahero auch die endliche Beilegung der noch subsistirenden Irrungen in balden zu hoffen ist.

§. 217.
Mit Falkenstein.

Mit dem alten Herzoglichen Haus Lothringen, nunmeh=ro Ihro Kaiserlichen Majestät hat man nachbarliche Irrungen wegen der zu Zwei Drittel zum Herzogthum und zu einem Drittel zur Grafschaft Falkenstein gehörigen Herrschaft Stol=zenberg, oder dem Stekweiler und Diellircher Thal.

Die

Die Verfassung daselbst hat etwas ganz eigenes, und passet in gar vielen Punkten nicht auf die gewöhnlichen Kondominial-Rechte.

Der Stahlberg, Stekweiler und Beyerfeld sind ganz Zweibrükisch, ob sie schon in der Stolzenberger Hoheits-Gränze liegen. Falkenstein hat nur wenige Rechte und Gefälle alda.

Jeder Herr hat seine Leibeigene und beleget selbige mit Schazung und Diensten. Das Katastrum ist nicht ständig, sondern die Güter sind zwischen beederseitigen Leibeigenen im Kommerz, mithin nimmt das Katastrum immer ab und zu. Der Unterschied der Schazungs-Belegung aber ist gar wesentlich. Falkenstein erhebt eine ständige Schazung, seine Leibeigene mögen soviel oder so wenig liegend Gut besizen, als sie wollen. Dahingegen bei Zweibrükischen Leibeigenen wird die Schazung auf würkliche possessa regulirt; wer also viel abzukaufen im Stand ist, der verschazt viel. Die Kinder beederseitiger Leibeigener, welche sich zusammen heurathen, werden nicht leicht manumittirt, sondern nach Verhältnis ihrer Habe ausgewechselt, weil es sonst leicht geschehen könnte, daß, da die Kinder der ärgern Hand in der Leibeigenschaft folgen, ein hoher Theil vor dem andern in Ansehung der Leibeigenen und der Schazung gegen das alte Herkommen prägravirt würde.

Jeder Herr entläst seine ausser der Heurschaft ziehende Leibeigene vor sich allein. An dem Zehenden Pfenning aber, den sie von ihrem ausführenden Vermögen zu zahlen haben, ziehet Zweibrüken zwei - und Falkenstein ein Drittel.

Der Pfarr-Saz wechselt ab, dergestalt, daß Zweibrüken zween Pfarrer nacheinander und Falkenstein den dritten sezt.

Das Justiz- und Polizei-Wesen wird auf denen von Zeit zu Zeit zu Dielkirchen gehalten werdenden gemeinschaftlichen

Amts

Amts = Tägen administrirt. Von den fallenden Frevlen bekommt Fallenstein ein Drittel.

Die Landesherrliche Verordnungen werden in Gemeinschaft öffentlich bekannt gemacht.

Man hat sich von dem Kaiserlichen zur Grafschaft Fallenstein verordneten Ober = Amt Winnweiler aller nachbarlichen Freundschaft zu berühmen und werden die nun und dann sich ergebende Anstände freundschaftlich ausgeglichen.

§. 218.
Mit Hessen = Hanau = Lichtenberg.

Die Grafschaft Bitsch stoset an das Ober = Amt Zweibrüken und an das Amt Wegelnburg. Als im Jahr 1570. Graf Jakob zu Zweibrüken, Herr zu Bitsch ohne männliche Erben verstorben, nahm Graf Philipp der V. von Hanau Lichtenberg, der Gemal der Bitscher Erb = Tochter, Margaretha Ludovika, zu Behuf seiner minderjährigen Kinder, Besiz von der Grafschaft. Er weigerte sich aber, die ganze Grafschaft vor Lothringisch Lehen zu erkennen, und sich damit belehnen zu lassen, sondern behauptete, daß nur die Feste Bitsch mit ihrer Zugehörde, (134) worunter man den Burgfriedens Bezirk verstand, Lehenalles übrige aber Allodium seie.

Da nun Lothringen ohnehin noch grose Beschwerden gegen dem verstorbenen Grafen führte, so nahm man beede Umstände zusam=

(134) Es ist sich zu verwundern, daß die Vormundschaft lieber die ganze Grafschaft verliehrek = als solche zu Lehen rekognofziren wollen, um so mehr, als ja aus unzehligen Urkunden bekannt ist, (f. dergl. im Urkunden = Buch zur Zweibrükischen Vorlegung Num. 19. 23. 24. 37. 58. 59.) daß man bei Benennung des Haupt = Orts allezeit dessen Appertinenzien, es seien nun deren viel oder wenig, mit darunter begreife, ohne selbige namentlich zu verzeichnen.

zusammen, der Graf wurde kabuzirt und im Jahr 1572. der ganzen Grafschaft entsezt.

Anno 1606. bekam Hanau Lichtenberg durch einen Vergleich das Amt Pirmasenz oder Lemberg, nebst einigen andern Stükken, namentlich Fischbach bei Wegelnburg, zurük.

Mit Graf Jakoben hat man im Jahr 1566. einen Zoll-Vertrag errichtet, welcher 1726. mit Lothringen, so viel dieses Herzogthum und die Grafschaft Bitsch betrift, erneuert worden. In Ansehung des Hessen Hanau Lichtenbergischen Amts Pirmasenz bestehet jener alte Vertrag von 1566.

Während der Lothringischen Innhabung des Amts Pirmasenz sind im Jahr 1601. die Hoheits-Gränzen zwischen Zweibrüken und Pirmasenz erneuert und versteint worden. Noch vor wenig Jahren hat man selbige an Orten, wo die Gränzmahle zu weit aus einander stunden und dadurch die Direktions-Linie des Zwischenraums ungewis worden, festgesezet.

Ein Vertrag von 1617. entscheidet etliche nachbarliche Irrungen.

Auf der Seite gegen Wegelnburg, sodann zu Langensulzbach, sind noch etliche Gränz-Irrungen.

Im übrigen stehet man dermalen mit diesem Gränz-Nachbar in d. m freundschaftlichsten Verhältnis.

§. 219.
Mit Leiningen.

Pfalz Zweibrüken sizt mit Leiningen in der Herrschaft Falkenburg in Gemeinschaft. (§. 13.) Die Vorrechte, welche Pfalz Zweibrüken von wegen der sekularisirten Abtei Hornbach von Zeit der Reformation an, mithin allernächst 250. Jahre daselbst exerzirt hat, machen dem Haus Leiningen Mühe. An-

U 3   statt

statt aber selbige, wenn man ja etwas dabei zu erinnern zu haben glaubt, mit petitorischen Gründen vor den Austrägen zu bestreiten, haben zu Anfang des jezigen Jahrhunderts die Leiningische Beamten von dem ziemlich militärischen Zustand des Zweibrükischen Gouvernements und Regierung und von der Abwesenheit des geflüchteten Archivs zu profitiren, und hie und da einen Besiz-Stand einzuführen gesucht, dessen Absicht war, die Pfalz Zweibrükische Vorrechte zu verdringen und eine gleiche Gemeinschaft einzuführen.

Es waren ehedem in der Herrschaft zwei Pfarreien, nemlich Wilgartswiesen und Hochstetten. Erstere liegt innerhalb und leztere ausserhalb des Pirmanns-Bezirk, den das uralte Wilgartswieser Weisthum deutlich beschreibt. Ausserhalb dem Pirmanns-Bezirk, zu welchem die drei ansehnliche Gewälde, die Frankweiden, gehören, sizet man durchgehends mit Leiningen in rechter Gemeinschaft zu respektive einem Viertheil und drei Viertheil der alten Gefälle, und zur Helfte der Jurisdiktion. Innerhalb dem Pirmanns-Bezirk aber übt Pfalz Zweibrüken die Weisthums-Rechte der sekularisirten Abtei Hornbach. Dahin gehören die Bischöfliche Rechte, die Bestellung der Pfarrei und Schule, des Schultheisen und der Gerichte, das Eigenthum der ehemaligen Kloster-Waldungen oder der sogenannte kleine Pirmann, Besthaupt, Zehenden und d. gl.

Die Leiningische Eingriffe veranlasten realen Widerspruch, und diesem sezte man Kaiserliche Mandate entgegen, denen dann das gerichtliche Verfahren folgte.

Bei demselben wurden von dem Gegentheil die Grundsäze einer gleichen Gemeinschaft untergestellt, die Gemeinsherrliche Rechte in der Pfarrei Hochstetten ausser dem Pirmanns-Bezirk auf die in der Pfarrei Wilgartswiesen inner dem Pirmanns-Bezirk incongrue angewendet, die Hornbachische Rechte durch Affektation ignorirt oder widersprochen, das Eigenthum der Pir-

Pirmanns-Waldungen angesprochen, kurz solche Grundsäze
aufgestellt, welche einen mehr dann zweihundert jährigen Besiz-
stand, wo nicht vitios, doch wenigstens dunkel und zweifelhaft
machen solten.   Man hat aber doch jenseits nicht gut gefunden, eine Urtel in denen so unzeitig als ohne Grund erhobenen
Prozessen zu sollicitiren, wo inzwischen Pfalz Zweibrüken seinen
Besizstand fortgesezt hat.

In Jahr 1717. ist zwischen dem damaligen Königlich
Schwedischen Gouvernement und dem Hause Leiningen ein
Vergleich über die sogenannte neue Gefälle gemacht und jedem
Theil die Helfte derselben zugeeignet worden. Es werden darunter fructus Jurisdictionis verstanden, die nach dem 30jähri-
gen Krieg erst eingeführt worden. Da nun die Jurisdictio in der
Herrschaft individa ist, so wurde vor billig gehalten, auch die
davon abfallende fructus nicht, wie die alte Kameral-Gefälle,
zu ¼. und ¼. sondern zur Halbschied zu theilen. Die unterschiedene Rubriken derselben mus man aus dem Vertrage selbst
lernen.

In eben diesem Vertrag wurde dem Haus Leiningen die
Melkerei Hochstetten, welche im Jahr 1665. an dem Plaz,
wo daß im Jahr 1637. verstörte Pfarr-Dorf Hochstetten
gestanden hatte, erbauet worden, mit dem darzu geschlagenen Geländ, zum privativen Eigenthum vor ein Hof-Gut
abgetretten. Wenig Jahre darauf fiel es dem Leiningischen
Beamten ein, den ganzen ehemaligen Hochstetter Dorfs-
Bann von etlich tausend Morgen Land und einem grosen
Theil der Frankweiden, als zum Hochstetter Hofgut gehörig,
anzusprechen. Eine Ertravaganz, die um so unerträglicher
war, als der Vertrag von 1717. den Werth dessen, was Leiningen an Pfalz Zweibrüken vor dessen Helfte an der ehemaligen Hochstetter Melkerei abgetretten, in eine alte vor verlohren
gehaltene Kollateral-Schuld sezet, deren bonitas bei den Ver-

gleichs-

gleichs-Handlungen nicht einmal untersuchet werden, und um deren Zahlung allenfals die Allodial-Erben der längst ausgestorbenen debitorischen Linie hätten angegangen werden sollen.

Da der Leiningische Antheil an Falkenburg nach Absterben der Heidesheimer Linie an Leiningen Hartenburg gefallen, so spüret man gar merklich, daß die ehemalige Friedwidrige Gesinnungen nicht mit dem Lande zugleich an diese nun Fürstliche Leiningische Linie übergegangen, und es stehet dahero eine der Natur der Sache angemessene Auskunft zu hoffen.

§. 220.
Mit Nassau Saarbrüken.

Durch den Austausch des Amts Homburg, welches vorhin Nassau Saarbrüken und Nassau Weilburg in Gemeinschaft besessen hatten, ist alles zugleich, was zwischen Pfalz Zweibrüken und dem Fürstlichen Haus Nassau noch strittig seyn konnte, beigelegt worden.

Die Gränzen gegen Saarbrüken sind völlig in der Ordnung, und jenseits der beederseitigen Gränzen hat man nichts übrig gelassen, was zu Irrungen Anlas geben könnte. Die grose Menge Verträge, die man fast seit 300. Jahren mit Nassau gemacht, geben einen Beweis, wie schwer es gewesen, einen Ausweg zu beederseitiger Beruhigung zu finden. Der jüngste Vertrag von 1755. aber beweiset, daß keine Vergleichung zu schwer ist, sobald man beederseits den ernsten Willen hat, sich vergleichen zu wollen, und nicht geschehen lässet, daß die, so an dem Geschäft arbeiten, sich mit Kleinigkeiten aufhalten.

§. 221.
Mit dem Rheingräflichen Haus.

Zu Behuf des Homburger Austausches hat man von dem
Wild

Wild und Rheingräflichen Haus Grumbach deffen Theil an Mü-
fenz und noch etliche Dörfer 1755. eingetauscht, fofort an Naf-
fau Weilburg wieder abgetreten; dahingegen hat man dem
Rheingräflichen Haus das Klofter Offenbach nebft etlichen Dörfern in dem Eßweiler Thal abgetreten. Bei diefer Gelegenheit
find auch alle Irrungen mit Grumbach, deren vor und nach
dem jojährigen Krieg viele vorgekommen, aus dem Grunde
gehoben worden.

Durch Abtretung derjenigen Häufer und Leibeigenen, welche Pfalz Zweibrüken in dem Rheingräflich Kirburgifchen und
Steinkallenfelfifchen Dorf Staudernheim gehabt hat, an Kurpfalz vermög Hagenbacher Austausch-Rezeffes von 1768. haben auch die deßfalfige mehrmalige Differenzien ein Ende genommen.

Gleicher geftalt ift man durch Abtretung des Zweibrükifchen
Antheils an dem - mit dem nun ausgeftorbenen Rheingräflich-
Dhaunifchen Haus gemeinschaftlichen Dorf Niederkirchen an
Kurpfalz, vermög des jüngften Austaufches von 1779. aus die-
fem Verhältnis gekommen.

Die ausgeftorbene Familie von Ellenbach trug von dem
Rheingräflichen Haus einige Hub-Güter und Zinfe in dem
Dorfs-Bann, Rau-Jekenbach, Oberamts Meifenheim, zu
Lehen. Der lezte aus der Familie ließ fich im Jahr 1568. fein
Huben-Weisthum in ein Notariat-Inftrument bringen, ohne
daß von Seiten Zweibrüken jemand dabei gewefen wäre Der
ungefchikte Schreiber legte ihm in demfelben Land-herrliche
Rechte bei. Nachdem das Lehen heimgefallen war fprach das
Rheingräfliche Haus wirklich die Landeshoheit zu Rau-Jeken-
bach an. Nachdeme man aber die nöthige Auskunft deswegen
gegeben, fo fällt auch diefe angefchienene Irrung weg.

Das Rheingräfliche Haus tragt von Kurpfalz mit der Wild-
Grafschaft das Gericht auf der Siener Helde, insgemein das

U 5

Hei-

Heiden-Gericht genannt, zu Lehen, und wird daſſelbe in deuen Lebenbriefen immer nachgeführet. Deſſen Gränzen gehen durch einen Theil der Ober-Aemter Lichtenberg, Meiſenheim, Lauterecken ꝛc. In dieſem Diſtrikt, der in uralten Zeiten meiſtens Wald geweſen, ſollen die Wild-Grafen (Comites Sylveſtres) die hohe, fraiſchliche Obrigkeit zu exerziren gehabt haben. Da dieſes Gericht, mit der etwas jüngern teutſchen Reichs-Verfaſſung, da die Lande erblich worden, und die Stände ſelbſt alle Hoheits-Rechte in demſelben geübt, ohnmöglich hat beſtehen können; ſo hat es nothwendig ſchon von ſolcher Zeit an aufhören müſſen; Seit 200. Jahren, oder wan man lieber will; ſeit dem Weſtphäliſchen Frieden aber, iſt ohnehin nicht mehr daran zu gedenken, eine ſolche obſolete Anſtalt wieder in Gang bringen zu wollen. Man hat dahero auch gar nicht einmal nöthig gefunden, in den jüngſten Vertrag mit Grumbach von 1755. des Heiden-Gerichts Erwähnung zu thun, obſchon noch etwa 12. Jahr zuvor das Rheingräfliche Haus Miene gemacht hat, die Gränzen deſſelben ſolenniter beziehen zu wollen, welches aber, weil der Zug überall an den Hoheits-Gränzen mit Nachdruk abgewieſen worden ſeyn würde, unterblieben iſt.

§. 222.
Mit Reipolzkirchen.

Mit der Herrſchaft Reipolzkirchen hatte man langwührige Jrrungen wegen der Pfalz Zweibrükiſchen Einzugs-Gerechtig-keit in dieſelbe, und der anſehnlichen Rechte, welche man auf daſige Zweibrükiſche Leibeigenen hergebracht hatte, und welche man auch in poſſeſſorio ordinario durch die Kammer-Gerichts Urtel von 1745. erfochten.

Nach ergangener Urtel kam es nur noch auf Feſtſezung der Frage an: Welches eigentliche Zweibrükiſche, ſodann eigentli-che

che Reipolzkirchische Leibeigene und endlich, welches eigentlich Kurpfälzische Wildfänge seien. Dann, Kurpfalz hat in der Herrschaft das Regale, die einziehende fremde, welche keinen verfolgenden Herrn haben, aufzufangen, und als leibeigene anzuziehen, welche sich dann natürlicher Weis durch die ärgere Hand, fals keine Manumission ertheilt wird, vermehren müssen. Diese Untersuchung, welche man in den alten Weisthümern das Bebusamen nennet, weß untersucht wird, aus welchem Busen die Stamm-Mutter der angesprochen werdenden Person herkomme, war mit fast unübersteiglichen Hindernissen verknüpft, zumalen, weil in den Kriegs-Zeiten des vorigen Jahrhunderts die meisten Kirchenbücher verlohren gegangen. Der Zweibrükische Widerspruch gegen Kurpfalz wurde dadurch gehoben, daß Kurpfalz in dem Schwezinger Vertrag 1767. seine Wildfangs-Rechte in der ganzen Herrschaft an Pfalz Zweibrüken abgetretten hat. Noch nähere Anstalt zu Hebung des Widerspruchs von Seiten Reipolzkirchen machte Pfalz Zweibrüken durch Aequisition der Löwenhauptischen oder Elrodischen Helfte der Herrschaft Reipolzkirchen. Allein 1779. fand Pfalz Zweibrüken gut, alle alte Zweibrükische, die cedirte Kurpfälzische und die acquirirte Elrodische Jura mit einander an Kurpfalz theils Kauf- theils Tauschweise abzutretten. Bei welcher Gelegenheit Pfalz Zweibrüken einen Theil des Kübelberger Gerichts überkommen, dessen übrigen Theil aber durch Abtrettung der Dörfer Duchrod und Oberhausen vollends eingetauscht hat. Man stehet also disseits mit der Herrschaft Reipolzkirchen in keiner Verbindung mehr, ausgenommen, was die Gränzen betrift, welche aber regulirt sind.

§. 223.
Mit Eberstein.

Mit Eberstein hatte man auch ein und anderes zu thun,

und

und hat man mit Ihnen am 14. Dezember 1587. und 27. Febr. 1620. Verträge wegen Leitsweiler, Fraisen, Rohrbach ꝛc. errichtet. Nach Ausgang der Familie hat Lothringen, so viel ich weis, als Lehen-Herr succedirt, gehört also dieser Gegenstand dermalen unter das schon oben angezeigte Verhältnis mit Lothringen.

§. 224.

Mit Oberstein.

Die Herrschaft Oberstein liegt an der Gränze des Ober-Amts Lichtenberg an der Nohe. Sie ist Kurtrierisch Lehen, und nach Absterben des lezten Grafen von Leiningen-Heidesheim zwar eingezogen - gleichwol hernach ein Theil davon an Graf Philipp Ferdinand von Limburg-Styrum durch Vergleich überlassen worden.

Man hat mit Oberstein den Vertrag von 1539. kraft dessen der Graf das Bau-Holz zur Baumholder Kirch aus der Winterhauch abzugeben schuldig ist. Oberstein hat zwei Leibeigene in Leutersweiler, Ober-Amts Lichtenberg. Sie geben Leibbeed ꝛc. sind aber übrigens Zweibrükische kollektable Unterthanen; doch müssen diejenige Zweibrükische Leibeigene, so in eines der Obersteinischen Häuser ziehen wollen, sich loskaufen.

§. 225.

Mit den Innhabern der Herrschaft Eberswald.

Die Herrschaft Eberswald, welche zwischen Kur Trier und der Herrschaft Sötern gemein war, nun aber abgetheilt ist, liegt an der Gränze des Amts Nohfelden. Man hatte daselbst Gränz-Irrungen; sie sind aber nun regulirt.

§. 226.

§. 226.

Mit den Grafen von der Leyen.

Die Grafen von der Leyen besizen das Amt Blies-Kastel an der Gränze des Oberamts Zweibrüken. Diese ist nun ganz in der Ordnung, nachdeme ganz neuerlich die Gränze zwischen Hasel und Würzbach, sodann an der Brüke über die Blies nächst vor Blies-Kastel ausgeglichen worden.

Die Grafen von der Leyen tragen den Münchweiler Thal, Oberamts Lichtenberg, von Pfalz Zweibrüken von wegen der sekularisirten Abtei Hornbach und dazu gehörigen S. Fabians-Stifts mit den meisten Regalien, deren ein Edelmann fähig ist, zu Lehen. Alle übrige Würkungen aber der Landesfürstlichen Hohen Obrigkeit, deren entweder der Vasall nicht fähig, oder die ihm nicht ausbrüklich geliehen worden, oder er nicht im ruhigen Herbringen hat, behauptet Pfalz Zweibrüken. Dahin gehören die hohe Landesfürstliche Obrigkeit, und mit derselben das Bischöfliche Recht, das Jus metallifodinarum, u. d. gl. H. Wolfgang führte daselbst die Evangelische Religion ein. Der Vasall hatte mit Kirchen-Sachen gar nichts zu thun. Erst im Jahr 1614. gab ihm der Landes- und Lehen-Herr das jus nominandi & præsentandi durch einen Vergleich vom 4. August nach. Jedoch muß der Kandidat zum Examen und Probpredigt hieher geschikt werden, und wann er tüchtig befunden worden, so wird ihm von wegen des Klosters und dessen zugehörigen Stift St. Fabian die Pfarrei konferirt, und er damit investirt auch durch den Kloster-Schafner oder einen andern Zweibrükischen Diener dem Pfarr-Volk präsentirt und fürgestellt, sonach durch die Leyische Befehlshaber dem Pfarr-Volk auferlegt, ihn vor ihren Seelsorger zu erkennen. Die Pfalz Zweibrükische Kirchen-Ordnung soll bei der Pfarrei bleiben. Der Pfarrer soll bei den Synodis des Oberamts Lichtenberg erschei erscheinen. Die Kirchen-Visitation soll von Pfalz Zweibrüken in Beisenn eines Leyischen Befehlshabers, auf die im Vertrag vorgeschriebene Art, geschehen.

Durch eben diesen Vertrag von 1614. hat Pfalz Zweibrüken bewilliget, daß die Appellationen von dem Gericht Münch= weiler künftighin an den Vasallen gehen mögen, doch soll der= selbe die ohnfehlbare Verordnung thun, daß das Gericht jeder= zeit mit qualifiziret und tauglichen Personen besezt, auch in appellatoria in Sachen so verfahren werde, daß den Parthien schleunig und gebührlich Recht wiederfahre, und niemand, sonderlich die Pfalz Zweibrükische Eigenthums=Unterthanen, er= hebliche Ursachen bekommen mögen, sich zu beschweren, daß ihnen nicht gebührend Justiz und Recht gedeihe.

Der Vasall hat also das Recht die Appellationen, welche vorhin von dem Münchweiler Gericht an die Kanzlei zu Zwei= brüken gegangen, anzunehmen, aus der spezial Konzeßion des Lehenherrn, und wann sich über deßen Justiz= Pfleege bei Pfalz Zweibrüken als Eigenthums=Herrn, insonderheit auch von den Ei= genthums=Unterthanen, die der Vasall zu Lehen trägt, beschweret wird; So hat der Herzog wenigstens eben so viel Recht, die einkom= mende Beschwerden zu untersuchen und abzustellen, als der Kaiser bei denen Ständen, denen er ein Privilegium de non appellando ad Judicia Imperii verliehen, die gegen eine solche höchste Instanz einkommende Beschwerden untersuchen und ab= stellen kan.

Im übrigen wird der Vasall in mehrbesagtem Vertrag als Ober= und Gerichts= Herr des Münchweiler Thals anerkannt, mit der Versicherung, daß ihm an seinen- des Orts herge= brachten Oberherrlich= und Gerechtigkeiten keine Verhinderung gemacht werden solle.

Aus

Aus Gelegenheit des während Französischer Reunion eingeführten Katholischen Simultaneums und verweigerter Wieder-Besezung der Evangelischen Pfarrei Münchweiler hat die Schwedische Regierung im Jahr 1699. selbst einen Evangelischen Pfarrer dahin bestellt, den Katholischen Pastor aus dem Lutherischen Pfarr-Haus delogirt, und die von ihm zur Ungebühr bezogene Besoldung dem Lutherischen Pfarrer Friedensschlusmäsig wieder eingeräumt, wohingegen der Pastor von der Kron Frankreich, als ein neu angestellter Geistlicher, die gewöhnliche 300. Pf. zur Besoldung bekommt. Unter Herzoglich Gustavischer Regierung aber schöpfte der Vasall dem Pastor ipso facto und mit dem gröbsten Widerspruch der Evangelischen eine Besoldung aus den Evangelischen Kirchen-Gefällen, ja er bestellte sogar über dieselbe eine Zeitlang einen Katholischen Rechner.

Es ist hier der Ort nicht, die daraus entstandene harte Bekränkungen, über welche im Jahr 1719. 20. und 21. so viel gedrukt und nachhero so vieles geschrieben worden, zu detailliren. Ich bemerke dahier nur, daß, da es endlich vor dem Kammer-Gericht deswegen zum Prozes gekommen, der Vasallische Sachwalter den verkehrten und mit dem Vergleich von 1614. sich diametraliter stosenden - mithin sich selbst widerlegenden Saz aufgestellet, der Vasall seye Landesherr im Münchweiler Thal, habe also durchaus die Regel vor sich. Pfalz Zweibrüken habe keine Rechte alda, als welche per modum exceptionis zu Gunsten des Lehen-Herrn in dem Vertrag von 1614. bestimmet seyen.

Gleichwol sind, als der Prozes zur Relation und Korrelation gekommen, Paria ausgefallen, welches wol nimmermehr geschehen seyn würde, wann da nicht zugleich die Frage von der Anwendung der Ryswikischen Klausel überhaupt, und von deren Würkung auf Pfalz Zweibrüken insonderheit, in Rüksicht

auf den neunten Artikel des Rywikischen Friedens mit abge-
handelt worden wäre. Dann da hierinnen die Corpora Catho-
licorum & Evangelicorum selbst nicht einig sind, so ist sich
wol nicht zu verwundern, daß das Kammer-Gericht bei dieser
Sache auch in partes gegangen.

Pfalz Zweibrüken erhält sich indessen in seinen Hoheits-
Rechten, die dem Vasallen nicht zu Lehen geliehen worden.

§. 227.
Mit der Ritterschaft überhaupt.

Mit der Ritterschaft überhaupt kan man in so ferne zuweilen in Irrungen kommen, als dieselbe sich anmaset, in dem
Herzogthum actus Jurisdictionis zu verrichten.

Alle in dem Herzogthum wohnende Nobiles, sie mögen
Vasallen seyn oder nicht, sind schuldig, die Landes- und Erb-
Huldigung zu leisten. Sie stehen unter der Regierung. Bei
Sterbfällen wird bei ihnen obsignirt und inventirt; ihren minderjährigen werden Vormünder bestellt, kurz, sie stehen vor
ihre Personen und in Ansehung der Güter, so sie in dem Herzogthum besizen, unter der Gerichtsbarkeit des Landesherrn,
wovon, nun seit 30. Jahren, eine Menge Beispiele aus denen
Familien von Cathcart, von Plüksburg, von Günterode, von
Wrede, von Hofmann, von Steinkallenfels, von Fürstenwärther, von Schmiedberg u. m. beigebracht werden könnten.

Nachdeme im Jahr 1561. die Kaiserliche Bestättigung über
die von den verschiedenen Mitgliedern der Schwäbischen Ritterschaft in der Donaustadt Munderkingen am 7. August 1560.
errichtete Ordnung erfolgt war, (135) so liesen die Autores derselben am 10. Oktober 1561. an die ihnen noch nicht zugewand-
te von Adel ein Cirkular-Schreiben ergehen, und ermunterten
sie

(135) **Würtembergische Vorstellung** 2c. S. 27.

sie zum Beitritt. Gleiche Einladungen sind auch hernach von den Fränkischen und Rheinischen Vorgängern an den Adel selbiger Lande ergangen.

Es ist aber von denen wenigen Adelichen, die ihre Güter blos im Zweibrükischen haben, als die Baldeweine von Zweibrüken, die Bliken, nachhero Günterode, die Kellenbach rc. keiner dem Institut beigetretten. Dahingegen ist man in neuern Zeiten gewahr worden, daß mehrere im Herzogthum gelegene adeliche Güter bei der Ritterschaft ipso facto immatrikulirt worden seien.

Der ganz natürliche Anlas dazu war dieser. Der grôste Theil derer, so den Grund zu dem Institut legten, und demselben bald beitratten, hatte wirklich unmittelbare Ritter=Güter. Sie hatten aber auch meistens Güter und Lehen unter der Stände Obrigkeit, in Ansehung derselben sie vor mittelbar angesehen, und vermög der Reichs=Abschiede denen Ständen, welchen sie zustehen, überlassen wurden. Indessen kamen einmal die Namen derer, die der neuen Einigung beigetretten waren, in das Register, und als die Frage von Anstellung einer proportionirten Kollektation war, so verzeichneten die Mit=Glieder ihre Besizungen überhaupt, mithin mittelbare und unmittelbare, woraus nach und nach die berufene Ritterschaftliche Matrikel entstanden, welche noch immer ein Geheimniß vor Kurfürsten, Fürsten und Stände ist. (156) Weil den Gliedern der Ritterschaft bei ihrem Eid eingebunden wurde, ihre ganze Habe genau zu verzeichnen und nichts zu verheimlichen; vielleicht auch, weil mancher mit seinen vielen Besizungen sich ein Ansehen geben wolte; So geschahe es, daß unmittelbare und mittelbare Güter, eigen und Lehen, Pfandschaften und Hypotheken, die auf Ablosung oder antichretische Rechnung stunden,

Adet

(156) Würtembergische Vorlegung S. 111. §. Man verkennt zwar u. s.

X

Adeliche und Bauern=Güter, alles ohne Unterschied spezifizirt und sofort der Matrikel einverleibt wurde.

Solchergestalt ist bei dem Geschlecht der Freiherren nun=mehro Grafen von der Leyen das Münchweiler Thal Ober=Amts Lichtenberg, der Freiherren Boos von Waldek, das Dorf Huudsbach, Montforter Hof ꝛc. Ober=Amts Meisenheim, der Freiherren von Schellard, das Dorf Gonnesweiler, der Frei=herren von Sikingen das Dorf Kingernheim, der Freiherren Faust von Stromberg, das Dorf Badenheim, der Freiherren von Stein=Kallenfels, das Dorf Buntenbach u. d. m. neben dieser Geschlechter unmittelbaren Ritter=Gütern in die Ritter Matrikel gekommen, ob sie schon ursprünglich alle unter Pfalz Zweibrükischer Landes=Hoheit stehen. Noch im Jahr 1753. hat man ein dergleichen Gesez= und Ordnungs=widriges Denombrement entdeket, welches der lezte von Günterode im Jahr 1729. zur Ritterschaft eingeschikt, und diese ohne die min=deste Bedenklichkeit angenommen hatte, da aber auch der Mis=brauch sogleich von Seiten Pfalz Zweibrüken abgestellt worden.

Da die immatrikulirte Orte und Güter alle zur Rittersteuer angezogen werden und die Ritterschaft nun einmal das Prinzi=pium angenommen hat, von dem Besteurungs=Recht auf die Gerichtsbarkeit (137) zu schliesen; So wird dadurch ganz na=türlich die Landesherrliche Jurisdiktion verdrungen. Es kostet insgemein der Ritterschaft nur einen Extrakt aus ihrer berufe=nen Matrikul und damit die Bescheinigung ihrer possessionis juris collectandi momentaneæ, um nicht allein in dem Besiz des Besteurungs=Rechts, sondern auch der daraus herleitenden anmaslichen Jurisdiktion geschüzt zu werden. Ob nun schon die dabei interessirte Fürsten und Stände in Franken, Schwa=ben und am Rhein die unheilbare Nullitäten der Ritter Matri=kel bei Gelegenheit des nachgesuchten Reichs=Regulativs vorge=

legt,

(137) **Würtembergische Vorlegung** ꝛc. S. 124. u. f.

legt, annebst mühsam deduzirt haben, daß nach Vorschrift der Rechte, die der Ritterschaft contra tertios inauditos ertheilte Kaiserliche Privilegia nichts würken können; So war es aus denen in dem Reichs-Gutachten vom 23. Julii 1753. welches von Kaiserlicher Majestät am 4. August darauf ratifizirt worden, angezeigten Ursachen, doch weiter nicht zu bringen, als daß beliebt worden, daß die zwischen Kurfürsten, Fürsten und Ständen, sodann der Ritterschaft vorkommende Irrungen in Güte sub auspiciis Imperatoriis beigelegt werden sollen, in welchem Fall allerdings zu hoffen stehet, daß, wann auch ein Vasall, hinter dem Lehen-Herrn her, sein Lehen bei der Ritterschaft hat immatrikuliren lassen, und von seinen Lehen-Renten, als über welche er frei disponiren kan, der Ritterschaft freiwillig etwas abgibt, dennoch bei Eröfnung eines solchen Lehens der Gerechtigkeit und dem unumstößlichen Saz, resoluto jure dantis, resolvitur jus accipientis, werde Plaz gegeben werden.

Die Ausübung einer Ritterschaftlichen Jurisdiktion im Herzogthum hat man noch immer ausgehalten, und wann sich ein Ritter-Bott in Exerzirung eines anmaslichen Aktus betretten lässet, so wird er mit seiner Expedition auf die Gränze geführet.

Es ist zwar schon geschehen, daß ein Ritter-Bott sich etwa in ein Gränz-Ort, worinnen kein Zweibrükischer, sondern der Schultheis des Edelmanns, der die Gerichte von Pfalz Zweibrüken zu Lehen trägt, wohnhaft ist, eingeschlichen und Insinuationen gethan, auch wol Patente angeschlagen, und sich sodann bei Nacht und Nebel, aus Furcht handfest gemacht zu werden, wieder fort gemacht hat. Allein, jedermann weis, daß durch dergleichen actus clandestinos kein Besiz erworben werde, wie dann auch, sobald man dergleichen Anmassungen

X 2   gewahr

gewahr wird, durch Abreisung der Patente und in andere rechtliche Wege realiter kontradizirt wird.

Noch in ganz neuern Zeiten hat Pfalz Zweibrüken dem blödsinnigen Freiherrn von und zu Stein = Kallenfels, dem leztern seines Geschlechts, welcher seine ordinäre Wohnung und Registratur = Gewölb in der Zweibrükischen Ober = Amts = Stadt Meisenheim gehabt, woselbst auch sein Beamter und Rentmeister gewohnt haben, Vormündere bestellt, auch ad instantiam des gewesenen hiesigen Ober = Jägermeisters von Stein = Kallenfels, als präsumtiven Nachfolgers in denen Stamm = Lehen, wegen dessen Interesse, die Versiegelung des Stein = Kallenfelsischen Brief = Gewölbs zu Meisenheim, und Separation der Papiere verfüget. Nach erblosem Absterben dieses präsumtiven Erben hat der blödsinnige Freiherr von Stein = Kallenfels in einem intervallo dilucido ein Testament über seine ganze mittelbare und unmittelbare Vermögenschaft errichtet und solches dem Kammer = Gericht persönlich exhibirt, so fort um dessen Exekution gebetten.

Die Ritterschaft stand zwar um Aufhebung der Pfalz Zweibrükischen Obsignation an, konnte aber gegen die Landesherrliche Jura nicht durchdringen, sondern das K. Kammer = Gericht, welches ex continentia Causæ alle Stein = Kallenfelsische Besizungen begriffe, fand der Sache ganz angemessen, den von Seiten Pfalz Zweibrüken in honorem dieses höchsten Gerichts beschehenen Antrag, daß der Landesherr ex Commissione Cameræ Imperialis dieselbe beendigen solle, zu genehmigen. Welches auch geschehen.

§. 228.

Mit Bontenbach.

Was die Irrungen mit einzelnen vom Adel betrift, so will ich solche hier nur summarisch nach dem Alphabet anzeigen.

Mit

Mit den Innhabern des Hauses Bontenbach im Oberamt Zweibrüken, denen von Stein-Kallenfels, und nachhero denen von Cathcart zu Carbiston, hatte man Irrungen wegen der Hoheit, des Bischöflichen-Rechts, des gemeinschaftlichen Gerichts und der Appellationen. Es sind deswegen 1614. und 1762. Verträge gemacht worden. Durch den Vertrag vom 11. Febr. 1777. ist dieses Haus durch Tausch an Pfalz Zweibrüken gekommen, und fallen mithin diese Irrungen weg. (§. 14. am Ende.)

§. 229.
Mit Boos von Waldek.

Mit denen Boosen von Waldek hat man Irrungen zu Hundsbach und auf dem Montforter Hof, beedes im Oberamt Meisenheim, welche auf Anmaßungen nach Ritterschaftlichen Prinzipien hinauslaufen. Man erlaubt ihnen nicht über das Herkommen zu gehen.

§. 230.
Mit Dürkheim.

Mit Dürkheim ist man in Ansehung der Herrschaft Ebtern Gränz-Nachbar. Es subsistirt ein Vertrag mit dieser Herrschaft von 1609. in welchem wegen dessen, was dieselbe im Amt Nohfelden besizt, Vorschrift enthalten.

§. 231.
Mit Günterode.

Die Güter, so die zu Anfang des vorigen Jahrhunderts ausgestorbene Familie der Bliken von Lichtenberg in dem Herzogthum besessen, und welche zum Theil Eigenthum, meistens aber Lehen sind, kamen an den Blikischen Tochtermann von

X 3   Gün-

Günterode, deme H. Johann I. deswegen im Jahr 1595. einen Gnaden-Brief ertheilt hatte, und nachdem auch diese Familie vor 30. Jahren im Mannsstamm erloschen, an den Günterodischen Tochtermann, von Fürstenwärther. Es ist durch mehrere Verträge bestimmt worden, was vor Gerechtsame der Landesherr dieser Familie nachgegeben. Der lezte und Haupt-Vertrag ist zwischen H. Christian IV. und der von demselben angeordneten Vormundschaft, nemlich der Günterodischen Wittwe und deren Schwager dem Grafen Friederich von Eberstein im Jahr 1753. abgeschlossen worden. In demselben sind den Günterodischen Töchtern ex speciali gratia die Mannlehen vor ihre Männliche Descendenz gelassen, das ganze schon seit dem 13. Jahrhundert bestandene und in vielen Stüken dunkel gewesene Lehenwesen in Ordnung gebracht, und auf einen beständigen Fus gesezt, die alte Verträge durchgangen, und theils erneuert- theils rektifizirt worden. Die jüngste Günterodische Tochter heurathete einen von Schmidberg aus Schwaben, und zeugte mit demselben einen Sohn. Beede Eltern starben sehr frühzeitig. Pfalz Zweibrüken bestellte sofort dem minderjährigen von Schmidberg seinen Vetter den von Galen zu Lichtenberg zum Vormund. Als nun der Pupill auch bald verstarb, so fielen die Günterodische Lehne ganz an den Sohn der ältern Günterodischen Tochter, von Fürstenwärter, dessen Vater auch das Günterodische Allodium durch Vergleich an sich gebracht hat.

§. 232.
Mit Hunoldstein.

Mit Hunoldstein hatte man Irrungen wegen Hof und Leutersweiler. Sie haben ihre Jura qualia qualia an den ältern Freiherrn von Schorrenburg, und dieser hat solche in dem Vergleich von 1738. an Pfalz Zweibrüken abgetretten, mithin fallen diese Irrungen weg.

§. 233.

§. 233.
Mit Kellenbach.

Mit Kellenbach walten Irrungen wegen des Dorfs Eisen-bach am Glan vor, welches diese Familie mit der niedern Ge-richtsbarkeit von Pfalz Zweibrüken zu Lehen trägt. Es ist aber da nicht sowol von nachbatlichen Irrungen als von dem die Fra-ge, was der Landes- und Lehen-Herr dem Vasallen zu Lehen ge-liehen oder nicht geliehen.

§. 234.
Mit Löwenstein, wegen Schersfeld.

Mit Löwenstein hatte man ehehin viel zu verkehren. Es ist aber diese Familie vor 120. Jahren ausgestorben und deren Zweibrükische Lehen eingezogen worden.

Es trug dieselbe von dem Rheingräflichen Haus das Dorf Niederkirchen und gewisse Weisthums-Gerechtsame in dem Zwei-brükischen Dorf Schersfeld zu Lehen. Diese fielen an die Rhein-grafen zu Dhaun und Grumbach zurük. H. Friedrich Ludwig fand Gelegenheit, die Helfte an Niederkirchen und der Löwen-steinischen Gefälle zu Schersfeld zu acquiriren. Erstere ist 1779. an Kurpfalz vertauscht worden, leztere aber hat man noch. Die andere Helfte an diesen leztern, nemlich den Löwen-steinischen Weisthums Rechten zu Schersfeld, besas das Rhein-gräfliche Haus Grumbach, und wolte dieselbe zum Nachtheil der Zweibrükischen Landes-Hoheit gelten machen. Da es mit dieser Anmassung nicht durchdringen konnte, cedirte es im Jahr 1680. seine Rechte an Kurpfalz, welches dann bei den Kon-ferenzen von 1701. 1723. 1736. und 1767. zu vieler Schrei-berei Anlas gab, wo immittelst gleichwol Pfalz Zweibrüken sich beständig in dem Besiz der Landes-Hoheit erhalten hat. Da

X 4

man

man sich mit Abschliesung des nur besagten Vertrags von 1767.
bei dieser Kleinigkeit nicht aufhalten wolte, so wurde paktirt,
alles in statu quo bis zu näherer Vergleichung zu lassen, mithin kontinuirt Pfalz Zweibrüken die Landes-Hoheit zu Schersfeld nach wie vor.

§. 235.
Mit Randek.

Mit den Besizern des Hauses Randek, welches dermalen
die Freiherren von Reigersberg sind, hatte man auch zuweilen
Irrungen, indeme dieselbe in den Zweibrükischen Dörfern Bister-
schied und Seelen an die Landes-Hoheit Anspruch machten,
weil ihre daselbst habende Gefälle zu dem Reichs-Lehen Rand-
eken gehören, eben als wann die in territoriis statuum gelegene Häuser und Güter, auf welchen dergleichen Reichs-Lehen-
bare Renten und Gefälle haften, eo ipso von der Landes-Hoheit der Stände erimirt wären. Es ist aber nun lange nichts
mehr davon vorgekommen, immittelst auch das Dorf Seelen
durch den Vertrag von 1778. an Kurpfalz abgetretten worden.

§. 236.
Mit Schorrenburg.

Der ehemalige hiesige Minister Freiherr von Schorrenburg
hat durch seine während seiner kurzen Ministerschaft gemachte
überschwengliche Erwerbungen Anlas zu fast unzehlichen Irrungen und Prozessen gegeben. Durch den Vergleich mit der Herrschaft von 1738. sind solche so beigelegt worden, daß ein jeder
anderer sich dabei würde beruhiget haben. Der Freiherr von
Schorrenburg aber fieng nun an, gegen den Sinn und Exekution des Vertrags eine grose Menge von Beschwerden aufzu-
stellen, und es nebst deme mit seinen Lehens-Unterthanen auch
mi

mit andern Gemeinden und Partikuliers aufzunehmen, wordurch er seiner Familie am meisten geschadet. Von allen seinen zahlreichen Besizungen ist noch das Dorf Breitfurth, die Rinkweiler und Ernstweiler Höfe und einige einzelne Güter übrig, wegen welcher kein Streit mehr ist.

§. 237.
Mit Sikingen.

Mit denen von Sikingen hat man wegen der Herrschaft Landstuhl noch einige unbedeutende Misele auf der Gränz, worüber ein Vertrag von 1595. vorhanden ist.

Von mehrerem Belang ist die Beschwerde wegen des Patronat-Rechts zu Kirchen Armbach. Das Fürstliche Haus Nassau hat dasselbe bei dem Homburger Tausch nebst dem dasigen Zehenden und darauf haftenden Oneribus an Pfalz Zweibrüken abgetretten. Das Haus Nassau ist von Zeit der Reformation an in ohnunterbrochenem Besiz dieses Patronat-Rechts gewesen. Der lezte Lutherische Pfarrer, den dasselbe bestellt, hies Zacharias Leopoldi, welcher auch bis an sein im Jahr 1709. erfolgtes Absterben, den Dienst versehen, ob er schon der Gewalt ausweichen und auf der in der Nachbarschaft gelegenen Pfarrei Hersperg domiziliren muste. Von solcher Zeit an hat zwar sowol das Fürstliche Haus Nassau als nachhero Pfalz Zweibrüken gesucht, diese Patronat-Gerechtigkeit mittelst Einsezung eines Lutherischen Pfarrers zu Kirchen Armbach auszuüben; Allein die Freiherren und jezige Graffen von Sikingen haben gegen den offenkundigen Besiz-Stand des Entscheidungs-Jahrs und des Ryswikischen Friedens selbst, ja sogar gegen den mehrmalen in Druk seienden Vergleich des Freiherrn Franz von Sikingen mit seinen Evangelischen Unterthanen von 1669. die Wiederbestellung eines Evangelischen Pfarrers zu Kirchen Armbach behindert.

X 5

Aus

Aus Regensburger Nachrichten weis man, daß die Unterthanen wegen ihrer gehemmten Religions-Uebung würklich seit bald 10. Jahren bei Reichs Hof Rath geklagt und um ein Mandat angestanden. Wann dieser Prozes entschieden seyn wird; so wird Pfalz Zweibrüken auch sein Patronat-Recht wieder üben können.

Achtzehendes Kapitel.
Vom Aktiv-Lehenwesen.

§. 238.
Dreierlei Lehenhöfe.

Die Lehen, die der Herzog von Zweibrüken leihet, rühren theils von der Grafschaft Zweibrüken, theils von der sekularisirten Abtei Hornbach, theils von der Grafschaft Veldenz, theils sind solche in spätern Zeiten angesezet worden, und releviren von dem Herzogthum im ganzen genommen. Alle zusammen machen den eigentlichen Zweibrükischen Lehenhof aus.

Nebstdeme sind etliche von der Grafschaft Lüzelstein lehenrührig, bei denen das Dominium directum zwischen Kurpfalz und Pfalz Zweibrüken gemeinschaftlich ist. Nach einem besondern Vergleich mit Kurpfalz von 1747. leihet solche der Herzog und kommunizirt die neue Lehen und Revers-Briefe an Kurpfalz. Es ist diß der Pfalz Veldenzische Lehenhof, weil nemlich die nachgeborne Zweibrükische Rupertinische oder Veldenzische Linie, deren die Grafschaft Lüzelstein durch den Augsburger Options-Rezeß 1566. (§. 96.) zugefallen, solchem bis zu ihrem Ausgang 1694. geliehen hat. Man mögte aber solchen eigentlicher, und um zu keinem Mis-Verstand in Ansehung der

Gräf-

Gräflich Veldenzischen zum Zweibrükischen Lehenhof gehhrigen Lehen, Anlaß zu geben, den Pfalz Lüzelsteinischen Lehenhof nennen. (138)

Endlich leihet Pfalz Zweibrüken in turno mit dem Marggräflichen Haus Baden, secundum senium Regiminis, die Hinter-Grafschaft Sponheimische Lehen, und dieses heiset der Sponheimische Lehenhof.

§. 239.
Zweibrükische Lehen.   Kurpfalz.

Zum Zweibrükischen Lehenhof gehöret: Erstlich, Kurpfalz, welches von dem Herzogthum von wegen des Klosters Hornbach die drei Dörfer Zell, Herrheim und Nissern an der Pfrimm zu Lehen träget. (§. 124.)

§. 240.
Leiningen Heidesheim.

Die Grafen von Leiningen Heidesheim, als Innhabere der Herrschaft Oberstein, trugen zu Lehen, das Donder - oder Unterthaler Lehen, und einen Theil zu Hennweiler.

Von ersterem hat der ehemalige hiesige Premier = Minister Freiherr von Wrede die ⅔ an dem Zehenden zu Fohren und Linden zu After=Lehen getragen, (s. unten §. 267.) alle übrige Lehens=Pertinenzien hat der Vasall ab Handen kommen lassen, deswegen auch gegen dessen Allodial Erben das nöthige pro. redintegrandi feudi vorgekehrt worden.

§. 241.

(138) noch im Jahr 1762. hat Karl Kaspar von Piboll in einer zu Trier pro gradu Doctoris gehaltenen Differtation p. 137. diesen fast unverzeihlichen Fehler bei dem Wartsbergischen Lehen Hennweiler begangen; s. Christiani Agricolæ Disp. de Clausula Art. IV. Pacis Ryswicensis, eaque ad Dacatum Bipontinum non pertinente. 1766, p. 99. sq.

§. 241.
Von der Leyen.

Die Freiherren, dermalen Grafen von der Leyen tragen vom Herzogthum von wegen des Klosters Hornbach und dazu gehörigen St. Fabians Stift den ganzen Münchweiler Thal, wovon nur der Weg zur Bann = Mühl, der Ablas = Graben zur Oehlmühle, und 6. Gulden 24. Alb. Schaftgeld Allodium ist; desgleichen tragen sie aus des Klosters Zehenden zu Münchweiler 6. Malter Korn, und 6. Malter Haber, wie auch die Besthäupter in der Münchweiler Pfleg zu Lehen.

Sodann in einem besondern Lehenbrief, auch von dem Kloster Hornbach, etliche Güter im hiesigen Ober = Amt, und das Wasser von der Brüke zu Irheim an bis zu der Kirch daselbst.

§. 242.
Wild = und Rhein = Grafen.

Das Wild und Rheingräfliche Haus trug ehedem von dem Herzogthum von wegen der Gräfschaft Veldenz die Pastorei zu Kreuznach nebst dasigem Frucht = und Wein = Zehenden zu Lehen, verkaufte solchen aber zu Anfang des jezigen Jahrhunderts an Kurpfalz. Nach langjährigem Verfahren nahm endlich der Lehenhof im Jahr 1745. ein hinlängliches Surrogatum dagegen an, bestehend in dem Zehenden zu Bosenheim, Wehnsheim, Zozenheim, und Welgesheim an Frucht, an Wein, in dem Hauser Pastorei Zehenden, in dem heimgefallenen Baldeweknischen und Levischen Lehen zu Alzheim, am Alt Rhein und Ippesheim, in dem Zehenden zu Mebbersheim und Kirschröd zum Dhaunischen Antheil, in dem halben Theil zu Sensweiler, in dem Pfarrsaz daselbst, in dem Faustischen Lehen, in dem Mühlen Pfacht zu Hochstetten, gegen welch leztern, da derselbe

aus

aus Gelegenheit des Homburger Austausches als Allodium an Zweibrüken gekommen, das Rheingräfliche Haus bei der Belehnung de 1771. den Offenbacher Mühlenpfacht surrogirt hat.

§. 243.
Schönborn.

Das Gräfliche Haus Schönborn trägt das Dorf Badensheim mit denen im Lehenbrief ausführlich spezifizirten Rechten, Renten und Gefällen von der Grafschaft Veldenz zu Lehen. Es besaß solches vorhin die im Jahr 1729. ausgestorbene Familie der Fausten von Stromberg.

§. 244.
Oettingen Sötern.

Das Gräfliche Haus Oettingen Sötern trug vom Herzogthum von wegen der Grafschaft Veldenz zu Lehen, die Dörfer Neunkirchen und Seelbach im Hochgericht Neunkirchen, sodann die Hochgerichtliche Gerichtsbarkeit in Gemeinschaft mit dem Innhaber des in dem nemlichen Hochgericht gelegenen lehenbaren Dorfs Gondesweiler. Das ganze Hochgericht gehört zu der von der Grafschaft Veldenz lehenrührigen Herrschaft Rohefelden. Deren Innhaber, die von Ruppersberg, gaben das Neunkircher Hochgericht denen Familien von Sötern und von Grohe zu After-Lehen, und zwar ersterer zu rechtem, lezterer aber zu Erblehen. Wilhelm von Ruppersberg, der lezte seines Stamms verkaufte im Jahr 1475. sein Dominium utile dem Lehenherrn, Herzog Ludwig dem schwarzen, mit Uebertragung der After-Lehen-Leute, welche nun ihre Lehen unmittelbar bei Pfalz Zweibrüken nahmen.

Im Jahr 1697. starb der lezte Graf von Sötern, da dann das Lehen als eröfnet eingezogen worden, und während der ganzen

Kb-

Königlich Schwedischen Regierung bei dem Herzogthum geblieben, mithin nebst der ganzen Fidei=kommissarischen Masse auf deu succedirenden H. Gustav devolvirt worden.

Deme ohngeachtet übertrug solches eben besagter Herzog dem Söterischen Fidei Kommis=Erben, dem Grafen von Oettingen Sötern und Hohenbaldern, und noch dazu mit Veränderung der Natur des Lehens, zu Erblehen.

Die adeliche Familie von Hagen trug von Alters das Dorf Hochfelden mit seiner Zugehör an Liebenberg, im Trierischen Amt St. Wendel, zu Mannlehen, verkaufte aber solches nach dem 30. jährigen Krieg, da es in der gänzlichen Verheerung lag, mit Lehenherrlicher Bewilligung, an den Grafen von Sötern.

Nach dessen Absterben wurde es von der Schwedischen Regierung, eben so, wie Neunkirchen und Seelbach eingezogen, und dem Fidei Kommis einverleibt, aber auch auf die nemliche Art, wie diese, von Herzog Gustav dem Grafen von Oettingen zu Erb=Lehen konferirt.

Die in der Regierung des Herzogthums gefolgte Pfalz Birkenfeldische Linie widersprach dieser Alienation. Nach langem Traktiren ließ sich endlich H. Christian IV. bewegen, beede Lehen im Jahr 1753. dem Herrn Grafen Joseph Anton vor sich und seine Lehensfähige Agnaten, nemlich seine Brüder, Franz Ludwig, Philipp Karl und Franz Wilhelm, als ein feudum novum zu Mannlehen zu konferiren. Als der Herr Graf Joseph Anton im Früh=Jahr 1778. ohne männliche Erben verstarb, waren seine 3. Brüder geistlich, mithin des Lehens nicht fähig. Das Lehen wurde also eingezogen. Diese drei Gräfliche Herren Gebrüdere machen nun Anspruch an das Lehen ex capite Coinvestituræ, und glauben, daß ihr geistlicher Stand ihnen an dem Besiz desselben nicht hinderlich seie. Man hat

ihnen

ihnen den Weg Rechtens vor hiesigem Lehenhof, als wohin diese auf die Mitbelehnung begründete Lehens = Sache ohnwidersprechlich gehört, mehrmalen angebotten, und zu ihrer Sicherheit sogleich die Verordnung gestellt, daß das Lehen in separato administrirt werden solle. Allein Klägere sind per saltum an den Reichs = Hof = Räth gegangen, und haben die Spolien = Klage angestellet, ob sie schon nichts weniger als einen natürlichen Besiz, sondern blos eine bedingte Mit = Belehnung vor sich haben, und dahero auch ohne Zweifel an den Lehenhof werden zurük gewiesen werden.

§. 245.

Von Zweibrüken, Grafen zu Forbach.

Die Gebrüdere Christian und Wilhelm von Zweibrüken, Grafen von Forbach tragen das heimgefallene Ulnerische Lehen in Rümmelsheimer, Sarnsheimer und Münster Gemarkung von der Grafschaft Veldenz.

§. 246.

Bernstein.

Das Bernsteinische Lehen im Amt Moschel Landsberg (welches Amt nun dem Ober = Amt Meisenheim einverleibt ist,) ist durch den Tod des lezten aus dieser Familie, des Ober = Marschalls Karl Kasimir von Bernstein, eröfnet worden. Der regierende Herr Herzog haben solches 1781. der Ober = Hofmeisterin bei der regierenden Frauen Herzogin, der FreiFrau von Esebek verkauft, und dagegen dero eigenthümlich frei Adeliches Guth in der Pfalz, das Vielheller Gut genannt, dem Herzogthum zu Eigenthum surrogirt.

§. 247.

Bettendorf.

Die von Bettendorf haben vom Kloster Hornbach das Hofgut

guth Werfingen bei Simlingen in der Grafschaft Bitsch, 4.
Malter Frucht, ha' Kor und halb Habern, auf deß Klosters
Mühl zu Steinhausen, deßgleichen Aeker und Wälder zu Op=
pertingen, endlich die Mauchenheinischer Erblehen.

§. 248.
Boos von Waldek.

Die Boosen von Waldek haben von der Grafschaft Vel=
denz:

Gewisse Zinnse und Gülte zu Lonweiler und Oberlau=
tern.

Den Hof Wüst - oder Northausen.

Einen Hof und Zinnse zu Heinzenhausen.

Den Hof Merzhausen.

Den Hof zu Bilstein.

Das Dorf Hundsbach.

Die Unterzüge zu Lauschied, Lelbach, Uden=Kapeln und
anderer Orten.

15. Morgen Wiesen zu Babenheim und ¼. am Korn=Ze=
henden daselbst.

30. Schilling Heller zu Babenheim, den Hof zu Mei=
senheim und eine Mühlenstatt an Seelbach bei der
Nohe. Endlich

Den Hof Montfort.

§. 249.
Breitenbach.

Die von Breitenbach besizen das Eschische von denen von
Alsenz genannt Frankstein herkommende und von der Grafschaft
Veldenz rührende Lehen zu Dusemont, nemlich den freien Hof
daselbst gegen der Kirchen über den Weg gelegen mit seinem
Begrif

Begrif und denen im Lehenbrief verzeichneten Aekern, Wiesen, Gärten und Weingärten.

§. 250.
Dalberg.

Die von Dalberg tragen von der Grafschaft Veldenz den Zehenden in Horchheimer Gemarken, ein Hofguth zu Gerolzheim, den halben Frucht= und kleinen Zehenden zu Daudenheim bei Alzei, nebst der Giftung dasigen Altars.

§. 251.
Dürkheim.

Die Ekbrechte von Dürkheim tragen von der Grafschaft Veldenz, einen Theil des Zehendens und etliche Zinse im Baumholder Gericht und einen Theil Zehenden zu Veldenz, sodann vom Herzogthum das halbe Dorf Langen=Sulzbach.

§. 252.
Esebek.

Hanns Asmus Freiherr von Esebek ist der erste Erwerber des Ingweiler Lehens im Ober=Amt Meisenheim, dem solches H. Christian IV. im Jahr 1760. zu Erb=Lehen angesezt.

Dessen Sohn Ludwig Freiherr von Esebek wurde von H. Christian IV. auf das Grorodische Lehen zu und um Meisenheim und auf das im Lehenbrief beschriebene surrogatum des Dörrmoscheler Lehens expektivirt und nach Abgang des Stein Kallenfelsischen Mannsstamms vor sich und seine rechtmäsige Leibes=Erben den 28. Dezember 1778. damit belehnt, dergestalt, daß wenn er ohnbeerbt versterben würde, solch Lehen auf seine Gemahlin, Karoline Auguste, gebohrne Freyin von Gailing, und so auch diese ohne Leibes=Erben versterben solte, auf

Y

deßen

deren Bruder, Chriſtian Henrich Gailing von Altheim und deſſen Leibes = Erben fallen ſolle.

Eben dieſer Ludwig Freiherr von Eſebek hat das ehemalige Schorrenburgiſche Lehen, das Dorf Haſel, gekauft, und iſt damit vor ſich und ſeine Gemalin den 28. Dezember 1778. dergeſtalt belehnt worden, daß ſie die Erblehenfolge nach Gutfinden und Lehnrecht beſtimmen, auch allenfals an eine dem Lehen Herrn annehmliche Perſon wieder verkaufen mögen.

Ihme und ſeinen Schwägern, Henrich Jakob und Chriſtian von Gailing zu Altheim hat H. Karl II. das eröfnete Lehen Neunkirchen und Hochfelden konferirt, doch ſollen ſie auf ihre Koſten den Prozes mit den anſprechenden Geiſtlichen Gebrüderen des lezten Vaſallen, (S. 244.) führen, oder ſich gütlich mit ihnen ſezen, und iſt Henrich Jakob von Gailing vor ſich und ſeine Lehens=Konſorten den 25. Nov. 1779. damit belehnt worden.

Die Freifrau Karoline Auguſte von Eſebek, geborne Gailing von Altheim trägt das von der Familie von Feignies erkaufte Gonnesweiler Lehen im Hochgericht Neunkirchen zu Lehen, und hat die Freiheit, ſich ſelbſt einen Lehen=Succeſſoren zu ernennen.

§. 253.
Fürſtenwärther.

Die von Fürſtenwärther tragen von der Grafſchaft Veldenz einen Theil an der Burg zu Odenbach am Glan mit dazu gehörigen Gütern zu Medbart, Odenbach, Meiſenheim, Winsweiler, Mannweiler, Rodt am Berg und zu Kalbach, desgleichen 6. fl. Manngeld aus der Landſchreiberei Meiſenheim und ein Haus in der Stadt Meiſenheim.

§. 254.
Gölniz.

Die Gölniziſche Erben von Wrede, und von Eſebek tragen

gen das ehemalige Flekensteinische Lehen, nemlich das Dorf
Drachenbronn samt dem Wald und zehen Stük Reben im Erdls-
berg und Sulzer-Bann vom Herzogthum zu Mannlehen.

§. 255.
Günterode.

Die Günterodische Lehen (§. 231.) welche dermalen der
Günterodische Enkel von Fürstenwärther besizt, bestehen in z.
Burgsessen zu Lichtenberg, verschiedenen Zinnsen im Baumholder Gericht, in der Lehenschaft zu Aulenbach, einer Wiese in
der Stein-Alben, dem Merzweiler Lehen, der Breitwiese,
Berschweiler Zinns-Korn und der kleinen Lüzelwiese zu Düch-
rod. Alles dieses ist Mannlehen. Ferner den Theil an den
Bychwälden zwischen Margrethen Ostern und Leutersweiler und
an den Zinnsen im Osterthal, die Helfte der Dörfer Duchrod
und Oberhausen, verschiedene Zinnsen im Amt Lichtenberg, die
Katharinen und Barbeln-Zinnse genannt, ihr dermaliges Wohn-
haus zu Lichtenberg, verschiedene Güter zu Duchrod und Oberhausen, welche durch den jüngsten Vergleich von 1753. der Familie zu Erb-Lehen angesezt worden. Die Familie erhebt auch
zu ihren Rechten einen Lehenbrief über das Neunkircher Hof-
Gericht, oder eigentlicher, über Gondesweiler, dann die Prä-
tension kommt von der vor mehr dann 300. Jahren ausgestorbenen Familie von Grobe her, welche Gonnesweiler inne hatte.
Nach deren Erlöschung im Männsstamm lies sich Friederich
Blik von Lichtenberg zu seinen Rechten belehnen, verfolgte aber
dasselbe nicht gegen die Lehens-Innhabere.

§. 256.
Hattstein.

Die von Hattstein tragen vom Herzogthum das Kleer-Le-
hen bestehend in 40. M. Aker und 5¼ M. Wiesen, sodnnn das

D 2

Wil-

Wilbeler Lehen bestehend in 12. Huben Lands jeb zu 30. Morgen mit Gärten und Zugehörungen gelegen in der Gemarken zu Berkersheim, weiters ein Fischwasser daselbst, desgleichen zwo Huben Landes bei Dorkelweil, eine Wies genannt die Probstei und einen Zehenden zu Okarben.

§. 257.
Hunoldstein.

Die von Hunoldstein tragen vom Herzogthum, Güter in Hahnheimer, Sülßer und Udenheimer Gemarken, desgleichen den Hof zu Hahnheim, da der Stok inn stehet, und einen Garten daselbst. Endlich 10. fl. Manngeld auf Lichtenberg bewiesen.

§. 258.
Kellenbach.

Die von Kellenbach tragen von der Grafschaft Veldenz das Gericht und Dorf Eisenbach am Glan mit der im Lehenbrief angezeigten Zugehörung.

§. 259.
Langwerth von Simmern.

Die Langwerthe von Simmern tragen vom Herzogthum 32⅓. M. Weingarts, das Mann = Werk genannt in Hattenheimer Gemarken und eine Aue in dem Rhein, dem Mann=Werk über gelegen in Ingelheimer Gemarken. Weiters von der Grafschaft Veldenz einen Weingarten zu Monzingen, ein Stük Weingarten und 4. Malter Korn von Gütern zu Winsheim, das Gericht zu Bergen, bei Algesheim, so die von Waldenau vorhin zu Lehen gehabt, mit Aekern und Gütern. Endlich 10. fl. Manngeld.

§. 260.

§. 260.
Raesfeld.

Die von Raesfeld tragen von der Grafschaft Veldenz die ehemalige Krazische Lehen, nemlich einen zwölften Theil an dem Frucht-Zehenden zu Odenbach, den Hof Leitenberg, und ein Theil an dem Schloß zu Odenbach, ferner den dritten Theil am grosen und kleinen Zehenden zu Weitersbach, Stebeshausen und Schmerlenbach. Und vom Herzogthum: das Hof-Gut zu Irheim bei Zweibrüken, mit dem Recht, 50. Hämmel in die Schäferei zu schlagen, und eine Bierprauerei zu errichten.

§. 261.
Sankt Ingbrecht.

Die von Sankt Ingbrecht tragen vom Herzogthum, das Pfalz Zweibrükische Theil Zehenden zu Hargesheim, nebst dem sechsten Theil Zehenden daselbst, der vorhin zur Pfarrei Duchrod gehörig gewesen, aber gegen 1¼ M. Korn und etliche Wiesen-Stüker eingetauscht worden. Sodann etliche Hüner und Kappen zu Hergersheim, Norheim und Nußbach. Weiter: Sechs Morgen Wiesen in Schneider-Gemarken, zwei Morgen Aker zu Frekenfeld und eine Hofstatt zu Guttenberg. Endlich: das sogenannte Orlenbacher Lehen bestehend in denen im Lehenbrief verzeichneten Fischwassern, Wäldern, Wiesen und Gärten auf Zweibrüker und Irheimer Bann.

§. 272.
Schmidburg.

Die Schenken von Schmidburg tragen vom Herzogthum den Zehenden zu Geihweiler und die Kollatur Gezenbach, ferner den grosen und kleinen Zehenden zu Ekweiler, Daubach, Serbach,

Y 3

bach und Bolenau nebst dem Theil auf der Hohl=Eichen bei Winterburg.

§. 263.
Schorrenburg.

Die von Schorrenburg tragen vom Herzogthum das Dorf Breitfurt, verschiedene Höfe und Güter auf Zweibrüker, Ernst= weiler = Bubenhauser, Eindber = Enweiler und Wennewbrsch= weiler Bann, davon die Audenkeller und Ernstweiler Höfe, nebst einigen einzelnen Güter=Stükern noch vorhanden, der Freuden= berger Hof und die meisten einzelnen Güter aber mit Lehenherr= lichem Konsens allodifizirt und verkauft worden. Das denen Schorren von Hasel zuständig gewesene Dorf Hasel ist verkauft worden. (§. 251.) Die Familie hat auch ein Lehen von 33. Mor= gen Akers und einen Zweitheil eines Gefälls zu Süffersheim. Endlich trägt dieselbe den Rinkweiler Hof auf Hornbacher Bann vom Herzogthum zu Erblehen.

§. 264.
Sikingen.

Die Freiherren und jezigen Grafen von Sikingen tragen von der Grafschaft Veldenz Kingernheim das Dorf an der Selse.

§. 265.
Warsberg.

Die von Warsberg tragen von der Grafschaft Veldenz die Dörfer Hennweiler und Oberhausen und die Güter und Gefälle daselbst herum in der Pfarr=Raunen gelegen.

§. 266.
Wildberg.

Die von Wildberg tragen vom Herzogthum den Kirchensaz zu Süffersheim.

§. 267.

§. 267.

Wrede.

Ernst Wilhelm Freiherr von Wrede ist vor sich und seine Descendenz mit folgenden Lehen belehnt worden. Erstlich nach Ausgang der Baldeweine von Zweibrüken mit einem Haus und Scheuer zu Lichtenberg, mit seinem Begrif und Zugehörung, mit dem halben Fruzweiler Hof, mit dem Dorf Ekersweiler, mit verschiedenen Gütern, Zinnsen und Gülten zu Baumholder und einem Gärtlein zu Lichtenberg an der Pforten.

Ferner, hat derselbe von den Keßlerischen Erben acquirirt den lehenbaren Zehenden zu Frohnhausen.

Auf dem Fohrener und Leidener Zehenden, den derselbe von Leiningen Heidesheim zu After-Lehen getragen. (§. 240.) ist derselbe expektivirt und seithero dessen Lehens Erben damit investirt worden.

Von der Familie von Geispizheim hat sich derselbe jura cessa auf das Heuchelheimer Lehen, wie solches die Blarer von Geiersberg im Jahr 1657. von denen von Dürkheim acquirirt hatten, geben lassen, ist auch so fort damit belehnt worden, hat aber darüber einen schweren Prozeß mit der Freiherrlich Halbergischen Familie bekommen, den diese auch in possessorio gewonnen.

Auf dieses Lehen hatte sowol Kurpfalz wegen der Fauthelichen Gerechtsame als die Ritterschaft wegen des Besteurungs-Rechts Anspruch gemacht, Kurpfalz hatte auch durch einen Vergleich von 1595. (welcher gleichwol ohne Vorwissen und mit nachherigem Widerspruch des Lehenherrn gemacht worden,) viele Rechte und Gefälle in Besiz. Bei dem jüngsten Tractatu Palatino Equestri von 1749. aber haben sowol Kurpfalz als die Ritterschaft auf ihre Prätensionen verziehen. Kurpfalz hatte seine Rechte dem Herzogthum abgetretten, welches dieselbe, da

sie

sie kein Gegenstand der Blarerischen Acquisition waren, vor sich hätte behalten können. Herzog Christian der IV. konferirte sie aber dem Freiherrn von Wrede, und belehnte ihn damit in einem besondern Lehenbrief, bei welcher Gelegenheit der Vasall ein acquirirtes Allodial=Stük mit zu Lehen aufgetragen hat.

§. 268.
Goldner.

Es sind auch etliche unadeliche Vasallen beim Zweibrük= schen Lehenhof.

Die Goldner tragen vom Herzogthum den Hof Hanhausen im Amt Nohfelden, welcher aus Aekern, Wilderung, Gärten, Wiesen, Wald, Weydgang rc. bestehet.

§. 269.
Müller von Weiskirchen.

Die Müller von Weißkirchen haben das halbe Dorf Weis= kirchen in der Lothringischen Grafschaft Bitsch zu Lehen getra= gen. Die andere Helfte ist Lothringisch Lehen. Nach Abgang des Müllerischen Mannsstammes kam solches an die Töchter. Die lezte Besizer heisen Klemery und Jungkheim. Die Jungk= heimische Familie kam in grose Schulden und ihr Antheil am Le= hen wurde vor zwei Jahren öffentlich versteigt, anerwogen die in Lothringen gelegene Lehen alle in Commercio sind, und das Longobardische Lehen=Recht da gar nicht statt hat. Der Erwer= ber mus, wann er sich um Erneuerung des Lehen=Verbandes inner Jahr und Tagen nicht freiwillig meldet, nach der Lothrin= gischen Form und Coutume vorgeladen werden; Erscheint er auch alsdann nicht, so ist man wieder an die Coutume de Lor= raine gebunden, welche schlechterdings keine fremde Gerichts= barkeit, mithin auch keine Jurisdictionem feudalem des Lehen= Herrn zulässet.

Der

Der Klemerzische Antheil wird in der Ordnung rekognoscirt.

Die Müllerische Erben hatten auch ein Lehen vom Kloster
Hornbach im Hornbacher Bann.   Man hat ihnen im vorigen
Jahr erlaubt, solches als Bauern - mithin schazbares Gut zu
verkäufen. Ich hätte an meinem Ort nichts dagegen, wann
alle im Herzogthum liegende Lehen allodifizirt und mit Schazung belegt würden, da die Umstände, warum man ursprünglich Lehen geliehen, schon gar lang nicht mehr vorwalten, auch
in Ewigkeit nicht mehr vorkommen werden.

§. 270.
Koch.

Der jezige Kirchschafner Koch zu Kusel hat das von dem
Herzogthum relevirende Kruelische Lehen in der Stadt Kusel ac-
quirirt. Es bestehet in einem Haus, Hof, Scheuer, Stall und
Garten samt dem ganzen Thurn, den die Ringmauer um die
Stadt gegen den Hof über der Badstuben begreift, nebst einem
beim Haus gelegenen Plaz von 10¼ Ruthen.

§ 271.
Wund.

Johann Karl und Karl Wilhelm Wund, Gebrüdere, von
Kreuznach, besizen an dem Syffersheimer Zehenden Ein und
drei Achtel Haufen und sind kraft der Belehnung schuldig, so
viel dazu zu acquiriren, bis zween Haufen complet seyn werden

§. 272.
Creuzer.

Ganz nenerlich haben der jezt regierende Herr Herzog Karl II.
Dero Geheimen Rath Wilhelm Henrich Creuzer zu einem wah-

ren

ren Erblehen und Kammer=Lehen zwanzig Zweibrükische grose Malter Korn und ein Fuder Mosel=Wein aus den hiesigen herrschaftlichen Rezepturen angesezt.

§. 273.

Pfalz Lützelsteinische Vasallen.　Stein = Kallenfelsische Töchter.　Gailing von Altheim.

Zum Pfalz Lützelsteinischen Lehenhof gehören dermalen nur noch zween Vasallen, nemlich a) Die Stein=Kallenfelsische Erbtöchter und b) Die Gailinge von Altheim.

Erstere besizen das Erblehen Asweiler. Die älteste ist Wittwe von einem von Kellenbach, die zweite ist mit einem von Zyllenhart verheurathet. Beede sind noch zur Zeit kinderlos. Die dritte hat den Pfalz Zweibrükischen Geheimen Rath Freiherrn von Cathcart zu Carbiston zur Ehe und diese haben Kinder.

Die Herrschaft Asweiler liegt im Westrich an der Lothringischen Gränze und ist ganz mit Souveränetäts=Landen umgeben, hat sich aber bei der Teutschen Hoheit mit allen Regalien, deren ein Nobilis fähig ist, erhalten.

Die Gailingische Familie trägt das halbe Dorf Buesweiler nicht weit von Buchsweiler, dem Haupt=Ort in der unter der Französischen Hoheit gelegenen Grafschaft Hessen Hanau Lichtenberg, zu Erblehen.

§. 274.

Anmerkung von besonderm Herkommen.

Bei dem Zweibrükischen und Lützelsteinischen Lehenhof richtet man sich nach dem Longobardischen Lehen=Recht, doch trift

man

man auch hier, wie fast bei allen Lehen-Höffen, besonderes Herkommen an. Wovon einige Anmerkungen beizufügen sind.

a) Bei hiesigem Lehenhof gibt es nur zweierlei Gattung Lehen, nemlich Mannlehen und Erblehen.

Mannlehen ist alles das, was in dem Lehenbrief schlechthin als Lehen ausgedrükt ist. Die Burglehen werden ohne Auswahm zu den Mannlehen gerechnet.

Erblehen sind diejenigen, in denen auf Ausgang des Mannsstammes die Erb-Töchter succediren - und durch ihre - mit Vorwissen des Lehenherrn getroffenen Verheurathungen, sie in eine freunde Familie bringen können, da dann wiederum der Mannsstamm und auf dessen Abgang die Erbtochter zu succediren hat.

Damit fallen dann auf einmal alle Doktrinal-Benennungen von Kunkel-Lehen, Weiber-Lehen, vermischten Lehen feudis hæreditariis, pure & mere hæreditariis, Lehen auf Söhne und Töchter, mit einander hinweg.

Alle Lehens-Successions-Fälle, so weit man bei hiesigem Archiv zurükgehen kan, reduziren sich auf die angezeigte Begriffe von Mann-Lehen und Erb-Lehen.

b) Wann in einem Erb-Lehen eine Frauens-Person succedirt, so muss sie dem Lehen-Herrn einen annehmlichen Mann und Träger bestellen.

c) Wann mehrere zugleich mit einem und dem nemlichen Lehen belehnt werden, so müssen sie sich eines Gemeinschaftlichen Lehenträgers vergleichen.

d) Bei dem ganzen Lehen-Hof sind nicht mehr als drei Lehen, über die man, als über ein Allodium inter vivos und mortis causa, salvo nexu feudali disponiren kan, nemlich das Bettendorfische und das Weiskircher-Lehen, beede in der Grafschaft Bitsch, und dann das neue Kreuzerische Lehen.

e) Von

e) Von den Kammer=Lehen gibt man zwar die Regel, daß sie sich bei der Person des Vasallen einschränken, es kommt aber dabei auf den titulum constitutivum an. Benennet dieser die Erben, so ist die Ausnahm sichtlich.

1. f) Da die feuda à Camera seit etlichen Jahrhunderten mere lucrativa sind, so werden sie, wann der Staat dergleichen ganz überflüssige Abgaben nicht ertragen kan, nicht bezahlt, gleichwol die Vasallen, wann sie es verlangen, damit belehnt, müssen aber sich bis auf bessere Zeiten gedulten, und vor das verflossene wird ihnen nichts nachgetragen.

g) Sodann ist anzumerken, daß der Vormund des minderjährigen Vasallen schuldig ist, binnen Jahr und Tagen nach des lezten Vasallen Tod zu muthen, und hernach die Belehnung würklich zu nehmen.

Zuweilen geschiehet es, daß der Vormund bittet, der würklichen Belehnung bis zu seines Pflegbefohlenen Grosjährigkeit Anstand zu geben, welches auch wol nach Beschaffenheit der Umstände aus Gnaden bewilliget wird, zumalen, wann der Vasall nahe an der Grosjährigkeit ist, wo aber dergleichen Dispensation nicht erfolgt, da muß das Lehen ohne Rüksicht auf die Minderjährigkeit erneuert werden.

h) Das Judicium Parium Curiæ ist seit mehr als 200. Jahren abgekommen. Der Lehen=Hof ist iudex ordinarius. Wann causa feudalis zwischen dem Lehenherrn und dem Vasallen vorwaltet, so werden zwar zuweilen die Akten causa instructa an unparteyische Rechtsgelehrte verschikt, gar oft aber spricht der Lehenhof selbst, der in solchem Fall seiner Pflichten entlassen ist.

§. 275.

Hinter Grafschaft Sponheimischer Lehen=Hof. Vorerinnerung.

Der Lehenhof der Grafschaft Sponheim war in ältern Zeiten

ten, wegen der Anzahl der Vasallen, sehr beträchtlich. Die
Grafen hatten öftere Fehden-, und mußten also nach damaliger
Art Krieg zu führen, Ritter und Knechte gewinnen, die ihnen
zuzögen. Güter konnten sie allen Vasallen nicht geben, dann
da die Sponheimische Lande zwischen der Starkenburgisch und
Kreuznachischen Linie getheilt waren, so würden sich die Grafen
zu sehr geschwächt haben, wenn sie allen ihren Lehenleuten
liegend Gut zu Lehen hätten ansezen wollen. Sie gaben also
Manngeld zu Lehen, theils auf Lebenslang, theils erblich. In
dem leztern Fall wurde in dem Lehenbrief die Bedingung bei-
gefüget, daß dem Lehenherrn frei stehen solle, das Manngeld
mit dem Kapital mit 10. vom hundert, das ist, 10. Goldgulden mit 100. abzulösen. Es solle aber alsdann der Vasall schuldig seyn, von seinem eigenthümlichen Gut so viel zu verlegen
und zu Lehen zu tragen, als der Werth des empfangenen Ka-
pitals ausmachet. Daher liegen gar viele Sponheimische Lehen
ausserhalb der Grafschaft. Eben diese Entlegenheit, sodann die
mehrmalige Abwechselung des Lehen-Direktoriums, besonders
aber die Kriegs-Zeiten haben den Anlas gegeben, daß viele Lehen verlohren gegangen, und die Zahl der Vasallen dermalen
nicht mehr beträchtlich ist. Ich will sie in alphabetischer Ordnung kürzlich anzeigen.

§. 276.
Lehenleute. Waſſenheim.

Waſſenheim (die Grafen Waldbott von) tragen zu Lehen,
das Dorf Sevenich, den Hof Frosch-Pfuhl, das Gericht Schnel-
bach, im Ober-Amt Kastelaun, die Lehen zu Hennweiler.

§. 277.
Boos von Waldek.

Die Boosen von Waldek tragen 19. fl. Manngeld, ein
Gut

Gut zu Veldheim im Ober=Amt Kastelaun, genannt Moders busch und ꝛc. Stük Weingarten zu Kern an der Mosel im Trierischen.

§. 278.
Boos von Waldek. (Ludw. Jos. Wilh.)

Boos von Waldek (Ludwig Joseph Wilhelm) ist im Jahr 1767. mit zwei Weingärten zu Zell im Trierischen belehnt wor= den, welche die ausgestorbene Familie der Waldeker von Kemp= ten vorhin zu Lehen getragen hatte.

§. 279.
Brombach von Dieffenau.

Brombach von Dieffenau, trägt zwei Fuder Wein aus der Wein Beed zu Winningen im Sponhelmischen.

§. 280.
Burscheid.

Burscheid zu Burg Broell trägt 6. Malter, 6. Sester Haber zu Haselbach und Alterkülz, sodann 20. Albus an Geld und die Besthäupter von den Zensiten, alles im Ober=Amt Ka= stellaun.

§. 281.
Castelhun.

Castelhun trägt verschiedene Güter und Weingarten zu Erden und zu Trarbach.

§. 282.
Dhern modo Greiffenklau.

Das Dhernische Lehen, bestehend in 2¼. M. Weingarten

zu Frauenstein, und 4. M. Aker zu Schierstein im Mainzischen, trägt die Dhernische Erb-Tochter, Johanna, verheurathete von Greiffenklau.

§. 283.
Edelsheim.

Edelsheim trägt das ehemalige Moßbach von Lindenfelssche Lehen zu Oberau mit Neun Huben, Gericht, Wasser, Weyd, Frohndiensten und denen im Lehenbrief benannten ständig und unständigen Gefällen, ferner elf Hofstätt mit ihren Zinnsen, und ein Gut, das heiset das Warland. Es liegt im Hessen Darmstädtischen.

§. 284.
Elz, Stamm weisen Löwens.

Elz des Stamms weisen Löwens, trägt verschiedene Weingarten zu Kerk an der Mosel im Trierischen.

§. 285.
Esebek.

Ludwig und Georg v. Esebek tragen seit 1776. die ehemalige Gemeinsherrschaftliche Weingarten zu Wehlen im Kur Trierischen Amt Bern Kastel.

§. 286.
Frankenstein.

Frankenstein trägt unterschiedene Aeker und Güter in dem Gericht und Gemarken zu Oberstrasen.

§. 287.
Hunoldstein.

Hunoldstein hat zu Lehen getragen.

2) eine

1) eine Rente zu Külz und Haselbach, diese ist im Jahr 1692. eingezogen worden.

2) Das Dorf Züsch. Die im Jahr 1716. ausgestorbene Hunoldsteinische Linie zu Sötern besas dieses Lehen. Deren Allodial-Erben die von Dürkheim nahmen Besitz davon, welches einen langwührigen Prozes veranlast hat. Die hohe Mit-Gemeins-Herrschaft Baden hat ganz neuerlich mit Pfalz Zweibrükischer Bewilligung dieses Lehen durch Vergleich an sich gebracht.

3) Die Hub-und Zehend-Gefälle zu Baumholder den Kirchensaz zu Bosen, und einen Hof zu Bern Kastel in der Stadt genannt zinn Saal. Dieses Lehen haben die Vasallen ganz abhanden kommen lassen.

§. 288.
Kesselstadt.

Kesselstadt (nunmehr Graf von) träget die Gülten zu Reyel und Burg, einen Weingarten zu Kröv und eine Wiese, genannt die guldischwiese, alles im Kröve Reich.

§. 289.
Koppenstein, modo Hagk.

Koppenstein. Nach Ausgang dieser Familie sind deren Lehen dem Freiherrn Franz Karl von Hagk im Jahr 1763. konferirt worden. Sie bestehet in einem Fuder Wein von dem Herrschaftlichen Neuntel zu Trarbach und 30. fl. aus dasiger Herbst Beed, Ein Stük Weingarts zwischen Diebach und Mannebach, ferner ein Burg-Lehen zu Kastelaun, eine Scheuer und Hofstatt daselbst, die Aeker und Wiesen, die man nennet Trippolts-Gut und Winnersbach den Hof mit seiner Zugehörung.

§. 290.

§. 290.

Leiningen Westerburg.

Leiningen Westerburg, trägt den Sponheimischen Theil an dem Schloß zu alten Leiningen mit seiner Zugehörung.

§. 291.

Von der Leyen.

Von der Leyen (Graf) trägt den Hof zu Drekenach, genannt Hermanns Hof, mit seiner im Lehenbrief ausführlich beschriebenen Zugehörde. Ferner das halbe Theil der dreien Dörfer Riefern, Fachbach und Mühlen auf der Lahn, mit dem weltlichen Gericht, Aker, Wälden, Wiesen, Feldern, Jagden, und Fischereien. Endlich die halbe Vogtei, Herrlich= und Gerechtigkeit zu Fachbach und Riffern mit ihren Zugehbrungen, als ein Burg= ses zum Schloß Dill.

§. 292.

Metterich, Winnenburg und Beielstein.

Metterich, Winnenburg und Beielstein (Graf von) trägt die vormalig Winnenbergische Lehen, bestehend in acht Wein= garten an der Mosel.

§. 293.

Mohr vom Wald.

Mohr vom Wald trägt den Rauchwein im Senheimer Gericht und ein Fuder Wein in der Domherren zu Köln Kelter= haus zu Senheim.

§. 294.

Rheingraf zu Grumbach.

Rheingrafen zu Grumbach tragen das vormalige Greiffen=

3 klauische

nauische Lehen bestehend in dem vierdten Theil an Dorf, Leuten, Gerichten und übrigen Gerechtsamen zu Uden Kapellen bei Grumbach gelegen.

§. 295.
Schmidburg.

Schmidburg, (die Schenken von) tragen die Mühlen an Golzenberg auf Guntershausener Gericht, den Hof zu Nieder-Gunterkhausen, Ein halb Fuder Weingült von der Herrschaftlichen Wein-Beede zu Krbve.

Hanns Henrich von Schmidburgs mannliche Lehens-Erben tragen insonderheit den Zehenden zu Nußbaum, einen Weingarten in Sobernheimer Gemarken und einen Weingarten zu Merxheim.

Niklaus Schenken von Schmidburg Söhne tragen insonderheit, den Graben und Pful zu Enkirch vor der neuen Pforten.

§. 296.
Steinkallenfels.

Stein-Kallenfelsische Erbtöchter tragen vier Ohmen Wein jährlich aus der Domherren von Köln Kelter-Haus zu Senhelm.

§. 297.
Waldenburg genannt Schenker.

Waldenburg genannt Schenker träget die Burg Osterspei eine Meile unterhalb Koblenz mit ihrem Begriffe und Zugehörung.

§. 298.
Warsberg.

Warsberg träget Weiler das Dorf auf dem Berg, oder

Bergs

Bergweiler bei Wittlich im Trierischen und den Hof zu Bermolz hausen im Lurenburgischen.

§. 299.
Wiltberg.

Wiltberg träget ein Fuder Wein-Gült von der Herrschaftlichen Wein-Beed zu Enkirch, den Zehenden zu Bernbach, ein Theil an dem Zehenden zu Klubenbach, eine Wiese bei Bergen, genannt die Brühl, Sechs Malter Früchte, halb Spelz halb Haber zu Niederweiler, Sechs Malter Frucht zu Sohre, einen Theil an der Vogtei Senhelm, den Henrich von Arnes gehabt. Ferner als Burg-Lehen zu Starkenburg, einen Hof zu Enkirch mit Weingarten, Gärten, Aeker und Wiesen, einen Hof zu Mebbersheim mit seiner Zugehörde. Endlich ein Haus zu Dill.

§. 300.
Zant von Merlau.

Zant von Merlau trägt, Acht Malter Haber zu Leydert, ꝝ. Hüner, 38. weispfenning, ein Zweiteil an dem Zehenden daselbst und 15. Tornes Zinns zu Kastelaun. Ferner den Zehenden zu Panzweiler, wie die Zanten den von der Vogtei zu Senheim hergebracht und empfangen haben.

§. 301.
Von dem Sponheimischen Lehen-Direktorium.

Das Lehen-Direktorium, welches, wie schon oben gemeldt, nach einem Vertrag von 1557. nach dem senio Regiminis zwischen Pfalz und Baden abwechselt, und dermalen bei dem Fürstl. Haus Baden ist, bringt mit sich, die Lehen zu leyhen, Lehen und Revers-Brief auszufertigen, den davon abfallenden Lehen-Tax und Kanzlei-Gebühren einzuheben, und darüber zu disponiren, die Vasallen auf Anrufen bei ihren Rechten zu schüzen, die

Z 2   Säu-

Säumigen in die Ordnung zu bringen, die Lehensfehler zu unter=
suchen und allenfals gerichtlichen Prozeß vor dem Lehenhof beswe=
gen instruiren zu lassen, apert werdende Lehen zu Gemeinsherr=
schaftlichem Profit einzuziehen und deswegen die nöthige Vorkehr zu
thun, und dergleichen in die Direktion des lauffenden Lehenwesens
einschlagende Vorkommenheiten mehr. Jedoch ist der dirigirende
Lehenhof schuldig, mit dem Gemeinsherrn in wichtigen und von Fol=
gen seyn könnenden mithin beede Höfe gleich interessirenden Fällen,
vor Nehmung eines Abschlusses, freundschaftlich zu kommuniz=
ten. Zumalen ist dem Lehen=Direktori nicht erlaubt, in Sachen,
wo de privatione feudi Frage entstehet, etwas ohne Mit=Gemeins=
herrliche Einwilligung abzuschliesen oder zu verhängen. Eben so
kan auch der Lehen Direktor über ein heimgefallen Lehen nicht einsei=
tig disponiren. In dem Weinheimer Entscheid, 1425. ist verord=
net, daß aperte Lehen zur Gemeinschaft eingezogen werden sollen.
Die Gemeinsherren aber haben nicht allein öfters Communi Con=
sensu dergleichen alte Lehen wiederüm begeben, sondern auch zu
beeden Theilen sich erlaubt, ihre Helfte an solchen Lehen wieder an=
dern zu leihen, wann schon der andere Gemeinsherr die ihm zuge=
fallene andere Helfte vor sich behalten. Solte aber einmal der Fall
eintretten, daß entweder das Haus Pfalz oder das Haus Baden im
Mannsstamm gänzlich ausstürbe, so würden alsdann bei derglei=
chen, ohne des Condomini Mit=Bewilligung wieder verliehenen Le=
hen die bekannte Rechts=Regel, resoluto jure dantis rc. eintretten.

§. 302.
Schluß.

Ich schliese damit diesen Entwurf und wünsche, daß derselbe
nach der redlichen Absicht, die ich dabei gehabt, möge beurtheilt
werden.

Zehen

Zehen Tafeln

aus welchen ersichtlich
was vor Herren in allen Haupt- und Neben-
Aesten
des

Pfalz Baierischen

Gesammt-Hauses
zu gleicher Zeit regiert haben.

Zur Erläuterung des Pfalz Zweibrükischen

Staats-Rechts.

I. von 1180. bis 1294.
II. von 1294. . . 1338.
III. von 1338. . . 1398.
IIII. von 1398. . . 1449.
V. von 1449. . . 1508.
VI. von 1508. . . 1559.
VII. von 1559. . . 1610.
VIII. von 1610. . . 1685.
VIIII. von 1685. . . 1742.
X. von 1743. . . 1782.